JACK J. SPECTOR

Freud
und die Ästhetik

Psychoanalyse, Literatur und Kunst

W0245282

verlegt bei Kindler

Aus dem Amerikanischen übertragen von
Dr. Grete Felten und Dr. Karl-Eberhard Felten.
Die Originalausgabe erschien im Verlag
Praeger Publishers, Inc., New York, unter dem Titel
THE AESTHETICS OF FREUD

Copyright 1972 by Jack J. Spector
Copyright der deutschsprachigen Ausgabe 1973
by Kindler Verlag GmbH, München
Alle Rechte vorbehalten, auch das des teilweisen Abdrucks,
des öffentlichen Vortrags und der Übertragung durch
Rundfunk und Fernsehen
Redaktion: M. Kluge
Korrekturen: M. Woehlken
Umschlaggestaltung: H. Numberger
Gesamtherstellung: Welsermühl/Wels
Printed in Austria
ISBN 3 463 00539 5

INHALT

Bildteil zwischen den Seiten 128 und 129

EINLEITUNG

Freuds Bedeutung für die zeitgenössische westliche Kultur zeigt sich an dem anhaltenden Einfluß der Psychoanalyse nicht nur auf seine spezielle Disziplin, die Psychologie, sondern auch auf so verschiedenartige Gebiete wie die Anthropologie, die Soziologie, die Kunst und Literatur, die Religion, die Philosophie und die Biographie. Die Kritik hat Freud als tiefwirkendem Neuerer einen hohen Rang verliehen und ihn neben Darwin, Marx und Nietzsche gestellt, jene Olympier des neunzehnten Jahrhunderts, die gleich ihm geniale Denker waren.

Während sein Genie nach den siebzig Jahren, die seit dem Erscheinen seines Meisterwerkes, der *Traumdeutung*, vergangen sind, unverändert im alten Glanz erstrahlt, hat sich der Widerspruch, den dieses Buch sofort hervorrief, nie gelegt, so daß auch heute noch nur wenige seiner Schlußfolgerungen unangefochten dastehen. Trotz der Fülle seiner Einsichten hat Freud keine erschöpfende und schlüssige Theorie der Persönlichkeit dargeboten. Infolge der Uneinigkeit unter den Psychoanalytikern ist es zu einem Auf und Ab in der Beurteilung und Einschätzung der Leistung Freuds bei Neo- und Antifreudianern gekommen, und der Studierende, der – ohne sich einem Dogma anzuschließen – Freuds Ansichten über das Unbewußte, die Libido, die Rolle des Ichs oder den Todestrieb verstehen möchte, kann leicht in Verwirrung geraten, obwohl es eine ganze Reihe sachkundiger Arbeiten über die psychoanalytischen Schulen gibt (Mullahy, Munroe, D. Wyss). Die Zahl der Publikationen über Freud wird nicht geringer. Während ein fester Kern orthodoxer Freudschüler (unter Führung von Jones und Reik) mit mäßigem Erfolg versucht hat, einige der abweichenden Meinungen durch weitherzigere Interpretationen der ursprünglichen Thesen Freuds aufzufangen, sind kühnere Autoren (vor allem Marcuse und Brown), die Freuds fortdauernde Bedeutung bejahen und Freuds Kritiker ihrerseits angreifen, weitergegangen und haben für ernste Probleme unserer Kultur Lösungen vorgeschlagen, die sich auf im Werke Freuds vorhandene Vorstellungen gründen. In der Ästhetik tritt diese Verwirrung der Standpunkte auffallend zutage.

Freuds Ansichten über Kunst und den Künstler sind gleichfalls von einer ganzen Reihe von Kommentatoren verdunkelt worden. Wenn diese Ansichten schwer zu verstehen sind, so ist Freud weitgehend selbst daran schuld, denn er hat nie systematisch über Kunst geschrieben und ästhetische Fragen stets vor allem im Hinblick auf seine psychoanalytische Arbeit angeschnitten. Mit der Bescheidenheit des Gelehrten, der Fragen außerhalb seiner eigenen Domäne vermeidet, hat Freud offenbar das Thema »Genie oder künstlerische Technik« Ästhetikern und den Künstlern selbst überlassen. Dennoch hat sich Freud über Kunst mit einer Vertrautheit geäußert, die vermuten läßt, Kunst habe mehr für ihn bedeutet als nur ein wissenschaftliches Problem; unglücklicherweise schweigt er gerade dort oder drückt sich unklar, ja auch widersprüchlich aus, wo man sich Klärung wünscht, wie etwa in seinen Ansichten über die Künstler. Es ist verständlich, daß Freuds Erkenntnisse zu diesem Thema ebenso wie seine brillanten Bemerkungen über die Psychologie der Kunst einen solchen Einfluß auf Schriftsteller, bildende Künstler und Kritiker hatten. Doch sein durchdringender Einfluß hat sich als schwer faßbar erwiesen und aus diesem Grunde nach Freuds Tod im Jahre 1939 jene zahlreichen, aber erfolglosen Versuche nach sich gezogen, Freuds Vorstellungen im Bereich der Kunst zu sichten und zu überprüfen, um auf diese Weise zu einer psychoanalytischen Ästhetik zu gelangen. Wesentliche Fragen im Zusammenhang mit einer Psychoanalyse der Kunst bleiben dabei – vielleicht zwangsläufig – ganz oder teilweise unbeantwortet: Wie entwickelt sich Form aus ihrem Ursprung im chaotischen Unbewußten, und wie vermittelt sie uns Freude und Befriedigung? Welche Rolle spielt das Ich oder das kontrollierende Bewußtsein im Verhältnis zu unbewußten oder repressiven Kräften, und bis zu welchem Grade können uns die Erkenntnisse der Psychoanalyse zu einem Verständnis der Schaffensvorgänge des Künstlers einerseits und der Würdigung durch den Betrachter andererseits verhelfen? Die nachhaltige Wirkung der Theorien Freuds auf einen weiten Kreis von Disziplinen hat auf jedem einzelnen Gebiet zu kritischen Stellungnahmen seitens der Fachwelt geführt, die noch nicht hinlänglich verarbeitet worden sind. Die Kunsthistoriker diskutieren die Bedeutung nicht-künstlerischer Erfahrungen (insbesondere aus der Kindheit) auf den reifen Stil des Künstlers, ferner das Verhältnis nichtgelungener – infantiler, präliterarischer oder neurotischer – Erzeugnisse zu guter Kunst; Kunsthistoriker und Kritiker rufen nach exakten psychoanalytischen Kriterien für künstlerische Qualität; und viele Anthropologen haben die alte, von Freud geteilte Annahme von der Überlegenheit der westlichen Kultur aufgegeben und verlangen Anerkennung für jede »primitive« Kunst und Literatur aufgrund ihrer speziellen Bedingungen und ihrer besonderen Werte, eine Einstellung, die sich kaum mit der orthodoxen Psychoanalyse vereinbaren läßt.

Wie unvollständig Freuds Äußerungen über Kunst auch sein mögen, so erregen sie doch nicht weniger Interesse als seine psychoanalytischen Theorien. Eine wesentliche Schlußfolgerung des Verfassers ist, daß sich – abgesehen von einigen fruchtbaren Auswirkungen der Freudschen Vorstellungen auf Kritik und Kunst – niemals ein schlüssiges System auf seinen Ansichten wird aufbauen lassen; aber der Reiz von Freuds *Traumdeutung* beruht ja ohnehin nicht auf irgendwelchen systematischen Grundlagen. Die unablässigen, krampfhaften Bemühungen der Anhänger Freuds um Aktualität, um größere Genauigkeit oder um Systematik haben sich als vergänglich erwiesen, während »das Haus, das Freud baute« (wie Joseph Jastrow sich in Anlehnung an einen Kinderreim sarkastisch ausdrückte), von Dauer war. Freuds Buch hat in der Tat klassischen Rang erreicht und besitzt den unvergänglichen Reiz, den Werke der Kunst oder der Philosophie ausstrahlen, und nicht nur die zeitgebundene Bedeutung einer wissenschaftlichen Abhandlung.

Wenn Freud in der vorliegenden Arbeit als Künstler oder Philosoph betrachtet und sein Hauptwerk als künstlerische Meisterleistung angesehen wird, so bedeutet das nicht etwa Kritik an der Gültigkeit der wissenschaftlichen Ergebnisse Freuds. Obwohl Freud bestrebt war, eine »Metapsychologie« zu schaffen, und obwohl er wußte, daß er auf Kreise, die nicht wissenschaftlich orientiert waren, stärker wirkte als auf Wissenschaftler, empfand er es keineswegs als Kompliment, als Havelock Ellis ihn mit einem Künstler verglich. Trotzdem kann die Ursache der anhaltenden breiten Wirkung des Werkes ganz offenbar nicht in seiner wissenschaftlichen Exaktheit liegen. Andererseits hat sich eine Eigenschaft, die anfangs die müßige Neugier fesselte oder jene Prüden verlockte, für die Ehrlichkeit in sexuellen Dingen gleichbedeutend mit Pornographie war, abgeschwächt oder ist bedeutungslos geworden in einer Welt, in der die öffentlichen Medien nur mehr wenige Beschränkungen kennen. Immer mehr Leser Freuds kehren zur *Traumdeutung* zurück, wie zu den *Bekenntnissen* Augustins oder Rousseaus oder auch zu Goethes *Dichtung und Wahrheit*, und sie tun es um des Reichtums und der differenzierten Schwierigkeiten willen, die große autobiographische Literatur stets dargeboten hat. In diesem Sinne kann man Freuds Schriften über Künstler und Dichter nicht nur als Beiträge zur Ästhetik betrachten, sondern auch als Reaktionen auf seine eigenen emotionellen und intellektuellen Erfahrungen sowie als »Versuche, mit diesen Erfahrungen fertig zu werden« [1]; überdies wirken diese Arbeiten aus sich heraus anregend und sollten mit der gleichen Aufmerksamkeit gelesen werden wie etwa *Finnegans Wake*. Wie der Traumkosmos, den Joyce heraufbeschwört, lassen sie sich vielleicht am besten mit Hilfe gerade jener psychoanalytischen Prinzipien deuten, die Freud beschreibt.

Wenn man Freuds Sammlung von Krankengeschichten samt theoretischem Apparat als autobiographisch bezeichnet, so scheint das weit hergeholt oder fehl am Platz. Es wird daher eine vordringliche Aufgabe dieses Buches sein, die subjektiven und persönlichen Aspekte der scheinbar objektiven Untersuchungen Freuds zur Kunst zu erforschen und den Menschen darunter freizulegen. Dasselbe könnte man mit der *Traumdeutung* tun, sowohl hinsichtlich Freuds eigener Träume wie auch seiner Analyse der Träume seiner Patienten. Man fände dann, daß der Mittelpunkt dieser Traumfragmente mit ihren Teildeutungen stets Freud selbst ist, dessen Persönlichkeit einen Untergrund für das Mosaik aus Eindrücken und Geständnissen liefert. Hier ist nicht Joyce die Parallele, dessen Träumer H. C. E., die Zentralfigur von *Finnegans Wake*, gekünstelt wirkt, sondern Proust, der als Individuum in *A la recherche du temps perdu* überall zu spüren ist, jenem Werk, das die Kindheit des Verfassers rekonstruiert, längst vergessene Erlebnisse aus der Erinnerung heraufholt und so eine lebendige Gegenwart schafft.

Um das Jahrhundertende fanden in der deutschen Literatur biographische Romane Anklang, die höchst interessante Aufschlüsse geben. Leo Berg, der zum Gegner des Naturalismus und schließlich Nietzscheaner wurde, befand sich durchaus in Übereinstimmung mit dieser Mode, als er 1895 in einem Aufsatz (*Zur Geschichte und Charakteristik der modernen Literatur*, in: *Neue Essays*, Oldenburg 1901) schrieb, die deutsche Literatur sei – verglichen mit der unpersönlichen Objektivität der romanischen Länder – im wesentlichen persönlich und subjektiv. Er sah in bedeutenden, aber sehr persönlich gehaltenen Werken von der Art der Tischgespräche Luthers, der Gespräche Goethes mit Eckermann, der Parerga Schopenhauers, der journalistischen Arbeiten Heines und der Tagebücher Hebbels (aus denen er zitiert: »Niemand schreibt, der nicht seine Selbstbiographie schriebe«) einen Ausfluß des Personenkults und betrachtete sie als hervorragende Beispiele für Subjektivität bei großen Schriftstellern, als Wegweiser für Psychologen, die sich um Zugang zum Geist des Verfassers bemühten. Seiner Meinung nach begründen diese Werke eine Literatur, die den Leser bei aller Unmittelbarkeit des Ausdrucks mit der Gewalt echter Kunst berühre. Mit besonderem Bezug auf die Romane des späten neunzehnten Jahrhunderts hat Bithell darauf hingewiesen, daß viele dieser Werke, »da sie die Entwicklung des Helden von seiner Jugend bis zu seiner Reife in Glück und Unglück schildern, mehr oder weniger Bildungsromane oder Entwicklungsromane im alten Sinne sind; die besten von ihnen sind jedoch so durchaus persönlich gehalten, daß man sie als Bekenntnis- und Bildungsromane klassifiziert hat: in ihnen offenbart der Autor sich selbst« [2]. Auch Freud sondierte und erforschte unablässig seine eigene Vergangenheit, als wolle er die Wurzeln seiner erstaunlich reichen kulturellen Entwicklung bloßlegen, ja als wäre die *Traumdeutung* (ergänzt durch die späteren Schriften) gewissermaßen ein umgekehrter Bildungsroman.

Ist diese Deutung richtig, so sollte man selbst in seinen außerordentlich objektiven Krankengeschichten gewisse Spiegelungen von Freuds Persönlichkeit erwarten, gewissermaßen eine Facette seiner lebenslänglichen Selbstanalyse. Man könnte sogar versuchen, die Schriften Freuds unter dem Gesichtspunkt zu überprüfen, den Karl Popper in seinem Buch *Die offene Gesellschaft und ihre Feinde* (Bern 1957) nahelegt, wenn er Psychoanalytiker als die bestgeeigneten Objekte für psychoanalytische Untersuchungen bezeichnet. Nun überschreitet freilich ein solches Riesenunternehmen die Grenzen, die ich mir in diesem Buch gesetzt habe, aber es schien mir doch nützlich und klärend, die psychoanalytischen Schriften über Kunst nach drei Hauptphasen einzuteilen, die sich aus offensichtlich wichtigen Veränderungen in Freuds Auffassungen und Interessen ergeben: eine frühe vorpsychoanalytische Periode, in der Probleme des Todes, der Macht und der Identität in seinen medizinischen und wissenschaftlichen Untersuchungen unterschwellig vorhanden waren, eine mittlere Periode von den *Studien über Hysterie* (1895) bis zum *Leonardo* (1910), die man als »romantische«, »künstlerische« Periode bezeichnen könnte, in der Freud seine eigenen Träume und sein Unbewußtes mit liebevoller Hingabe erforschte und die maßgebliche Bedeutung der Erotik für die Seele entdeckte, und eine späte Periode vom *Leonardo* und den ersten Untersuchungen zur Religion in *Totem und Tabu* (1912) bis zu den letzten Anspielungen auf die Kunst in *Die Zukunft einer Illusion* und *Der Mann Moses und die monotheistische Religion,* wo sich Freud, nachdem er aufgehört hatte, die eigenen Träume zu analysieren, zunehmend dem Problem des Todesinstinkts sowie systematisierenden und theoretischen Untersuchungen zuwandte. Eine maßgebliche Arbeit ist in diesem Zusammenhang der *Leonardo*-Aufsatz, in dem Freud unausgesprochen seiner Besorgnis, an einem Wendepunkt seines Lebens angekommen zu sein, Ausdruck verleiht, indem er sich mit dem Genie identifiziert, dessen Leben er in eine künstlerisch reiche erste Phase und die trockenere wissenschaftliche Phase der Reifezeit einteilt, in der die ungelösten Probleme seiner Kindheit einer künstlerischen Produktion im Wege standen. Auf einer tieferen Ebene wird sich zeigen, daß einige der bedeutendsten Ideen Freuds über Kunst und den Künstler sein ganzes Leben hindurch unverändert bleiben, wenn auch die Themen und die Betrachtungsweise sich ändern.

Die Eigenart des Freudschen Genies läßt sich vielleicht am treffendsten einschätzen, wenn man seine Schriften in Verbindung mit ihrem intellektuellen und kulturellen Hintergrund untersucht. Offensichtlich waren seine frühesten Erfahrungen zu Hause und in der Schule weitgehend maßgebend dafür, welche Kunstanschauung sich bei dem Wiener Juden Freud herausbildete. Als er älter wurde, traten die erzieherischen und gefühlsbedingten Einflüsse des Elternhauses, des Familienkreises und der Freunde hinter einem ständig sich erweiternden Bereich der Beziehungen zu Schulfreunden und Lehrern in der Volksschule und dem Gymnasium in Wien sowie der weitgefächerten Lektüre von Büchern in mehreren Sprachen – darunter auch Latein und Griechisch – zurück. Aus diesen Jahren gibt es nur wenige Zeugnisse. Merkwürdigerweise hat Freud die meisten seiner frühen Aufzeichnungen und Notizen sowie die Andenken an seine erste Lebensphase vernichtet, obwohl er sich doch sein ganzes späteres Berufsleben hindurch bemühte, Erinnerungen an seine frühesten Kindheitserlebnisse ins Gedächtnis zurückzurufen. Doch trotz dieser Schwierigkeit trägt das Studium seiner späteren Erinnerungen an seine frühe Kindheit zur Erhellung sowohl seiner Persönlichkeit als auch der Gedankenwelt seiner reifen Zeit wesentlich bei. Die wenigen wichtigen Ereignisse aus Freuds frühester Zeit, die Bernfeld und andere aufdeckten und die Ernest Jones in seiner ausführlichen Biographie behandelt, werden herangezogen, wo sie auf Freuds Erörterungen zur Kunst Bezug nehmen.

Freuds Kindheitserlebnisse waren nicht nur für die rückwärts gewandten Schriften seiner reifen Zeit bestimmend, sondern auch für seine Begegnungen mit den romantischen Dichtern und Künstlern, mit dem romantischen Klassizismus, der sich für die Herrlichkeiten des entschwundenen Roms und Griechenlands wie auch für die biblischen Länder des Nahen Ostens begeisterte, und mit dem jüdischen Humor und der jüdischen Weisheit, wie sie ihm in seinem Vater entgegentraten. Die Richtung des künstlerischen und literarischen Geschmacks muß sich bei dem heranwachsenden Freud als Reaktion auf das betriebsame kulturelle Leben im Wien des *fin de siècle* entwickelt haben, und infolgedessen kann uns eine Erörterung dieses Milieus zum Verständnis des scheinbaren Paradoxons verhelfen, daß Freuds Vorstellungen von Kunst und selbst sein Kunstgeschmack (die sich aus seinen Sammlungen von Kunstgegenständen und Büchern ablesen lassen), trotz seines vielfach bezeugten Mißfallens am Impressionismus und späteren Kunstrichtungen, eine überraschende Verwandtschaft mit zeitgenössischen Geistesströmungen und der fortschrittlichen Kunst und Literatur der Jahrhundertwende zeigen. Freud, der bereitwillig zugab, daß er eine lange Reihe wissenschaftlicher Vorläufer hatte, bezieht sich in seinen Ausführungen auch auf eine stattliche Anzahl literarischer und kunsttheoretischer Publikationen des neunzehnten Jahrhunderts. Sicherlich werden wir die historische Bedeutung von ästhetisch bedeutsamen Techniken wie Traumdeutung und freie Assoziation besser erfassen, wenn wir untersuchen, was das neunzehnte Jahrhundert in dieser Beziehung schon vorweggenommen hatte; wir werden Freuds Theorien von der Schönheit und der Freude an der Kunst besser verstehen können, wenn wir Bescheid wissen über frühere Auseinandersetzungen zwischen Vorkämpfern der Moral, L'art-pour-l'art-Enthusiasten und Verfechtern materialistischer und sexueller Motivierungen; wir können leichter verstehen, warum er soviel Nachdruck auf die biologischen Ursprünge der Kunst und ihre nachhaltige Bindung an die Kindheit legte, wenn wir den Zusammenhang mit den evolutionistischen Vorstellungen Darwins und Spencers in Betracht ziehen; und schließlich werden wir tiefere Einsicht in die Theorie vom unbewußten Determinismus gewinnen, die im Mittelpunkt von Freuds Kunstanalyse steht, wenn wir ihren Zusammenhang einerseits mit den in den Wiener Schulen gelehrten biologischen und physikalischen Modellen der Kausalität und andererseits mit jenen unwissenschaftlichen Spekulationen romantischer Dichter und Philosophen über irrationale, im Geist des Schöpfers verborgene okkulte Kräfte erkennen.

Freuds Gedanken über Kunst und den Künstler tragen, so scheint es, abgesehen von den erwähnten subjektiven und persönlichen Erwägungen, ihren Wert in sich, insbesondere im Hinblick auf die Deutung von Werken der symbolistischen Richtung. Wenn wir ihren Wert richtig einschätzen und auch ihre Grenzen bestimmen wollen, so tun wir gut daran, uns Gedanken über den starken Einfluß dieser Ideen auf spätere Werke der bildenden Kunst und der Literatur zu machen. Zu diesem Zweck werde ich, nachdem ich Freuds eigene Aufsätze über bestimmte Kunstwerke – vor allem über Michelangelos *Moses*, Leonardos *Heilige Anna selbdritt* und *Mona Lisa* und Wilhelm Jensens Erzählung *Gradiva* – analysiert habe, die Techniken der Psychoanalyse auf die Würdigung und das Verständnis zweier moderner Werke anzuwenden versuchen: auf das Gemälde *Le Viol* (Die Vergewaltigung) des surrealistischen Künstlers René Magritte und auf eine Zeile aus *Finnegans Wake* von James Joyce.

Die vielfältigen Versuche, vor allem in surrealistischen und nachsurrealistischen Kreisen, aus den Schriften Freuds eine neue, sozial orientierte Literaturkritik zusammenzustellen, die Bemühungen, die Psychoanalyse auf die Kunstgeschichte anzuwenden und eine psychoanalytische Kritik zu schaffen, die für moderne wie auch für ältere Epochen der Kunst und Literatur verbindlich ist – alles das beleuchtet, ja verdeutlicht Freuds Ideen und dient der Prüfung unserer Analyse dieser Ideen. Manchen Autoren schien der Einfluß Freuds so überwältigend zu sein, daß sie ihn allenthalben glaubten feststellen zu können; in Wirklichkeit sind aber zwei gewichtige Einschränkungen zu machen: Erstens sind viele Vorstellungen des Meisters – insbesondere im Bereich der Kunst und der Kultur – in den Systemen ehemaliger Schüler, nämlich Ranks, Adlers und Jungs, beträchtlich revidiert worden und haben die Öffentlichkeit infolgedessen nur modifiziert und nicht im ursprünglichen Zustand erreicht, und zweitens stellen Freuds eigene Vorstellungen, soweit sie sich von einflußreichen Geistesströmungen des neunzehnten Jahrhunderts herleiten, bis zu einem gewissen Grade Verbindungsglieder in einer fortlaufenden Entwicklung vom neunzehnten zum zwanzigsten

Jahrhundert dar; man kann hier also, was analoge zeitgenössische Gedankengänge betrifft, viel eher von einem gemeinsamen Ursprung als von einer Inspiration durch Freud sprechen.

Freuds einzigartige Bedeutung ist bis auf den heutigen Tag unerschüttert. Durch eine detaillierte Untersuchung seiner Beziehungen zu Kunst und Künstlern hoffe ich einen weiteren Zugang zu Geist und Persönlichkeit des großen Psychoanalytikers zu öffnen, denn mir scheint, daß er in dem gewaltigen Werk seiner Schriften nirgends so deutlich wie hier jene schwer zu fassende Mischung aus distanzierter, strenger Gelehrsamkeit und warmer, unvollkommener Menschlichkeit spüren läßt.

DER HINTERGRUND FÜR FREUDS GESCHMACK UND KUNSTANSCHAUUNG: WIEN UND FREUDS ERZIEHUNG

Man hat die *Traumdeutung* oft als das Werk eines schöpferischen Geistes angesehen, das keiner Tradition verpflichtet zu sein, ja in offenem Widerspruch zu ihr zu stehen scheint. Von diesem Standpunkt aus sollte man sich erst gar nicht nach Vorläufern umsehen oder erwarten, daß irgendwelche Einflüsse als Erklärung für die Bedeutsamkeit von Freuds großen neuen Gedanken dienen könnten; dennoch war, wie Freud selbst zugibt, seine Psychoanalyse von älteren Denkern nicht nur angeregt, sondern tatsächlich schon vorgeformt. Im Rückblick dürfen wir es als Freuds bedeutendsten Beitrag ansehen, daß er Materialien und Vorstellungen gründlich in sich aufnahm, miteinander verband und verwandelte, die bereits geläufig waren, als er über das Wesen der menschlichen Motivierung nachzudenken begann. Hinsichtlich der Psychoanalyse liegen ausgiebige Untersuchungen darüber vor, wieweit sich Freuds Theorien auf irgendwelche Vorgänger zurückführen lassen, doch das gilt nicht in gleichem Maße für seine Gedanken über Kunst.

Wie alle ganz frühen Betätigungen Freuds liegen auch seine ersten Begegnungen mit der Kunst einigermaßen im dunkeln. Er hat systematisch alle seine Tagebücher und Aufzeichnungen vernichtet, die sich auf diese frühe Phase seines Lebens beziehen, so daß die Forschung sich auf das Gedächtnis der Familie verlassen muß sowie auf seine Veröffentlichungen (einschließlich der Analysen seiner Träume), seine autobiographischen Notizen und Briefe. Ernest Jones hat in seiner verdienstvollen Biographie *Das Leben und Werk von Sigmund Freud* einiges Material aus der Forschungsarbeit über Freuds voradoleszente Jahre von S. Bernfeld, S. C. Bernfeld [1] und E. Rosenfeld zusammengetragen und uns so eine gewisse Kenntnis dieser frühen Phase in Freuds Leben vermittelt. Wir müssen jedoch vorsichtig sein, wenn wir Freuds eigene Schriften heranziehen, denn selbst seine teilweise veröffentlichten Selbstanalysen und seine *Selbstdarstellung* (1925) * lassen bei genauer Prüfung viele Rätsel ungelöst. Wenn wir auf Freud anwenden, was er selbst von Goethe sagte (1930 b), der erklärt hatte, seine Werke seien »Bruchstücke einer großen Konfession«, so dürfen wir sagen, daß Freud sogar in seinen Selbstbekenntnissen ebensoviel verhüllt wie offenbart

---

* Eingeklammerte Jahreszahlen im Text beziehen sich auf Erscheinungsjahre und Werke, die in der Bibliographie angeführt sind.

hat. In seinen großen Arbeiten, ja selbst in seiner »bekenntnishaften« *Traumdeutung* bleibt Freud oft höchst unvollständig; er gibt uns zwar auf Selbstbeobachtung beruhende technische Einsichten sowie einen Abriß seiner intellektuellen Entwicklung, läßt aber nur wenig vom Innenleben des Menschen Freud durchscheinen. Sollte man nun nicht diese Zurückhaltung respektieren, da wir das Beste von Freud in seinem Werk haben? Im Gegensatz zu allen orthodoxen Freudianern und Autoren wie etwa Rieff [2], der die Meinung vertrat (1959), daß Freuds Werk nur insoweit exemplarisch sei, als es unpersönlich bleibe, stehe ich auf dem Standpunkt, daß gerade die – wenn auch verhüllte und nicht ohne weiteres zugängliche – persönliche Seite Freuds Werk zwingende Kraft verleiht, da sie es dem Leser um so vieles anziehender erscheinen läßt als die trockenen Berichtigungen seiner Kritiker und Anhänger. Freud hat in seinen bedeutendsten und einflußreichsten Werken nicht nur persönliche Erfahrung mit klinischer Beobachtung verbunden, sondern die Teile seiner Ausführungen durch den feinen, alles durchdringenden Ton seiner Stimme und seiner Sprache zusammengeschlossen, als wäre sein Schreiben eine Metapher für das Arbeiten seines Geistes. Sogar Werke, die objektiv erscheinen, verbinden sich, je genauer man sie studiert, um so inniger mit Freuds Vorlieben und Abneigungen. So scheint es zwar, als wären *Die Zukunft einer Illusion, Der Mann Moses und die monotheistische Religion* oder seine Aufsätze über Leonardo und Michelangelos Moses lediglich objektive Studien, in denen die persönlichen Meinungen sorgfältig als solche gekennzeichnet werden, aber es läßt sich auch zeigen, daß sie höchst persönliche Äußerungen sind, Produkte des sich entwickelnden Freudschen Intellekts. Außerdem übten emotionelle und Bildungserlebnisse, die nicht alle unmittelbar mit Kunst zu tun hatten, einen starken Einfluß auf Beschaffenheit und Reichweite der Ansichten Freuds über Kunst aus.

Die erste wichtige Anspielung auf Freuds formale Bildung betrifft sein siebentes Lebensjahr. »Es war in deinem siebenten Lebensjahr, daß der Geist des Allmächtigen dich überkam und dich drängte zu lernen«, schrieb Freuds Vater in ein Buch, das er seinem Sohn Sigmund Jahre später als Erinnerung an diesen Zeitpunkt schenkte. Dieses Buch, das die frühe Entwicklung des aufstrebenden Genies beherrschte und Bilder und Vorstellungen für seine späteren Träume und einige seiner Schriften über Kunst lieferte, war einer der drei Bände einer illustrierten Bibel, die Ludwig Philippson mit Anmerkungen versehen herausgegeben hatte: *Die israelitische Bibel* (1858). Obwohl Freud, wie er in seinem Vorwort zur hebräischen Ausgabe von *Totem und Tabu* 1930 erklärte, Hebräisch nicht beherrschte und in seinen seltenen Erwähnungen des Alten Testaments (so zum Beispiel in seinem Aufsatz über Michelangelos Moses) dessen Unstimmigkeiten und Übertreibungen verspottete, spürt man, daß die Bibel als formender Einfluß wichtig für ihn war. In einem Nachtrag zur *Selbstdarstellung* (1925) schrieb Freud 1935 von der anhaltenden Wirkung auf die Richtung seines Interesses, die sein tiefes Versenken in die Biblische Geschichte fast unmittelbar, nachdem er die Kunst des Lesens erlernt hatte, ausgeübt habe (s. Standard Edition X, 8, London 1959). Nicht ohne Grund nannte Hermann Keyserling (1950) Freud einen »alttestamentarischen Juden«, der »die letzten Jahre seines Lebens (damit) verbrachte..., eine Psychoanalyse der... Bibel zu schreiben«. Letztlich identifizierte sich Freud mit den großen Gestalten der Bibel, vor allem mit Moses, aber auch mit Joseph, dem Traumdeuter. Hinter diesen großen Gestalten stand Jakob Freud, ein Mann, der zweifellos den Entdecker des Ödipuskomplexes als kleines Kind anregte und einschüchterte, der aber auch ein liebevoller und zärtlicher Vater war. Freud, dessen Ehrgeiz frühzeitig erwacht sein muß, fand viele Wege, ihn zu verleugnen und zu verspotten, um schließlich dem Vater, der ein nicht sehr erfolgreicher Kaufmann mit geringer formaler Bildung war, in der *Traumdeutung* (Vorwort zur 2. Auflage) ein Denkmal zu errichten. Freud hielt sich selbst »physisch und bis zu einem gewissen Grad auch geistig« [3] für ein Duplikat seines Vaters, eine Tatsache, die in dem stolzen jungen Mann ein unbehagliches Gefühl hervorgerufen haben muß. In einer bekannten, in der *Traumdeutung* berichteten Episode wird der Vater als ein Mensch gezeigt, dem Überleben wichtiger ist als Heldentum: »Was hast du getan?« fragte der junge Freud, als der Vater erzählte, daß ein Fremder ihm die Mütze heruntergeschlagen und ihn einen dreckigen Juden genannt habe. »Ich bin auf den Fahrweg gegangen und habe die Mütze aufgehoben«, antwortete sein Vater. Das ist die Sprache des kleinmütigen Bloom bei Joyce, nicht die des biblischen Helden Moses.

Die Bibel, mit der Freuds Vater seinen jungen Sohn bekannt machte, war ein Erzeugnis liberaler jüdischer Gelehrsamkeit und enthielt nicht nur Fußnoten rational-wissenschaftlicher Tendenz, sondern auch zahlreiche Holzschnitte, die teilweise von christlichen Meistern wie Raffael und Domenichino stammten (Abb. 1). Außerdem hatte Freud in früher Kindheit (ehe er als Dreijähriger nach Wien kam) eine überaus eindrucksvolle Begegnung mit dem Christentum, als man ihn der Fürsorge einer liebevollen Kinderfrau übergab, die ihren Schützling mit in ihre Kirche nahm und ihn mit der Ritenordnung ihres Glaubens konfrontierte. Ihr starker Einfluß (der in Anekdoten weiterlebte, die ihm seine Mutter und andere Familienmitglieder immer wieder erzählten) hat sein ganzes Leben lang nachgewirkt, und seine Träume vermengen Erinnerungen an sie mit solchen an seine Mutter. Die Bedeutung Roms für Freud läßt sich leicht aufzeigen: Er verband die Vorstellung von einem jüdischen Vaterland und von Rom, der Hauptstadt des Katholizismus, in einem Traum, den er träumte, nachdem er – wahrscheinlich

1897 – Theodor Herzls Stück *Das neue Ghetto* bei seiner ersten Aufführung in Wien gesehen hatte; wie der Held seiner Knabenjahre, der Semit Hannibal, sehnte er sich danach, als Eroberer nach Rom zu kommen, und seinen ersten Rombesuch im Jahre 1901 nannte er einen »Höhepunkt des Lebens«[4]. Bei diesem Besuch traf er auch auf die Verkörperung eines Helden, größer noch als Hannibal, mit dem er sich identifizieren konnte: Michelangelos *Moses* in S. Pietro in Vincoli. Freuds ambivalente Einstellung dem Vater gegenüber, sein Stolz auf sein Judentum und sein Wunsch, von dieser Bürde frei zu werden, spiegeln sich in der widersprüchlichen Haltung dieser Mosesstatue wider. Sie drücken sich in einem wichtigen Aufsatz über dieses Bildwerk aus, von dem im nächsten Kapitel die Rede sein wird.

Freuds komplizierte Vorstellungen von Moses gehen über die Anregungen, die ihm das liberale Vaterhaus bot, hinaus und weisen auf die bedeutende Bereicherung hin, die ihm seine Schuljahre im Wiener Gymnasium brachten, in das er als Zehnjähriger eintrat. Wie viele begabte jüdische Kinder aus der Mittelklasse dieser Zeit erhielt Freud eine »gelehrte Bildung«, eine humanistische Ausbildung (seine freidenkerischen jüdischen Lehrer lehrten ihn nie Hebräisch), die mit der Matura abschloß. In einem fröhlichen Brief aus dem Jahre 1873, den er schrieb, als er seine Maturaprüfung mit siebzehn Jahren, ein Jahr eher als üblich, abgelegt hatte, berichtet Freud, daß er fast durchweg hervorragende Noten für Übersetzungen Vergils und aus dem Oedipus Rex (eine nicht identifizierte Stelle, die er gut kannte) sowie für einen Aufsatz über seine Berufswahl erhalten hatte, von dem sein Professor mit einem Wort Herders bemerkte, daß er einen »idiotischen« Stil habe, wobei »idiotisch« höchstes Lob für einen gleichermaßen korrekten wie individuellen Stil ausdrücken sollte. Im Zuge seiner Gymnasialbildung hatte Freud eine breite Auswahl großer Literatur gelesen, zu der selbstverständlich auch Goethe und Shakespeare gehörten (den er schon als Achtjähriger zu lesen begann). Offensichtlich befriedigte er seine alles verschlingende Neugier mit weniger gehobener Lektüre, die nicht auf dem Lehrplan stand, und zu der auch Romane aus dem neunzehnten Jahrhundert gehörten[5]. Noch im Gymnasium las er die von Comte beeinflußte *Geschichte der Zivilisation in England* von Henry Thomas Buckle (1857), die ihm großen Eindruck machte; das Buch war für jene Zeit insofern bezeichnend, als darin behauptet wurde, »die genauesten Erforscher der menschlichen Seele« seien »bisher die Dichter, insbesondere Homer und Shakespeare, gewesen«[6], ein Gedanke, den Freud Jahre später wiederholen sollte. Die gesamte Lektüre Freuds, die klassische ebenso wie die moderne, wäre ihm wohl für rhetorische Zwecke recht gut zustatten gekommen, wenn er, wie er während seiner Gymnasialzeit in Erwägung zog[7], sich der Jurisprudenz zugewandt hätte; dagegen hat sie kaum

Bezug auf die konkreten Aufgaben des Naturwissenschaftlers oder Arztes, für den sie nur der Unterhaltung oder der Verdeutlichung von Feststellungen dienen konnte, die er in seinen Briefen oder Gesprächen traf. Trotzdem zielte Freuds Schulbildung nicht darauf, Gelehrte und Autoren nur im Bereich der klassischen Disziplinen hervorzubringen, sondern auch in den Naturwissenschaften; es war faktisch die Schulbildung der besten Naturwissenschaftler unter seinen Vorbildern (Helmholtz, Fechner) oder unter seinen Lehrern (E. Brücke, der ebensogut – zusammen mit Helmholtz – über die Physiologie des Urins schreiben konnte wie über die schönen Künste). So war es nicht ausschließlich eine rhetorische Geste, wenn Freud zu dem französischen Dramatiker Henri-René Lenormand Mitte der zwanziger Jahre sagte:»Dies sind meine Meister« [8], wobei er auf seinen Bücherschrank wies, der Shakespeare und die griechischen Tragiker enthielt. Man darf nicht vergessen, daß in jener Epoche, in der noch Bildungsbegriffe der Renaissance fortlebten, die Humaniora noch immer als die beste Vorbildung für Naturwissenschaftler galten und Latein als ein wertvolles Modell für das Studium der Logik angesehen wurde. Allerdings muß betont werden, daß diese Naturwissenschaftler zwar an Kunst und klassischer Literatur interessiert waren und eine gebildete Prosa schrieben, wie man sie im wissenschaftlichen Schrifttum des zwanzigsten Jahrhunderts kaum mehr findet, daß sie jedoch ihre Wissenschaft auf die quantitativen Normen der Physik zu beschränken wünschten.

Die meisten Naturwissenschaftler, die Einfluß auf Freuds frühe Arbeiten ausübten, waren sich einig in ihrem Widerstand gegen die romantische Naturphilosophie, die – wie Goethe in seinen naturwissenschaftlichen Schriften – eine Bedeutung in den Aufbau der Natur hineininterpretieren wollten. S. Bernfeld hat (1959) festgestellt, daß das Brücke-Institut für Physiologie in Wien, das Freud besuchte, in seinem Widerstand nicht dogmatisch war, da in Österreich die Naturphilosophie nie jene große Anhängerschaft besaß, die sie in Deutschland gefunden hatte, wo eine starke Gegenreaktion auftrat. Es ist sehr bezeichnend, daß Freud, dessen Interesse an der Naturwissenschaft zu allererst durch Goethes Fragment über die Natur geweckt worden war, schließlich selbst das Brücke-Institut ablehnte und über dessen engere empirische Beschränkungen hinauszugehen versuchte, während er sich doch immer noch an viele Richtlinien des Instituts hielt (er versuchte zuerst eine naturwissenschaftliche und quantitative Psychologie aufzubauen).

Freud war zwei Welten verbunden; die empirische, skeptische und rationale Welt der Naturwissenschaften war für ihn die gegebene, und wie Brückner bemerkte (1962), zeigte Freud als Heranwachsender in seiner belletristischen Lektüre eine Vorliebe für die empirischen und pragmatischen englischen Schriftsteller des achtzehnten Jahrhunderts

(Fielding, Sterne), für Realisten des neunzehnten Jahrhunderts wie Dikkens oder Thackeray und für ironische Skeptiker wie Multatuli, »den holländischen Voltaire« (wie Anatole France ihn nannte), Anatole France und Mark Twain. Diese Geschmacksrichtung wird auch aus einem Brief (1907) deutlich, in dem er folgende »gute« Bücher (nicht etwa so großartige, hervorragende oder bedeutsame Werke wie die von Sophokles, Shakespeare, Goethe, Kopernikus und Darwin) nennt: Multatuli [9], Briefe und Werke; Kipling, *Dschungelbuch;* Anatole France, *Sur la pierre blanche*; Zola, *Fécondité* [10]; Mereschkowskij, *Leonardo da Vinci*; Gottfried Kellers Werke [11]; C. F. Meyer, *Huttens letzte Tage;* Macaulay, *Essays*; Gomperz, *Griechische Denker* und Mark Twain, *Sketches.* Doch Freud enthüllt noch eine andere Seite seiner Persönlichkeit, wenn er sich zu den viktorianischen Melodramen George Eliots und zu der suggestiven Mischung aus Traum und Wirklichkeit bei dem dänischen Romancier Jens Peter Jacobsen hingezogen fühlt. Der Publizist Ludwig Börne hatte schon dem Vierzehnjährigen großen Eindruck gemacht, und in der gleichen Richtung wirkte später dessen großer Zeitgenosse Jean Paul. Unter dem Vorwand der Vorbereitung eines geschichtlichen Überblicks für die *Traumdeutung* gab Freud dieser Neigung nach und las ungeheure Mengen von Traumliteratur. Diese Verbindungsglieder zum Ungewöhnlichen oder Phantastischen in Freuds Lektüre sind nur schwache Andeutungen des starken Interesses für das Seltsame und Abnorme, das Freud bewog, in die Welt der Neurose und der bösen Träume hinabzutauchen und über die dunkle Seite des Menschen einen Zugang zum erhellten, rationalen Denken zu finden.

Bei einer so vielseitigen Lektüre versuchte Freud, jedes Buch seinen intellektuellen Bedürfnissen dienstbar zu machen; früher oder später zitierte er aus ihnen Stellen, die seine eigenen Feststellungen unterstrichen. Seine in London aufbewahrte Bibliothek zeigt das ganz deutlich. In vielen Büchern, die ihm wichtig waren, finden sich zahlreiche Unterstreichungen [12], während Bücher, die ihn nicht interessierten [13], unaufgeschnitten blieben. Andere, die er benutzt haben muß, erhielten wenige oder gar keine Markierungen [14], doch handelt es sich dabei oft um zweite oder spätere Ausgaben, vielleicht Ersatzstücke für Exemplare, die ihm schon vor der Flucht aus Wien verlorengegangen waren. Wie zu erwarten, besteht der größte Teil seiner Bibliothek aus den Werken seiner Lieblingsschriftsteller; ein Schrank enthält Goethes Werke in der Weimarer Ausgabe, Dostojewskis Werke auf Deutsch in vierzehn Bänden und – überraschenderweise – Gogols Werke in fünf Bänden. Fast alle Bücher, die er in seinen Schriften über Kunst zitiert, finden sich in seinen Regalen, dazu viele andere, die mit seinem Interesse an der Archäologie zusammenhängen, so zum Beispiel die *Histoire de l'art dans l'antiquité* von Perrot und Chipiez (1898) sowie Bücher über Ägypten und den Ägyptologen Champollion. Welche Bedeutung Freud seiner Kunstsammlung und Bibliothek beimaß, geht aus einem Brief an Stefan Zweig vom 7. Februar 1931 hervor. Darin kritisiert Freud Zweigs Aufsatz über ihn [15] deshalb, weil er nicht beachtet habe, »daß ich bei aller gerühmten Anspruchslosigkeit viele Opfer für meine Sammlung griechischer, römischer und ägyptischer Antiquitäten gebracht und eigentlich mehr Archäologie als Psychologie gelesen habe, daß ich bis zum Krieg und nachher wenigstens einmal im Jahr für Tage oder Wochen in Rom sein mußte ...«. Auf seiner Parisreise im Jahre 1885 befriedigte Freud sein Kunstinteresse vor allem durch Besuche der Antikensammlung des Louvre.

Der archäologische Blickwinkel war wesentlich für Freuds Kunstanschauung. Wie seine Lehrer, humanistisch gebildete Naturwissenschaftler, suchte er einen Weg, der von seiner Wissenschaft zu Kunst und Kultur führte [16]. Diese Brücke bot ihm einmal die Psychologie der Kunst und zum anderen die Archäologie, die mit naturwissenschaftlichen Methoden an das Studium der antiken Kunst heranging. Der Archäologe Emmanuel Löwy, der zu Freuds ältesten Freunden gehörte, besuchte ihn alljährlich in Wien und brachte ihm Neuigkeiten aus Rom mit, dem Paradies der Archäologen; Freud nahm Ausgrabungsnachrichten mit großer Begeisterung auf und erwarb sich klassische Werke wie Schliemanns *Ilias*. Doch die Archäologie spielte schon viel früher eine wichtige Rolle für ihn: in seiner Kindheit, als er in Philippsons Bibel dank den zahlreichen Abbildungen aus dem ägyptischen und klassischen Altertum eine ganze Welt von Ideen und Bildern entdeckte.

Die Archäologie hatte für Freud sowohl als Disziplin wie auch als Sinnbild wissenschaftlicher Erforschung eine besondere Bedeutung – eine Bedeutung, die einen charakteristischen Aspekt seines Denkens berührt. Noch ehe die starken Eindrücke des Gymnasiums ihn die Bedeutung der klassischen Kultur empfinden ließen, mögen bestimmte frühe Erlebnisse sein Interesse zunächst an der eigenen Vergangenheit und dann an weitergespannten humanistischen Traditionen angeregt haben. Der eindrucksvollste Einzelvorfall in seinem Leben mag der Umzug der Familie aus seinem Geburtsort Freiberg in Mähren nach Wien gewesen sein, als der Dreijährige den begehrten Status des Einzelkindes verlor und sich außerdem von seiner Kinderfrau trennen mußte, einer für ihn ungeheuer interessanten Person, die in den Sagenschatz der Familie einging. In Wien begann das neue großstädtische Leben, in dem der erste geschwisterliche Rivale, seine Schwester Anna geboren wurde, der noch andere Kinder folgten. Das führte zu einem Gefühl des Verlustes und zu einem Hunger nach Zärtlichkeit, der – wie er später scherzhaft bemerkte – die Form eines gefräßigen Appetits annahm. Man hat behauptet, ein großer Teil der geistigen Aktivität des reifen Freud stelle einen Versuch dar, das Paradies seiner verlorenen Kindheit wiederzugewinnen [17]. Dieses Zurückblicken kann durch seine Bildungserlebnisse nur verstärkt worden sein, zu denen nicht allein seine humanistische Erziehung, sondern auch die Schriften Jacob Burckhardts zählten, eines von Freud sehr bewunderten Kulturhistorikers, der lehrte, die Renaissance sei dadurch zur Blüte gekommen, daß sie der Antike nacheiferte. Seit dem Erscheinen der *Renaissance in Italien* im Jahre 1860 (eines Buches, das Freud fesselte, weil er hier »prähistorische« Parallelen zum Verhalten des modernen Menschen fand) beherrschte Burckhardts Renaissancemensch – ein Bild von nachhaltigstem Einfluß, das auch eine wichtige Quelle für Nietzsches Übermenschen war – die Träume junger, humanistisch gebildeter Geister. Freud selbst mag von einem Renaissance-Condottiere geträumt haben – jedenfalls hatte er als junger Mensch den Ehrgeiz, nicht etwa Künstler oder Wissenschaftler, sondern ein Konquistador zu werden.

Wie sehr Freud unter dem Banne vergangener Kulturen stand, geht am deutlichsten aus der Sammlung von Kunstgegenständen hervor, die er im Laufe mehrerer Jahrzehnte erwarb und samt seiner Bibliothek mehr oder weniger vollständig aus Wien wegbringen konnte, als er vor den Nationalsozialisten floh. Nach seinem Tod, 1939, ließ Martha Freud das Haus ganz so, als ob ihr Mann noch lebte, und Freuds Tochter Anna hat es seit dem zwölf Jahre später erfolgten Tod ihrer Mutter mit der Unterstützung Paulas, der Wiener Haushaltshilfe, die über vierzig Jahre für die Familie gearbeitet hat, ebenso unverändert erhalten. Das Leitprinzip Freuds bei der Zusammenstellung seiner Sammlung war in erster Linie sein persönlicher Geschmack und nicht irgendein systematisches Interesse an den Gegenständen. Das zeigt sich nicht nur an der nahezu willkürlichen Häufung von Gegenständen, sondern auch an den überraschenden Lücken und den Sprüngen von Periode zu Periode und von Kultur zu Kultur; man erkennt sehr rasch, was viele dieser Stücke verbindet: ihr hohes Alter und ihre ferne Herkunft. Anna Freud war es gar nicht recht, als sie in unserem ersten Gespräch erfuhr, daß ich Spezialist für moderne Kunst bin, und sie betonte, daß sich in der Sammlung eigentlich nichts befinde, was nach der Renaissance entstanden sei. Sie erzählte mir, ihr Vater habe mit dem Sammeln ägyptischer und griechischer Stücke begonnen und sich erst später der Kunst des Ostens zugewandt. Das bestätigen auch Freuds frühe Briefe, so etwa der an Fliess vom 6. August 1899, in dem er von einem Aufenthalt in Salzburg schreibt, »wo ich das letzte Mal sogar ein paar ägyptische Altertümer aufgestöbert habe. Die Dinge geben mir Stimmung und sprechen von fernen Zeiten und Ländern.« Laut Anna Freud erwarb ihr Vater einen großen Teil dieser Sammlung von Händlern, die den überaus beschäftigten Mann aufsuchten, um ihm ihre Ware zu zeigen, meist Stücke, die

wahrscheinlich durch den Pariser Antiquitätenhandel gegangen waren [18].
Obwohl viele der Stücke Nummern tragen (wahrscheinlich Katalognummern der Händler oder der früheren Besitzer), wußte Anna Freud nichts von einer systematischen Klassifizierung. Freud kannte zwar meist den Wert und die Herkunft seiner Stücke, ließ sich aber weder von einem eng auf ein einziges Gebiet begrenzten Interesse leiten noch von dem Zwang bestimmen, der den Fachmann dazu treibt, innerhalb seines speziellen Gebietes Vollständigkeit anzustreben. Freud machte vielmehr seine Sammlung dann am meisten Freude, wenn er mit Hilfe seiner Stücke Kollegen oder Patienten etwas verständlich machen konnte; außerdem hatte er die Gewohnheit, die Gegenstände beim Sprechen (nicht beim Zuhören) zu streicheln [19]. Ein ehemaliger Patient Freuds bestätigt diese Beobachtung [20]: »Um sein System der Traumsymbole zu erläutern, führte er mich einmal in sein Arbeitszimmer und zeigte mir Beispiele alter Symbole aus seiner kleinen Privatsammlung antiker Kleinkunst.« Anna Freud äußerte in unserem Gespräch ebenfalls die Meinung, daß die Sammlung Freuds psychoanalytischem Interesse untergeordnet war. Wir dürfen jedoch nicht unterschätzen, welche Bedeutung die Sammeltätigkeit an sich für Freud hatte. Der berühmte französische Psychoanalytiker René Laforgue (1954) hat die Vermutung ausgesprochen, daß sich in »diesen Sammlungen auch ein Teil der Persönlichkeit Freuds ausdrückte – seines Über-Ichs etwa, wie er es aus dem alten Orient ererbt haben mag«. Freud selbst verglich einst den künstlerisch Schaffenden mit einem Paranoiker, in dessen Krankheit sich die Libido vom Objekt löse, während umgekehrt der Sammler seine überschüssige Triebenergie auf unbelebte Objekte richte und eine Liebe zu Sachen entwickle [21]. Es überrascht, daß Freud den Sammler beim Vergleich mit dem schöpferisch tätigen Menschen so vorteilhaft beurteilt, da er den Sammler ja auch mit dem anal-retentiven Charakter hätte vergleichen können. Wir dürfen also vermuten, daß Freud unter dem Zwang, an seiner eigenen Vergangenheit festzuhalten, sein literarisches Talent in zwei Richtungen wirken ließ: einmal als Sammler (von Erinnerungen und Gegenständen) und zum anderen als Deuter der gesammelten Gegenstände.

Versucht man Freuds Geschmack zu bestimmen, so könnte man annehmen, daß der Rahmen der Sammlung in dem Haus in London, Maresfield Gardens, wo er die letzten Jahre seines Lebens verbrachte, von nicht geringerer Bedeutung wäre als die Sammlung selbst. Diese Annahme ließe sich jedoch nicht völlig rechtfertigen, denn das Haus in London gefiel Freud zwar, aber er hatte es nicht selbst ausgesucht, sondern nach seiner Flucht aus Wien von seinen Anhängern als Geschenk erhalten. Der schöne, abgeschlossene Garten und die klare Teilung in Stockwerke, die es Freud ermöglichte, im Erdgeschoß ein großes Arbeitszimmer einzurichten, muß für den kranken alternden Mann sehr verlockend gewesen sein. Aber weit interessanter und bedeutsamer ist der Inhalt des Hauses, die vor den Nationalsozialisten in Sicherheit gebrachte Sammlung und Einrichtung. Nach Anna Freuds privaten Fotos der Wiener Wohnung zu urteilen, liebte es Freud, den freien Raum um sich mit vielen Dingen anzufüllen und Wände und Fußboden vollständig zu bedecken. Max Eastman, der Freud 1926 in Wien besuchte, erinnert sich an die Berggasse 19 als an ein »großes geräumiges Haus, voll von Büchern und Bildern, in dem der Fußboden im Zwischengeschoß durchgehend mit Teppichen ausgelegt war, in denen man mit den Füßen einsinkt wie ein Kamel im Sand« [22]. Freuds Geschmack scheint immer höchst konservativ gewesen zu sein, und das ging soweit, daß er – wie sein Sohn Martin (1958) berichtet – sich gegen Neuerungen wie das Fahrrad, das Radio, ja sogar das Telefon sträubte, nie eine Schreibmaschine benutzte und ausschließlich mit breiter Feder schrieb.

Es scheint, daß Freud zunächst fast denselben Geschmack hatte wie sein alter Lehrer Brücke [23], der an der Kunstakademie Berlin Anatomie gelehrt und ein Buch über *Schönheit und Fehler der menschlichen Gestalt* (3. Auflage 1905) geschrieben hatte. Brücke behauptet, mit Ausnahme einiger zeitgenössischer Künstler vertrete die Allgemeinheit übereinstimmend die Meinung, daß die bildenden Künste, insbesondere die Malerei, von ihrer alten Höhe herabgestiegen seien. Diesen Höhepunkt verlegt Brücke ins Altertum und in die Renaissance, Zeiten, in denen eine »ideale Kunst« herrschte, bei der die Linie dominierte. Er beklagt den »jetzt vorherrschenden Realismus«, weil er alles abbilde, sei es schön oder häßlich; er wirft der modernen Kunst vor, sie habe – verglichen mit der Kunst der Alten – das Gefühl für die Schönheit der Linie verloren. (Man fragt sich, was der 1892 verstorbene Wiener Professor wohl zu der sensiblen Linie des Art Nouveau oder zu den Bildern Gauguins oder Seurats gesagt hätte. Wahrscheinlich hätte ihn all diese neumodische Kunst noch mehr als Freud abgestoßen, weil sie ihn nicht an seine klassischen Vorbilder erinnerte.) Freud teilte sicherlich Brückes Vorurteil gegenüber der modernen Kunst wie auch seine hohe Schätzung der klassischen Kunst, aber in seiner Liebe zur ägyptischen und zur archaischen griechischen Kunst weicht er bezeichnenderweise von seinem Lehrer ab. Selbst Marthas Geschmack (sie war in Hamburg geboren und aufgewachsen, und die Wiener Gesellschaft blieb ihr immer ein wenig fremd) scheint mit der damaligen Mode übereingestimmt zu haben, nach der man Fußböden und Sofas mit jenen aufwendig wirkenden Perserteppichen bedeckte, die in Wien leicht zu bekommen waren, und die Wände mit farbenprächtigen gewebten Behängen schmückte. Es überrascht, daß der konservative Geschmack des Ehepaares in Fragen der Innenausstattung vor dem Art Nouveau nicht zurückschreckte (sie scheinen einige der Erzeugnisse von Tiffany geschätzt zu haben), aber sein Wiener Pendant, der in den neunziger Jahren moderne Jugendstil, blieb von ihnen im allgemeinen unbeachtet; die nüchterne Sachlichkeit so bedeutender Wiener Architekten wie Otto Wagner und seines Schülers Adolf Loos hat sie natürlich nie berührt. Selbst auf dem Gebiet der östlichen Kunst wählten sie die am wenigsten auffallenden Beispiele, denn wenn sie auch an den verfeinerten Schmuckformen der Chinesen Gefallen finden konnten, die so oft an die phantasievollen Arabesken des österreichischen Barocks erinnerten (eines Stils, der Freud anzog und zugleich auch abstieß), so vermochten sie sich doch nicht für die kühne Schlichtheit japanischer Drucke zu erwärmen, die zu den vornehmsten Vorbildern der modernen Kunst im neunzehnten Jahrhundert gehörten. Indessen war das Freudsche Heim in zwei Punkten ungewöhnlich: einmal durch seine reichen Sammlungen, die es fast zu einem kleinen Museum von Altertümern machten (von denen allerdings nicht alle Originale waren), zum anderen dadurch, daß in diesen Sammlungen die Themen Tod und Bestattung vorherrschten.

Freuds Sammlung, die jetzt in London steht, enthält eine überraschend große Anzahl von Gegenständen, die sich in wenige Hauptkategorien einordnen lassen und längs der Wände des langen rechtwinkligen Zimmers im Erdgeschoß in Schränken ausgestellt sind. Sieht man von den Bücherschränken ab, so ähnelt der Raum jenen altmodischen Provinzmuseen mit Sammlungen geologischer und historischer Stücke von lokaler Bedeutung (die man eher ihres kulturellen und historischen als ihres ästhetischen Wertes wegen gesammelt hat), wie man sie in Österreich hier und da heute noch sehen kann. Der große rechteckige Raum ist in der Mitte durch Schiebetüren in ein Wohnzimmer und ein Konsultationszimmer aufgeteilt. Nahe dem Eingang in das Wohnzimmer hängt neben der Schiebetür ein Abguß der *Gradiva* (laut Anna Freud ein Geschenk); auf der anderen Seite der Tür befindet sich eine Vitrine, auf der ein chinesischer Terrakottareiter und zwei Vasen stehen (deren eine viele kleine Knochen enthält), und in deren drei Fächern von oben nach unten sich chinesische Jade, Goldfolie, Skarabäen und Ringe, Gegenstände aus Bronze und aus Terrakotta befinden. An der Wand darüber hängt eine (etwa 60 × 50 cm große) Radierung von H. Ulbrich aus dem Jahre 1905, die die Sphinx von Gizeh darstellt. Dann kommt ein langer Bücherschrank in drei Abteilungen, gekrönt von einem (etwa 30 × 120 cm großen) Marmorrelief, das wie ein antiker Sarkophagdeckel aussieht, dessen eklektischer Stil jedoch eine vielleicht erst im neunzehnten Jahrhundert entstandene Fälschung vermuten läßt. Nach Anna Freud glaubte die Familie, daß der Tod des Patroklus dargestellt sei, aber die Zusammenstellung verschiedener Gegenstände läßt eher auf den Tod des Meleager schließen [24]. Dieses Relief wird auf der einen Seite von einem persischen Pferd, auf der anderen von einem (chinesischen) Terrakotta-kamel flankiert. Die letzte Vitrine enthält viele kleine Vasen und Krüge sowie ägyptische Figürchen, und über ihr haben die kleine Skulptur eines Kamels und eine archaische griechische Sphinx Platz gefunden. Hier folgt dann die Patientencouch, darüber ein Blatt von Pirodon, das Charcot in seiner Klinik neben einer hysterischen Patientin zeigt, nach dem Gemälde von Pierre-Albert Brouillet aus dem Jahre 1887: *La leçon clinique du Dr. Charcot* (Abb. 2)[25]. Dieses Blatt war für Anna Freud ungeheuer wichtig; ihr Vater pflegte sie als junges Mädchen über die Gefahren der Unterdrückung von Gefühlen zu belehren und seinen Worten dadurch Nachdruck zu verleihen, daß er auf Charcots Hysterikerin hinwies. Am äußersten Ende der Couch, die mit einem rötlichen Teppich in reichem Persermuster bedeckt ist, ähnlich dem Teppich, der auf dem Boden liegt, steht ein Polstersessel, auf dem Freud vom Patienten ungesehen neben dessen Kopf saß. Dahinter am Ende der Wand ist eine flache Nische, in der sich erstens sechs Mappen mit Freuds Manuskripten der Schriften zwischen 1906 und 1939 befinden, daneben eine Reihe von neun kleinen Figuren mit und ohne Sockel, die genau der Größe nach angeordnet sind: sechs Büsten (chinesische und ägyptische), ein chinesischer Hund, ein schwarzer ägyptischer Schreiber und eine stehende Holzfigur. An der Wand unmittelbar über der Figurenreihe hängt ein unsignierter (etwa 60 × 75 cm großer) Stich mit einer Ansicht des römischen Forums, gegen das Kolosseum gesehen, der aus der Zeit nach dem Beginn der Ausgrabungen stammt[26]. Auf einem achteckigen Tischchen in der Ecke steht ein Glaskasten, unter dem sich ein anmutiger weißer Frauenkopf befindet, wahrscheinlich eine koptische Arbeit, der mit dem Gesicht nach oben wie einbalsamiert daliegt, ganz ähnlich seinem Pendant, einem Männerkopf (mit unregelmäßigen Bruchflächen oben und linksseitig) in einem Glaskasten auf einem Sockel nahe dem Eingang. Beide Köpfe sind etwa 25 cm lang und haben Augen aus Glas.

Auf einem Tischchen zur Rechten, etwas niedriger als der Schreibtisch, das Teilstück eines reich vergoldeten, unterhalb der Schultern abgeschnittenen ägyptischen Sarkophags; daneben steht auf demselben Tisch die Figur eines sitzenden Chinesen, vielleicht eines Philosophen, dessen geneigtes Haupt auf der linken Hand ruht. Dieses Stück stand oft an der Spitze der wechselnden Liste von Freuds Lieblingen und wurde häufig mitten auf den Schreibtisch gesetzt, wo Freud ihm (laut Paula) guten Morgen sagte, ehe er an die Arbeit ging. Die Rückwand hat zwei große Glastüren, die auf den versteckten und wohlgepflegten Garten hinausgehen. In der Ecke an der Wand hinter dem achteckigen Tischchen hängen mehrere Porträts: eine Photographie von Freuds berühmtem Lehrer in Paris mit der Widmung »à Monsieur le Dr. Freud bon souvenir de la Salpêtrière. 1885–6. M. Charcot«; darunter eine Fotografie von Freuds Wiener Lehrer mit der Unterschrift »Ernst Brücke«, und unmittelbar daneben als größtes der drei Bilder ein Porträt von Philipp Melanchthon (1497–1560), dem Gefährten Luthers, der wegen seiner Gelehrsamkeit als »Praeceptor Germaniae« gefeiert wurde. Gleich um die Ecke hängt an der Schmalwand ein Bild des berühmten Helmholtz, den Freud bewunderte. Zwei römische Porträtbüsten (spätrepublikanisch oder aus der frühen Kaiserzeit), eine männliche und eine weibliche, befinden sich – auf schmalen Sockeln befestigt – zu beiden Seiten der Glastüren, die auf den Garten hinausgehen. In der anderen Ecke hängt an der Wand ein Blatt von Wilhelm von Kaulbach aus der Totentanzfolge, das den Tod zeigt, wie er einem gutgekleideten Bürger spöttisch eine Kugel zeigt, auf der »Cosmos« steht. Der Münchener Künstler gefiel Freud so gut, daß er – wie er 1883 in einem Brief an Martha schrieb – in seinem Zimmer im Wiener Allgemeinen Krankenhaus, wo er Assistenzarzt war, Bilder von Kaulbach über dem Schreibtisch hängen hatte [27]. Vielleicht besaß Freud außer dem erwähnten Blatt noch mehrere aus der Totentanzfolge. Aus Freuds früher Vorliebe für Kaulbach läßt sich kein spezielles Interesse für fortschrittliche zeitgenössische Malerei ableiten, sie erklärt sich vielmehr aus einer allgemeinen Hochschätzung dieses konservativen Künstlers, dessen Arbeiten in den siebziger Jahren von seinen Verehrern in München und Wien denjenigen Leonardos vorgezogen wurden. Eine Vitrine mit vielen Bronzegegenständen (darunter einige Buddhafiguren) enthält auch ägyptische Papyri, die aufrecht gegen die Rückwand gestellt sind, sowie römische und griechische Statuetten; im untersten Fach findet sich eine Sammlung von Bronzeharpunen. Auf einen Bücherschrank folgt ein Kamin mit einem Bärenfell; an der Wand darüber hängt eine (etwa 60 × 90 cm große) farbige Lithographie von Ernst Körner aus dem Jahre 1906 mit einer Darstellung der kolossalen Sitzstatuen von Ramses II. in Abu Simbel. Dann kommt ein weiterer Bücherschrank, der bis zur Schiebetür reicht; in der Ecke hängen mehrere Porträts aus Fajum an der Wand. Geht man längs dieser Wand in das nächste Zimmer weiter, so gelangt man zu Freuds Schreibtisch und der bereits beschriebenen Patientencouch.

Kehren wir zu unserem Ausgangspunkt zurück. Wenn man, aus dem Wartezimmer eintretend, links an der Gradiva vorbeigeht, so kommt man an einer 15 cm hohen weiblichen Terrakottabüste vorüber, einer archaischen griechischen Skulptur, die (nach ihrem flachen Rücken zu schließen) an einer Wand stehen sollte, und betritt das Konsultationszimmer. Hier steht gleich links eine Vitrine mit schwarzfigurigen Vasen, über der zwei gerahmte Faksimiles von Freskofragmenten im pompeianischen Stil hängen, die die Nummer 837 a und 837 b tragen. An der Hauptwand steht zwischen zwei Bücherschränken eine Vitrine mit fünf Fächern, die zahlreiche winzige (hauptsächlich ägyptische) Gegen-

stände enthalten, darunter Krüge, ein bemanntes Boot und ein kykla-
disches Idol. In einem Fach sind lauter kleine hölzerne Grabfiguren
nebeneinander aufgereiht (darunter viele Uschebti oder Sklavenfigürchen
– nach Professor Brendel charakteristisch für Antiquitätensammlungen
in den achtziger Jahren des neunzehnten Jahrhunderts) sowie zwei
Terrakottapferde aus Zypern. Auf dieser Vitrine thronen steif mehrere
ägyptische Statuetten, die für die Innenfächer zu groß sind, und im
Hintergrund finden sich in zwei Fächern kleinere braunhäutige ägyptische Arbeiter in verschiedenen Stellungen. An derselben Wand steht
dann ein Bücherschrank mit der umfangreichen Goetheausgabe, und
vorn an den Büchern lehnen die Fotografien mehrerer Frauen, die
Freud kannte und bewunderte: Lou Andreas-Salomé, die Schriftstelle-
rin, die sich mit Psychoanalyse befaßte und mit Nietzsche und Kafka
befreundet war; Marie Bonaparte, Sproß einer berühmten Familie und
Verfasserin einer wichtigen psychoanalytischen Studie über Poe, und
Yvette Guilbert, die berühmte Sängerin und Schauspielerin, deren Dar-
bietungen ihn so bewegten. Nach diesem Bücherschrank kommt eine
Vitrine mit vielen kleinen Figuren, unter denen sich auch einige schöne
Stücke aus Tanagra befinden. Im rechten Winkel zu dieser Wand hängt
auf einem schmalen Streifen vor der Tür, die zum (rückwärts gelegenen)
Garten führt, ein Stich nach Ingres' 1808 entstandenem Gemälde *Ödipus und die Sphinx* (Louvre). Auf dem entsprechenden Streifen jenseits der Tür hängen gegenüber dem Helmholtzbild zwei Radierungen
von Rembrandt, die berühmten *Juden im Tempel* und darunter das
Porträt eines holländischen Bürgers von 1656; rechts ein Stich von Dürer,
Der Judaskuß (1508) [28]; unter diesen drei Bildern finden sich vier Zeichnungen von Wilhelm Busch: ein Esel, der einem Künstler beim Malen
zusieht, ein Fisch, der nach einer Fliege spuckt, ein Rhinozeros, das
einen Neger anstarrt, und ein Küken, das sich aus einem Ei herausar-
beitet, mit dem Datum »1. Januar 1894« daneben. Busch war ein Liebling des kleinen Freud, und wahrscheinlich ist sein skeptischer Humor
nicht ohne Einfluß auf gewisse Aspekte der Anschauungen des Psychoanalytikers über Kunst und den Künstler geblieben. Freuds Pessimismus,
der sich in einem Klima herausbildete, dem auch die Philosophie Nietzsches entsproß, fand eine tröstliche und erheiternde Parallele in dem
herrlichen Humor Buschs, dessen Zeichnungen um 1870 herum jedes
deutsche Kind kannte [29]. Buschs Analyse einer anmaßenden Frömm-
lerin *(Die fromme Helene)* und eines erfolglosen Malers *(Maler Klecksel)*,
dessen Wünsche einen abnormen Umfang annehmen, sind eine lustige
Vorwegnahme der scharfen Beobachtungen des desillusionierenden Freud.
Dieser Teil des Zimmers wird natürlich von Freuds Schreibtisch unweit
der Wand beherrscht; darauf sind etwa zwanzig meist stehende Statuetten angeordnet, die seinem Stuhl zugewandt stehen und den neun

Figuren in der Nische den Rücken zukehren. Als Freud nach London zog, stellte Paula die Figuren in derselben Reihenfolge auf, in der sie in Wien angeordnet waren. Sie erklärte, beim täglichen Abstauben sei sie so vertraut mit ihnen geworden, daß sie jeder einen Spitznamen gegeben habe, und sie wußte noch genau, an welche Stelle jedes »Individuum« gehörte. Für Freud stellte jede Figur eine eigene Persönlichkeit dar, und nach Anna Freud verglich er eine, der etwas Königliches anhaftete, mit der Königin Viktoria. Von einem koptischen Porträt sagte er einmal: »Es hat ein nettes jüdisches Gesicht [30].« Unter diesen Stücken befinden sich Arbeiten ägyptischer, chinesischer, griechischer und römischer Herkunft, sämtliche ausgezeichnet erhalten, was Freud sehr wichtig war, da ihn antike Stücke ohne Beschädigungen ganz besonders ansprachen. Man bringt diese Figurengruppe unwillkürlich mit den plastischen Ahnenfiguren primitiver Religionen in Verbindung. Daß sie für Freud tatsächlich eine ritualistische Bedeutung hatten, geht daraus hervor, daß er von »opfern« sprach, als er einmal eine seiner kleinen Statuen durch »Zufall« verlor [31].

Sammlungen wie die von Freud waren im Wien jener Zeit unter Ärzten nichts Seltenes, und auch einige neureiche Geschäftsleute, denen daran lag, sich kultiviert zu geben, sammelten mit Feuereifer. Das Bemerkenswerte an Freuds Sammlung ist ihre Größe und – wenn man seine bescheidenen Mittel berücksichtigt – ihre überdurchschnittliche Qualität. Beides ergab sich aus dem über lange Jahre ausgedehnten allmählichen und wohlberatenen Erwerb. Freud sammelte vor allem von der Jahrhundertwende an bis in die späten zwanziger Jahre, in einer Zeitspanne also, in der es für den Kunsthandel noch keine nationalen Exportsperren gab, so daß griechisch-römische und selbst ägyptische Stücke (unter denen es freilich viele Fälschungen gab) immer noch zu annehmbaren Preisen im Kunsthandel auftauchten. Daß es selbst beim weniger gebildeten Mittelstand Mode wurde, Antiquitäten zu sammeln, erscheint weniger außergewöhnlich, wenn man bedenkt, daß Wien in der zweiten Hälfte des neunzehnten Jahrhunderts ein reiches kulturelles Leben pflegte, dessen Vielfalt und Nuancierung das Aufkommen neuer Ideen in den verschiedensten geistigen Bereichen sehr begünstigte.

Es wäre allzu einfach, wenn man Wien in abschätzigem Sinn als eine Stätte mit den gegebenen Voraussetzungen für die Geburt der Psychoanalyse ansehen wollte, wie das manche Kritiker Freuds getan haben, die Wiens althergebrachte verweichlichende Atmosphäre der Überreizung als Beweis anführten. Immerhin hat dieser Aspekt des Wiener Lebens selbst einem der größten Söhne Wiens, Franz Grillparzer, Anlaß geboten, die Stadt das »Capua der Geister« zu nennen, und Arthur Koestler bewogen, »die pessimistische, inhumane Tendenz« der Psychoanalyse sarkastisch als ein Ergebnis von Freuds lebenslänglicher Beschäftigung mit neurotischen Patienten voller infantiler Fixierungen und regressiver Tendenzen vor dem Hintergrund der zerfallenden Kultur der österreichisch-ungarischen Monarchie zu bezeichnen [32]. In seiner *Selbstdarstellung* (1925) berichtet Freud unwillig, wie Janet versucht habe, Wien als einen Nährboden für Neurotiker und insofern als eine Stadt hinzustellen, deren psychische Not eine entsprechende Therapie hervorgerufen habe [33]. Natürlich war Wien wie Paris bekannt dafür, ein Vergnügungszentrum und Nährboden für Exzentriker und Neurotiker zu sein. Paris war außerdem eine Stätte glänzender Fortschritte in der Psychiatrie; die Salpêtrière bildete am Anfang des neunzehnten Jahrhunderts den Rahmen für Dr. Georgets humanere Behandlung und verbesserte Klassifizierung der Geisteskranken und wurde später der Schauplatz der Untersuchungen, die der große Charcot, Freuds Lehrer, mit Hilfe der Hypnose über Hysterie durchführte. Zudem war eine Reihe von psychoanalytischen Themen, so zum Beispiel die infantile Sexualität und die sexuelle Ätiologie der Neurose, häufig Gegenstand der Erörterung in psychiatrischen Zirkeln im Paris des Fin de siècle [34]. Man darf nicht vergessen, daß Freud tatsächlich eine große Zuneigung zu der Stadt empfand, in der er gelernt und sich so wohl gefühlt hatte; in einem Brief an Wilhelm Fliess vom 21. September 1899, den er in einer dunklen Stunde schrieb, zitiert er tapfer den Wahlspruch »im Wappen unserer lieben Stadt Paris: Fluctuat nec mergitur«. So war es wohl keine unbewußte Ironie, wenn Freud über seine *Geschichte der psychoanalytischen Bewegung* (in der er Paris und Wien verglich) gerade dieses Emblem stellte, in der Absicht, es für seine eigene umstrittene Bewegung zu verwenden, die ebenfalls »von den Wellen umhergeworfen wird, aber nicht untergeht«. Wir sehen also, daß – von der Anwesenheit Freuds (und einiger Kollegen) abgesehen – das zeitgenössische Wiener »Klima« dem Entstehen der Psychoanalyse wohl kaum günstiger war als das von Paris; immerhin gab es in Wien damals besondere Voraussetzungen, die wahrscheinlich nirgendwo sonst bestanden.

Sozial und kulturell befand sich Wien im späten neunzehnten Jahrhundert in einer komplizierten Situation [35]. Früher hatte es keine unabhängige Mittelschicht gegeben, die dem Untertanengeist und der provinziellen Beschränktheit sowohl des ländlichen Proletariats, das während des neunzehnten Jahrhunderts in die Stadt strömte, wie auch der zahlreichen eifrigen Staatsbeamten, die in dem Verwaltungszentrum des Reichs tätig waren, entgegengewirkt hätte. Gegen Ende des Jahrhunderts begann sich bei zunehmender sozialer Beweglichkeit eine selbstbewußte, materialistische und skeptische Mittelschicht zu bilden, die die festen Positionen der Kirche und des Staates samt ihren aristokratischen und feudalen Wertkategorien herausforderte. In dieser verworrenen Lage wurde Wien zur Heimat der sensiblen, aber willensschwachen »Nervenmenschen« und eine Stadt der großen Illusionen. So bot das Wien des späten neunzehnten Jahrhunderts scharfsichtigen Beobachtern der Psychologie der Mittelschicht vielversprechende Möglichkeiten, und das galt besonders für jüdische Intellektuelle (zu denen die meisten der frühen Wiener Psychoanalytiker zählten), die teils freiwillig, teils gezwungen ein wenig außerhalb der Hauptströmung standen. Der jüdische Schriftsteller Arthur Schnitzler, der als Arzt ausgebildet war, fand reichen Stoff für seine Romane und Stücke unter den Wienern, die ihm täglich begegneten. Diese Männer, die sich selbst zu den aufgeklärten Liberalen zählten, empfanden die orthodoxe jüdische Kultur in ihrer konservativen,»altmodischen« Tendenz fast als etwas Fremdes. Gottfried Just, der in seinem Buch über Schnitzler (1968) die Parallelen und Einflüsse massenweise anführt, um ihnen ihr Gewicht zu nehmen, bemerkt:»Man kann... außer der aufkommenden Lehre Sigmund Freuds die Philosophie von Ernst Mach oder Vaihingers Fiktionstheorie als zeitgeschichtlichen Hintergrund, den Neo-Kantianismus und den Helmholtzschen Materialismus als besondere Einflußsphäre nennen, die Orientierung der Jung-Wiener-Bewegung an Frankreich (Barrès, Paul Bourget), ... Hermann Bahr (*Neue Freie Presse*), ... Gedanken von Nietzsche und Schopenhauer und auch Weininger im Werk Schnitzlers nachzuweisen versuchen; kann eine Verwandtschaft zu Maupassant andeuten, auf die Affinität zur Verfallsschwermut der Dänen (Bang, Jacobsen) hinweisen oder auf die quietistische Tradition der österreichischen Dichtung von Stifter über Grillparzer und dann Schnitzler als Gestalter der Lebenslüge im Sinne Ibsens ... abheben.«

Just nennt Schnitzler einen Ausnahmefall, aber die internationale Bildung des Schriftstellers war nichts Ungewöhnliches unter den jüdischen Intellektuellen, deren Gesichtskreis sich oft über die Grenzen der vielsprachigen österreichisch-ungarischen Monarchie hinaus erstreckte. Es überrascht uns deshalb nicht, wenn wir hören, daß Humanismus und Gelehrsamkeit für Freud, den man mit Schnitzler verglichen hat, gleichbedeutend mit einem Kosmopolitismus war, der über den kleinräumigen Nationalismus und die engstirnige religiöse Rechtgläubigkeit (er unterstützte wie sein Vater begeistert Bismarcks Kulturkampf gegen die römisch-katholische Kurie) weit hinausgriff. Das Problem der Identität, das der»heranwachsenden« Mittelschicht in Wien zu schaffen machte, muß den Juden vertraut gewesen sein, da sie sich selbst mit Fragen der Assimilation, des Patriotismus und des Antisemitismus auseinandersetzen mußten. In einem derartigen Schmelztiegel konnten Freud und seine Kollegen die Ingredienzien für lebenslange Arbeit finden.

Wie in Wien damals Psychologie, Kultur und Politik sich wechselseitig beeinflußten, hat Carl E. Schorske treffend geschildert[36]. Er zeigt, daß in der ersten Hälfte des neunzehnten Jahrhunderts die *haute bourgeoisie* in ganz Europa eine einheitliche moralische und wissenschaftliche Kultur hervorbrachte, die verläßlich und beständig war. Diese Männer bekannten sich zur Herrschaft des Geistes über den Körper, zum Skeptizismus Voltaires und zum Aufklärungsideal des sozialen Fortschritts durch Wissenschaft, Erziehung und harte Arbeit. Nach der Jahrhundertmitte beherrschte eine amoralische Gefühlskultur das gebildete Bürgertum. Anders als in England und Frankreich vermischte sich diese Schicht in Österreich nicht mit der Aristokratie, man blieb statt dessen wie die Juden außerhalb und suchte sich zu assimilieren. Die legalistische, puritanische Kultur des Bürgertums und der Juden unterschied sich grundlegend von der Kultur der Aristokratie, die »streng katholisch, ... sinnlich und bildsam« blieb. Offenbar gehörte es zu den Assimilierungsbestrebungen, wenn im Laufe der ersten Hälfte des Jahrhunderts viele Bürger (und etwas später auch Juden der Mittelschicht) der Aristokratie nacheiferten, als Kunstmäzene auftraten und Schauspieler, Künstler und Kritiker zu ihren kulturellen Idolen machten; am Ende des Jahrhunderts jedoch, als der Liberalismus besiegt war und der Antisemitismus wieder sein Haupt erhob, schien das Ziel der Assimilierung weiter denn je entfernt. Obwohl die österreichischen Juden in bestimmten Berufen verhältnismäßig erfolgreich waren, und wenngleich unter der Habsburger Monarchie eine Atmosphäre der Duldsamkeit herrschte, so daß Juden in bedeutende Stellungen gelangen konnten, so war doch die alte Furcht vor Unterdrückung bei ihnen niemals ganz erloschen [37]. Während Freud in den sechziger und siebziger Jahren wie andere jüdische Knaben noch davon träumen konnte, die höhere Verwaltungslaufbahn einzuschlagen, führten in den achtziger Jahren die pangermanische Bewegung in Österreich und die Äußerungen des fanatischen Karl Lueger, der die Christen dazu aufrief, den »liberalen jüdischen Materialismus« zu bekämpfen, zu ernsten Auseinandersetzungen und zunehmenden Schwierigkeiten.

Es ist verständlich, daß für Juden wie auch für nichtjüdische Mitglieder des Bürgertums die Kunst »eine Zuflucht vor der häßlichen Welt der zunehmend bedrohlichen politischen Wirklichkeit« wurde [38]. Als Ersatz für ein tätiges Leben wurde die Kunst fast zu einer Religion; außerdem gewann der Bürger, der spürte, wie ihm die Welt entglitt, immer mehr Interesse am eigenen Innenleben. Mit Schorskes Worten: »Der katastrophale Zusammenbruch des Liberalismus verwandelte das ästhetische Erbe zunehmend in eine Kultur der sensiblen Nerven, des unruhigen Hedonismus und oft geradezu der Angst.« Bei ihrer politischen Machtlosigkeit konnten die Wiener Juden auf wirtschaftlichen oder sozialen Druck entweder nur mit einer Flucht in die Mäzenaten- oder Sammlerpose reagieren (was den Armen freilich verschlossen blieb), oder mit dem alten Ghettohumor, der bald ironisch, bald melancholisch gefärbt war. Damit konnte Jakob Freud in den Augen seines Sohnes gewissermaßen die Feigheit und Schwachheit ausgleichen, die sein Sohn an ihm festgestellt hatte. Freud hat diese Seite der Persönlichkeit seines Vaters nie vergessen und sein ganzes Leben lang ein Interesse an jüdischen Witzen gezeigt [39]. So hat wahrscheinlich der Tod seines Vaters 1896 ein neues starkes Interesse am Witz ausgelöst, denn er fing damals an, mit Eifer jüdische Witze zu sammeln. Freud erzählte gern jüdische Witze und Anekdoten, benutzte sie aber genau wie seine Kunstssammlung zur Verdeutlichung seiner Thesen und »niemals nur um ihrer selbst willen oder zum bloßen Vergnügen«, wie Theodor Rank bemerkte [40]. Als Jude konnte Freud auch noch wichtigere Dinge aus Witzen ableiten. Im Gespräch mit Reik äußerte er einmal, daß »der selbstironische und manchmal sogar sich selbst herabsetzende Charakter des jüdischen Humors unter der Voraussetzung ... eines geheimen Nationalstolzes psychologisch möglich werde [41]«.

Das kulturelle Leben jenes Wiens, in dem Freud heranwuchs, zeigte dieselben durch Wachstum und Wandel erzeugten Spannungen, die in der Wirtschaft und in der Politik zu Tage traten. Von großer Bedeutung war für alle Wiener von 1870 bis zum Ende des Jahrhunderts das Burgtheater, in dem *König Ödipus, Hamlet* und *Faust* vor einem großen Publikum aufgeführt wurden, das einen Querschnitt der Wiener Gesellschaft darstellte. Im Gegensatz zur Volksoper, die die leichten Operetten eines Lehár und Offenbach auf die Bühne brachte, wurden im Burgtheater stets Dramen bedeutender Autoren gespielt. Als das Berliner Residenztheater 1887 mit dem Naturalismus brach, hatte das unmittelbare Auswirkungen auf sein Wiener Pendant; eine neue Ära kündigte sich an, die Bahr in seinem berühmten Buch *Die Überwindung des Naturalismus* 1891 »offiziell« erläuterte. Im Rückblick rief Bahr ins Gedächtnis, wie Max Burckhard geholfen hatte, die Welle des Berliner Naturalismus im Burgtheater dadurch zu überwinden, daß er Ibsen an das von 1890 bis 1898 von ihm geleitete Burgtheater gebracht hatte. Doch mußte, wie er weiter bemerkte, die ernsthaftere deutsche Einstellung zum Naturalismus in der leichtsinnigen und frivolen Atmosphäre Wiens zwangsläufig unterliegen. Der Widerstand gegen den Naturalismus scheint sich nicht auf die französischen Naturalisten mit Zola an der Spitze erstreckt zu haben, der eine wissenschaftlich genaue Darstellung der Gesellschaft anstrebte und dessen Romane viele Wiener und besonders die Verfasser von Zeitschriftenromanen beeinflußten. Die lebensnahen, aber abstoßenden Bilder aus dem Großstadtleben, die starke antireligiöse Einstellung, der Appell an starke Gefühle als die Heilmittel für Lebensprobleme und das Fehlen willensstarker Helden (»Heldenlosigkeit«) waren vorherrschende Charakteristika naturalistischer Dichtung.

Viele Symbolisten lehnten ab, was sie als bloße Aufzeichnung offensichtlicher und unschöner Tatsachen ansahen, und wandten sich nach innen, zu lauschen, »was seltsam die Wünsche der Träume verkünden [42]«. Bahr hat diese Romantiker der »Nerven [43]« mit einem Beispiel gut charakterisiert, das an moralisierende Märchen nach Art des *Glücklichen Prinzen* von Oscar Wilde erinnert:»Einem Vater stirbt sein Kind. Dieser wilde Schmerz, die rathlose Verzweiflung sei das Thema ... Der realistische Dichter wird einfach erzählen: ›Es war ein kalter Morgen, mit Frost und Nebel. Den Pfarrer fror. Wir gingen hinter dem kleinen Sarg, die schluchzende Mutter und ich‹, – kurz einen genauen und deutlichen Bericht aller äußeren Thatsachen. Aber der symbolistische Dichter wird von einer kleinen Tanne erzählen, wie sie gerade und stolz im Walde wuchs, die großen Bäume freuten sich, weil niemals eine den jungen Gipfel verwegener nach dem Himmel gestreckt: ›Da kam ein hagerer, wilder Mann und hatte ein kaltes Beil und schnitt die kleine Tanne fort, weil Weihnachten war‹ – er wird ganz andere und entfernte Thatsachen berichten, aber welche fähig sind, das gleiche Gefühl, die nämliche Stimmung, den gleichen Zustand, wie in dem Vater der Tod des Kindes, zu wecken. Das ist der Unterschied, das ist das Neue. ... Das ist das ganze Geheimnis, das den Symbolismus freilich der Menge verschlossen und zu einer unverständlichen und wirren ›littérature à rebus‹ macht.«

Nicht alle Gegner des Naturalismus sahen die Welt durch die rosa Brille von Bahrs hypothetischem Symbolisten. Manche dieser Romantiker der Nerven, die sich der scharfsinnigen psychologischen Analyse verschrieben, setzten in gewisser Weise eine Richtung des Naturalismus – nämlich sein Interesse an der Schattenseite des Lebens – fort, indem sie das ungenierte Erforschen des Häßlichen und Rohen in eine Untersuchung des Ungewöhnlichen und Perversen in der menschlichen Psyche umwandelten. Freud, dessen Medizinstudium in die siebziger und achtziger Jahre fällt, war beiden Strömungen ausgesetzt, neigte aber offensichtlich zum Naturalismus. Er bewunderte vor allem Zola, der bestrebt war, eine neue Form des Schreibens zu finden, die sich auf naturwissenschaftliche Modelle gründete, wie er sie in den Arbeiten des Biologen Claude Bernard fand. Freud war aber auch vertraut mit dem Werk Schnitzlers, Hofmannsthals, Thomas Manns und Rilkes und muß gewiß auch die Wandlungen in Stil und Inhalt der am Wiener Burgtheater aufgeführten Stücke beim Übergang vom Naturalismus zum Symbolismus verfolgt haben. Sein Aufenthalt in Paris vom Oktober 1885 bis zum März 1886, während er an der Salpêtrière arbeitete, hätte Freud Gelegenheit gegeben, die neuen Tendenzen in Theater, Literatur und Kunst gerade zu dem Zeitpunkt aufzunehmen, als er sich von der strengen biologischen Forschung, für die er ausgebildet war, dem damals in

Paris so genial gepflegten Gebiet der psychiatrischen Forschung zuwandte, vor allem Charcots und Burnheims Untersuchungen der Hysterie, bei denen sie Hypnose anwandten. In deutschsprechenden Ländern schufen Künstler und Schriftsteller wie Oskar Kokoschka (*Die träumenden Knaben*, 1908) und Alfred Kubin (*Die andere Seite*, 1908) Werke, in denen Träume eine Rolle spielten, und noch vorher war die Psychologie des Traums und des Unbewußten in Büchern etwa von Theodor Lipps, einem von Freud häufig zitierten Autor, behandelt worden. Lipps' Ideen haben Freud vielleicht schon Mitte der achtziger Jahre beeinflußt; Freuds Exemplar von Lipps' *Grundtatsachen des Seelenlebens* (Bonn 1883), das leider weder ein Datum noch einen Namenszug trägt, zeigt zahlreiche Bleistiftstriche. Ein Satz, den er doppelt angestrichen hat, scheint besonders wichtig: ».. daß unbewußte Prozesse allen bewußten zugrunde liegen und sie begleiten.« Der starke Eindruck, den diese und andere neue Thesen in der Psychologie machten, scheint einer literarischen Mode Auftrieb gegeben zu haben, die in mancher Hinsicht die Psychoanalyse schon andeutet. So konnte 1890 der überaus belesene Wiener Hermann Bahr ironisch über *Die neue Psychologie* (1891) berichten, die damals in Paris Gesprächsthema und bei vielen jungen Schriftstellern Mode geworden war. Der Kritiker hielt diese Richtung für eine Ausweitung des Naturalismus, die eine Methode mit sich gebracht habe »aus der modernen Denkweise, welche deterministisch (und) dialektisch« ist in dem Sinne, daß Gefühle unaufhörlich entstehen und absterben, wobei sie sich in ihr Gegenteil verkehren, eine »dekompositive« Methode insofern, als Gefühle vom Bewußtsein abgelehnt und »auf ihre ursprüngliche Erscheinung vor dem Bewußtsein zurückgeführt werden« können. Hierzu sei bemerkt, daß Freud in dem Aufsatz *Der Dichter und das Phantasieren* (1908) zwar auf die »sogenannten psychologischen Romane« dieser Zeit anspielte, daß er aber nicht viel von ihnen hielt und sich ihnen auch nicht verpflichtet fühlte; man kann allerdings nicht umhin zu fragen, ob er nicht mehr davon aufgenommen hatte, als ihm selbst bewußt war.

Freud scheint die erregenden und widersprüchlichen Entwicklungen in der Kunst und Literatur konstant ignoriert zu haben, die sich damals in Paris beobachten ließen, als Zolas Naturalismus dem Symbolismus Moréas' wich und der Impressionismus sich zur Kunst Seurats, Pissarros und Cézannes wandelte. Zugegeben, er verließ Paris, ehe er Gelegenheit hatte, die letzte große Impressionistenausstellung im Mai 1886 zu sehen, aber er erwähnt in seinen Briefen aus Paris weder die vielbesprochenen und leicht zugänglichen Arbeiten dieser Künstler noch die aufblühende symbolistische Bewegung. Hätte er sich über die Impressionisten eine Meinung gebildet, so wäre sie sicher weniger wohlwollend ausgefallen als die von Georg Brandes (einem gefeierten Literarhistoriker, dessen Gedanken über Shakespeare er sich anschloß), der nach seiner ersten Begegnung mit ihren Bildern (1882 in Berlin) meinte, der reine Impressionismus sei dem Dilettantismus zu nahe. Sein Grundprinzip gebe den Weg zu Affektiertheit und Schlamperei frei; es stehe zu befürchten, daß die Werke seiner Meister in der Flut dilettantischer Machwerke untergingen. Doch Freud fand in Paris viel, was ihn außer der neuen Kunst interessieren konnte: Sarah Bernhardt machte einen tiefen Eindruck auf ihn, er sah Aufführungen der klassischen Stücke von Molière und blickte ehrfurchtsvoll zu den Türmen von Notre Dame auf [44]. Wie er es auf Reisen gewöhnt war, besichtigte er ägyptische und sonstige Altertümer und verbrachte viel Zeit in den entsprechenden Abteilungen des Louvre.

Die festen Grenzen von Freuds Geschmack, erkennbar aus seinen Briefen und dem Inhalt seiner Sammlung, die keine primitive, keine Kinder- und keine krankhafte Kunst enthält, beweisen die sehr persönliche Bedeutung der Kunst für ihn; neben seinen geliebten Antiken findet man nur wenige verstreute Werke aus späteren Zeitabschnitten. Freud, der Böcklins Kunst schätzte, stand sicherlich auf der Seite jenes großen deutschen Publikums, mit dem Julius Meier-Graefe [45] streng ins Gericht ging, weil es Böcklins »Modernität« derjenigen großer französischer Künstler wie Monet und Cézanne vorzog. (Daß Chirico und die Surrealisten später eine neue Dimension Böcklins entdeckten, mag mehr als ein zufälliges geschichtliches Zusammentreffen sein.) Er war also höchst gleichgültig gegenüber der Empörung, die sich gegen die mächtigen Bewegungen des Fauvismus und Kubismus oder des deutschen Expressionismus richtete, und er folgte seinem Schüler Oskar Pfister, der in seinem Buch über moderne Kunst *Expressionismus in der Kunst* (1923) diese verschiedenen Bewegungen unter dem Begriff »Expressionismus« zusammenfaßte. Seine sarkastischen Bemerkungen über ein Porträt Karl Abrahams, die er am 26. Dezember 1922 in einem Brief an seinen Schüler niederschrieb, umreißen wohl am besten seine unfreundliche Einstellung der modernen Kunst gegenüber: »Ich weiß, was für (ein) ausgezeichneter Mensch Sie sind, umsomehr erschüttert es mich, daß ein so geringfügiger Schatten auf Ihrem Charakterbild, wie Ihre Toleranz oder Sympathie für die moderne ›Kunst‹, so grausam geahndet werden muß. Ich höre ..., daß der Künstler erklärt hat, er sehe Sie so! Leute wie er dürften am allerwenigsten Zugang zu analytischen Kreisen finden, denn sie sind allzu unerwünschte Illustrationen des Adlerschen Satzes, daß gerade Personen mit schweren angeborenen Sehfehlern Maler und Zeichner werden.«

Freuds Ablehnung der zeitgenössischen bildenden Kunst entspricht seiner Gleichgültigkeit gegenüber zeitgenössischer Architektur (so erwähnt er zum Beispiel in seinen Briefen, soweit sie veröffentlicht sind, nirgends den neuerbauten Eiffelturm, das Gespräch von ganz Paris im Jahre 1889, als er zum zweitenmal dort war). Freuds Hinwendung zur Vergangenheit scheint dem Historizismus Burckhardts sehr ähnlich zu sein; aber wenn er sich auch in den *Cicerone* des großen Historikers, in die *Renaissance in Italien* und die *Geschichte der griechischen Kultur* (in der er »Verbindungen zur prähistorischen Vergangenheit« suchte) versenkte und Burckhardts Pessimismus hinsichtlich des modernen Zeitalters teilte, so machte er doch nicht wie Burckhardt die Naturwissenschaft für die Schwäche der modernen Kultur verantwortlich. Indem er sich auf seine eigene naturwissenschaftliche Ausbildung stützte, unternahm er es, die großen Kulturen der Vergangenheit mit psychoanalytischen Methoden zu erforschen, denen er wissenschaftliche Gültigkeit zubilligte. (Freuds Abneigung gegen die Erzeugnisse der modernen Technik, etwa gegen Telefon und Flugzeug, wirkte sich nicht auf seinen beharrlichen Glauben an die Wissenschaft seiner Jugendzeit aus.)

Freuds Hauptinteresse an der Kunst richtete sich, wenn man vom Sammeln absieht, auf Themen, die mit dem Traum, mit dem Unbewußten, mit Sexualität und mit Neurose zu tun hatten. Die Erörterung dieser Einstellung Freuds zur Kunst bleibt in der Hauptsache dem nächsten Kapitel vorbehalten; gleichwohl seien hier einige der Hauptthemen erwähnt, die sich aus den Stücken seiner Sammlung ablesen lassen; weiter soll kurz untersucht werden, ob sie nicht trotz Freuds scheinbarer Gleichgültigkeit der zeitgenössischen Kunst gegenüber eine Verwandtschaft mit aktuellen Themen des ausgehenden neunzehnten Jahrhunderts in Europa verraten.

Kein Stück der Freudschen Sammlung veranschaulicht eindeutig eines der oben genannten Themen, wenn man nicht das Blatt mit Charcot und der Hysterikerin als Beispiel einer Neurotikerin deuten will, deren Krankheit einen im Unbewußten verborgenen sexuellen Ursprung hat. Doch selbst wenn man diese Deutung zuläßt, bleibt es schwierig, die übrigen Stücke der Sammlung auf diese Themen zu beziehen. Dennoch bestehen im Geiste Freuds Zusammenhänge, die zwar nicht klar zu Tage liegen, aber die Objekte und Bilder durchdringen, mit denen Freud sich umgab. Um diese Zusammenhänge besser zu verstehen, müssen wir zuerst erkennen, wie diese Themen in Freuds eigenen Gedanken wirken, und das soll im nächsten Kapitel geschehen. Hier genügt die Feststellung, daß viele, ja vielleicht alle Objekte in Freuds Sammlung mit Vorstellungen und Wünschen verbunden sind, deren Wurzeln in seinen frühesten Erlebnissen liegen. Wie seine Leidenschaft für die Archäologie, entsprang auch seine Begeisterung für das Sammeln antiker Kunst Vorkommnissen in seinem zweiten und dritten Lebensjahr, die ihn auf dem Wege über Träume und Erinnerungen sein ganzes Leben lang beeinflußten.

Unter der ruhigen akademischen Oberfläche des Freudschen Hauses mit seinen Büchern und Antiquitäten entdeckt man den Professor und vielleicht den Arzt, aber es ist nicht leicht, den Psychoanalytiker zu erkennen, der die gewagten Themen Sexualität und Unbewußtes erforschte. Allerdings fanden sich Veranschaulichungen von Traum und Schlaf, denn im Zugang zu Freuds Ordinationszimmer in Wien, Berggasse 19, hing ein Stich *Albtraum*, wahrscheinlich nach dem bekannten Bild von Füßli (Abb. 3) [46]. Er zeigt eine schlafende Frau, die sich auf ihrem Bett windet, als wolle sie dem teuflischen Dämon entkommen, der auf ihrer Brust hockt und auf sie herabgrinst. 1783, zur Zeit der durchsichtig glatten Malweise und der klaren Kompositionen in der klassizistischen Periode entstanden, wirkt das Bild (trotz all seiner klassizistischen Elemente, die besonders bei der Frau deutlich werden) wie eine schrille Disharmonie, die mit dem herrschenden Stil nicht in Einklang steht. Vielleicht wird Füsslis Unhold die heutige Kritik nicht ganz überzeugen, man wird möglicherweise das Eindringen einer romantischen Gefühlsbetontheit in ein klassizistisches Milieu als theatralisch ansehen, aber Freud könnte durchaus gefunden haben, daß diese Züge seinen eigenen Anschauungen über Kunst sehr wohl entsprachen; tatsächlich könnte das Bild mit seinem düsteren Hintergrund, aus dem sich ein Pferd mit vorquellenden Augen auf die hellbeleuchtete Gestalt stürzt, die sich kokett im Vordergrund des Boudoirs spreizt, sogar noch als Druck die Phantasie des Psychoanalytikers zu kühnen Vermutungen angeregt haben [47], vor allem, wenn man es im Lichte der erotischen Karikaturen seines Vorwurfs (Abb. 4) sieht, die Freud kannte. Ein Albtraumbild wäre wohl im neunzehnten Jahrhundert in jedem ärztlichen Ordinationszimmer ein Fremdkörper gewesen, sofern nicht wie bei Freud eine Couch das wichtigste Einrichtungsstück und die freie Assoziation des daraufliegenden Patienten das zentrale therapeutische Verfahren war. Aber er hatte auch die übliche *Anatomie* von Rembrandt an der Wand hängen [48]; ein anderes Bild aus der Berggasse 19 behandelt das Thema des Heilenden, das in dem bereits erwähnten Charcot-Blatt noch eindringlicher dargestellt ist: das zwischen 1424 und 1427 entstandene Fresko von Masolino und Massaccio in der Brancaccikapelle von Santa Maria del Carmine in Florenz, auf dem links *Die Heilung des Aeneas* und rechts *Die Auferstehung der Tabitha* (Abb. 5) dargestellt ist. Beide Darstellungen gehen auf die gleiche Stelle im Neuen Testament zurück, die die Taten des heiligen Petrus schildert (Apostelgeschichte 9). Ein Mann namens Aeneas in Lydda war gelähmt. »Und Petrus sprach zu ihm: Aeneas, Jesus Christus macht dich gesund ... Und alsobald stund er auf.« Die Gruppe rechts zeigt die Jüngerin in Joppe namens Tabitha, eine Frau voll guter Werke, die krank wurde und starb. Petrus wurde gerufen, und als er kam, »traten um ihn alle Witwen, weineten

und zeigeten ihm die Röcke und Kleider, die Tabitha gemacht hatte;
... (da) kniete er nieder, betete, und wandte sich zu dem Leichnam und
sprach: Tabitha! stehe auf! Und sie tat ihre Augen auf, und da sie Petrus sah, setzte sie sich wieder.« Freud könnte die bildliche Darstellung
dieser Vorfälle zur Erklärung seiner Auffassung von der Neurose und
ihrer Therapie benutzt haben, denn er hielt sowohl Lähmung wie auch
kataleptischen Schlaf für hysterische Symptome, deren Behandlung gewöhnlich weniger durch Medikamente oder Instrumente als vielmehr
durch das Gespräch zwischen Patient und Psychoanalytiker erfolgen
sollte. Es ergibt sich ein merkwürdiger Vergleich zwischen der Rolle
des heiligen Petrus und der Charcots, wie er mit seiner hysterischen
Patientin auf jenem Blatt dargestellt ist. Der Vergleich erhält dadurch
Gewicht, daß der Psychologe in einer seiner letzten Arbeiten [49] zu dem
Schluß kommt, Hysteriker seien für eine Heilung durch Glauben besonders geeignete Objekte.

Wenn auch das Thema Schlaf unter den Stücken der Sammlung kaum
erscheint, ist es doch unausgesprochen an vielen Stellen vorhanden: in
der auf dem Mumienbehältnis dargestellten liegenden Figur und in
den starren sitzenden Figuren des Pharaos auf dem Bild von Abu Simbel, in der geträumten Welt der ägyptischen Arbeiter oder Seeleute auf
ihren Totenschiffen und sogar in dem Gipsabguß einer verkleinerten
Kopie des Sklaven von Michelangelo (Abb. 6) [50]. Wenn man die Skulptur des Renaissancegenies mit dem schlafbefangenen Ägypter in einem
Atem nennt, so ist das für diese Epoche nicht so abwegig, wie man vielleicht meinen könnte. Fast zur gleichen Zeit fand in Frankreich der
Spätromantiker Gustave Moreau in Michelangelos allegorischen Gestalten ein Beispiel für sein Prinzip der Trägheit: »Alle diese Figuren«,
erklärte er Ary Renan [51], »scheinen in einer Gebärde eines idealen
Somnambulismus festgehalten; sie sind sich der Bewegung, die sie ausführen, nicht bewußt und so traumversunken, daß es ist, als wären sie
in andere Welten versetzt.« Natürlich entsprach diese Auffassung nicht
ganz den Tatsachen; der Renaissancemeister hatte seine Figuren innerhalb des Systems eines christlichen Neuplatonismus als in Materie ein-
geschlossene geistige Wesen konzipiert, wenngleich sie sich auch anders
deuten ließen, nämlich nicht als Akteure in einem religiösen Drama,
sondern als reine Träumer. Eine weltliche Umdeutung dieser Art finden
wir überall im Denken Freuds; er analysiert die großen Werke der alten
Meister nicht als Ikonen, sondern als Offenbarungen menschlicher Psychologie.

Die bisher behandelten Themen werden an Bedeutung vielleicht noch
vom Thema Tod übertroffen. Es durchdringt teils versteckt, teils aufdringlich fast die ganze Sammlung, und es ist innig mit dem Thema
Schlaf verbunden. Die offenkundigeren Beispiele lassen sich leicht auf-

zählen: alle ägyptischen Arbeiten, die kleinen marmornen Namensplatten von einem römischen Sarkophag, die griechischen und etruskischen Graburnen, insbesondere eine mit antiken Knochen, der Kaulbachstich aus der Totentanzfolge und ein Stich nach einem Bild, das die Dichterin Hilda Doolittle[52] als »einen gräßlichen Albtraum, ›lebendig begraben‹ oder so etwas« bezeichnet – wahrscheinlich war es das bekannte Bild *Lebendig begraben*, das Antoine Wiertz 1854 malte. Es ist zur Hälfte von einem Sarg ausgefüllt, dessen schwerer Deckel von einem darin befindlichen Mann angehoben wird, der die eine Hand nach oben stemmt und mit der anderen seitlich nach Befreiung tastet. Dieses für Romantiker wie Jean Paul und Victor Hugo so fesselnde Thema verfolgte auch Freud, der in einem von Jones zitierten Brief[53] an Martha schrieb, er habe seine Tagebücher und Mengen alter Aufzeichnungen vernichtet; seine Furcht vor einer Anhäufung so vielen Papiers machte er damit anschaulich, daß er sich darin wie eine Sphinx im Flugsand versinken sah, bis nur noch seine Nasenlöcher herausschauten. (Die Tatsache, daß Freud auch ein Sammler von Kunstgegenständen war, von denen er sich nicht trennen konnte, ist ein Paradox, das vielleicht auf die bedeutsamsten, aber auch dunkelsten Aspekte seiner Persönlichkeit hinweist. Kann sein Sammeln eine Kompensation für selbstzugefügte Verluste gewesen sein und sollte es ihn daran erinnern, daß seine kleinen Gesten der Zerstörung schließlich keine Katastrophe waren?)

Freud betrachtete die Toten keineswegs als statische Figuren, sie waren für ihn vielmehr voll von sexueller oder auch angstvoller Energie. Diese Verbindung von Tod und Sexualität hilft uns verstehen, warum ihm Gegenstände aus antiken Gräbern, die er unbedingt so vollkommen wie nur möglich erhalten sehen wollte, so wichtig erschienen. Vielleicht kann diese Verbindung auch die immanente Sexualität jener sich windenden, kämpfenden Gestalten Michelangelos und Füßlis erhellen, die halbwegs zwischen der Ekstase sexueller Gelöstheit und schuldhafter Gebundenheit zu stehen scheinen, zwischen sinnlicher Unmittelbarkeit und den der Moral verpflichteten Gespenstern der Erinnerung. Selbst die ruhigeren antiken Stücke schienen ihm wahrscheinlich mehr Leben, ja Sexualität zu besitzen, als man zunächst annehmen möchte; hinsichtlich des letzteren Aspektes werden wir seinen Aufsatz über Wilhelm Jensens Erzählung *Gradiva* besonders aufschlußreich finden. Freuds Gefühl, daß in seiner Sammlung die »Toten leben«, kommt nirgends deutlicher zum Ausdruck als in seinen Unterstreichungen in einem Exemplar des Burckhardtschen *Cicerone*: »Was das Auge hier und an anderen griechischen Bauten erblickt, sind eben keine bloßen Steine, sondern lebendige Wesen[54]« (von Freud mit grünem Stift unterstrichen). Interessanterweise glaubte Freud nicht nur, daß die Vergangenheit ebenso lebendig erscheinen könne wie die Gegenwart, sondern bisweilen auch das Gegenteil, daß nämlich die erregendsten zeitgenössischen Dinge mit der lebendigen Vergangenheit verglichen werden sollten. So bewunderte er bei einem Aufenthalt in Brüssel »ein Gebäude . . . von einer Massenentwicklung und Säulenpracht, wie man sich einen reconstruierten assyrischen Königspalast vorstellt oder wie man sie in Dorés Illustrationen findet [55]«. Was der große Atheist über die Bewahrung der Toten in der Kunst empfand, zeigt sich sehr deutlich an der griechischen Urne im Krematorium Golder's Green, die Sigmund und Martha Freuds Asche enthält. Zu Marie Bonaparte, die Freud die Urne geschenkt hatte, sagte er einmal, es sei schade, daß man sie nicht mit ins Grab nehmen könne [56].

Freuds Vorliebe für ägyptische und griechische Plastik und sein Gefühl für ihre »Lebenskraft« erinnert an die Haltung gewisser Künstler unter seinen Zeitgenossen, die den Realismus oder Impressionismus in der Malerei ablehnten und sich der Antike zuwandten. Offensichtlich hatte für Freud wie für den nachimpressionistischen Künstler ein Gemälde mehr zu bieten als nur ein frohes und gefälliges »Fest für das Auge«; infolgedessen suchten beide nach dem hinter dem unmittelbar Sichtbaren verborgenen Symbol. Neo-Impressionisten wie Seurat richteten den Blick auf die »primitiven« Stilarten der ägyptischen, griechischen und der frühen Renaissancekunst mit ihrem stärkeren Gefühl für Dauer und Stabilität. Eine ähnliche Stimmung kennzeichnet bereits die Formulierungen Konrad Fiedlers [57] und seines Schülers Adolf von Hildebrand [58], der die Einheit und Klarheit der klassischen und der Renaissancekunst dem auf Zersplitterung beruhenden räumlichen Illusionismus der realistischen Kunst des neunzehnten Jahrhunderts vorzog. Den symbolistischen Künstlern, die sich selbst als Nabis (Propheten) bezeichneten, schien die ägyptische Kunst gerade die Eigenschaften zu besitzen, die eine ideale moderne religiöse Kunst verlangte: Monumentalität, Geheimnis, Ernst und Ruhe.

Manchen Skeptikern aus der Generation Freuds schien es, als weise das Geheimnis des Symbols, das einst himmelwärts auf Gott gedeutet habe, jetzt ins Schlafzimmer. Nietzsche, der die Deutschen wegen ihrer psychologischen »Unsauberkeit« schalt, erklärte in *Ecce homo*: »Was in Deutschland ›tief‹ heißt, ist genau diese Instinkt-Unsauberkeit gegen sich, von der ich eben rede: man *will* über sich nicht im klaren sein.« (Das sind prophetische Worte, welche die psychoanalytische Therapie der »Beichte des verdrängten Schmutzes« vorwegnehmen, die man tatsächlich mit einem »seelischen Bad« vergleichen könnte.) Viele europäische Künstler und Denker glaubten in den achtziger Jahren, Symbole könnten den Schlüssel zu verborgenen Aspekten des Menschen und seiner Kultur liefern, insbesondere, wenn diese Symbole mit den »Klassikern« von den Griechen bis Shakespeare in Verbindung gebracht werden konnten [59]. Man betrachtete die Klassiker nicht mehr als ferne Olympier. Sie lieferten einerseits die Vorbilder für das moderne Drama, in dem Personen aus der Mittelschicht tragisch empfinden, wie etwa in *Papa Hamlet* (1889) von Arno Holz, andererseits wird ähnlich wie in Hofmannsthals *Elektra* (1903) – einem Einakter über das Thema »weibliche Hysterie«, dessen Heldin man als »weiblichen Hamlet« bezeichnet hat – das Goethesche Ideal eines gesunden, schlichten Klassizismus aufgehoben. Die symbolistische Bewegung bildet einen merkwürdigen und interessanten Hintergrund zum Aufkommen der Freudschen Traumtheorien mit ihrer Betonung des Symbols in der Erinnerung; und eine Unmenge verführerischer, aber unerreichbarer *femmes fatales* einschließlich der Salome und der Mona Lisa (vgl. Spector, 1968) sowie der Künstler im Zustand der Alienation, der sich hinter einer komischen Maske verbirgt, traten als anziehende Studienobjekte zu dem Hysteriker und dem Neurotiker hinzu. Themen wie die Sphinx (Hofmannsthals *Ödipus und die Sphinx*, 1906) und der unentschlossene Hamlet (Paul Bourgets Roman *André Cornelis* von 1887 handelt von einem neuen Hamlet, der den Mörder seines Vaters tötet) zogen eine Generation unwiderstehlich an, zu denen Schriftsteller wie Ibsen und Mallarmé und Maler wie Redon, Moreau, Munch und Ensor gehörten. Die von Mario Praz [60] beobachtete »Parabel der Geschlechter im neunzehnten Jahrhundert«, bei der sich »der männliche Teil, der zuerst zum Sadismus tendiert, gegen Ende des Jahrhunderts dem Masochismus zuwendet«, tritt in der Literatur und der bildenden Kunst dieser Periode ganz deutlich zutage, in der die Frau als mächtig und beherrschend – Freud würde sagen kastrierend – erscheint, während der Mann immer nervöser und sensibler dargestellt wird. Die androgyne Gestalt beherrscht die dekadente bildende Kunst und Literatur in diesen Jahrzehnten, in denen der sexuell neutrale Zauber der Gestalten Leonardos nicht weniger Faszination übt als der große Mann selber, und in denen neben den Illustrationen Beardsleys zu Wildes *Salome* blasse und sexuell erschöpfte Figuren wie Huysmans' Des Esseintes auftreten. In Paris gab Moréas, der Führer der Symbolisten, 1866 ein Manifest heraus, das den Tod des Naturalismus und die Geburt des symbolistisch-impressionistischen Romans verkündete, der »im Objektiven nur einen einfachen ... Ansatzpunkt« für sein »Werk der subjektiven Deformierung« suchen werde; und etwas später verkündete der schwülstige Mystiker Sar Peladan, der Symbolismus sei priesterlich, religiös und geheimnisvoll [61]. Die führenden Symbolisten, deren Arbeiten Jules Romains wenig später als sentimentale Verzerrungen bezeichnen sollte, betrachteten ihre Kunst und Literatur (wie früher schon Coleridge und die Romantiker) als Führer zur Wahrheit, und Gauguin erklärte dem symbolistischen Dichter Charles Morice 1890, die Wahrheit sei zu finden »in einer rein zerebralen

Kunst, in einer primitiven Kunst ... – in Ägypten« [62], während eben dieser Dichter in der Literatur im Idealfall ein »Kleid der Wahrheit« sah. Noch 1904 behauptete der bedeutende, aber wenig beachtete Symbolist Tancrède de Visan (Paysages introspectifs), die Symbolisten seien auf der Suche nach der Wahrheit und sähen Ozeane von Geheimnissen hinter dem sinnlich Wahrgenommenen. Während diese Dichter Wahrheit in ihre poetischen Träume gossen – eine Symbolistengruppe gründete sogar eine Zeitschrift La Rêve et l'Idée, die Traum mit Wahrheit verbinden sollte [63] – bemühte sich eine andere Generation, von diesen Idealen enttäuscht, um Klarheit (Proust, Valéry); und Freud, ebenfalls einer Generation angehörend, deren Literatur vom Symbolismus beherrscht war, hatte schon zu Beginn seiner Laufbahn eine Erzählung von Conrad Ferdinand Meyer zu analysieren unternommen, jenem Schweizer, den man als »den großen deutschen Vorläufer des europäischen Symbolismus« bezeichnet hat [64]. Wie die Symbolisten begnügte sich Freud nie mit dem äußeren Anschein; er ging aber in seiner Tiefenpsychologie auch nicht darauf aus, okkulte Mysterien zu pflegen, sondern wollte den elementaren und biologischen Kern der Wahrheit ans Licht bringen, der sich in Traum, Dichtung und bildender Kunst verbarg. Wenn der Positivist Freud wie ein Sherlock Holmes Geheimnisse lüftete und Geisteszustände zu etikettieren und klassifizieren versuchte, so war das genau jene Art Tätigkeit, die Spätsymbolisten wie Royère verachteten, weil sie den Genuß der Dichtung zu verderben und ihre Bedeutung herabzusetzen schienen. Außerdem führte der Umstand, daß Freud die formalen Werte geringschätzte und den antiken und Renaissance-Objekten seiner Sammlung eine dynamische Vitalität zusprach, zu einer sehr persönlichen Würdigung der älteren Kunst gerade deswegen, weil sie sich von derjenigen der zeitgenössischen Künstler unterschied. Wenn die fortschrittlichsten Künstler unter den Nachimpressionisten die ägyptische und zum Teil auch die antike Kunst ebenfalls schätzten, so hatte sich ihr Geschmack – im Gegensatz zu dem Freuds – von einer avantgardistischen Assimilation des Impressionismus, die von einer Rückwendung zur älteren Kunst hin gefolgt war, weiterentwickelt. Doch diese Konvergenz des Freudschen Geschmacks mit dem der Nachimpressionisten kann erklären helfen, warum Freuds Ideen für die von ihm offensichtlich abgelehnte spätere Kunst eine so überragende Bedeutung erhielten.

II

FREUD UND DER KÜNSTLER

Freud fühlte sich unablässig zu dem Thema Kunst und Kunstwerk hingezogen und schrieb auch im Laufe seines Lebens immer wieder einmal darüber, manchmal erstaunlich einfühlsam und tiefschürfend. Überprüft man diese verstreuten Bemerkungen jedoch eingehend, so ergeben sich aufreizende, unbeantwortete Fragen, ja Paradoxien hinsichtlich des Verhältnisses Freuds zur Kunst wie auch zum Künstler; er äußert widersprüchliche Meinungen über Künstler – bald bewundert er sie und rät von dem Versuch ab, ihre geheimnisvolle Begabung ergründen zu wollen, dann wieder verspottet er ihren Infantilismus und bezeichnet ihre Leistung als eine Spielart sublimierter Sexualität. Er hat ein verstorbenes Genie »psychoanalysiert«, aber keinen lebenden Künstler. Freuds Unsicherheit dem Künstler gegenüber reichte bis tief in seine Jugend zurück und scheint an eine Mischung aus Bewunderung und Neid gebunden zu sein; man kann das aus seiner Reaktion erst auf den Musiker Max Mayer, einen Vetter Marthas, und dann auf Fritz Wahle, einen Künstlerfreund Marthas, schließen, die er beide als seine Rivalen im Werben um ihre Gunst ansah. Nach Ernest Jones [1] war Freud überzeugt vom Talent der Künstler (vor allem Wahles), sich bei Damen beliebt zu machen; Jones zitiert Freuds Bemerkung: »Ich glaube, es besteht eine generelle Feindschaft zwischen den Künstlern und uns Arbeitern im Detail der Wissenschaft. Wir wissen, daß jene in ihrer Kunst einen Dietrich besitzen, der alle Frauenherzen mühelos aufschließt.« Jones beschreibt die spannende Entwicklung der leidenschaftlichen Werbung Freuds um Martha und sein Rivalenverhältnis zu Wahle, von dem er Martha gegenüber hartnäckig behauptete, er sei in sie verliebt, ohne sich dessen bewußt zu sein. In einem Brief an Martha, in dem Freud seine Ansichten über Künstler zusammenfaßt, spricht er von den widersprüchlichen Gefühlen, die bei allen Menschen in bestimmten Augenblicken nebeneinander bestehen können, ganz besonders aber bei Künstlern, »Menschen, die keine Veranlassung haben, ihr inneres Leben der strengen Controle des Verstandes zu unterwerfen«.

Diese Probleme und Tendenzen machen jedem zu schaffen, der Anhaltspunkte für ein tieferes Verständnis der Gedankengänge Freuds sucht. Auf den folgenden Seiten werden wir nun versuchen, Freuds Denken und Persönlichkeit in bezug auf seine Ansichten über Kunst zu analysieren. Es ist zweifellos ein schwieriges und gewagtes Unternehmen, den größten aller Psychoanalytiker zu analysieren; die orthodoxen Freudianer stehen nicht allein, wenn sie fragen, was es wohl zu sehen gebe, das er nicht selbst klarer und tiefgreifender an sich selber wahrgenommen habe. Dennoch sollte es für einen Beobachter außerhalb Freuds eigenem Bezugssystem möglich sein, Dinge zu sehen, die er selbst an sich übersehen haben könnte, eine Möglichkeit, die in seinen eigenen psychologischen Theorien angedeutet ist; Freud hatte sich ja selbst analysiert, eine Pionierleistung, die nichtsdestoweniger seine Fähigkeit, sich selbst in der richtigen Perspektive zu sehen, behinderte.

Man hat oft festgestellt, daß Freud in seinen Bemühungen um allgemeingültige Grundgesetze zur Erklärung menschlicher Motivierung und menschlichen Fühlens die Grenzen einer wissenschaftlich begründeten und nachprüfbaren Psychologie überschritt und zu einem philosophischen oder spekulativen System gelangte. Manchmal wird das als unfreundliche Kritik an Freuds wissenschaftlicher Inkompetenz vorgebracht (Jung, John Dewey), manchmal soll damit sachlich auf Freuds Können auf beiden Gebieten hingewiesen werden (von Havelock Ellis als erstem), und manchmal bedeutet es sogar hohes Lob für ein Genie, das den Vergleich mit Goethe nicht zu scheuen brauche (Wittels, Mann). Gewiß, Freuds fruchtbarer Geist hat eine Reihe wunderschöner und faszinierender Metaphern und Bilder hervorgebracht, die man in ihrer Gesamtheit als eine Mythologie des Unbewußten, der Nachtseite der menschlichen Seele ansehen könnte. Aber wir dürfen nicht vergessen, daß der Kliniker Freud mit der rationalen und empirischen Wahrheit des naturwissenschaftlich geschulten Geistes gewöhnlich die phantastischen Übertreibungen vermied, wie sie sich etwa bei Wilhelm Stekel oder einigen seiner eigenen Anhänger fanden.

Während Freud es vermeidet, sich ichbezogenen Phantasien ganz und gar zu überlassen, ist er allerdings an manche Fragen mit einer intuitiven Sicherheit und einer unerschütterlichen Überzeugung, recht zu haben, herangegangen, die keinen Widerstand ertrug und sich jeder Korrektur entzog. So bemerkte er in seinem Vorwort zur dritten englischen Ausgabe der *Traumdeutung*, daß das Buch einunddreißig Jahre nach seinem Erscheinen trotz vieler Wandlungen auf dem Gebiet der Psychologie »im wesentlichen unverändert« sei (ein Lob, das sein Schüler Jones wiederholt). Diese höchst subjektive Einstellung macht sich im Bereich der Ästhetik besonders bemerkbar, und wir werden gleich sehen, daß Freuds Themenwahl in bezug auf Kunst und Künstler weniger mit zentralen ästhetischen Fragen als mit seinen eigenen persönlichen Bedürfnissen und Vorlieben zu tun hatte, und daß er in manchen Fällen, in denen Kritiker ihm Fehler nachgewiesen hatten, diese Fehler nicht nur nicht korrigierte, sondern sich weigerte, seine Thesen zu modifizieren oder auch nur die Auffassung seiner Kritiker zu erwähnen. Die Unterstreichungen in seinen Büchern beweisen, daß Freud zumindest in einem Fall ganz bewußt Tatsachen auswählte, die seine Theorien stützten, während er andere, die nicht paßten, ohne Diskussion unterdrückte; so hielt er auch im Widerspruch zur maßgeblichen biologischen Meinung seiner Zeit an Lamarcks Theorie fest, einfach deshalb, weil sie seinen Bedürfnissen entgegenkam.

Der springende Punkt ist, daß Freuds Wahrheit, nicht unähnlich derjenigen Nietzsches oder Bergsons, eine Dimension enthält, die nicht ganz nachprüfbar ist oder nicht denselben Kriterien unterliegt wie enger begrenzte wissenschaftliche Hypothesen, die – nach Durchführung entscheidender Experimente – abgelehnt oder neuen Synthesen untergeordnet werden können; statt dessen erwartet man neben Reichtum an Bildern auch Einsicht, anregende Lebendigkeit und obendrein noch Konsequenz, wie in literarischen und manchen philosophischen Arbeiten. Wenn es einen Faden gibt, der sich durch alle die komplizierten Wendungen und Wandlungen der Freudschen Theorien hindurchzieht, so ist es Freuds unablässige Beschäftigung mit sich selbst; kurz gesagt, der Autor ist selbst der Held seines Werkes. Er macht sich selbst zur zentralen Figur der Ödipussage und der Geschichte von Hamlet, er identifiziert sich mit den Problemen Leonardos und dem Genie Goethes, und er geht mit einer romantischen Heftigkeit auf Michelangelos Moses ein. Doch wie wir hinter seinem theoretischen Überbau die Wirklichkeit seiner Patienten wahrnehmen können, so läßt er auch jener Reihe großer Männer und Charaktere, mit denen er sich identifiziert, genug von ihrem wirklichen Wesen, um uns von seinem objektiven Wahrnehmungsvermögen zu überzeugen. Freud ist also ein komplexer Held hinter den Kulissen, der nur in gewissen kritischen Augenblicken auftaucht, nämlich dann, wenn es Berührungen zwischen ihm und seinem Gegenstand gibt. In allen Schriften Freuds finden sich eingesprengte Stücke, die auf sein eigenes Leben Bezug haben, aber sie sind so verteilt, daß sich kein offenkundiger Zusammenhang und keine Verbindung ergibt, und manchmal läßt er auch gar nicht erkennen, daß er über sich selbst schreibt [2]. Man braucht das gesamte Werk Freuds und muß in immer weiteren Kreisen seines Schaffens nach dem Menschen hinter seinen Arbeiten suchen. Dennoch ist es wohl vor allen anderen ein Buch, das uns einen in große Tiefen vordringenden Einblick in seinen großen Geist zu gewähren vermag – der Bericht über Freuds Selbstanalyse in der *Traumdeutung*, von der er in einem Brief an Fliess vom 28. Mai 1899 sagte: »So autochthon war noch keine meiner Arbeiten, mein eigen Mistbeet, mein Setzling und eine nova species mihi (sic!) darauf!«

Die *Traumdeutung* bleibt Freuds eindrucksvollstes und berühmtestes Buch, das vom Autor wie von der Öffentlichkeit als Grundstein seines bleibenden Ruhms angesehen wurde. Trotz des recht dürren Urteils der Herausgeber der Standardausgabe [3], das es als »ein wissenschaftliches Standardwerk ohne besonderen Reiz für den Leser« bezeichnet, ist es unaufhörlich an ein Publikum verkauft worden, das sich nicht so sehr aus Wissenschaftlern als vielmehr aus interessierten und wißbegierigen Laien zusammensetzte. Daß es seine Leser derart fesseln konnte, hing sicher weniger mit seinem wissenschaftlichen Wert als mit Freuds Persönlichkeit zusammen, wie sie sich durch das Medium seines literarischen Ausdrucks erkennen ließ. Andeutungsweise spüren wir das aus den hinreißenden, ja zwingenden Überschriften, die er einigen der über fünfzig behandelten Träume gab: Irmas Injektion; »Autodidasker«; Personen mit Vogelschnäbeln; Die botanische Monographie; Das Schloß am Meer; Der vergessene Kirchturm; Eine Klippe in Böcklinscher Manier; Man bittet die Augen zuzudrücken; Der Abort; Ein revolutionärer Traum vom Grafen Thun; Präparation meines eigenen Beckens; Etruskischer Aschenkrug; Der Vater sieht auf dem Totenbett Garibaldi ähnlich; Goethes Angriff gegen Herrn M.; Eine Frau warten lassen; »Mein Sohn, der Myop«; Der einäugige Arzt und der Gymnasiallehrer; Der Papst ist gestorben; Ritt auf einem Pferd mit einem Furunkel am Gesäß; Die drei Parzen.

Freuds ausgeprägtes Formgefühl zeigt sich in seiner Einstellung gegenüber seinen Arbeiten, wie sie in einem Brief vom 21. September 1899 deutlich wird; er kritisiert hier die mangelhafte Form seiner *Traumdeutung*, die »eine fehlende Stoffbeherrschung« verrate. Noch schärfer wird seine Stilkritik in einem Hinweis auf Boileau am Ende des Kapitels 5 seiner *Psychopathologie des Alltagslebens*. Mit der darin enthaltenen Selbstanalyse und den tiefschürfenden Einsichten in die menschliche Seele ganz allgemein hat das Werk den Reiz eines bürgerlichen Dramas, das sich zur Höhe großer Dichtung oder Philosophie erhebt. Im ganzen Buch spürt man unter mancherlei Verkleidungen Freuds Gegenwart (wir spüren die Bürde der Verantwortung, die er als Mensch und Wissenschaftler zu tragen hat); wir stehen einem mächtigen und kultivierten Geist in seiner privaten Sphäre, ja in seiner Badezimmerintimität gegenüber, und wir folgen ihm durch dunkle intellektuelle Abenteuer, bis wir neben ihm stehen und die Erheiterung teilen, die seine Einsicht bewirkt. Er steht in dieser Hinsicht turmhoch über Zeitgenossen wie Havelock Ellis, der die Probleme der Sexualität und des Traums ebenfalls über Fallstudien angeht, sie jedoch abstrakter behandelt und nicht entfernt Freuds Gabe besitzt, dramatische Wirkung und das Gefühl unergründeter Tiefen zu vermitteln. Stanley Edgar Hyman empfand die künstlerische Qualität von Freuds Meisterwerk, als er das Buch rühmte, weil es von einem »großartigen ordnenden Bild« zusammengehalten werde: jener Wanderung von Szene zu Szene, auf der Freud wie Dante nach Erleuchtung und dem rechten Wege suche.

Während einige Analytiker betonen, daß Freuds Selbstdarstellung nicht vollkommen ist, da er trotz scheinbarer Offenheit hinsichtlich der

eigenen Person seine Wärme und Liebe vor uns verbirgt, ist doch festzuhalten, daß er uns erhellende Blicke auf Teile seiner Persönlichkeit erlaubt. Außerdem verlockt uns die Tatsache, daß er gewisse Aspekte
seiner selbst verhüllt, während er andere ohne zu zögern zur Schau stellt,
tiefer einzudringen und dabei Wahrheiten zu entdecken, die auf das Ganze seines Wesens hindeuten (etwa so, wie sich Joyces Bedeutung im lebenslänglichen Bemühen entfaltet, das er von seinen Lesern verlangt).
Die Verweise auf Literatur und Kunst, die sein Werk durchziehen, offenbaren eine gleichzeitig humane und beseelte Kultur, die Gegengewicht
und Ausgleich für die von den Träumen und Fallstudien gelieferten intimen, aber ziemlich irdischen Fakten des Alltagslebens bildet. Gerade
diese Kultur und der zutiefst moralische Tenor seiner Prosa bei der Behandlung banaler oder abstoßender Stoffe bewirken ja, daß sich seine
Arbeiten sowohl von wissenschaftlichen Abhandlungen wie auch von
einem vulgären Exhibitionismus unterscheiden. Seine kraftvolle Prosa
durchbricht in ihrem – wie sein Gymnasiallehrer es bezeichnete – idiotischen Stil die prüden Hemmungen, die standesbewußte Viktorianer zu
jener merkwürdigen Aufspaltung in öffentliche Sittenpredigten und
heimliche Pornographie bewogen.

Betrachten wir die *Traumdeutung* als Autobiographie, so müssen wir
stets bedenken, daß viele offensichtlich persönliche Enthüllungen in erster Linie zur Veranschaulichung von Theorien gedacht waren und in den
Textzusammenhang eingebettet sind. Freud wollte uns nicht mehr geben
als die für seine Erklärung unerläßlichen Daten, und er vermeidet es,
peinliche Einzelheiten über sich selbst oder die ihm Nahestehenden preis-
zugeben. Tatsächlich stößt man häufig auf ein Dunkel, das Freud – wie
er selbst gesteht – nicht ergründen kann oder will. 1935 schreibt er:
»Bei Selbstanalysen ist die Gefahr der Unvollständigkeit besonders
groß [4].« Gewöhnlich gibt er seine Schwierigkeiten offen zu, aber manchmal verbirgt er – eine Schwäche, die nur zu menschlich ist – absichtlich,
aber ohne es einzugestehen, peinliche Informationen, so etwa das verkleidete autobiographische Material, das er in *Über Deckerinnerungen*
von 1899 einem früheren Patienten zuweist; es ist in der Tat eine lok-
kende Aufgabe, aus den bruchstückhaften und unzusammenhängenden
Selbstsondierungen, die das Buch darbietet, ein schlüssiges Bild von Freud
zusammenzufügen. Doch verglichen mit der nüchternen und polemischen
Selbstdarstellung (1925) und dem klaren aber unpersönlichen Tenor der
periodischen Zusammenfassungen und Darlegungen seiner Theorien, bietet die *Traumdeutung* eine Fülle, die uns hoffen läßt, daß wir auf irgendeine Weise des schwer faßbaren genialen Geistes habhaft werden können, der in diesen Seiten lebt. Je geringer unser Erfolg bei unserer Suche
nach dem »wirklichen« Freud ist, desto dringender wird unser Verlangen, seine irrlichternde Persönlichkeit zu erfassen. Die sorgfältige Lektüre

seiner Schriften oder der weitausholenden und oft intimen Freudbiographie von Jones erhellt zwar die Persönlichkeit des Erwachsenen, aber die Entwicklung des jungen Freud bleibt für immer dunkel, da es hier an Unterlagen fehlt: Freud hat alle seine frühen Tagebücher und Briefe vernichtet und seinen Biographen wenig übriggelassen, wenn man von den Anspielungen auf frühe Erlebnisse absieht, die sich aus seinen späteren Erinnerungen herausfiltern lassen.

Die theoretische Grundlage und der kühle analytische Ton unterscheiden die *Traumdeutung* von großen Konfessionen wie denen des heiligen Augustin und Rousseaus mit ihrer polemischen Seelenentblößung und ihrem theatralischen Gefühlsüberschwang. Wenn Freuds Thema seine Persönlichkeit nebst ihren Spiegelungen in den Problemen seiner Patienten ist, so geht er an diese Aufgabe etwa im Geiste des von ihm sehr bewunderten Zola heran, aber ohne Zolas umfassenden Blick auf den Menschen in der Gesellschaft, ohne seine politischen Schlagworte oder seine langen, einfühlsamen Schilderungen. Hier erinnert Freud eher an Erscheinungen aus dem Wien des späten neunzehnten Jahrhunderts, etwa an Schnitzler, der wie Freud in seinen Werken Skepsis mit Humanität, klinisches Wissen mit Kultur verbindet und in einem ungezwungenen Konversationston darbietet, der das eigentliche Drama überdeckt. Freuds natürliche Begabung, vorzutragen und Gespräche zu führen – die seine scharfsichtige Freundin Lou Andreas-Salomé noch höher einschätzte als sein schriftstellerisches Talent –, befähigt ihn, seine Leser nach und nach in seine Gedankengänge so einzuführen und sie mit ihnen so vertraut zu machen, daß sie kaum spüren, wenn sie Neuland betreten, und diese Leser so persönlich anzusprechen, daß sie unmittelbar an den Denkprozessen teilzunehmen scheinen.

Die besten Eigenschaften des Freudschen Stils zeigen sich im ersten und zentralen Traum des Buches, im »Traum von Irmas Injektion«. Seine Deutung stellt einen Markstein in Freuds intellektueller Entwicklung dar, und für wie wichtig er selbst sie hielt, geht daraus hervor, daß er in einem Brief vom 12. Juni 1900 seinen Freund Fliess halb im Scherz fragte, ob er wohl glaube, daß man an dem Hause, in dem er – Freud – diesen Traum gehabt habe, dereinst eine Marmortafel anbringen werde mit den Worten: »Hier enthüllte sich am 24. Juli 1895 dem Dr. Sigmund Freud das Geheimnis des Traumes.«

Der Traum, der leicht zugänglich und unter den Psychoanalytikern weithin bekannt ist, enthält zwei wesentliche Stellen. Am Anfang: »Eine große Halle – viele Gäste, die wir empfangen. – Unter ihnen Irma, die ich sofort beiseite nehme, um gleichsam ihren Brief zu beantworten, ihr Vorwürfe zu machen, daß sie die ›Lösung‹ noch nicht akzeptiert.« Und am Schluß: »Wir wissen auch unmittelbar, woher die Infektion rührt. Freund Otto hat ihr unlängst, als sie sich unwohl fühlte, eine

Injektion gegeben mit einem Propylpräparat, Propylen ... Propionsäure
... Trimethylamin (dessen Formel ich fettgedruckt vor mir sehe) ... Man
macht solche Injektionen nicht so leichtfertig ... Wahrscheinlich war auch
die Spritze nicht rein.« Bei der Erklärung dieses Traums wandte Freud sein Grundprinzip der
Traumdeutung an, nach welchem Träume Wunscherfüllung sind. Freud
war nicht recht zufrieden gewesen mit dem Erfolg seiner Arbeit mit
einer Patientin namens Irma (die zwar ihre hysterische Angst, nicht aber
alle ihre somatischen Symptome verloren hatte), und in dem Traum
drückte er seinen Wunsch aus, von der Verantwortung für die unvoll-
ständige Heilung befreit zu sein, indem er Otto, der ebenfalls Arzt war,
vorwarf, Irma durch eine Injektion eines ungeeigneten Medikaments mit
unsauberer Spritze Schmerzen verursacht zu haben. Weitere Vorstellungen in diesem Traum, die offenbar mit dem Hauptwunsch nicht in Verbindung standen, fügen sich, wie Freud meint, »zu einem einzigen Ge-
dankenkreis zusammen, etwa mit der Etikette: Sorge um die Gesundheit,
eigene und fremde, ärztliche Gewissenhaftigkeit«. Freud gesteht, daß er
nicht alle Möglichkeiten des Traumes erforscht, ja auch – aus Diskretion
– nicht alles von ihm Aufgedeckte preisgegeben habe. Psychoanalytiker,
die sich später mit dem Traum befaßten, waren nicht so verschwiegen
und haben die der Injektion zugrunde liegende Sexualität (zweifellos in
der Nachfolge Ranks und Sachs', die dem Wort Spritze eine Ejakula-
tionssymbolik beilegen) sowie die schwankenden Gefühle nicht nur der
Rivalität, sondern auch der homosexuellen Anziehung gegenüber Wilhelm Fliess enthüllt. Dennoch bleibt eine gewisse Unklarheit bezüglich
des Grundes bestehen, aus dem Freud diesen Traum für den wichtigsten,
den Begründungstraum der Psychoanalyse hielt, da ja, wie Grinstein
(1968) zeigt, die Idee von der Wunscherfüllung noch vor diesen Traum
zurückgeht.

Meiner Ansicht nach ist dieser Traum nicht deshalb wichtig, weil er für
ihn »eine gewisse intellektuelle und ästhetische Anziehungskraft« besaß [5], sondern weil er (wie Erikson 1954 spürte) einen grundlegenden
Bruch mit Fliess markierte, der für Freud eine Vaterfigur gewesen war.
Bis zu diesem Zeitpunkt hatte sich Freud wie Fliess zu den biologisch –
und chemisch – begründeten Ansichten über die Seele bekannt, wie sie
der Kreis um Helmholtz vertrat, der beide Männer geformt hatte. Freuds
Wort »Lösung«, das zugleich den Sinn von Erklärung hat, umfaßt zwei
verschiedene Bedeutungen: die von Fliess vertretene Lösung mittels Chemie und Freuds psychologisches Rätsel der Hysterie. Bisher hatte sich
Freud große Mühe gegeben, die von Fliess für neurotische Probleme unentwegt angebotene »Lösung« anzunehmen und einzuarbeiten, die die
seelischen Phänomene auf eine chemische Basis gestellt hätte [6]. Zu diesem
Zeitpunkt jedoch begann Freud, Fliess gegenüber eine weniger vereh-

rungsvolle Haltung einzunehmen. In einem Brief vom 25. Mai 1895 hatte Freud – zwei Monate vor dem entscheidenden Traum – an Fliess geschrieben: »Ein Mensch wie ich kann ... ohne einen Tyrannen ... nicht leben, und der ist mir geworden ... Es ist die Psychologie ...« Das Verlangen, sich über die physikalisch-wissenschaftlichen Dimensionen psychologischer Phänomene klarzuwerden, bewog ihn im September 1895, einen »Entwurf einer wissenschaftlichen Psychologie« zu verfassen. Damit war ein Hemmnis beseitigt, das seiner einfallsreichen und einsichtigen Arbeit auf dem Gebiet der klinischen Psychologie im Wege gestanden hatte. Im gleichen Brief begrüßt Freud eine wichtige Entdeckung, die Fliess gemacht haben wollte, mit der Bemerkung: »So geh nur gleich mit Dir zu Rate, welche Sorte Marmor am ehesten Deinen Beifall finden kann«, ein Kompliment, das er fünf Jahre später sich selber machte, als er auf eine Marmortafel für sich selbst anspielte. Freuds »Lösung« für die Witwe Irma, deren Folgerungen ihn sein ganzes Leben lang beschäftigen sollten, deutet nicht nur auf Sexualität hin (Fliess legte auch Gewicht auf die Sexualität, suchte aber immer nach einer »Lösung« psychischer Probleme auf chemischem Wege und benutzte dabei z. B. Trimethylamin), sondern auch auf seine Entdeckung, daß geistige Störungen häufig eher psychische als organische Ursachen haben. Von jetzt an galt Freuds Interesse nicht länger dem Bereich, in dem die Psychiatrie in die Biologie übergeht, sondern er richtete seine Aufmerksamkeit auf jenen Bezirk, in dem sich abnorme und normale geistige Prozesse berühren. Von dieser neuen günstigen Position aus konnte Freud Stoffe aus der bildenden Kunst und der Literatur in seine Arbeiten einbeziehen, wohingegen der ebenso gebildete Fliess, der viel zu voreilig danach strebte, die mathematische Grundlage der Psychologie und der Biologie zu entdecken, zu einer Zahlenmystik gelangte, die ebenso fesselnd und unbrauchbar war wie die Astrologie oder die Numerologie.

Der Traum von Irmas Injektion schlägt ein Thema an, das mittelbar oder unmittelbar überall in der *Traumdeutung* wieder anklingt; es handelt sich um den Versuch des Verfassers, seine Fähigkeiten zu beweisen, indem er seine neuen Vorstellungen auf die eigenen Träume anwendet, und so in einem gewissen Sinn über die Unzulänglichkeitsgefühle zu triumphieren, die ihm noch aus seiner Kindheit anhängen. Man könnte eine ganze Reihe untergeordneter Themen damit verknüpfen, die ebenfalls in dem Traum enthalten sind: Raumsymbolik (die Halle, die Münchener Propyläen, die Brust, der Mund und die Genitalien der Frau); der voyeuristische »Prüfungstraum« (der Name des Hauses, Bellevue, die ärztlichen Untersuchungen einschließlich des Abklopfens der Frau durch die Kleider hindurch und des Schauens in ihren Hals, ein Thema, das in einer entfernten Verbindung zu jenem Schuldbewußtsein des Zwei- bis Zweieinhalbjährigen steckt, der seine »matrem nudam« sieht); männliche

Hysterie und Schwangerschaft (von den Darmaffektionen eines hysterischen Mannes geht er zur Ausscheidung von Eiweiß – der Nahrung des Embryos – durch eine Hysterikerin und zur damaligen Schwangerschaft seiner Frau über); Erinnerungen an Todesfälle infolge von Injektionen, an denen er sich die Schuld gab, insbesondere im Zusammenhang mit der Verwendung von Kokain; eine Reihe chemischer Assoziationen, vielleicht eine ironisierende Nachäffung der Fliessschen »Seelenchemie« (Amyl, Methyl, Propyl, Proprionsäure – letzteres aus Propylalkohol hergestellt, eine Substanz, die in Parfums oft mit Fuselöl gemischt wird); und die von Fliess vorgeschlagene Sexualchemie, die mit Freuds Furcht vor homosexueller Anziehung verbunden ist (»Ananas«, ein Geschenk Ottos, stinkt nach Fuselöl und ist »giftig«; Ottos Gewohnheit, den Freuds Geschenke zu machen, läßt eine latente homosexuelle Anziehung vermuten, zweifellos eine Erinnerung an die wiederholten Male, wo sein Freund Fliess ihm mit Wärme entgegengekommen war; und der unruhige Träumer gibt der Hoffnung Ausdruck, Ottos Gewohnheit werde durch eine Ehefrau »geheilt« werden). Unmittelbar hinter den im Traum aufgereihten Charakteren erkennt man einerseits starke männliche Konkurrenten oder Modelle und andererseits eine Reihe von Patientinnen, die er untersucht, sondiert und spritzt, und noch weiter zurück die Gestalten seines Vaters und seiner Mutter. Zwangsläufig mußten diese Figuren ein Buch beherrschen, das die Tiefen des Ödipuskomplexes seines Verfassers auslotet, indem es die Themen Liebe und Haß gegenüber den Eltern, Sehnsucht nach Wärme und Furcht vor Kleinheit, Schwäche und Unzulänglichkeit ausführt.

Freuds Interesse an letzten Fragen, seine Bereitschaft, im Rahmen seiner Selbstanalyse vor Themen wie Liebe und Haß, Leben und Tod nicht zurückzuschrecken, ferner der Umstand, daß er die Welt in sich selbst und sich selbst in der Welt entdeckt hatte, bewogen ihn dazu, mehr zu behandeln als nur das Abnorme und Psychopathische; sein Ehrgeiz richtete sich auf die Psychologie des normalen Menschen, auf das Verständnis der Motive für das Verhalten von Personen, die nicht von Neurosen geplagt waren. Indem Freud das Normale zum Zentrum seines Systems machte, fühlte er sich manchmal gedrängt, auch das Genie unter dem Aspekt normaler Motivierungen zu betrachten und in genialen Werken der bildenden Kunst und der Literatur Beziehungen zum normalen Menschen zu finden, dessen unausweichliche Lebensstationen »Geburt, Paarung, Tod« heißen.

In der *Traumdeutung* geht es hauptsächlich um Freuds Bemühungen, seine eigenen ödipalen Affekte in Bezug auf seinen Vater wie auch auf seine Mutter zu untersuchen. Die schroffen Seiten seiner Persönlichkeit treten bei der Auseinandersetzung mit seinem toten Vater deutlicher hervor, und zwar in Gestalt seines Ehrgeizes, seines lange verhehlten Ärgers über die Strafen und kritischen Bemerkungen des Vaters, aber auch in der Form seiner eifersüchtigen Bemühungen um die Liebe seiner Mutter (denen er gegen neu hinzukommende Geschwister-Konkurrenten freieren Ausdruck gab). Seine leidenschaftlichen Empfindungen der Mutter gegenüber, die noch lebte, als er das Buch schrieb, treten in verhüllten Andeutungen auf, vermischt mit Vorwürfen gegen seine Frau und einer Abneigung gegen Sexualität schlechthin, weil sie »schlecht riecht«. In diesem Buch, das ihm so nahe war, brachte er es noch nicht über sich, die Bindung an seine Mutter zuzugeben, aber in seinen späteren Schriften, so zum Beispiel in seiner Arbeit über Leonardo, verstand er sich zu der Feststellung, daß es die letzte und tiefste Befriedigung für einen Mann sei, wenn er als Säugling an der Brust seiner Mutter liege.

Im Verlaufe dieser Selbstanalyse entdeckte Freud Wunsch- und Verhaltensmuster in sich selbst, die er mit denen seiner Patienten und mit Gestalten aus der Literatur verglich. Freud wollte ungewöhnliches und offensichtlich abnormes Verhalten zu »normalem« Verhalten in Beziehung setzen, um die gemeinsame Basis für eine breite Skala menschlicher Situationen zu finden. In diesem Streben nach dem Allgemeingültigen im Menschen begab sich Freud auf eine Suche in immer weiteren Bezugskreisen, die nie ein Ende nahm. Dieser Vorgang, bei dem Freud sich in großen Gestalten der Vergangenheit und in seinen ihm aufs Genaueste bekannten Patienten (deren Erleben er durch seine Deutungen überwachte) immer wieder selber fand, gehört zu seiner anscheinend unbegrenzten Entwicklung als Mensch und bedeutet – wie er selbst schließlich zugab –, daß seine Selbstanalyse eine endlose und nie vollendete Aufgabe war. Freuds starkes Bedürfnis nach einer Figur, die ihm den Vater ersetzte, führte ihn zu einer Reihe wechselnder Vaterfiguren, große Männer, mit denen er sich auf eine Weise identifizieren konnte, die jeweils von den gefühlsmäßigen Bedürfnissen der betreffenden Lebensphase abhing. Innerhalb der *Traumdeutung* findet sich eine erstaunliche Anzahl von weniger bedeutenden (literarischen und wirklichen) Gestalten, die zu bestimmten Aspekten der Persönlichkeit Freuds passen; freilich lassen sich diese Gestalten als Absplitterungen von mehreren bedeutenden Helden, vor allem von Ödipus und Hamlet, erklären.

Die Psychopathologie des Alltagslebens steht auf dem Fundament der *Traumdeutung*. Sie überträgt deren Einsichten und Vorstellungen auf ein breiteres Gebiet sowie auf andere Phänomene und beschränkt sich nicht auf die in dem früheren Buch analysierte Traumwelt. Während die *Traumdeutung* Probleme behandelt, die mit Freuds Empfindungen beim Tode seines bejahrten Vaters zusammenhängen, und deshalb als »Jakobsbuch« bezeichnet werden könnte, befaßt sich die *Psychopathologie des Alltagslebens* mit der echten Alltagswelt des Sohnes und könnte – wie wir gleich sehen werden – zu Recht »Josephsbuch« heißen. Freud setzt seine Selbstanalyse fort, indem er mehrere charakteristische Fehler untersucht , die er in der *Traumdeutung* gemacht hatte, und entdeckt dabei das Grundthema des Buches: die durch seine Selbstanalyse freigesetzten, aus Triumph und Groll gemischten Gefühle und sein »Herauswachsen« aus der Bindung an seinen Vater und seinen Vaterersatz, Fliess. In einem Brief an Fliess vom 7. August 1901 stellt Freud fest, es sei »gar nicht zu verhehlen, daß wir beide ein Stück weit auseinandergeraten sind«, und betont, daß die *Psychopathologie des Alltagslebens* voll sei von Beziehungen auf Fliess, von »manifesten ... und versteckten, bei denen das Motiv auf Dich zurückgeht. Das Motto ist auch von Dir geschenkt.« Daß er sich von Fliess freigemacht hat, zeigt sich ganz klar in der ausführlichen Behandlung der Bedeutung von Zahlen, eines Gegenstands, den er seinem Freund gegenüber schon 1899 angeschnitten hatte. Freud zeigt, daß scheinbar willkürlich oder zufällig ausgedachte Zahlen einem Determinismus unterliegen, und stellt gewissermaßen seine eigene Art von Determinismus – nämlich den psychologischen – dem biologischen Determinismus Fliess' gegenüber, bei dem Daten und Zeitabschnitte durch regelrechte »Gesetze« determiniert werden.

Freud stützte sich bei seinen Bemühungen um Selbstbestätigung wieder auf eine Reihe von Identifikationen und vermengte dabei Assoziationen zu literarischen Gestalten mit Erinnerungen an wirkliche Personen, die er gekannt hatte. Das berühmte Einleitungsbeispiel Botticelli – Boltraffio hatte er bereits in einem Brief an Fliess vom 21. September 1898 angeführt, in dem gezeigt wird, daß sein Vergessen des Namens Signorelli, des Schöpfers des großartigen Jüngsten Gerichts in Orvieto, mit mehreren unangenehmen Erinnerungen zusammenhing, die sich auf Tod und Sexualität bezogen, und die Freud zu verdrängen wünschte. Das Diagramm, das er veröffentlichte, und das die Wege aufzeigte, auf denen die Verdrängung vor sich ging, erinnert an seine lebhafte Vorstellung von der Trimethylaminformel, die er so deutlich in dem Traum von Irmas Injektion vor sich sah. Diese graphische Deutung war wohl schon früher, in einem Brief vom 28. April 1897, angelegt, wo Freud, den es verdroß, daß er Fliess' Anschrift nicht hatte, schrieb:

»Heute Nacht hatte ich einen Traum, der sich auf Dich bezog. Es war eine telegraphische Nachricht über Deinen Aufenthalt:
Via Casa Secerno«
»(Venedig)
        Villa
Die Darstellung gibt an, was undeutlich und was multipel erschien. Secerno war am deutlichsten ... Somit ist es eine Wunscherfüllung, wenn Du mir Deinen Aufenthalt telegraphierst. Hinter dem Wortlaut des Telegramms steckt allerlei: die Erinnerung an die etymologischen Genüsse, die Du mir vorzusetzen pflegst ... Übrigens bedeutet der Wortlaut noch mehr:

Via (Straßen von Pompeji, die ich studiere).
Villa (Böcklins Römische Villa).
Also unsere Reisegespräche ...«

Der Hauptbeitrag des Freundes Fliess scheint in Freuds Versuch zu bestehen, sich Fliess' Vorstellungen im Bereich der Chemie und der Etymologie zu eigen zu machen und dann darüber hinauszugelangen. Freud verband die Darstellung chemischer Formeln mit graphischen Analysen, die die »Genealogie« von Wörtern sichtbar machten, wobei er wahrscheinlich ähnlich wie Fliess vorging; aber für Freud verwandelten sich solche Analysen in Werkzeuge zur Erforschung der Seele. Der genetische Zusammenhang unbewußten (oft archaischen) Denkens mit dem bewußten Ausdruck schien ihm ein Analogon zu der Verbindung älterer Wortformen mit ihren späteren Abkömmlingen zu sein, die gewöhnlich in Form von Baumdiagrammen dargestellt wird.

Um sein Vergessen des Namens Signorelli zu erklären, bedient sich Freud der folgenden berühmten Darstellung:

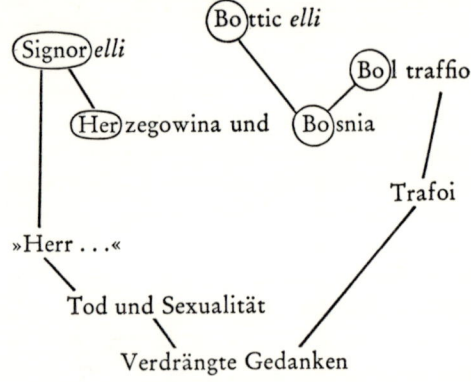

In seiner glänzenden Analyse verfolgte Freud sein Vergessen des bekannten Namens Signorelli – und dessen Ersetzung durch die Namen Botticelli und Boltraffio – zurück bis auf die Zusammenhänge zwischen diesen Namen und schmerzvoll verdrängten Gedanken. So bringen Bosnien und Herzegowina einerseits einen verbalen Anklang an den Namen der harmlosen Künstler, andererseits an einen Satz, der mit »Herr« anfängt und den die fatalistischen Türken, wenn sie mit dem Tod konfrontiert sind, zu ihren Ärzten sagen: »Herr, was läßt sich da machen? Ich weiß, daß Sie ihn retten würden, wenn er zu retten wäre.« Boltraffio war ein Anklang an Trafoi, wo Freud vom Tode eines seiner Patienten hörte, der von einem unheilbaren Sexualleiden heimgesucht war; so hatte sich in diesem Satz von den Türken, die ihren Ärzten vollkommenes Vertrauen entgegenbrachten, ein offensichtlicher Wunsch in bezug auf Freuds eigenen Patienten niedergeschlagen. Er hatte daran gedacht, daß die Sexualität im Leben der Türken im Mittelpunkt steht: war diese Freude erloschen, so hatte das Leben für sie seinen Glanz verloren, und sie zogen es oft vor zu sterben. Tod und Sexualität sind passende Themen für dieses Buch, das Freuds endgültige Trennung von Fliess bedeutet.

Die Abwendung von Fliess und damit auch von seinem Vater zeigt sich am deutlichsten an der Reihe von Gedächtnisfehlern, die Freud in der *Traumdeutung* gefunden hatte und in Kapitel 10 der *Psychopathologie* analysierte. Man könnte diese Analyse in mancher Hinsicht als das Kernstück des ganzen Buches ansehen, das eben durch sie zu einer Fortsetzung der *Traumdeutung* wird. Die drei Fehler sind: erstens, daß er als Schillers Geburtsort Marburg anstelle von Marbach angegeben hatte, zweitens, daß er Hannibals Vater nicht Hamilcar Barcas, sondern Hasdrubal (so hieß der Bruder) genannt hatte, und schließlich, daß er mit der Feststellung, Zeus habe seinen Vater Kronos entmannt, die Untat um eine Generation verschoben hatte, da ja die griechische Mythologie Kronos diese Handlung an seinem Vater Uranos vollziehen läßt. Freud zeigt, daß alle drei Irrtümer von verdrängten Gedanken herrühren, die mit seinem verstorbenen Vater zusammenhängen: Marburg war der Name eines Geschäftsfreunds seines Vaters; daß der Name des Vaters durch den des Bruders Hasdrubal ersetzt worden war, entsprach Freuds Unzufriedenheit mit dem feigen Verhalten seines Vaters, als diesem die Mütze in die Gosse geworfen worden war, und dem Wunsch, der Sohn seines wesentlich älteren Halbbruders zu sein, der aus der ersten Ehe seines Vaters stammte; schließlich war dieser Bruder mit dem Generationenirrtum verknüpft, da er Freud einst ermahnt hatte, er möge nicht vergessen, daß er, von seinem Vater aus gerechnet, eigentlich nicht zur zweiten, sondern zur dritten Generation gehöre. So wurde der gegen den Vater gerichtete ödipale Wunsch Freuds entsprechend auf die eigene Generation vorverlegt.

Alle diese Fäden, die sich von der *Traumdeutung* zu der neuen Situation der *Psychopathologie des Alltagslebens* hinziehen, laufen in dem fesselnden Material zusammen, anhand dessen Freud einen Irrtum aufdeckt, der ihm in seinem ersten Manuskript gegen Ende des Traumbuchs unterlaufen, der aber noch vor der Veröffentlichung berichtigt worden war. Der in Kapitel 7 der *Psychopathologie* dargelegte Irrtum betraf die Tagträume, die Alphonse Daudet in seinem Roman *Le Nabab* einen armen Buchhalter namens Joyeuse auf seinen Spaziergängen durch Paris erzählen läßt. Freud veränderte nicht nur den Namen fälschlich in Jocelyn, sondern legte dem Mann auch die folgende, im Buch nicht enthaltene phantastische Geschichte in den Mund: M. Jocelyn malt sich aus, daß er sich, während er arbeitslos durch die Straßen von Paris streift, einem Wagen mit einem durchgehenden Pferd entgegenwirft und das Tier zum Stehen bringt; darauf öffnet sich der Wagenschlag, ein vornehmer Herr steigt heraus, drückt M. Jocelyn die Hand und sagt:»Sie sind mein Retter, Ihnen verdanke ich mein Leben. Was kann ich für Sie tun?« Freud erklärt seinen Erinnerungsfehler oder die Paramnesie damit, daß er M. Jocelyns Lage mit seiner eigenen identifiziert habe, als er bei seinem ersten Parisaufenthalt »einsam und voll Sehnsucht« durch die Straßen spazierte, »eines Helfers und Protektors sehr bedürftig«. Die Identifizierung mit Joyeuse konnte leicht zustandekommen, da das deutsche Freud(e) in der Bedeutung dem französischen joyeux, joyeuse entspricht. Freud bemerkte hierzu (in einem Absatz, der in den Ausgaben nach 1924 entfernt worden war):»Das Ärgerliche an der Sache ist nur, daß ich kaum irgend einem anderen Vorstellungskreise so feindselig gegenüberstehe wie dem des Protegiertwerdens... Ich habe immer ungewöhnlich viel Neigung dazu verspürt, ›selbst der brave Mann zu sein‹.« Anstelle dieses Absatzes fügte Freud eine Anmerkung hinzu, in der er darauf hinweist, daß er als Kind vermutlich eine Erzählung mit einer Errettungsszene gelesen habe, die ganz derjenigen M. Jocelyns glich:»Die Phantasie, die ich mit 43 Jahren als die Produktion eines anderen zu erinnern glaubte und dann als eigene Leistung aus dem 29. Lebensjahr erkennen mußte, mag also leicht die getreue Reproduktion eines im Alter zwischen 11 und 13 aufgenommenen Eindrucks gewesen sein.« So bedeutete die dem Buchhalter angedichtete Rettungsphantasie in Wirklichkeit eine Phantasie der eigenen Rettung, der »Sehnsucht nach einem Gönner und Beschützer«.

Von großer Bedeutung ist hier gerade das, was Freud nicht entdeckte (oder verdrängte), und was seine Kritiker zu erklären nicht einmal versucht haben: warum Freud in dieser Lebensphase gerade auf diese Vorstellung samt ihrer Identifizierung mit der Romanfigur Daudets zurückgekommen ist und warum er den Namen Joyeuse gerade auf die erwähnte Weise entstellte. Der Schlüssel hierzu scheint mir in Freuds neuem Gefühl der Unabhängigkeit von Fliess sowie in den Angst- und Zorngefühlen zu liegen, jenen Begleiterscheinungen beim Zerbrechen der alten Freundschaft, die etwas von einer väterlichen Tyrannei an sich hatte. Sehen wir in dem geretteten »vornehmen Herrn« Freuds Vater, so verstehen wir Freuds Haltung im Sinne eines Aufsatzes aus dem Jahre 1910 *(Über einen besonderen Typus der Objektwahl beim Manne).* Dieser Aufsatz erklärt die Phantasievorstellung von der Rettung des eigenen Vaters:»Wenn das Kind hört, daß es sein Leben den Eltern verdankt, daß ihm die Mutter ›das Leben geschenkt‹ hat, so vereinen sich bei ihm zärtliche mit großmannssüchtigen, nach Selbständigkeit ringenden Regungen, um den Wunsch entstehen zu lassen, den Eltern dieses

Geschenk zurückzuerstatten, es ihnen durch ein gleichwertiges zu vergelten ... (Der Knabe) bildet dann die Phantasie, den Vater aus einer Lebensgefahr zu retten, wodurch er mit ihm quitt wird, und diese Phantasie verschiebt sich häufig genug auf den Kaiser, König oder sonst einen großen Herrn ... Gelegentlich erhält auch die auf den Vater gerichtete Rettungsphantasie einen zärtlichen Sinn. Sie will dann den Wunsch ausdrücken, den Vater zum Sohne zu haben, das heißt, einen Sohn zu haben, der so ist wie der Vater.«

Wir können hier außerdem noch darauf hinweisen, daß Freud Namen sehr große Bedeutung beimaß. In *Totem und Tabu* (1912) heißt es: »Der Name eines Menschen ist der Hauptbestandteil seiner Person, vielleicht ein Stück seiner Seele.«

Freuds Streben zeigt sich vollends in der Wahl des Namens Jocelyn, der nicht nur die Silbe »Jo« enthält (die Freud sowohl im Französischen wie auch im Deutschen – Josef – verwendete), sondern auch die Silbe »ce«, die im Französischen wie das deutsche »se« klingt; der Name klingt also ähnlich wie »Josef«, und das ist neben »Freud« der andere Name, der verdrängt wurde. Jahre später hat Freud in einem Brief vom 29. November 1936 an den ihm freundschaftlich verbundenen Thomas Mann sich über dessen im gleichen Jahr erschienenes Buch *Joseph in Ägypten* geäußert und bei dieser Gelegenheit das Verhalten Napoleons I. als »Josefsphantasie« analysiert, die »der geheime dämonische Motor hinter seinem komplexen Lebensbild« war: »Er war Korse, ein zweiter Sohn in einer Schar von Geschwistern. Der ältere der Brüder vor ihm hieß – Josef ... In der korsischen Familie wird das Vorrecht des Ältesten von einer ganz besonders heiligen Scheu behütet. (Ich glaube, Alphonse Daudet hat das einmal in einem Roman geschildert, im *Nabab?*)« Freud fügt entschuldigend hinzu: »Ich nehme den Versuch selbst nicht sehr ernst, aber er hat einen gewissen Reiz für mich, etwa wie das Peitschenknallen für den ehemaligen Fuhrknecht.« Freud schien diese Analyse am Herzen zu liegen, und seine Tochter mußte ihn daran erinnern, daß er sie Thomas Mann schon mitgeteilt hatte.

Teile dieser Freudschen Analyse lassen sich mit den Ausführungen über Jocelyn verknüpfen, in denen auch eine Anspielung auf einen Kutscher vorkommt. Jahre vor dem Brief an Mann hatte Freud in einem in der *Traumdeutung* analysierten Traum vom Grafen Thun von der Aristokratie gesagt, daß sie sich mit Vorliebe an die Stelle des Kutschers setze, während er zur plebeischen Mittelschicht gehöre; jetzt verglich der längst schon anerkannte Freud sich mit einem alten Kutscher, blieb also ein Arbeiter, hatte aber doch den neidvoll erstrebten Sitz des Fahrers inne. Die schon in der *Traumdeutung* betonte Identifizierung mit Josef erfüllt ihm den Wunsch, den er sein ganzes Leben lang hegte, die Macht seines Vaters in sich aufzunehmen; er wußte ja, daß Josef, nachdem er den Pharao durch die richtige Deutung seines Traumes gerettet hatte, soviel Macht erlangte, daß er seinen Brüdern, als er sich ihnen zu erkennen gab, sagen konnte, er sei wie »der Vater des Pharao«.

Der Widerstand, der sich gegen seinen »Vater« Fliess herausbildete, bewog Freud 1905 dazu, seine neue Unabhängigkeit, wie schon gesagt, in der ersten der *Drei Abhandlungen zur Sexualtheorie* zur Geltung zu bringen, indem er darin die Originalität der Fliessschen Theorie der Bisexualität bei Männern und Frauen anficht. Indem er auf den Schlüsselbegriff des Irmatraums Bezug nimmt, behauptet Freud, nur die »von Josef Breuer und mir« entdeckte Psychoanalyse könne eine »Lösung« bei sexuellen Störungen bringen. Freud gab zwar zu, daß anatomische und chemische Faktoren bei der Bestimmung des Sexualverhaltens und seiner Entartungen eine Rolle spielen, gründete aber seine eigene Analyse auf die Unterscheidung zwischen Aktivität (die er als männlich ansah) und Passivität (die er für weiblich hielt). Das Zentralproblem der drei Abhandlungen, das Aufzeigen wichtiger Verknüpfungen und Zusammenhänge zwischen »normaler« und »abnormer«, »männlicher« und »weiblicher« Sexualität, war bis zu einem gewissen Grade auch maßgebend für das Buch *Der Witz und seine Beziehung zum Unbewußten,* das genau zur gleichen Zeit entstand. Das Thema Witz sollte Freud die Möglichkeit eröffnen, der Verehrung Ausdruck zu geben, die er für seinen Vater empfand, gleichzeitig aber auch seiner Überlegenheit über ihn. Das Erzähltalent seines Vaters hatte Freud immer bewundert, und schon vor der Niederschrift der *Traumdeutung* hatte er angefangen, jüdische Witze und Anekdoten zu sammeln. Sein Buch stellt deshalb eine weitere Identifizierung mit seinem Vater dar, eine Übernahme bewunderter väterlicher Eigenschaften. Aber auch noch eine andere Seite seines Verhältnisses zu seinem Vater via Fliess wird deutlich, wenn Freud in Kapitel 6 feststellt, der Umstand, daß die Traumarbeit mit denselben Mitteln arbeite wie der Witz, sei »der subjektive Anlaß« für ihn geworden, sich »mit dem Problem des Witzes zu beschäftigen«. Damit antwortet er auch auf die Kritik Fliess', der 1899 bemerkt hatte, die *Traumdeutung* enthalte zu viele Witze. Freud griff die Herausforderung auf, indem er klarstellte, daß es nicht nur begründet sei, die schlechten Witze zu enthüllen, die dem Traum zugrundeliegen, sondern daß auch die aus den Witzen – und zwar auch aus guten – abgeleitete Motivierung und Lust mit der des Traumes eng verbunden sei. Wie in der *Psychopathologie des Alltagslebens* erweitert Freud hier die Erkenntnisse der *Traumdeutung* und wendet sie nicht nur auf Neurotiker, sondern auch auf die Welt der Normalen an.

Freuds Ausweitung seiner selbst, sein Aufgehen in anderen Rollen infolge von Identifizierung, zeigt sich deutlich in seiner nächsten für unser

Thema bedeutsamen Schrift, seinem Aufsatz *Der Wahn und die Träume in W. Jensens Gradiva* von 1907. Freud hatte seit seinen kurzen Ausführungen in Briefen an Fliess aus dem Jahr 1898 über Hamlet, Ödipus und besonders über C. F. Meyers Erzählung *Die Richterin*, in denen er entdeckte, daß man Literatur als Spiegelung der Probleme des Autors ansehen könne, keine bedeutendere Untersuchung eines Kunstwerks in Angriff genommen. Während in der Analyse der *Richterin* die Vorstellung, daß die Erzählung die Probleme des Verfassers spiegele, am Anfang steht, bildet sie in der Analyse der *Gradiva* den Schluß. Freud stellt erneut fest, daß die Grenze zwischen normalen und pathologischen Geisteszuständen fließend ist und trägt den einleuchtenden Gedanken vor, daß in jedem Wahn ein Körnchen Wahrheit stecke. Der interessanteste Aspekt seiner Arbeit jedoch sind die bissigen Bemerkungen über Naturwissenschaftler, die Träume physiologisch erklären möchten, und die Feststellung, daß der schöpferische Künstler der Verbündete des Psychoanalytikers sei, da beide aus Quellen schöpfen, die der Naturwissenschaft nicht zugänglich seien.

Die Kraft der Freudschen Erkenntnisse und seine Verdienste als Stilist treten nirgends so klar zutage wie in seiner Analyse von *Gradiva*, in der er es fertigbrachte, die unbedeutende Erzählung eines selbst in der deutschen Literatur nahezu vergessenen Schriftstellers neu zu beleben und zur Grundlage einer fesselnden Darlegung zu machen. Das Original von Jensen ist offenbar nicht wieder veröffentlicht worden (wenn man von der seltenen französischen Ausgabe aus dem Jahre 1931 absieht, in der es neben Freuds Aufsatz abgedruckt ist), obwohl sicher jeder, der in die Psychoanalyse eindringen will, es begrüßen würde, wenn er das Original mit Freuds Wiedergabe vergleichen könnte. Dieser Versuch im Genre des archäologischen Romans des späten neunzehnten Jahrhunderts (dessen bester Vertreter der Ägyptologe und Romancier Georg Ebers war) warf Probleme auf, die sowohl Freuds analytischer Energie wie auch seinem Interesse an dem Schauplatz Pompeji entgegenkam. Außerdem konnte Freud sich hier nach Herzenslust mit seinem alten Steckenpferd, der Archäologie, beschäftigen. Es war ihm sehr lieb, seine eigene Arbeit durch Jensens schlagendes Beispiel einer erfolgreichen Psychotherapie bestätigt zu sehen, hatte doch Jensen ohne Kenntnis der Psychoanalyse »aus der gleichen Quelle« geschöpft und »das nämliche Objekt« bearbeitet.

Die Erzählung handelt von dem deutschen Archäologen Norbert Hanold, der so sehr in seinem Beruf aufging, daß er kein Interesse für eine Geliebte aus Fleisch und Blut aufbringen konnte. Im Verlaufe seiner Studien geriet er in den Bann eines antiken Reliefs (Abb. 7), von dem er einen Gipsabguß besaß. Es zeigte eine voll entwickelte junge Frau, die in einer eigenartigen Gangart ausschritt, wobei der eine, mit einer

Sandale bekleidete Fuß flach auf dem Boden ruhte, während der nach-
gezogene Fuß mit erhobener Ferse fast senkrecht zum Boden stand. Der
Archäologe, der ohne ersichtlichen Grund von dem Relief fasziniert
war, sprach ihm besondere Charakteristika zu; er gab dem Mädchen
wegen des raschen Schreitens den Beinamen Gradiva, abgeleitet von Gra-
divus, dem Beinamen des Mars, der in die Schlacht schreitet, und ver-
setzte sie in seiner Phantasie als Tochter einer adeligen römischen Familie
aus Deutschland in das antike Pompeji zurück. Das Relief löste in Hanold eine unersättliche Neugier aus, die er sich selbst mit wissenschaft-
lichem Interesse erklärte. Er fragte sich, ob der Bildhauer wohl ein zeit-
genössisches Modell benutzt habe. Bald fing er an, durch die Straßen
zu streifen und Frauen auf ihren Gang hin zu beobachten, vorgeblich
um zu prüfen, ob man eine solche Haltung jetzt noch finden könne. Es
läßt sich denken, daß diese prüfenden Blicke von den Mädchen teils
freundlich, teils ärgerlich erwidert wurden, aber Hanold suchte ohne
sichtbare gefühlsmäßige Beteiligung weiter, durch seine Archäologie von
der Gegenwart abgesondert. Schließlich mußte er mit Bedauern feststellen, daß er in der Wirklichkeit Gradivas Gang nicht finden konnte.

Nicht lange danach hatte Hanold einen schrecklichen Traum: Er war
im Jahre 79 n. Chr. in Pompeji und erlebte die Zerstörung der Stadt
mit. Plötzlich sah er Gradiva in der Nähe (der Jensensche Text nach
Freud zitiert): »Bis dahin hatte ihn kein Gedanke an ihr Hiersein an-
gerührt, jetzt aber ging ihm auf einmal und als natürlich auf, da sie
ja eine Pompejanerin sei, lebe sie in ihrer Vaterstadt und, ohne daß er's
geahnt habe, gleichzeitig mit ihm.« Da er Angst um sie hatte, rief er ihr
eine Warnung zu, doch sie ging unbekümmert weiter, das Gesicht ihm
zugewandt, und schritt dem Portikus eines Tempels entgegen, ohne
daß ihr etwas zustieß. Dort setzte sie sich auf eine Treppenstufe und
legte langsam den Kopf auf diese nieder, während ihr Gesicht sich immer
blasser färbte, als ob es sich zu weißem Marmor umwandelte. Als er
nacheilte, fand er sie mit ruhigem Ausdruck wie schlafend auf der breiten Stufe hingestreckt, bis dann der Aschenregen ihre Gestalt begrub.«
Jetzt geschah es zum erstenmal in Hanolds Phantasiegespinsten, daß er
wie um eine Tote um sie trauerte. Wiederum von einem unerklärlichen
Impuls getrieben, machte er sich eilends nach Italien auf unter dem Vorwand, die archäologische Bedeutung des Reliefs zu untersuchen, in Wirklichkeit aber von seinen Wahnvorstellungen über das Leben und den
Tod der Gradiva getrieben. Rings um sich sah er Hochzeitsreisende, die
ihm ihres törichten und konventionellen Benehmens wegen lästig waren,
und später in Pompeji ekelte er sich vor den »üblen und unnötigen«
Hausfliegen, wenn sie sich paarten. In Wirklichkeit bahnte sich da eine
Wandlung Hanolds zu einem stärker gefühlsbetonten Menschen an. Als
er glaubt, Gradiva eine Straße überqueren zu sehen, wird ihm klar,

daß er eigens nach Pompeji gekommen ist, um ihre echten historischen Spuren (Fußabdrücke in der Asche) aufzusuchen. Zunächst betrachtet er sie als eine Halluzination, doch als sie eine Eidechse wegscheucht, hält er sie für einen Geist – etwas, das (ohne lebendig zu sein) in der Welt vorhanden und nicht nur ein Gebilde seiner Phantasie ist. Immer noch nicht sicher, bittet er sie, sich hinzulegen, wie er sie im Traum gesehen hatte, doch das Mädchen weist ihn befremdet zurück und entschwindet.

Bald erfahren wir, daß Gradiva wirklich ein lebendiges Mädchen ist, die Hanold dadurch überrascht, daß sie ihm weder auf griechisch noch auf lateinisch, sondern in deutscher Sprache antwortet. Sie ist ein Nachbarskind aus seiner Heimatstadt, eine vertraute Freundin aus seiner Kindheit, und zu der Freundschaft gehörte auch zärtliches »Knuffen und Puffen«. Ihr Name ist Zoe Bertgang. Zoe, die den Archäologen liebt, geht absichtlich auf seine Wahnvorstellungen ein, um eine Möglichkeit zu seiner Heilung zu finden, und sie führt ihre Therapie so geschickt durch, daß Freud in ihr eine vorbildliche Therapeutin findet, die vor dem Psychoanalytiker voraus hat, daß sie die Kindheitserlebnisse ihres Patienten genau kennt und in der Lage ist, Liebe als ihr Heilmittel zu verwenden. Zoes Familienverhältnisse – die Mutter ist tot, der Vater, der ganz im Beruf des Zoologen aufgeht, ein unerreichbares Idol – haben bewirkt, daß sie immer stärker in ihrer frühen Liebe zu Hanold lebt, der in ihrem Herzen leicht den Platz des Vaters hätte einnehmen können. Als sie einmal zornig auf Hanold ist wegen seiner Kälte ihr gegenüber und wegen seines blinden Aufgehens in der Wissenschaft, nennt sie ihn »großartig wie ein Archäopterix«, das ist ein vorsintflutliches Vogelungetüm, worin Freud einen kombinierten Bezug einerseits auf ihren Vater (Zoologie) und andererseits auf Hanold (Archäologie) sieht.

Genau an diesem Punkt taucht die Frage auf, welche Rolle die Verdrängung spielt. Freud benutzt sehr geschickt den Ausdruck »Wiederkehr des Verdrängten«, um zu erklären, wie das Mittel der Verdrängung, die Archäologie, die Kindheitserinnerungen Zoes hervorlockte, während es sie gleichzeitig abschirmt. So liegt unter dem offenkundigen Inhalt von Hanolds Traum – die Verschüttung Pompejis und der Verlust Gradivas – der verborgene, echte Inhalt: sein leidenschaftliches Verlangen nach der Zoe, die er früher kannte. Freud umschreibt Hanolds erfolglose Verdrängung und Entstellung seiner erotischen Gefühle für Zoe mit dem Sprichwort: Naturam expellas furca, tamen usque recurret. Als verständnisvolle Veranschaulichung des Vorgangs bezeichnet Freud eine Radierung von Félicien Rops, auf der ein asketischer Mönch von sexuellen Versuchungen geplagt wird (Abb. 8). Er wendet sich in seiner Verzweiflung an den gekreuzigten Christus und sieht zu seinem Schrecken, daß sich das Bild des Erlösers in ein üppiges nacktes

Weib verwandelt hat. Selbst die Mathematik, jener scheinbare Zufluchtsort vor den Versuchungen der Welt, kann zum Träger der Wiederkehr verdrängten Materials werden, wie in jenem – von Freud angeführten – Falle eines Knaben, dessen verdrängte Sexualität ausbricht und sich an zwei Aufgaben verrät:»›Zwei Körper stoßen aufeinander, der eine mit der Geschwindigkeit... usw.‹ und ›Einem Zylinder vom Durchmesser der Fläche m ist ein Kegel einzuschreiben... usw.‹ [7].«

Freuds Deutung der Eidechse, die in Hanolds zweitem Traum erscheint, wirft gewisse Fragen auf. Freud äußert sich erstaunlich lakonisch über dieses höchst offenkundige Sexualsymbol. Er zeigt, daß das Thema Eidechsenfang von Zoes Vater herrührt und daß sie ihrerseits die Technik zum Männerfang benutzt. Gemäß der Deutung des Psychoanalytikers enthüllt Hanolds Traum, daß der Archäologe sich der Werbung Zoes bewußt ist und daß das »Verschwinden in... Spalten« den Träumer an »das Benehmen von Lacerten« erinnert. Im Gegensatz zu dem eindrucksvollen Bild der Zoe-Gradiva erscheint Hanold Freud als ein sehr schwaches Geschöpf, dessen Schlußbemerkungen darauf hinweisen, daß der Archäologe ihr unterworfen zu sein wünscht. »Der Wunsch, von der Geliebten gefangengenommen zu werden... wie er unter der Situation des Eidechsenfanges konstruiert werden darf, hat eigentlich passiven, masochistischen Charakter.« Da Hanolds Wahn als hysterisch dargestellt wird (Freuds zwei Jahre später entstandene Schrift *Hysterische Phantasien und ihre Beziehungen zur Bisexualität* bringt sie mit Bisexualität in Verbindung) und da Hanolds Versenkung in die Wissenschaft zu seiner sexuellen Frigidität führte, erkennen wir, daß die Bühne für die Erörterung der Bisexualität vorbereitet wird. Diese nächste Phase von Freuds anhaltendem, wenn auch unterirdischem Kampf mit seinem Vater und mit Fliess wird in seinem Buch über Leonardo offenkundig, von dem er zugibt, daß es eine seiner subjektivsten Arbeiten sei. Doch von dieser Subjektivität findet sich auch etwas in seinem Aufsatz über Gradiva. Freuds Analyse des Buches, die in mancher Hinsicht so weit über das Original hinausgeht, hat Jensen ohne dessen Wissen und Wollen zu einem Orakel der Freudschen Theorien gemacht. Adolph Wohlgemuth, der in *A Critical Examination of Psychoanalysis* (1923) Freuds Theorien im allgemeinen ungerecht beurteilt, trifft zu dem Aufsatz über *Gradiva* wenigstens die gültige Feststellung, daß ein großer Teil der Traumdeutung von Freud und nicht von Jensen stamme. Freuds Neigung, bei seinem Streben nach Selbsterkenntnis in der Kunst oder Literatur für ihn persönlich bedeutsame Aspekte zu finden, könnte man durchaus als das »Gradivaprinzip« seiner Kritik bezeichnen, da Freud gerade in der Analyse dieser Erzählung dadurch über die Qualität seines Gegenstandes hinausgeht, daß er sich selbst hineinprojiziert.

Ehe wir uns Freuds 1910 veröffentlichtem Aufsatz über Leonardo zuwenden, sei etwas über die vier Jahre gesagt, die auf den Gradiva-Aufsatz folgten. 1908 schrieb Freud *Der Dichter und das Phantasieren.* Hier entwickelte er Ideen, die letztlich aus den Anliegen der älteren Werke hervorgingen; sein Problem ist auch hier wieder das Finden von Übergängen zwischen scheinbar miteinander nicht zusammenhängenden Aspekten der menschlichen Seele. In der *Psychopathologie* hatte er Fehler und Versehen auf unbewußte Triebregungen zurückgeführt, die von denen des Neurotikers nicht weit entfernt seien, und in diesem neueren Aufsatz verglich er das Spiel des Kindes oder das müßige Tagträumen des Durchschnittsmenschen mit der Phantasie und Einbildungskraft des Dichters. Im Bestreben, seine Erfahrung auf alle Bereiche menschlicher Gefühle und Motivationen auszuweiten, suchte sich Freud allmählich dem scheinbar unzugänglichen Geheimnis des Dichters zu nähern. Da ihm seine eigenen Probleme der Identifikation am Herzen lagen, unterstrich er die Bedeutung dieses Prozesses für den Romancier, dessen Helden er wie den des Tagträumers »Seine Majestät das Ich« nennt. Im Gegensatz zum Gradiva-Aufsatz ist hier der Künstler nicht als Kollege behandelt, dessen Erkenntnisse denen des Psychoanalytikers durchaus gleichwertig sind, sondern wird im Hinblick auf den unwirklichen oder illusorischen Aspekt seiner Hervorbringungen gesehen. Im *Leonardo* wird das Problem des Verhältnisses der Kunst zur Wissenschaft zu einem zentralen Anliegen.

In mancher Hinsicht stellt *Leonardo* einen Wendepunkt in Freuds Leben dar; die »heroischen« Tage der *Traumdeutung* und der verschiedenen glänzenden Nachfolgeschriften hatten ihm ein neues Gefühl der Unabhängigkeit von Fliess gebracht, aber auch neue Trauer darüber, daß er einsam und allein war, nachdem er mit ihm seinen »letzten Publikum« verloren hatte, wie er sich in einem Brief an Fliess vom 11. März 1902 mehr melodramatisch als wahrheitsgetreu ausdrückte. Von jetzt an berichtet er weniger häufig seine Träume. Wenn er sich jetzt der mehr systematischen Ausarbeitung von Ideen zuwandte, die er gelegentlich gewissermaßen im Rohzustand schon zur Sprache gebracht hatte, so glich das einem Abbiegen vom Pfade der künstlerischen Phantasie zur Logik der Wissenschaft, wie er sie in dem großen Genie Leonardo wahrnahm. Als er viel später – 1930 – den Goethepreis für Literatur erhielt, bemerkte er, daß Goethe und nicht Leonardo den Wissenschaftler mit dem Künstler in sich selber in Einklang gebracht habe. Man fragt sich, wie er wohl sein eigenes Schaffen beurteilt haben mag in jenem Augenblick, als seine Schriften, die er als Wissenschaft ansah, wegen ihres literarischen Wertes geehrt wurden.

Die in der *Traumdeutung,* der *Psychopathologie* und den *Drei Abhandlungen* bereits angedeuteten Gedanken hatten den Boden bereitet für die eingehendere Erörterung der Rolle der Mutter in Freuds Leben; anstatt jedoch seine Selbstanalyse fortzuführen, faßte er den schicksalhaften Entschluß, seine Analyse auf Leonardo zu projizieren, der bereits in seinen Gesprächen mit Fliess als bedeutende Persönlichkeit aufgetaucht war, und der ihn aus zwei Gründen besonders anzog: da stand ein erstaunlicher Satz, den Freud für eine Erinnerung Leonardos hielt, für die Analyse zur Verfügung, und Leonardos berühmteste Werke einschließlich der *Mona Lisa* stellten Personen dar, deren »rätselhaftes« Lächeln den Deuter Freud ebenso reizte, wie ihn das Rätsel der Sphinx vorher dazu verführt hatte, den Ödipuskomplex zu erforschen.

Freud entwickelte seine Studie der Charakterbildung Leonardos einschließlich seiner Homosexualität aus einer einzigen »Erinnerung« aus der Kindheit und erklärte die Wendung des Meisters von der lebensvollen schöpferischen Kunst zur trockenen Wissenschaft als eine Folge seiner Neurose, die selbst die Verwirklichung seines homosexuellen Drangs unterband. Freuds Interesse an Leonardo geht mindestens bis auf den 9. Oktober 1898 zurück, als er an Fliess schrieb: »Leonardo, von dem kein Liebeshandel bekannt ist, war vielleicht der berühmteste Linkshänder. Kannst Du ihn brauchen?« Die Frage bezog sich auf Fliess' Interesse an einer vermuteten Verbindung zwischen Bilateralität und Bisexualität, und die Leonardostudie spielt, wie wir gleich sehen werden, auf eine solche an. Danach äußert sich Freud erst wieder 1907 über Leonardo, als er unter den zehn »guten Büchern« Mereschkowskis Roman *Leonardo da Vinci* (1902) in der deutschen Ausgabe von 1903 anführt. Nach einem Brief an Jung vom 17. Oktober 1909 hatte Freud einen Patienten, dem einige Charakterzüge Leonardos, nicht aber sein Genie eigneten. Es gibt Gründe für die Annahme, daß Freuds Empfindungen für seinen glänzenden und selbständigen Nacheiferer Jung gewisse ungelöste homosexuelle Gefühle Fliess gegenüber in Erinnerung riefen und ihn anregten, diese Probleme im Gewande seiner Studie über Leonardo auszuarbeiten.

Freuds These ist, daß die Schwierigkeiten, die Leonardo als Erwachsener hatte – seine Unfähigkeit selbst zur homosexuellen Liebe, seine Gleichgültigkeit seinen künstlerischen Erzeugnissen gegenüber und seine schließliche Abwendung vom reichen phantasievollen Leben des Künstlers zum kälteren des Wissenschaftlers – auf Kindheitserlebnisse zurückgeführt werden können; während er in seinen frühesten Jahren den Vater als Vorbild entbehrte, überschüttete ihn seine unverheiratete Mutter mit der ganzen Zärtlichkeit ihrer unerfüllten Sexualität, ein Zustand, der dadurch beendet wurde, daß sein wohlhabender Vater und seine gütige (und kinderlose) Stiefmutter ihn schließlich adoptierten. Leonardos »Kindheitserinnerung«, nach Freud eigentlich eine Phantasie, wird von dem Psychoanalytiker als ein Schlüssel zum Verständnis der seelischen

Verfassung des reifen Leonardo bezeichnet, der jene verborgenen und übersehenen seelischen Vorgänge enthüllt, die letztlich als rätselhafte Verhaltensschemata auftauchten. Freud zitiert Leonardo: »Es scheint, daß es mir schon vorher bestimmt war, mich so gründlich mit dem Geier zu befassen, denn es kommt mir als eine ganz frühe Erinnerung in den Sinn, als ich noch in der Wiege lag, ist ein Geier zu mir herabgekommen, hat mir den Mund mit seinem Schwanz geöffnet und viele Male mit diesem seinem Schwanz gegen meine Lippen gestoßen.« Freud deutet diese Phantasie als einen Wunsch, zu der heftigen Zärtlichkeit der Mutter zurückzukehren, die ihm das köstliche Vergnügen des Saugens und leidenschaftlichen Küssens gewährte (er verglich den Schwanz im Mund mit Fellatio). Freud hatte bereits in einer Fußnote zu seinem Buch über den Witz (1905) darauf hingewiesen, daß »die für das Lächeln bezeichnende Grimasse der Mundwinkelverziehung zuerst beim befriedigten und übersättigten Säugling« auftritt. Die Phantasie liefert auch einen Hinweis auf »eine ursächliche Beziehung zwischen Leonardos Kinderverhältnis zu seiner Mutter und seiner späteren manifesten, wenn auch ideellen Homosexualität«. Er stützt diese Hypothese durch lange Ausführungen über die geierköpfige Göttin Mut, eine ägyptische Muttergottheit, die nicht von einem männlichen Wesen, sondern vom Wind befruchtet und gewöhnlich mit einem Phallus dargestellt wurde. Freud schloß, daß Leonardo diese ägyptischen mythologischen Details kannte und deshalb in der Lage war, eine Phantasie über die parthenogenetische Muttergöttin auszudenken. Leonardos Phantasie eliminierte also den verhaßten Vater, der den Säugling verlassen hatte (wenn er ihn auch später in sein Haus aufnahm). Diese Konstruktion führt Freud zu einer Erklärung des geheimnisvollen Lächelns der *Mona Lisa* (Abb. 9) und der Jungfrau Maria in der *Heiligen Anna selbdritt* (Abb. 10) im Louvre. Als er Mona Lisa begegnete, wurde in Leonardo die Erinnerung an das glückselige Lächeln seiner Mutter wach, und dadurch wurde ihm die ganze glückliche Welt seiner frühen Kindheit »wieder erschaffen«. Auf den wichtigen Mechanismus des Wiederheraufrufens der Vergangenheit durch ein späteres Erlebnis hat Freud zuerst in seinen Briefen an Fliess und in *Der Dichter und das Phantasieren* hingewiesen. In der *Anna selbdritt* bildet er zwei Mütter ab: Die heilige Anna, die zärtliche Großmutter, stellte Leonardos wirkliche Mutter Caterina dar, der sein Vater ihn wegnahm, als er zwischen drei und fünf Jahre alt war, und die Jungfrau Maria ist seine junge Stiefmutter, die Frau seines Vaters.

Es ist bekannt, daß der Schwung und die Eleganz der Freudschen Darstellung immer ihre Bewunderer gefunden hat, während seine Hauptthesen der scharfen Kritik aller Anhänger der Psychoanalyse – gewisse höchst kurzsichtige Vertreter des Faches ausgenommen – begegnet sind. Die Kritik hat schlagend bewiesen, daß der »Geier«, eine Fehlübersetzung von »nibio«, eigentlich ein Milan ist und daß damit das ganze Argument hinfällig wird, das sich auf die ägyptische Göttin Mut stützt. Dieser Irrtum, auf den Maclagan bereits 1923 im *Burlington Magazine* hingewiesen hat, muß einigen der Mitglieder von Freuds englischem Zirkel, der ihn über die in dieser bekannten Zeitschrift veröffentlichten einschlägigen Kunstnachrichten auf dem laufenden hielt, bekannt gewesen sein [8]. Freud hat mehrere Änderungen in den Ausgaben seiner Arbeit von 1919 und von 1923, eine geringfügige sogar in derjenigen von 1925 angebracht, und sein Interesse an dem Renaissancemeister ist mindestens bis Anfang der zwanziger Jahre lebendig geblieben [9]. Noch 1931 behauptete Freud, man könne die *Anna selbdritt* im Louvre »ohne die eigentümliche Kindheitsgeschichte Leonardos« [10] nicht verstehen. Merkwürdigerweise berücksichtigt Freud nirgends die sehr ernsthafte Kritik an seinem Buch, und selbst in jüngster Zeit haben die Herausgeber der Standardausgabe zwar zugegeben, daß die Verknüpfung mit Ägypten unerheblich geworden ist, verteidigen aber hartnäckig Freuds psychosexuelle Analysen in dieser Schrift. Es mag noch hingehen, daß die Herausgeber den überzeugenden Aufsatz von Edmund Wilson (1941) [11] übersehen haben, der auf die Hauptschwierigkeiten von Freuds Leonardoaufsatz hinweist und zeigt, daß seine Methode nicht den Versuch macht, Leonardos Genie zu erklären und auch die zentrale Frage der Ästhetik – nämlich den Wert – nicht ins Auge faßt (diesen Einwand wiederholt Susanne K. Langer in *Philosophy in a New Key*, 1942); und schließlich, daß Freud nichtpsychoanalytische Faktoren in Leonardos Kunst nicht hinlänglich berücksichtigt und (wie Wilson folgert) »aus sehr magerem Beweismaterial einen Freudschen Mechanismus konstruiert hat«. Aber daß sie den bedeutenden und sehr wichtigen, weit über Wilsons Arbeit hinausgehenden Aufsatz von Meyer Schapiro (1956) nicht einmal erwähnen, weckt Zweifel an der Objektivität der Herausgeber, die den Artikel gekannt haben müssen, da ja K. R. Eissler Schapiros 30-Seiten-Artikel in einem Buch (1962) zu widerlegen versucht [12]. Die pathetische Rechtfertigung des Freudschen Irrtums wird durch eine Fußnote der Herausgeber der Protokolle des Wiener Psychoanalytischen Vereins gekrönt [13], die Eissler gegen Schapiro mit dem Argument zu Hilfe kommen, daß ja doch ein Milan auch ein Vogel sei.

Noch schwerer als die Subjektivität in der Auslegung Freuds wiegt seine ganz persönliche Betroffenheit. Freud hat die Arbeit selbst als eine halbe Dichtung bezeichnet, aber damit ist der autobiographische Charakter der Studie, den Jones 1955 herausgestellt hat, noch längst nicht genügend betont. In einer tiefschürfenden kleinen Untersuchung hatte Schapiro (1955/56) gezeigt, daß Freud fälschlich glaubte, Leonardo stehe »irgendwie außerhalb der Familie seines Vaters. Es ist möglich, daß er, indem er sich in dieser Biographie mit Leonardo identifizierte, ... seinen Helden soweit wie möglich von seinen Brüdern und Schwestern trennen mußte ... Auch der Vater verlor an Bedeutung, ... das Verhältnis des unehelichen Kindes zu der verlassenen Mutter wird zur entscheidenden Tatsache.« Dieser Versuch von seiten Freuds, Leonardos Vater herunter-zuspielen, paßt genau in die Entwicklung von Freuds eigener Persönlich-keit im Sinne dessen, was er als den »Familienroman« bezeichnet, und hilft uns, andere Irrtümer und Auslassungen seines Buches zu verstehen. So stellt Freud in Kapitel 2 fest, die einzige sichere Tatsache, die uns über Leonardos Kindheit bekannt sei, besage, daß er als Fünfjähriger zum Haushalt seines Vaters gehört habe; »wann dies geschah, ob wenige Monate nach seiner Geburt« oder, als er etwa fünf Jahre alt war, »ist uns völlig unbekannt«. Aber in Kapitel 4 behauptet Freud, als er über die beiden Mütter Leonardos spricht, er sei seiner ersten, echten Mutter, Caterina, »im Alter zwischen drei und fünf Jahren entrissen« worden. Daß Freud bereit war, ja sich gezwungen fühlte, das Bild Leonardos zu entstellen, um es zu einer Projektion seiner eigenen Persönlichkeit zu machen, wird noch deutlicher, wenn wir eine Auslassung betrachten, die er ganz bewußt im Hinblick auf das Verhältnis Leonardos zu seinen Eltern vornahm. Freuds Exemplar von Gabriel Séailles Schrift *Léo-nard de Vinci* in der Reihe *Les Grands Artistes* (ohne Ort und Jahr) trägt auf dem Umschlag in schwarzer Tinte den Vermerk »freud/10. X. 09« (vor der Vollendung der Studie über Leonardo), und die folgende Textstelle auf S. 11 ist am Rand grün angestrichen: »Sans doute, sur les instances de son père, ser Piero rompit avec Catarina (sic), prit son fils et la même (sechs Worte grün unterstrichen) année se maria ... Fils naturel, recueilli par son père, Léonard se passa de cette influence maternelle que doit subir tout grand homme qui se respecte.« (Zweifel-los brach Ser Piero auf Drängen seines Vaters mit Caterina, nahm seinen Sohn und verheiratete sich noch im gleichen Jahr ... Als von seinem Vater aufgenommener unehelicher Sohn entbehrte Leonardo jenen müt-terlichen Einfluß, dem jeder große Mann, der sich selbst achtet, sich un-terwerfen muß.) Da Freud die Tatsache nicht anzweifelt, daß Leonardos Vater seine Stiefmutter »im gleichen Jahr heiratete, in dem Leonardo geboren wurde«, hätte das von ihm ausgelassene unterstrichene Zitat sei-ner Hypothese widersprochen, daß das junge Genie nach dieser Heirat eine lange Zeitspanne mit seiner zärtlichen und liebebedürftigen Mutter allein war.

Wenn die Objektivität der Freudschen Studie an mehreren Stellen an-gezweifelt werden kann, so heißt das nicht unbedingt, daß nicht Auf-schlußreiches über den Charakter Leonardos gesagt wäre. Jedenfalls er-öffnet es aber die Aussicht, daß wertvolle Einsichten in bezug auf Freud selber und auf seine Einstellung zur Kunst zu gewinnen sind. Wenn wir also annehmen, daß diese Studie in bezeichnender Weise die Probleme des Verfassers spiegelt, so können wir darangehen aufzudecken, wo es bedeutsame Berührungspunkte zwischen den beiden Männern gibt, um so vielleicht zu einem besseren Verständnis beider zu gelangen. Freud hätte trotz seiner Studie über Leonardo auf alle Versuche, seine Persönlichkeit zu erforschen, sicherlich sehr unwillig reagiert; er lehnte nicht nur die kluge Biographie Wittels' ab, sondern schrieb in einem Brief vom 31. Mai 1936 an Arnold Zweig, der gern eine Freudbiographie geschrieben hätte:»Wer Biograph wird, verpflichtet sich zur Lüge, zur Verheimlichung, Heuchelei, Schönfärberei und selbst zur Verhehlung seines Unverständnisses, denn die biographische Wahrheit ist nicht zu haben.« Ich hoffe, wenigstens einige dieser Fallstricke zu vermeiden.

Das aufschlußreichste Phänomen in Freuds unbeabsichtigter Selbstenthüllung ist wohl der Geier, den er selbst angesichts wiederholter scharfer Kritik sich weigerte aufzugeben. Außerdem behandelte Freud die Geier-»Erinnerung« als hochbedeutsam für Leonardo und unterließ es, Fragen daran anzuschließen, obwohl er die Stelle in der deutschen Mereschkowskiausgabe [14], in der die Phantasie ausgeführt wird, mit zwei braunen Strichen angemerkt hat; dort wird die Meinung geäußert, für Leonardo sei die Geiergeschichte eine jener Erinnerungen gewesen, »die anderen belanglos und abgeschmackt erscheinen mögen, für den Erinnernden selbst aber, der sie in seinem Herzen bewahrt, von prophetischer Bedeutung sind«. Freud behauptet auch hartnäckig, Leonardo habe gewußt, daß der Geier die Mutter bedeute, wenn nicht aus den Hieroglyphica des Horapollo [15], so aus den Schriften der Kirchenväter, wo – wie Freud bemerkt – die Parthenogenese Marias als Beweis für die Glaubwürdigkeit der Jungfrauengeburt verwendet wird. Freud übersieht jedoch andere Eigenschaften des Geiers; die Stelle bei Horapollo (I, 11), auf die sich Freud bezieht, lautet: »Wenn sie (die Ägypter) eine Mutter, oder Sehkraft, oder Grenzen, oder Vorherwissen, oder das Jahr, oder den Himmel, oder Mitleid, oder Athene, oder Hera, oder zwei Drachmen meinen, zeichnen sie einen Geier.« Außerdem erwähnen zwar manche Kirchenväter den Geier im Sinne seiner Jungfräulichkeit, aber spätere christliche Quellen weisen auf die dämonischen Eigenschaften der Geier hin; so berichtet Petrus Venerabilis im zwölften Jahrhundert von einem Mönch, der in seinem Bett vom Teufel in Gestalt eines Geiers angegriffen worden sei [16].

Wenn die Geier-Mutter, die Freud so wichtig nimmt, nicht wirklich Leonardos Mutter ist, scheint es nicht unvernünftig anzunehmen, daß es Freuds Mutter war, zumal einer seiner merkwürdigsten in der *Traumdeutung* erörterten Träume von Wesen mit Vogelschnäbeln handelt: »Er war sehr lebhaft und zeigte mir die geliebte Mutter mit eigentümlich ruhigem, schlafendem Gesichtsausdruck, die von zwei (oder drei) Personen mit Vogelschnäbeln ins Zimmer getragen und aufs Bett gelegt wird.« Freud assoziierte »die eigentümlich drapierten – überlangen Gestalten mit Vogelschnäbeln« mit Illustrationen aus der Philippsonschen Bibel (Abb. 11 und 12), insbesondere mit jenen, die »Götter mit Sperberköpfen von einem ägyptischen Grabrelief« darstellten, also lag seine Mutter in Wirklichkeit auf einer Bahre. Eva Rosenfeld (1956) hat diese Vorstellung richtig, aber sehr begrenzt mit dem Geier der Leonardostudie verglichen: »Daß Freud den Milan mit einem Geier verwechselte ... und ihn mit Ägypten in Verbindung brachte, hat noch eine tiefere Bedeutung. Der Irrtum bringt Freuds Kindertraum von den vogelköpfigen Göttern ins Bild.« Freud datierte diesen Traum auf sein siebentes oder achtes Lebensjahr, und es ist wichtig, daß sein Vater, als er ihm an seinem fünfunddreißigsten Geburtstag den zweiten Band der Philippsonschen Bibel schickte, dazu bemerkte: »Es war in deinem siebenten Lebensjahr, daß der Geist des Allmächtigen dich überkam und dich drängte zu lernen.« Eine Bemerkung, die Freud viel früher (1885) in einem Brief an Martha aus Paris machte, offenbart sein anhaltendes Interesse an solchen seltsamen Mischfiguren ähnlich den in der Bibel abgebildeten; über den Obelisken von Luxor auf der Place de la Concorde berichtete er nämlich nach genauer Betrachtung: »Denke Dir, ein echter Obelisk, mit den schönsten Vogelköpfen und sitzenden Männlein und anderen Hieroglyphen bekritzelt ...«

Die Verbindung zwischen der Philippsonschen Bibel und dem Traum läuft über einen Jungen namens Philipp, den Freud in der Freiberger Zeit kannte. Freud nennt ihn »einen ungezogenen Hausmeisterjungen, der mit uns Kindern ... zu spielen pflegte ... Es ist mir dann, als hätte ich von dem Knaben zuerst das vulgäre Wort gehört, welches den sexuellen Verkehr bezeichnet und von den Gebildeten nur durch ein lateinisches, durch ›coitieren‹ ersetzt wird, das aber durch die Auswahl der Sperberköpfe deutlich genug gekennzeichnet ist.« Freud spielt hier auf das deutsche Wort ›vögeln‹ an, sich wie Vögel verhalten, das mit dem englischen Vulgärausdruck ›fuck‹ verwandt ist. Die Philippsonsche Bibel erwähnt sowohl Sperber wie auch Geier und bringt von beiden, wenn auch in verschiedenen Bänden, Bilder (Abb. 13), so daß die sperberköpfigen Gestalten aus Freuds Traum wohl mit dem Geier ausgetauscht werden konnten. Der Name Philipp – oder besser Philippson (son klingt an Sohn an) – steht noch in einer anderen wichtigen Verbindung mit Freuds Kindheit, denn es war der Name seines Halbbruders, der zwanzig Jahre älter war als er selbst und den er sich zum Vater gewünscht hatte. Dies war auch der Bruder, von dem Freud sein erstes Wissen über Schwangerschaft bezog. Der Vogeltraum diente deshalb in Freuds Seele als Brücke zwischen dem Vogel als Mutter, dem Geier (Sperber) als Symbol des Sexualaktes und dem Wunsch, von seinem

Vater zu einem anderen zu flüchten. Kein Wunder, daß Freud, der sich mit Leonardo identifizierte, diese Verbindungen zum Kernstück seiner Deutung der »Geier«-Phantasie machte und Teile davon entstellte, damit sie seinem Wunsch entsprachen, vaterlos und mit seiner Mutter allein zu sein – der typische, von ihm oft erörterte »Familienroman«. Der widersprüchliche Inhalt – Hinsterben und sexuelles Begehren –, den Freud im friedlichen Gesichtsausdruck seiner Mutter fand, entspricht den widersprüchlichen Eigenschaften, die er dem Leonardolächeln beilegte: Zärtlichkeit und dunkle Drohung. Selbst die verworrenen Angaben darüber, ob Leonardos glückliche Lebensspanne mit seiner wirklichen Mutter irgendwann vor seinem fünften oder zwischen dem dritten und fünften Lebensjahr endete, entspricht Freuds eigener Erfahrung, als er das »Paradies« Freiberg als Dreijähriger verließ, nachdem er kurz zuvor eine seiner »Mütter«, die katholische Kinderfrau, verloren hatte. Es ist durchaus möglich, daß Freud den wichtigen Erlebnissen mit dieser Frau – die er für die »Urheberin« seiner Neurose [17] hielt – seine phantasievolle Erfindung des Themas der »zwei Mütter« verdankt, mit dessen Hilfe er die *Anna selbdritt* zu deuten versuchte. Diese kluge und nicht mehr junge Tschechin belehrte Freud über Himmel und Hölle und scheint das Kind so stark beeindruckt zu haben, daß sich bei Freud eine nie versiegende Sehnsucht herausbildete, Rom zu sehen. Was das bedeutete, geht aus einem Brief an Fliess vom 3. Dezember 1897 hervor, in dem es heißt, daß das Rom seiner Träume eigentlich Prag war. Man könnte vermuten, daß Freuds unangenehme Erinnerungen an die Kinderfrau seine Feindseligkeit gegenüber seiner allmächtigen Mutter maskieren, die er in seinen frühesten Jahren empfand, in jener Zeitspanne, die er stets unkritisch pries (vielleicht mischte sich bei seiner Mutter eine unterdrückte Aggression Männern gegenüber mit der überschwenglichen Zärtlichkeit, die ihrem »goldenen Sigi« galt). Viele ungelöste Probleme Freuds gehen auf diese Zeit zurück, die Freud als präödipal bezeichnet, und in der die Mutter seiner Theorie nach die Macht und selbst die Genitalien beider Geschlechter besitzt. Freud schrieb in seinem Aufsatz *Über infantile Sexualtheorien* (1908), die früheste Vorstellung bei Jungen »besteht darin, allen Menschen, auch den weiblichen Personen, einen Penis zuzusprechen«. Da Freud annahm, seine Mutter besitze männliche und weibliche Geschlechtsmerkmale, muß sie ihm wie ein übermächtiges und bedrückendes Wesen erschienen sein. Unterstellt man Freuds eigene tiefgreifenden Schwierigkeiten mit der Mutter seiner frühesten Kindheit, so wird erklärlich, daß er von da her nicht nur in seinem Eheleben, sondern auch in der Analyse von Frauen Schwierigkeiten zurückbehalten hatte (s. zum Beispiel *Über die weibliche Sexualität*, 1931).

Dem Aufsatz Freuds über Leonardo scheint ein Angstgefühl wegen seiner eigenen homosexuellen Impulse und seine Bewunderung der Fähigkeit Leonardos, sie zu nichtsexuellen Betätigungen zu sublimieren, zugrundezuliegen. Ein seltsamer Vorfall in Freuds Leben kann zur Aufhellung des homosexuellen Gehalts des ägyptischen Vogeltraums wie auch des Buches über Leonardo verhelfen (das mit ihm in Zusammenhang steht). Nach dem Bericht Ernest Jones', der anwesend war [18], traf Freud im Parkhotel in München mit mehreren Kollegen zusammen, unter denen sich auch zwei Schweizer, Jung und Riklin, befanden [19]. Freud beschwerte sich darüber, daß die Schweizer seinen Namen in ihren Arbeiten über die Psychoanalyse ignorierten, und im Verlauf einer hitzigen Auseinandersetzung fiel er in Ohnmacht. Als er wieder zu sich kam, tat er die merkwürdige Äußerung:»Es muß süß sein zu sterben.« Bald darauf erklärte Freud in einem Brief an Jones diesen Anfall und wies darauf hin, daß er »in demselben Zimmer des Parkhotels« 1906 und 1908 unter ähnlichen Symptomen gelitten habe. Freud bemerkt, das Zimmer und überhaupt München stehe in enger Verbindung mit seiner Beziehung zu Fliess:»Ich sah München zuerst, als ich Fliess während seiner Krankheit besuchte ... Am Grunde steckt ein Stück eines unbeherrschten homosexuellen Gefühls dahinter.« Als seltsame Nachwirkung des Jonesschen Berichts erweist sich eine zweite, mehrere Jahre später in dessen autobiographischen *Free Associations* [20] niedergeschriebene Version, in der sich etwa dieselben Einzelheiten finden, Fliess' Name aber ausgelassen ist. In *Das Leben und Werk von Sigmund Freud* zitiert Jones Freud mit den Worten:»Das Zimmer stand mit Fliess in Verbindung«, während er in den *Free Associations* sagt, Freud habe ihm von einer Ohnmacht bei nur einer einzigen anderen Gelegenheit erzählt, die Jahre zurücklag:»in demselben Zimmer, dem Speisesaal des Parkhotels, während einer schmerzlichen Szene mit einem Mann, der vielleicht sein vertrautester Freund war, nämlich Oskar Rie«. Vielleicht hat Jones als vertrautes Mitglied des Freudschen Kreises damit selbst eine emotionell bedingte »Freudsche Fehlleistung« produziert. Oder förderte er unabsichtlich einen verschütteten Winkel von Freuds Leben zutage, den er in seiner dreibändigen Biographie unterdrückt hatte? Jungs Bericht über den seltsamen Vorfall (1961) vervollständigt die Aussagen von Freud und Jones und trägt zur Klärung bei. Zunächst einmal hatte sich, was Jones nicht erwähnt, ein ähnlicher Ohnmachtsanfall schon einmal in Bremen 1909 ereignet, wo ihn Jung hervorrief, der unentwegt von »Torfleichen« sprach, mumifizierten Körpern prähistorischer Menschen, die in bestimmten Mooren Norddeutschlands ertrunken oder bestattet sind. Freud ging dieses Thema auf die Nerven und er rief Jung mehrere Male zu:»Warum interessieren Sie sich so für diese Leichen?«, und als sie später beim Essen saßen, fiel er plötzlich in Ohnmacht. Jung erklärt, Freud sei überzeugt gewesen, »dieses Geschwätz von Leichen bedeute, daß ich ihm den Tod wünsche«. Im Zusammenhang mit dem Münchener Vorfall sagt uns wiederum Jung (was

Jones nicht erwähnt), daß vorher von Amenophis IV. (Echnaton) die Rede gewesen war, der seines Vaters Kartuschen zerstört hatte. Freuds Theorie, daß »hinter seiner großen Schöpfung einer monotheistischen Religion sein Vaterkomplex stünde«, brachte Jung auf, der hartnäckig darauf bestand, daß Amenophis »ein schöpferischer und tief religiöser Mensch gewesen sei, dessen Taten nicht aus persönlichen Widerständen gegen den Vater erklärt werden könnten.« In Wirklichkeit, so behauptete Jung, achtete Amenophis seinen Vater und zerstörte nur die Kartuschen, die den Namen des Gottes Ammon trugen, während andere Pharaonen die Namen ihrer Ahnen durch ihre eigenen ersetzt hatten, ohne eine neue Religion einzuführen. »In diesem Augenblick ist Freud ohnmächtig vom Stuhl gesunken«, berichtet Jung, der ihn aufhob. Während er ihn in das anschließende Zimmer trug, kam Freud zu sich und blickte in seiner Schwäche zu ihm auf, »wie wenn ich sein Vater wäre«. Jung erklärt abschließend, beiden Vorfällen sei Freuds »Phantasie vom Vatermord« gemeinsam, was für Jung, den Freud damals als seinen Nachfolger ansah, eine besondere Bedeutung hatte.

Im Leonardoaufsatz werden verschiedentlich Vorstellungen erwähnt, die mit Fliess zusammenhängen, so zum Beispiel Bisexualität und Linkshändigkeit und die Bedeutung chemischer Faktoren bei der Ausrichtung der Sexualität; außerdem wird gezeigt, daß Zahlen als Symptome eine wichtige Rolle in Leonardos Leben spielten, was unmittelbar auf Fliess' okkulten Zahlendeterminismus hinweist. Freuds Reaktion auf den Widerspruch einer kraftvollen und von ihm geachteten Figur wie Fliess oder Jung hatte wahrscheinlich eine homosexuelle Komponente, die in die Vorstellung vom süßen Sterben überging. Wir könnten vermuten, daß es eine große Versuchung für Freud war, seine Mutter zu »werden« (sich mit ihr zu identifizieren), jenes allmächtige Wesen, das ihn erhielt und nährte, und daß die homosexuelle Komponente mit seinem Wunsch verwandt war, sie nicht auf die Art der späteren von ihm geschilderten Ödipustriebe zu besitzen, sondern als Kind in ihr zu sein und mit ihrem Körper zu verschmelzen; das »Sterben« oder das Zurückkehren dorthin, woher man kam (nämlich in den Mutterleib), wäre das psychologische Äquivalent des Orgasmus. Die andere Seite dieser starken Hinneigung zu seiner Mutter – ein durch die Notwendigkeit, am Leben zu bleiben und sein eigenes Ich zu erhalten, hervorgerufener tiefer Groll – drückt sich in seiner aggressiven Vorstellung vom Sterben seiner Mutter aus wie auch in der Faszination, die das Bild der Medusa (*Das Medusenhaupt*, 1922) auf ihn ausübte, eine Darstellung der behaarten weiblichen Geschlechtsteile die – wie er es ausdrückt – »Kastrationsangst« auslösen. Freuds widersprüchliche Sehnsucht nach der Urmutter (wie er die Mutter seiner frühesten Jahre nennt) scheint so stark gewesen zu sein, daß er, nach neueren Untersuchungen über sein

Geschlechtsleben zu schließen [21], die Heterosexualität nie mit vollem Genuß hinnehmen und – gleich Leonardo, wie er ihn schildert – auch seine homosexuellen Triebe als Erwachsener nicht verwirklichte oder etwa nur mittelbar darin zum Ausdruck brachte, daß er von allen seinen guten Freunden verlangte, sie sollten wie er Zigarren rauchen. Wie es um Freuds Furcht vor Sexualität und Frauen stand, geht vielleicht ein wenig klarer aus einer Fußnote zur zweiten Auflage der *Traumdeutung* [22], hervor, die im gleichen Jahr erschien, in dem er bei Jungs Auslassungen über die mumifizierten Leichen ohnmächtig wurde. In der Anmerkung spricht Freud von der hohen Bedeutung der Phantasien über das Leben im Mutterleib, da sie seiner Meinung nach sowohl die seltsame Angst erklären, die viele Leute davor haben, »lebendig begraben zu werden, als auch die tiefste unbewußte Begründung des Glaubens an ein Fortleben nach dem Tode« liefern. Freud behauptete auch später in *Das Unheimliche* (1919), daß die »Vorstellung, ... scheintot begraben zu werden«, die »Krone der Unheimlichkeit«, auf die lustvolle Phantasievorstellung einer Rückkehr in den Mutterleib zurückgehe [23].

Der entscheidende Konflikt zwischen seinem Verlangen, sich in seiner Mutter zu verlieren und sich von ihr zu trennen, um Individualität zu erlangen, bewirkte Freuds faustische Ruhelosigkeit und sein nie ganz befriedigtes Suchen nach einer Vaterfigur, mit der er sich hätte identifizieren können. Dieses Problem der Identifizierung hilft vielleicht auch erklären, wie Freud dazu kam, das Judentum des Moses, einer seiner Haupthelden, zu leugnen, indem er ihn zum Ägypter machte. Freud beschäftigte sich sein ganzes Erwachsenenleben hindurch mit Moses und hat wohl schon als Siebenjähriger begonnen, über den Propheten nachzudenken, als sein Vater ihm die Philippsonsche Bibel zeigte. Freuds durchaus weltliches, aber starkes Interesse an Moses erklärt, warum ihn die berühmte Skulptur des Propheten von Michelangelo, die er in der Kirche S. Pietro in Vincoli in Rom zuerst 1901 und dann später noch verschiedene Male sah, so sehr in ihren Bann zog (Abb. 14). Freuds eigene Probleme erklären vielleicht auch einige merkwürdige Gedächtnisfehler und Seltsamkeiten in seinem Verhalten dem Thema Moses gegenüber.

Aus Freuds Briefen wissen wir, daß er im September 1912 diese Statue oft aufsuchte und schon vorhatte, etwas darüber zu schreiben, aber erst im Herbst 1913 wirklich daranging. Merkwürdigerweise gibt Freud einundzwanzig Jahre später in einem Brief [24] den Monat richtig an, irrt sich aber im Jahr, wenn er berichtet, er habe die Skulptur »drei einsame Septemberwochen ... 1913« hindurch aufgesucht. Ergänzen wir diese Tatsache durch die Feststellung, daß Freud die Arbeit anonym veröffentlichte, so regt sich der Verdacht, daß die Studie über Michelangelos Moses wie der Leonardoaufsatz nicht einfach nur ein Niederschlag objektiver Gelehrsamkeit waren. In seinem Aufsatz bemerkte

Freud, daß noch nie eine Statue einen stärkeren Eindruck auf ihn gemacht habe, und daß er während seines Romaufenthalts oft allein in die Kirche gegangen sei, um sie zu betrachten. Die mächtige Wirkung, die sie auf ihn ausübte, bewirkte, daß er sie als ein unergründliches Werk ansah, dessen Geheimnis er zu enträtseln wünschte. Als er sich in die Ansichten der Kunstkritiker und Kunsthistoriker vertiefte, konnten ihn am allerwenigsten die Interpretationen der Gemütsverfassung befriedigen, die der Künstler bei Moses angeblich habe darstellen wollen. Zunächst neigte Freud der allgemeinen Ansicht zu, daß Michelangelo den großen Führer gerade in dem kritischen Augenblick dargestellt habe, als er sein ungehorsames Volk bei der Verehrung des Goldenen Kalbes erblickte, unmittelbar vor seinem Wutausbruch; nach langem Nachdenken jedoch kam er zu dem Schluß, daß der Künstler uns Moses zeigt, nachdem er sich erzürnt hatte über die Treulosen und allmählich seine Fassung wiedergewinnt. Michelangelo schuf also nicht eine historische Figur, sondern einen zeitlosen »Charaktertypus unüberwindlicher Energie, welche die widerstrebende Welt bändigt«. (Freud nach Henry Thode, *Michelangelo*, Kritische Untersuchungen über seine Werke, Bd. 1, Berlin). Nach Freuds Deutung hat Michelangelo den erhabenen Charakter des Gesetzgebers herausgearbeitet, denn Moses »wird nicht aufspringen und die Tafeln nicht von sich schleudern. Was wir an ihm sehen, ist nicht die Einleitung zu einer gewaltsamen Aktion, sondern der Rest einer abgelaufenen Bewegung. Er wollte in einem Anfall von Zorn aufspringen, Rache nehmen, die Tafeln vergessen, aber er hat die Versuchung überwunden, er wird jetzt so sitzen bleiben in gebändigter Wut, in mit Verachtung gemischtem Schmerz.«

Jones [25], der die Ähnlichkeit zwischen Freuds Lage 1913 und seiner Deutung der Michelangelostatue erkannte, hat darauf hingewiesen, daß Freuds Aufsatz keineswegs eine kühle und objektive Analyse ist, sondern ihm gewissermaßen als Bildschirm diente, auf den er einige seiner gleichgerichteten Ängste und Wünsche projizieren konnte. Wie Jones es ausdrückt: »War Moses beim Herabsteigen vom Berg Sinai nicht mehr, wie die Bibel erzählt, seines Zornes mächtig, oder war ihm der höchste Grad der Selbstbeherrschung gelungen, wie ihn in Freuds Augen Michelangelo zur Darstellung gebracht hat? Diese Frage beschäftigte ihn ja zu einer Zeit, da er sehen mußte, wie seine Anhänger in der Schweiz plötzlich sein Werk verwarfen, und er sich bemühte, seine eigenen Gefühle der Entrüstung zu unterdrücken.« In diesem Zusammenhang wird auch die (von Jones nicht behandelte) Verwechslung der Jahre 1912 und 1913 verständlich: Ohne es auszusprechen, machte Freud deutlich, daß sich seine Identifizierung von 1912 mit der mächtigen, aber beherrschten Gestalt des Gesetzgebers in der eigenen Erfahrung, die er 1913 mit seinen Anhängern machte, tatsächlich wiederholte. Erklärt man Freuds

Verhalten unter dem Gesichtspunkt seiner Identifizierung mit Moses, so stützt das Jones' Vergleich der beiden Männer und überzeugt auch deswegen, weil sich beweisen läßt, daß diese Ähnlichkeit sich bis in jene Altersjahre erhalten hat, in denen Freud oft patriarchalisches Gehaben bestätigt wird [26]. Hier sei auch bemerkt, daß Freud, der die beginnenden Meinungsverschiedenheiten unter seinen Schweizer Anhängern spürte, schon im Februar 1912 eine archäologische Anekdote veröffentlicht hatte: *Groß ist die Diana der Epheser*, ein Exzerpt aus einem Buch von Sartiaux, einem französischen Kunsthistoriker. Den allegorischen Inhalt dieser Anekdote hat Henri Ellenberger [27] scharfsinnig im Sinne einer Identifizierung Freuds mit dem heiligen Paulus interpretiert, dem seine Jünger durch den Verrat seines einst getreuen Nachfolgers Johannes (Jung), eines Jüngers mit mystischen Neigungen, abspenstig gemacht werden.

Wenn sich Jones auch mit seiner Annahme einer Identifizierung Freuds mit Moses auf der richtigen Spur befindet, so kann doch seine allzu stark vereinfachende Behandlung einer derart komplexen Persönlichkeit nicht gänzlich befriedigen. Freud erblickte in Michelangelos Moses nicht nur den bewunderten Helden, mit dem er sich identifizieren konnte, sondern auch den zornigen Gesetzgeber, den er fürchtete; er schildert ja auch im gleichen Aufsatz, wie er versuchte, »dem verächtlich-zürnenden Blick des Heros standzuhalten, und manchmal habe ich mich dann behutsam aus dem Halbdunkel des Innenraums geschlichen, als gehörte ich selbst zu dem Gesindel, auf das sein Auge gerichtet ist, das nicht warten und nicht vertrauen will und jubelt, wenn es die Illusion des Götzenbildes wieder bekommen hat.« Hier enthüllt Freud, außerstande, seine Identifizierung mit der allmächtigen Vaterfigur aufrechtzuerhalten, einen geheimen Wunsch, sich in der Klasse der »Söhne« zu verlieren, ein Wunsch, der ihn offensichtlich stark beunruhigte.

Freuds Ambivalenz Moses gegenüber, in der er einerseits den Gesetzgeber als schützenden Vater verehrte und sich mit ihm identifizierte, ihn andererseits aber in Unruhe, ja Angst als gefährliche Macht empfand, entspricht genau dem Schema, das Freud selbst als den Ödipuskomplex bezeichnet; dabei identifiziert sich ein Sohn als Gatte der Mutter mit dem eigenen Vater, den er gleichzeitig als Rivalen um die Liebe der Mutter zu beseitigen wünscht. Freuds Ambivalenz seinem Vater gegenüber offenbarte sich zum Teil in seinen gemischten Gefühlen hinsichtlich seines Judentums; so muß der zwölfjährige Knabe bei der Erniedrigung seines sehr bewunderten Vaters, dem ein Antisemit die Mütze vom Kopf schlug, zwar Mitgefühl und Kummer, aber auch eine heimliche Befriedigung über diese Tatsache empfunden haben. Freud erklärt, er habe seine Gefühle der Enttäuschung und Verachtung dadurch zum Ausdruck gebracht, daß er nach Ersatzvätern suchte, semitischen Helden wie Hanni-

bal oder dem napoleonischen Marschall Masséna (der als Jude galt).
Es überrascht nicht, daß Freud nach außenhin sich stolz zu seinem jüdischen Erbe bekannte (während er insgeheim wahrscheinlich davon träumte, sein Judentum abzustreifen, um nicht Scham und Ärger wegen seines
Vaters empfinden zu müssen), und daß er am 12. Mai 1938, als er im
letzten Jahr seines Lebens vor den Nationalsozialisten von Wien nach
London floh, an seinen Sohn Ernst schrieb: »Ich vergleiche mich manchmal mit dem alten Jakob (der Name seines Vaters), den seine Kinder
auch in hohem Alter nach Ägypten mitgenommen haben.«

Es könnte sein, daß das Problem seines Judentums bei Freud noch tiefere Gemütsschichten in Mitleidenschaft zog. Als er in seinen späteren
Jahren sich immer noch mit der Schuld herumschlug, seinem längst verstorbenen Vater den Tod gewünscht zu haben, einer Schuld, die er ausführlich als Ödipuskomplex analysierte, suchte er Erleichterung einmal
von dem inneren Druck, den er sich selbst auferlegte, und zum anderen
von dem äußeren sozialen und politischen Druck, den er in Wien in immer stärkerem Maße erfuhr. Der komplexe Geist des Psychoanalytikers
suchte in mehr als einer Richtung nach Lösungen; da er mit zunehmendem Alter seinem Vater immer ähnlicher wurde, befreite sich Freud,
indem der mächtige und aufrührerische Sohn sich zum unterdrückten und
besiegten Vater wandelte, in gewisser Hinsicht von einem Teil seiner
Schuld dadurch, daß er Moses in *Der Mann Moses und die monotheistische Religion* (1937–39) [28] zum Nichtjuden machte und damit den
Weg zur Assimilation freilegte; außerdem ist Moses, wenn er Ägypter
ist, nicht der jüdische Vater, den Freud weggeschoben (das heißt, in seiner Phantasie getötet) hat. Man darf nicht vergessen, daß im Wien des
jungen Freud Assimilation die Lösung war, die man in den liberalen jüdischen Kreisen, in denen Freuds Familie verkehrte, allgemein vorschlug.
Doch bot sich ihm noch eine andere Lösung an, die mit seinem schöpferischen Genie zusammenhing und ihn wohl tiefer befriedigte. Freud war
offenbar sein ganzes Leben lang von seiner Einzigartigkeit überzeugt
und gründete diesen Glauben nicht nur auf sein Können, sondern auch
auf seine ungewöhnliche Stellung innerhalb der Familie, da er jünger
war als die Kinder aus seines Vaters erster Ehe, aber das älteste und ton-
angebende Kind unter den Kindern seiner Mutter, deren Liebling er
war. Anscheinend erfüllte es Freud mit ganz besonderem Stolz und
Wohlgefallen, daß er mit seinen Schöpfungen allein stand, denn er
scheint zwar in seiner Ansprache an die Mitglieder des Vereins B'nai
B'rith (1926) seine »Vereinsamung« zu bedauern, hat aber vielleicht
insgeheim diese seine Situation genossen. Seine Feststellung, daß »die
Mitteilung meiner unliebsamen Funde den Erfolg (hatte), daß ich den
größten Teil meiner damaligen menschlichen Beziehungen einbüßte«,
erscheint heute recht fragwürdig, da nach Ellenbergers Untersuchungen

(1970) Freuds Arbeiten in Wirklichkeit niemals ignoriert wurden und er auch niemals vereinsamt war. Man darf den Schluß ziehen, daß Freud »der einzige« sein wollte und es deshalb auch zu sein glaubte. In seiner speziellen Familienkonstellation war er wie ein triumphierender Ödipus, der gleichzeitig Sohn seiner Eltern und älteren Geschwister und Vater seiner jüngeren Geschwister war. Nicht einsamer als Gott und unaufhörlich Schöpfer neuer Ideen, muß Freud über sein Glück frohlockt haben, denn wie er selbst es in einem bereits zitierten Aufsatz (*Über einen besonderen Typus der Objektwahl beim Manne*, 1910) ausdrückte: »Alle Triebe (des Sohnes) ... sind durch den einen Wunsch befriedigt, sein eigener Vater zu sein.«

Als erster Psychoanalytiker, Vater einer ganzen Bewegung und einer der wenigen Menschen, die sich ausschließlich selbst analysierten (obwohl er die ihm durch seine Selbstanalyse auferlegten Grenzen anerkannte, behauptete er, daß er unmöglich von einem seiner eigenen Schüler hätte analysiert werden können), mochte Freud sich wohl als einen Menschen fühlen, der alles nur sich selbst verdankte, als einen Führer, der wie sein großes Vorbild Moses über und hinter seinen Anhängern stand. Wenn sich selbst diese triumphale Identifizierung als unstabil erwies und sich Moses bei Freud zum Nichtjuden wandelte, so müssen wir die letzten Ursachen in den schattenhaften ersten Jahren eines Lebens suchen, in denen die beherrschende Beziehung zu seiner ehrfurchtgebietenden Mutter in ihm für sein ganzes Leben eine unersättliche Machtbegier fixierte, die mit einer faustischen Unbeständigkeit gekoppelt war. Kein Wunder, daß er sich in einem an Fliess gerichteten Abriß seiner Persönlichkeit als einen Konquistador bezeichnete.

Freuds Eroberungsdrang mag sich schon sehr früh herausgebildet haben, vielleicht an der Brust seiner (für ihn) allmächtigen und alles spendenden Mutter, und vielleicht hat er, wenn er seinen Vater zur Zielscheibe seiner dauernden Ablehnung machte, die sich in Spöttelei und der Suche nach einem vollkommeneren und besseren Vaterersatz ausdrückte, nur nach Objekten gesucht, die leichter zu treffen waren als seine Mutter. Bis zu einem gewissen Grade tritt dieser Zustand in Freuds Identifizierung mit Goethe zutage, die wahrscheinlich bis in seine Jugend zurückreicht, sich aber – wie Wittels (1930) gezeigt hat – in dem Traum »Goethes Angriff gegen Herrn M.« deutlich abzeichnet (*Traumdeutung*). Nicht ganz ohne Berechtigung konnte Ludwig Marcuse sagen (1956): »Daß Freud die Grenzen zwischen Goethe und sich selber nicht erkannte, war eine der wenigen Illusionen dieses sonst so illusionslosen Wissenschaftlers.« Freuds Äußerungen über Goethe sind eine wichtige Quelle für die Erkenntnis dieses erschreckenden Verhältnisses zur Mutter. Am Schluß seiner Studie *Eine Kindheitserinnerung aus ›Dichtung und Wahrheit‹* (1917) bemerkt Freud: »Wenn man der unbestritten Liebling der Mutter gewesen ist, so behält man fürs Leben jenes Eroberergefühl, jene Zuversicht des Erfolges, welche nicht selten wirklich den Erfolg nach sich zieht.« Es entbehrt nicht einer gewissen Ironie, daß diese Studie hauptsächlich den Zorn behandelt, den in diesem »unbestrittenen Liebling« die Geburt eines neuen Geschwisterrivalen weckt, Gefühle, die Freud selbst in seiner Kindheit stark empfand. Eine noch stärkere Verwandtschaft zwischen den beiden »Konquistadoren« des Lebens wird aus Freuds Schlußworten deutlich: »Und eine Bemerkung solcher Art wie: Meine Stärke wurzelt in meinem Verhältnis zur Mutter, hätte Goethe seiner Lebensgeschichte mit Recht voranstellen dürfen.«

Freuds Sympathie für Goethe ging so weit, daß er die witzige Spielerei mit seinem eigenen Namen (Freud[e] – Joyeuse) mit einem ähnlichen Namensmißbrauch durch Herder in Verbindung brachte, der »Goethe« mit den Wörtern ›Götter‹, ›Gothen‹ und ›Kot‹ verglich.

Die Anspielung auf Goethes Namen beendet Freuds Traum von den »Drei Parzen«, der – ebenfalls in der *Traumdeutung* berichtet – Material enthält, das Freuds Haltung gegenüber seinem Vater und seiner Mutter erhellen kann. Freud träumt, er gehe in eine Küche, um sich Mehlspeise geben zu lassen, und sieht dort drei Frauen stehen, »von denen die eine die Wirtin ist und etwas in der Hand dreht, als ob sie Knödel machen würde«. Sie sagt ihm, er müsse warten, »bis sie fertig ist«, worauf er ungeduldig wird und beleidigt weggeht. »Ich ziehe einen Überrock an; der erste, den ich versuche, ist mir aber zu lang.« Als er ihn auszieht, stellt er zu seiner Überraschung fest, daß er mit Pelz gefüttert ist. Ein zweiter, den er anzieht, »hat einen langen Streifen mit türkischer Zeichnung« darin. Dann kommt ein Fremder »mit langem Gesicht und kurzem Spitzbart« und »hindert mich am Anziehen, indem er ihn für den seinen erklärt«. Als Freud ihm das aufgestickte türkische Muster zeigt, fragt er: »Was gehen Sie die türkischen (Zeichnungen, Streifen …) an? Wir sind aber dann ganz freundlich miteinander.« Freuds Deutung verband die drei Frauen mit den drei Parzen, »die das Geschick des Menschen spinnen«, und in der Tat war eine der drei Frauen seine Mutter, die ihm das Leben geschenkt und dem Sechsjährigen einst erklärt hatte, daß er eines Tages sterben und zu der Erde zurückkehren werde, aus der er gemacht sei. Zu Freuds reichen und komplexen Assoziationen gehören auch Plagiat und Hunger (insbesondere nach Muttermilch); er führt vor allem das Detail des Fremden mit dem langen Gesicht und dem Spitzbart genau aus, der – wie sich herausstellt – ein Ladenbesitzer in Spalato war, der Freuds Frau türkische Stoffe verkauft hatte. »Er hieß Popović, ein verdächtiger Name.« Wir dürfen feststellen, daß »Popo« in Österreich oft von Kindern gebraucht wird, wenn sie »Hintern« meinen; überdies finden Psychoanalytiker in der Verkleinerungsform ›Popöchen‹ eine Anspielung auf den Penis [29]. Auch der

Bart hat in der deutschen Literatur gelegentlich einen sexuellen Nebensinn; Arthur Schopenhauer schrieb: »Der Bart ... ist ... als Geschlechts-
abzeichen mitten im Gesicht, obscön; daher gefällt er den Weibern [30].«
Freuds Interpretation dieses Traums scheint jedoch seine interessantesten Aspekte auszulassen, und ich möchte hier meine eigene Deutung
vorlegen, die eine Anzahl von Einzeltatsachen aus späteren Schriften
Freuds miteinander verknüpft. Freuds Mutter war in der Küche tätig
und machte Kinder (Knödel), woraus Geschwisterrivalen hervorgehen
würden, die seine einzigartige Stellung »plagiierten«. In seinem Verlangen nach ihr (aber nicht nach Geschwistern) legt er ein Kondom an
(Freuds eigene Deutung von geträumten Mänteln), stellt aber fest, daß
sein Penis viel kleiner ist als der seines Vaters. Er versucht es abermals,
wobei er wie die Türken empfindet, von denen er (wie wir uns erinnern)
in dem Signorellibeispiel bemerkt hat, daß sie sexuelles Vergnügen über
alles stellen. Dann tritt sein Vater – gemäß dem »Familienroman« ein
Fremder (man vergleiche die vorangegangene Leonardostudie) – mit
seinem langen Penis und seinem Bart auf und beansprucht das Kondom
und Freuds Mutter für sich selbst, wobei er darauf hinweist, daß die türkischen Gefühle in bezug auf Sexualität mit Freud nicht viel zu tun haben. In diesem Augenblick werden sie offenbar Freunde und beenden
die Rivalität [31]. In Wirklichkeit gibt Freud natürlich seinem Ärger dadurch Ausdruck, daß er sich über den Namen des Fremden, Popović,
lustig macht, der passenderweise wie sein Vater Kaufmann ist. Die Belei-
digung des eigenen Vaters durch das Assoziieren von ›Popo‹ und ›Papa‹
hält sich eng an das Schema in einem Falle von visueller Zwangsvorstellung, den Freud 1916 analysiert hatte. Der Patient verwendete das
Wort ›Vaterarsch‹, das Freud als eine Verbindung aus Patriarch und
Vater-Arsch deutete, Vorstellungen der Ehrfurcht und der Herabsetzung – der gleichen Gefühle, die er in den letzten Wochen seines Vaters
lebhaft empfunden haben muß, als der alte Mann an einer vollständigen
Darmlähmung litt. An vielen Stellen hat sich der Wettstreit mit seinem
Vater vom Gesäß auf den Penis verlagert, und oft drückt er sich in der
dominierenden Vorstellung des Urinierens oder Spritzens aus. Freud
verglich sich selbst in einem Traum von einem Abort, wo er mit seinem
Urin Kot wegspritzte, mit Herkules, als er den Augiasstall reinigte. Und
er drückte megalomanische Gefühle durch Bilder aus, die er teils aus
seiner Rabelaislektüre vor dem Schlafengehen gewonnen hatte, wo der
überlebensgroße Gargantua rittlings auf Notre Dame in Paris saß und
seinen Urinstrahl über die Stadt ergoß, teils aus dem Betrachten der
Illustrationen von Jules Garnier zu Rabelais (Abb. 15 und 16). Das Bild
des Urinierens, das in Freuds Buch eine so wichtige Rolle spielt (die einzige Illustration dazu war von der 4. Auflage an »Der Traum der französischen Bonne« über eben diesen Gegenstand; s. Abb. 17), ist offenbar

mit einem Erlebnis verknüpft, das er in seinem »Traum des Grafen Thun« erzählt. Hier assoziierte Freud seine Ehrgeizgefühle mit der bekannten Episode, als er im Alter von sieben oder acht Jahren sein Bett naß machte, und sein Vater ihn mit den Worten zurechtwies: »Aus dem Buben wird nichts werden.« (Das ganze Traumbuch war in gewissem Sinne Freuds ehrgeizige Antwort an seinen Vater.) Freud vermischt in dem Traum Assoziationen an das sinnliche Paris der Romane Zolas (denen er den passenden französischen Namen einer Blume – pisse-en-lit – entnimmt) und an den lärmenden Egoismus und *braggadocio* Gargantuas, dessen mit Körperfunktionen gespickte Ausdrucksweise er übernimmt. Freud liebte Paris, und man könnte sich also darüber wundern, daß er sich mit dem Entweiher dieser Stadt identifiziert. Vielleicht hegte Freud als Jude in jenen Jahren aggressive Empfindungen gegenüber dem Paris, das seinen Helden, den Dreyfusanhänger Zola, verurteilte, so daß er unbewußt das Pariser Wappen verspottete, das er so gut kannte und in seinen Briefen an Fliess bewunderte – ›fluctuat nec mergitur‹.

Es ist sehr wahrscheinlich, daß die Erlebnisse der vorausgegangenen Nacht, die den Trauminhalt lieferten, mit den zunehmenden Schwierigkeiten zusammenhingen, die Freud und seine Frau vermutlich nach der Geburt Annas (ihres letzten Kindes) hatten, und vielleicht auch mit der üblichen Praxis des coitus interruptus als empfängnisverhütender Maßnahme; Freud, der vielleicht vorzeitig ejakulierte, nachdem ihm Martha gesagt hatte, er solle warten, bis sie soweit sei, hätte sein Versagen (das möglicherweise auch mit einem Groll auf die starke und mütterliche Martha zusammenhing) als parallele Erscheinung zu seiner infantilen Situation zwischen dem mächtigen Elternpaar empfunden. Er hatte versucht, für seine riesenhafte Mutter sein Vater zu sein und hatte sich dabei als zu klein empfunden. Es ist verständlich, daß die *Traumdeutung* voll leiser Vorwürfe steckt, die der Träumer Freud gegen seine Frau Martha erhebt.

Freuds Vorwürfe gegen Martha verraten seinen heimlichen Verdacht, daß die goldene Kindheit, die er so oft erwähnt, in Wirklichkeit gar nicht so vollkommen war. Den Groll gegen seine Mutter (die mit dem Bild von der katholischen Kinderfrau verschmilzt) und gegen alle Frauen, der von den Vorurteilen einer patriarchalischen Gesellschaft unterstützt wurde, legte er sein ganzes Leben hindurch nicht ab; er inspirierte einerseits seine abschätzige Theorie, daß Frauen den Männern unverweigerlich den Penis neiden, und hinderte ihn andererseits daran, die Analyse einer Frau auch nur einmal befriedigend zu Ende zu führen. Sein Spott über die Emanzipationsbestrebungen der Frauen [32] und seine übermäßig besorgte Zärtlichkeit seiner Braut Martha gegenüber, seinem »Prinzeßchen«, seinem »süßen Liebchen«, die er sich nicht als Kollegin oder Konkurrentin vorstellen konnte und die ins Haus gehörte (und dort ihre Erfüllung fand), alles das verrät einen viktorianischen Dogmatismus, den der Denker Freud, der sonst ein solcher Neuerer war, nie abstreifen sollte.

Freuds unablässige Beschäftigung mit dem Andenken seines Vaters lebt in seinem großen Aufsatz *Dostojewski und die Vatertötung* wieder auf, der 1926–27 geschrieben und 1928 veröffentlicht wurde und sich hauptsächlich mit den *Brüdern Karamasow* befaßt. Freuds Interesse an Dostojewski geht mindestens bis auf das Jahr 1920 zurück, denn in einem Brief vom 19. Oktober 1920 an Stefan Zweig, den das Thema des russischen Genies in Zweigs *Drei Meister* ausgelöst hatte, wies Freud bereits auf die Bedeutung der Hysterie in Dostojewskis seelischer Verfassung wie auch darauf hin, daß *Die Brüder Karamasow* »das persönlichste Problem Dostojewskis, den Vatermord«, behandeln. In diesem Aufsatz verflechten sich die Debatte mit Fliess, ob Hysterie organisch oder psychologisch zu erklären ist, und die Überlegungen über Bisexualität, den Ödipuskomplex und die Grenzen der psychoanalytischen Erklärung der Kunst zu einem Schema, das für das Verständnis Freuds hochbedeutsam ist. Letztlich sieht es so aus, als habe Freud die wichtigsten Fragen seines Leonardo-Aufsatzes hier wieder aufgenommen, da ihm seine Antworten unvollständig oder unbefriedigend erschienen.

Freud analysiert den Charakter Dostojewskis, indem er sowohl seine Schriften wie auch seine Biographie studiert, und kommt dabei zu dem Schluß, daß der Schriftsteller an neurotischer Epilepsie gelitten habe, die allerdings erst durch das Trauma aus Dostojewskis achtzehntem Lebensjahr, die Ermordung seines Vaters, ihre eigentliche schwere Form angenommen habe. Dostojewskis epileptische und Todes-Anfälle bedeuteten eine Identifikation mit dem Toten und waren Ausdruck einer Selbstbestrafung, weil er vorher seinem Vater den Tod gewünscht hatte. Freud charakterisiert Dostojewski als einen Hysteriker und führt seine Hysterie – wie schon in seinem Aufsatz von 1908 – auf einen konstitutionellen Faktor, auf Bisexualität zurück; in seinen Todesanfällen wurde Dostojewski der Vater, »aber der tote Vater«. Dieses Verhalten steht in Zusammenhang mit der ödipalen Situation, in der er die »Mutter Königin erst nach einer Wiederholung der Tat an dem Ungeheuer, das den Vater symbolisiert, erringen kann«.

Eine Untersuchung der Freudschen Ausführungen bringt subjektiv motivierte Inkonsequenzen an den Tag, die ebenso eindrucksvoll sind wie diejenigen, die wir im Leonardo fanden. Zuerst einmal bezeichnet Freud die Sphinx des Ödipus fälschlich als Symbol des Vaters, während das Ungeheuer in der griechischen Mythologie doch stets weiblich ist, wie auch Ingres die Sphinx auf seinem Gemälde, von dem Freud einen Stich besaß, mit Brüsten dargestellt hat; so war sie auch Freuds Zeitgenossen bekannt (Hugo von Hofmannsthals Stück *Ödipus und die*

Sphinx von 1913 beweist das); die ägyptische Sphinx jedoch ist fast regelmäßig ein Symbol des Königs, und hier ist die Quelle von Freuds Irrtum zu suchen. In Übereinstimmung damit, daß die Rätsel aufgebende Sphinx zum Mann wurde, betont Freud am Ende seines Aufsatzes, es gebe nichts Rätselhaftes im Liebesleben einer Frau. Zweitens nennt Freud »das Schicksal ... nur eine spätere Vaterprojektion«, ohne es jemals in seinem Aufsatz »Das Motiv der Kästchenwahl« zu erwähnen, der so leidenschaftlich die Meinung vertritt, daß die drei Schicksalsgöttinnen für den Mann seine Beziehung zur Frau als Gebärerin, Genossin und Verderberin verkörpern »oder die drei Formen, zu denen sich ihm das Bild der Mutter im Lauf des Lebens wandelt: die Mutter selbst, die Geliebte, die er nach deren Ebenbild gewählt, und zuletzt die Mutter Erde, die ihn wieder aufnimmt«. Zu diesen beiden Fällen einer abschätzigen Beurteilung der Frauen in Freuds Aufsatz kann man noch einen dritten, noch bedeutsameren hinzufügen. Harry Slochower hat (1959) gezeigt, daß Freud sich nicht mit der Mutter des Helden, Katja, befaßt, um deren Liebe er und sein Vater wetteifern: »Daß dem Meister des Ödipuskomplexes die maßgebliche Inzestfigur im Roman entgangen sein sollte, konnte ich nicht glauben.« Tatsächlich erwähnt Freud, wie Slochower zeigt, wenn auch unbewußt, doch eine Mutterfigur in einer scheinbaren Abschweifung über eine Erzählung von Stefan Zweig, die einen ähnlichen Stoff behandelt und für Freuds Analyse eigentlich entscheidend ist. Bei seinem Versuch, diese Übergehung zu erklären, behandelt Slochower Freuds Verhältnis zu den Frauen und weist darauf hin, daß Freuds Ödipusschema patriarchalisch ist und über das Matriarchat wenig mehr zu sagen weiß, als daß »das Mutterrecht älter ist als das Vaterrecht«. Freud sah nach Slochower in der Frau, wie es im Deutschland des neunzehnten Jahrhunderts üblich war, eine »sanfte, hingebungsvolle Gestalt, die nicht mit dem Mann konkurrierte«; aber Martha war keineswegs schwach, sondern hatte in Wirklichkeit »einen festen Charakter, der sich nicht so ohne weiteres formen ließ« [33]. Überdies war Freud von Martha abhängig, die in wichtigen persönlichen Fragen stärker war als er; da ihn diese Abhängigkeit verdroß, tadelte er sie oft [34]. Slochower sieht in den männlichen, rivalisierenden Eigenschaften, die Martha mit ihrer Sanftheit verband, eine Bedrohung der Idealvorstellung Freuds von der Frau; dies sei der Grund, warum er die historische Funktion des Matriarchats nicht richtig eingeschätzt und Katjas beherrschende Persönlichkeit und Bedeutung als Mutterfigur in Dostojewskis Roman nicht bewußt erkannt habe.

Bei der Analyse der *Brüder Karamasow* als eines der drei Meisterwerke der Weltliteratur – neben *Ödipus Rex* und *Hamlet* – weist Freud dem Ödipuskomplex entscheidende Bedeutung zu. Als ein moderner Ödipus, der stolz darauf war, für alle Zeiten das Rätsel der Sphinx gelöst zu haben, hoffte er wahrscheinlich insgeheim, daß sich seiner Auswahl von Meisterwerken ein viertes hinzugesellen werde – *Die Traumdeutung*. Doch wie es auch um ihren Wert als Werk der Weltliteratur bestellt sein mag – es drängt sich uns die Frage auf, ob Freud, indem er sich dem Ödipusproblem zuwandte, je bis zum Kern seiner Schwierigkeiten mit Frauen vorgedrungen ist. Im Hinblick auf seinen Groll gegen Martha und seine allgemeinen Probleme mit Frauen können wir sicher sein, daß sein Bild einer idyllischen Kindheit an der Brust seiner Mutter nur einen Teil der Wahrheit enthält, da es ja die dunklere präödipale Mutter ignoriert. Ein Stück des alten Schreckens, der sich in dem Angsttraum von den ägyptischen Göttern an der Bahre seiner Mutter andeutete, scheint in Freuds Untersuchungen zu Dostojewski lebendig zu sein, freilich im Sinne des späteren Stadiums der ödipalen Vaterängste. Tatsächlich war die Frau ein Thema, das – weit davon entfernt, ihm gleichgültig zu sein – in seinem Denken ständig unterschwellig gegenwärtig war, doch ging es dabei um die Frau nicht als Gattin oder auch als Mutter, sondern vielmehr als Urmutter seiner frühesten Kindheit; die Verwechslung der älteren ägyptischen (männlichen) Sphinx mit der griechischen (weiblichen) Sphinx zeigt nicht den Triumph des Männlichen in Freuds Gedankenwelt an, sondern seine intensive Beschäftigung mit ungelösten und erschreckenden präödipalen Problemen.

Daß Freud seine eigenen Probleme auf seine Analyse der *Brüder Karamasow* projiziert, macht nicht nur den Roman unklar, sondern verdunkelt auch seine Erklärung des ödipalen Komplexes Dostojewskis, da an die Stelle des Verlangens nach der Frau eine leise Aggression tritt, und die Verwechslung von Mutter und Vater die Rollen kompliziert, die ihnen im ödipalen Drama zugeteilt sind. Es sieht so aus, als hätte sich Freud weniger für den Roman als für die Persönlichkeit des Verfassers interessiert, dem gegenüber er ein mit Abscheu gemischtes Gefühl der Identifikation empfand. Dostojewskis todähnliche Anfälle, denen Freud einen homosexuellen Impuls unterlegte, müssen ihm seine eigenen Ohnmachten in München während der Auseinandersetzungen mit Fliess und Jung ins Gedächtnis gerufen haben, bei denen sich in das Gefühl zu sterben ein sinnliches Lustempfinden mischte. Freuds Ohnmacht bildete damals einen invertierten oder passiven Ausdruck seines Rivalitätsgefühls: »Sterbend« würde er das Wesen zerstören, mit dem er sich identifizierte. Doch da gibt es auch noch die schwelende sadistische Vorstellung vom Geschlechtsverkehr mit seiner Mutter, die der Traum von den ägyptischen Vögeln enthielt – die Gleichsetzung des Hineingelangens in den Körper der Mutter dadurch, daß man in ihr »stirbt«, mit dem »lebendig Begrabenwerden« und der Rückkehr in den Mutterleib. Die großen (phallischen) geschnäbelten Ungeheuer stellen dann die furchterregende bisexuelle Urmutter dar, der er sich nicht zu nähern wagte. Und noch tiefer als diese Probleme lag die Frage der Identität Freuds, die in der schlafenden Gestalt zusammengefaßt war; wer war diese Person – seine Mutter? sein Großvater? sein Vater? er selber? Das alles mag, zu einem einzigen Bild verschmolzen, in Freuds Seele geruht haben.

Freud sollte für eines seiner wichtigsten Anliegen (das Wittels hervorgehoben und Jones nachdrücklich unterstrichen hat), nämlich eine Figur zu entdecken, mit der er sich identifizieren konnte, niemals eine endgültige Lösung finden, obwohl seine Gedanken stets um das Vorbild seines Vaters kreisten. In *Der Mann Moses und die monotheistische Religion* führte er die Größe von Männern wie Goethe, Leonardo und Beethoven darauf zurück, daß sie ein Vatervorbild gewesen seien, und er wies ausdrücklich darauf hin, daß »selbst der große Goethe, der in seiner Geniezeit den steifen und pedantischen Vater gewiß geringgeschätzt hat, ... im Alter Züge (entwickelte), die dem Charakterbild des Vaters angehörten«. Wie wir sahen, erkannte Freud in sich selber die gleiche Tendenz, mit zunehmendem Alter seinem Vater immer ähnlicher zu werden, aber wir wissen auch, daß die Sache nicht so einfach ist, da Freud – abgesehen von seinem problematischen Verhältnis zur Mutter – auch ein starkes Bedürfnis verspürte, seine Nähe zum Vater abzuleugnen. Seine Beweisführung gegen das Judentum Moses' bedeutet in diesem Zusammenhang, daß er sich Fesseln entzog, die ihn an seinen Vater banden. Schließlich gelangte er dahin, daß er sich für ein anderes seiner Vorbilder, für Shakespeare, eine neue Identität wünschte [35]. Freud verglich schon am 15. Oktober 1897 in einem Brief an Fliess, fast ein Jahr nach dem Tode seines Vaters am 23. Oktober 1896, Hamlet mit Ödipus; und seine Identifizierung mit Hamlet bewirkte, daß er sich mit Shakespeare identifizierte, da es »nur das eigene Seelenleben des Dichters gewesen sein (kann), das uns im Hamlet entgegentritt« [36]. Freud, der bereits bemerkt haben mußte, daß in *Hamlet* das Verhältnis des Sohnes zu den Eltern in ödipalem Sinn behandelt ist, fand in Brandes' Buch über Shakespeare (1897) die Bemerkung, daß das Drama unmittelbar nach dem Tod von Shakespeares Vater (1601) entstanden war. So war auch Freuds Meisterwerk über Träume, wie er im Vorwort zur zweiten Auflage von 1908 bemerkte, als »Reaktion auf den Tod meines Vaters« geschrieben worden. Genauso, wie er es mit Moses machte, unterwühlte Freud später die einfache Identifizierung mit Shakespeare und fragte, auf eine sehr schwache Quelle gestützt, ob es nicht möglich sei, daß die genialen Werke nicht der niedrig geborene und ungelehrte Sohn eines Stratforder Kleinbürgers geschaffen habe, sondern der »hochgeborene und feingebildete ... Aristokrat Edward de Vere, ... Earl of Oxford«. Der Aufbau seines eigenen »Familienromans« paßt ausgezeichnet zu diesem Versuch, die Identität der hochbewunderten Vaterfigur auf eine höhere und vornehmere Ebene zu verlegen.

Die Analyse in der ersten Hälfte dieses Kapitels hat gezeigt, wie stark Freud mit Fragen der eigenen Identität befaßt war und wie sich dieses Interesse in der Wahl seiner Themen aus Kunst und Literatur widerspiegelte, soweit er in ihnen heroische Vorbilder zur Nacheiferung zu finden hoffte. Darüber hinaus hängen die tiefe Unrast und das Streben, unentwegt nach neuen Vorbildern zu suchen, das für seine früheste Kindheit charakteristisch ist, mit der Tatsache zusammen, daß ihm sein Vater als Vorbild nicht genügte. Wir sahen aber, daß dies als Erklärung für die Dynamik seiner Suche nicht ausreicht. Letztlich müssen wir eingestehen, daß er nie zur Ruhe kommen konnte, da seine Probleme schon in jenem unzugänglichen Stadium, das dem ödipalen vorausgeht, angelegt waren; daß er irgendwie schon in der frühen Kindheit mit seiner Mutter unzufrieden war und diese Unzufriedenheit vernünftig zu erklären suchte oder sie überkompensierte, indem er sie leugnete und behauptete, eine glückliche Kindheit gehabt zu haben. Daß dieser glückliche Zustand eine Illusion, eine Täuschung war, trägt zur Erklärung von Freuds Suche wie auch der Unbeständigkeit seiner Identifizierungen mit großen Künstlern und Dichtern bei: Sie alle waren nur Ersatz für eine tief frustrierte Sehnsucht.

III

FREUDS KUNSTTHEORIEN

Freuds Kritiker, die sich meist auf die bekannten *Vorlesungen zur Einführung in die Psychoanalyse* von 1917 stützen, behaupten gewöhnlich, er habe den Künstler als einen dem Neurotiker verwandten Menschen angesehen, den seine Instinkte antreiben, Ruhm und Glück, Ehre, Macht und Frauenliebe zu suchen, der jedoch nicht fähig ist, diese Ziele zu erreichen. Da ihm echte Leistungen nicht gelingen, wendet sich der Künstler anderen Interessen zu und kehrt dabei sogar oft der Wirklichkeit den Rücken, um seine (meist sexuellen) Wünsche in Phantasien auszudrücken. Ein Freudianer, der von dieser Grundvorstellung ausgeht, wird wahrscheinlich im Kunstwerk Spuren der sexuellen oder neurotischen Motive des Künstlers suchen und dabei Form und Technik ignorieren, Qualitäten, die den Wert des Kunstwerks entscheidend mitbestimmen. Diese offensichtliche Vereinfachung geht auf Freuds früheste Spekulationen zurück, wie er sie in einem Brief vom 31. Mai 1897 Fliess gegenüber äußert, in dem er behauptet:»Der Mechanismus der Dichtung ist derselbe wie der hysterischen Phantasien.« Er führt das Beispiel Goethes an: Goethe vereinige in seinem Werther»etwas Erlebtes, seine Liebe zu Lotte Kästner, und etwas Gehörtes, das Schicksal des jungen Jerusalem, der durch Selbstmord endigt«. Der Phantasie des *Werther,* die dazu diente, Goethe vor seinen Selbstmordtrieben zu schützen, lagen teils eigene Gemütserregungen, teils die objektive Kenntnis vom Verhalten anderer zugrunde. Freuds Standpunkt ist also selbst in diesen frühen Formulierungen nicht undifferenziert, und in seinen eindrucksvollsten Schriften über Kunst verband er auch wirklich Elemente der unmittelbaren Wahrnehmung mit älteren erinnerten Erfahrungen. Allenfalls erkannte Freud, daß es für den guten Künstler notwendig ist, die Verbindung mit der Wirklichkeit aufrechtzuerhalten und seine Erfahrung mit seinen neurotischen Wünschen und Phantasien zu verschmelzen; der nichtproduktive Neurotiker dagegen, der Tagträumer oder der schlechte Künstler geht nach Freuds Ansicht an der Wirklichkeit vorbei oder bezieht einen zu geringen Teil von ihr in die künstlerische Mischung aus Wirklichkeit und Phantasie ein [1].

Wie wir bei der Besprechung der *Gradiva* sahen, war Freud offensichtlich bereit, dem Künstler Kräfte, die denen des Psychoanalytikers ähneln, und Einblicke in die Seele zuzugestehen, die der akademischen»wissenschaftlichen« Psychologie nicht erreichbar sind (so erklärt sich der starke Eindruck seines Werkes auf die Surrealisten, wovon in Kapitel IV die

Rede sein wird); tatsächlich fühlte sich Freud schon in der *Traumdeutung* oft mit den Künstlern und Schriftstellern verbunden, deren Bemerkungen über Träume er so viel lohnender fand als die trockene Gelehrsamkeit akademischer Untersuchungen. Aber Freud sah die Einblicke der Künstler nie als wirklich vergleichbar mit dem rationalen Verständnis des Psychoanalytikers an; so erwähnt er in den Diskussionen des Wiener Psychoanalytischen Vereins vom 13. Februar 1907 Jensens psychologische Ahnungslosigkeit und spricht später, in der *Selbstdarstellung* von 1925, von *Gradiva* sogar als von einer »an sich nicht besonders wertvollen Novelle«. Freud hatte bereits den Schluß gezogen, daß die Erzählung aus dem neurotischen Verhältnis des Autors zu seiner Schwester entstanden war, und er sollte sich später noch kritisch über andere Autoren äußern, die die Wirklichkeit entstellt sähen und deren Arbeiten infolgedessen vor allem als Spiegelungen ihrer eigenen Probleme interessant seien. Aus diesen Bemerkungen erkennen wir, wie wenig die Behauptung S. E. Hymans zutrifft, Freud habe geglaubt, daß »alle Künstler Analytiker« [2] seien. In einem Brief an Fliess vom 20. Juni 1898 analysierte Freud C. F. Meyers Erzählung *Die Richterin* als »eine Abwehr der Erinnerung (des Verfassers) an ein Verhältnis mit der Schwester«, was, wie er hinzufügt, »genau so geschieht wie in der Neurose«. In einem Aufsatz von 1908 (*Der Dichter und das Phantasieren*) wiederum vergleicht er den Dichter mit dem Tagträumer und die für unser Lustempfinden entscheidende Technik des Dichters mit einem Lockmittel, das uns dazu verführt, seine um das eigene Ich kreisenden Tagträume hinzunehmen.

Die Inkonsequenz Freuds wird vielleicht verständlicher, wenn wir uns klarmachen, daß Freud gewöhnlich zwischen dem durchschnittlichen Künstler und dem Genie stillschweigend einen Unterschied machte. Einige seiner Ansichten stammen zweifellos aus der Burckhardttradition, die in dem Künstler den Abkömmling der großen Vorbilder des Renaissanceindividualismus sahen; so konnte Freud in einem Brief (7. November 1914) an den Maler Hermann Struck vom Künstler sagen, er sei »ein Wesen besonderer Art, erhaben, selbstherrlich, verrucht, zeitweilig recht unbegreiflich«. Hier entfernt sich Freud ein wenig von der Charakterisierung des Künstlers als eines Neurotikers und rückt ihn mehr in die Nähe des Bohèmetyps romantischer Herkunft, wobei eine gewisse achtungsvolle Scheu des gediegenen Bürgers vor solchen eigensinnigen Geschöpfen am Rande der Gesellschaft spürbar wird. Daß er Künstlertum mit Sexualität verknüpfte, war unvermeidlich, da ja Freud besonders in seinen frühen Arbeiten alle Bereiche des Verhaltens Erwachsener ganz allgemein auf Grundtriebe zurückzuführen versuchte, die sich in der Kindheit so offen ausdrückten. Freuds berühmte Formulierung in *Totem und Tabu* (1912–13), die die maßgeblichen Kulturphänomene umfaßt, lautet, eine Hysterie sei »ein Zerrbild einer Kunstschöpfung, eine

Zwangsneurose ein Zerrbild der Religion, ein paranoischer Wahn ein Zerrbild eines philosophischen Systems.« Obwohl Freud keineswegs das Gegenteil behauptet (nämlich daß ein Zerrbild oder eine Karikatur nicht mehr sei als ein Ausdruck von Hysterie), muß schon die Tatsache, daß er diese so weit voneinander entfernten Bereiche menschlichen Verhaltens miteinander in Verbindung bringt, Ärgernis erregt haben und als ein Angriff auf weithin gültige Idole aufgefaßt worden sein.

Freuds Unsicherheit hinsichtlich des Künstlers, die deutlich in seinen Bemerkungen über Marthas Künstlerfreund und in seinem Brief an den Maler Struck wie auch darin zum Ausdruck kommt, daß er niemals einen lebenden Künstler analysiert hat, wirkt sich unmittelbar auch auf seine Betrachtungsweise des Kunstwerks aus und macht sie einseitig. Da Freud vor allem die emotionellen und sexuellen Aspekte der Künstlerseele am Herzen lagen, konzentrierte er sich auf diese Gesichtspunkte und ließ die rein ästhetischen weithin unbeachtet. So erklärt es sich, daß er in einer Arbeit über die Gemälde Leonardos Details wie das Lächeln und die bedeutungsvolle Gruppierung der Figuren in den Mittelpunkt stellt, dabei aber übersieht, wie sehr der Künstler um die formale Komposition, die Anatomie und Perspektive, die Kontur und das Helldunkel bemüht war. So kommt es zu der Aussage, die Bilder seien miteinander und mit – erschlossenen – Kindheitserlebnissen durch gewisse aus den Bildern abstrahierte Details verbunden, während gerade das ignoriert wird, was Leonardos eigentliche formale Leistung innerhalb einer traditionellen Darstellungsweise ausmacht.

Freud war sich solcher Beanstandungen durchaus bewußt und vermied es sorgfältig, Anspruch auf eine umfassende ästhetische Theorie zu erheben. Mehrere Male bekannte er sich zu bescheidener Zurückhaltung vor dem Geheimnis der künstlerischen Leistung: »Woher dem Künstler die Fähigkeit zum Schaffen kommt, ist keine Frage der Psychologie.« (*Das Interesse an der Psychoanalyse*, 2. Teil, 1913 b); »Leider muß die Analyse vor dem Problem des Dichters die Waffen strecken.« (*Dostojewski und die Vatertötung*, 1928). In einem Vorwort (1933) zu Marie Bonapartes Studie über Poe erklärt Freud nachdrücklich, die Psychoanalyse versuche nicht, das Genie zu erklären, sondern »die Gesetze des menschlichen Seelenlebens an hervorragenden Individuen zu studieren«. Dennoch kehrte Freud, obwohl er offiziell diese verbotenen und vielleicht unlösbaren Probleme vermied, immer wieder in zahlreichen überall in seinen Arbeiten verstreuten Bemerkungen zur Kunst zurück, in Bemerkungen, die man mit seinen Äußerungen über die Religion vergleichen kann, ein anderes metapsychologisches Thema, das ihn besonders in seinen späteren Jahren stark beschäftigte. Freuds zweifellos vorhandene Liebe zur Kunst als persönliches und intimes Erlebnis offenbart sich in seiner Leidenschaft, Kunstgegenstände zu sammeln und mit ihnen umzugehen, aber seine maßgebenden Arbeiten über Kunst befassen sich nur mit berühmten und monumentalen Werken, und auch diese Schriften bleiben distanziert und verraten wenig von der Empfindsamkeit, der er in vielen Briefen und Gesprächen Ausdruck gab. Diese Arbeiten lassen vielmehr die unablässige Suche des Konquistadors Freud nach sich selbst erkennen, sein Vordringen in immer tiefere Bedeutungsschichten und zu einer Wahrheit, die ihm durch die Wiederentdeckung und das Nacherleben seiner Kindheit erreichbar schien. Diese Suche nach sich selbst stellte ihn zweifellos unter die unablässige Forderung, seine Ideen und Theorien zu modifizieren und sich immer neue Helden zu suchen. Wie der ewige Jude Ahasver, mit dem sich Freud am Ende seines Lebens verglich, als er Wien verlassen mußte, verbrachte er sein Leben auf einer einsamen geistigen Wanderung. Dennoch war Freud offensichtlich weit davon entfernt, sich nur mit der eigenen Person zu befassen; wäre er ein reiner, nach innen gerichteter und sich selbst betrachtender Narziß gewesen, so zeigte sein Werk nicht jene erregende Spannung zwischen dem Subjektiven und dem Objektiven. In diesem Zusammenhang erscheint Freuds Persönlichkeit als zweiseitig: Er suchte sich selbst, war sich aber dabei stets mit Interesse der äußeren Welt bewußt, da ja die Objekte (Menschen oder Dinge), die er betrachtete, die andere Seite seines Interesses an sich selbst darstellten. Er gewann Einblicke in sich selbst, indem er das Verhalten anderer untersuchte – daher sein Interesse an der klinischen Arbeit –, und er bekam wichtige Fragen hinsichtlich seiner Wahrnehmungen und Motivierungen dadurch in den Griff, daß er seine ästhetischen Reaktionen analysierte – daher sein Interesse an der Kunstanalyse.

Die Frage, in welchem Verhältnis Wahrheit und Illusion im Kunstwerk zueinander stehen, war für Freuds Ästhetik, die im allgemeinen darauf abzielte, hinter der zutage liegenden Illusion der Kunst eine verdrängte Wahrheit aufzudecken, ein quälendes Problem. So haben für Freud selbst die in die Kindheit zurückprojizierten Phantasien des Erwachsenen als Erinnerungen in der Entwicklung des Individuums ihre Bedeutung. Die Kunst des Individuums verkörpert wie der Mythos der Rasse gültige Phantasien. Freud betont das im Hinblick auf Leonardos Geierphantasie, indem er sie mit den frühen Sagen, Überlieferungen und Auslegungen eines Volkes vergleicht, die »hinter diesem sagenhaften Material die historische Wahrheit« enthalten ... »Allen Entstellungen und Mißverständnissen zum Trotze ist die Realität der Vergangenheit doch durch sie repräsentiert [3].«

Freuds Behauptung, daß dem Wunsch eine Wahrheit zugrunde liege, eine motivierende Wahrheit, die in verschiedenen Formen durch die Kunst verwirklicht werden kann, findet sich nirgends so ausgiebig und umfassend erläutert wie in seinen Ausführungen über den Ödipuskomplex, jenes (von Freud für universal gehaltene) Schuldgefühl, das aus dem

Wunsch entspringt, der Vater möge tot sein, einem Gefühl, das eine Rassenerinnerung an ein tatsächliches »Urereignis« enthält, nämlich an die Ermordung des frühesten Hordenvaters. Er berichtet in seinem bedeutsamen Brief an Fliess vom 15. Oktober 1897 (Vorstellungen, die in die Traumdeutung eingegangen sind), daß ihm die Allgemeingültigkeit der Verliebtheit in die Mutter und der Eifersucht gegen den Vater klargeworden sei wie auch »die packende Macht des König Ödipus trotz aller Einwendungen, die der Verstand gegen die Fatumsvoraussetzung erhebt«. Spätere Dramen, etwa Grillparzers *Ahnfrau,* die dasselbe Thema behandeln, überzeugen uns nicht, denn »gegen jeden willkürlichen Einzelzwang ... bäumt sich unsere Empfindung auf« (ein interessanter Versuch Freuds, einen Wertmaßstab einzuführen). Die Macht des Ödipusdramas liegt also in seiner Grundwahrheit: »Jeder der Hörer war einmal im Keime und in der Phantasie ein solcher Ödipus, und vor der hier in die Realität gezogenen Traumerfüllung schaudert jeder zurück.« Er weitet dann seine Untersuchung auf den *Hamlet* aus, weist auf die neurotische Grundlage des Zögerns hin und deutet an, daß beide Werke ihre Größe der Fähigkeit ihrer Verfasser verdanken, bis ins Unbewußte vorzudringen, in Tiefen, die nur das Genie ertragen kann. Daß Freud Hamlet als reale Person behandelt, die psychoanalysiert werden kann (wie Norbert Hanold), ist keineswegs eine moderne Erfindung: L. C. Knights' Aufsatz *How Many Children Had Lady Macbeth* [4] bringt eine ausführliche Untersuchung samt Bibliographie über Versuche einer Psychologisierung Shakespeares, die bereits vom Ende des achtzehnten Jahrhunderts stammen, und solche aus dem romantischen neunzehnten Jahrhundert, in denen Hamlet »als wirkliche Person, ein vor kurzem verstorbener Bekannter« betrachtet wird. Daß jedoch Freud am Ödipus Rex gerade betonte, was nicht klassisch war, kam sicherlich daher, daß man im späten neunzehnten Jahrhundert angefangen hatte, die Klassiker, die man vorher in erster Linie ihrer ethischen oder literarischen Qualitäten wegen schätzte, im Geiste eines dekadenten Psychologisierens neu zu bewerten, und daß man im Banne jener Enthüllung griechischer Barbarei oder Psychose stand, für die Hofmannsthals *Elektra* ein Beispiel ist [5].

Die fruchtbare Idee des Ödipuskomplexes hat eine ganze Schule von Kommentatoren hervorgebracht. Am bekanntesten sind natürlich die Arbeiten von Ernest Jones über *Hamlet* [6], die Hamlets Zaudern im Sinne Freuds erklären. Wenn Jones' Aufsatz, wie der ihm wohlgesinnte Kritiker L. C. Knights (1951) bemerkt, »erklären hilft, warum die Hamletsage seit frühen Zeiten bis in die Tage Shakespeares und seines populären Stückes lebendig geblieben ist«, so muß doch auch gesagt werden – fügt Knights hinzu –, daß »man unmöglich glauben kann, Hamlet sei ausschließlich Sprachrohr« oder der spontane Ausdruck der tiefsten unbewußten Gefühle Shakespeares. Und Albert William Levi [7] widerspricht mit anderen Jones, wenn dieser Hamlets Verhalten psychologisch erklärt: »Die lange Auseinandersetzung, die sich über Hamlets ›Zaudern‹ entspann – darüber, daß er es unterließ, König Claudius beim Gebet zu töten (III/3) – traf, so interessant sie auch war, nicht den Kern der Sache.« Er meint, die Verzögerung sei durch die Handlung und deren Kompliziertheit bedingt, und gibt zu bedenken, daß König Ödipus mit seiner weniger komplizierten Handlung sein Thema rascher entfalten könne. Im gleichen Sinne widmet Philip Wheelwright ein ganzes Kapitel der Schuld des Ödipus (The Burning Fountain, 1954); er bezeichnet Freuds Interpretation als für die Handlung belanglos (scheint aber Erich Fromms Deutung mehr Sympathie entgegenzubringen). Ludwig Jekels (1952) überträgt Freuds Auffassung von Hamlet auf Macbeth, und A. Bronson Feldman (1956) ist – im Gefolge Jekels – der Ansicht, daß nicht nur Macbeth, sondern auch Zolas Die Bestie im Menschen Ödipuskomplexe wiedergeben. An Erfindern neuer Komplexe herrscht begreiflicherweise kein Mangel: Der Anthropologe George Devereux entdeckte (1953) »von Freud und seinen Schülern übersehene ergänzende Laios- und Jokaste-Komplexe«, und Gaston Bachelard fand (1938) einen »Prometheuskomplex«, den er als »den Ödipuskomplex des geistigen Lebens« bezeichnet. Seiner Ansicht nach hat es nichts mit sexueller Aggression zu tun, wenn das Kind dem Vater die Streichhölzer stiehlt, sondern vielmehr mit der wichtigen Rolle, die das Feuer als wirksame und eindringliche Metapher für Phänomene des Ungehorsams spielt, sowie mit dem Streben des Kindes nach Freiheit und nach Gleichheit mit dem Vater. Während Freud immerhin eine gewisse Vorsicht walten ließ, wenn er seine Analysen bis in die frühe Kindheit seiner großen Persönlichkeiten vortrieb, waren andere nicht so zurückhaltend. Warner Muensterberger (1951) verfolgte den schöpferischen Künstler bis in eine präödipale Phase zurück und fand, daß »Künstler vorübergehend die Wirklichkeit verlassen« und »in den ›Mutterleib‹ zurückkehren«, und daß »der schöpferische Akt dann eine Form der Aggression gegen die phallische Mutter sei, so daß der spätere Akt des Tötens als ödipale Wiederholung präödipaler Triebe gedeutet werden könne«.

Freuds Betonung der Realität psychischen Erlebens in der Kindheit, seine Behauptung, daß diese frühen Erlebnisse den Erwachsenen formen – mit einem Wort, daß »das Kind der Vater des Mannes ist« –, warf eine interessante Frage hinsichtlich der Identität des Künstlers auf. Freud hatte der Kunst insofern eine besondere Rolle zugewiesen, als er in ihr das Erzeugnis eines außergewöhnlichen Menschen sah, der fähig ist, die Verbindung mit der frühesten Periode seines Lebens aufrechtzuerhalten und jene frühen Erlebnisse in seiner Kunst zu verkörpern. Da der Erwachsene sich unbewußt danach sehnt, in die verlorene Welt der Kindheit zurückzukehren, und da er auch tatsächlich in Träumen und in der Neurose dorthin zurückkehrt, interessiert den erwachsenen Betrachter Kunst vor allem deshalb, weil sie ihm einen anderen Weg eröffnet, auf dem er zu solchen Erlebnissen der Vergangenheit zurückkehren kann. So wie es Freud im Leonardoaufsatz darstellt, schafft der Künstler seine bedeutenden Werke und seine einzigartige Leistung aus der befruchtenden Verbindung zwischen einem auslösenden Erlebnis und einer Kindheitserinnerung. Diese Welt der Kindheit ist keineswegs die Welt engelhafter Unschuld, bar aller Erfahrungseindrücke, wie sie die christliche Romantik des neunzehnten Jahrhunderts sieht. Für Freud bringt jeder Mensch die Bürde der Erfahrungen seiner Rasse mit in die Welt, die ihm im Keimplasma weitergegeben worden ist, ohne daß es dazu der Erziehung oder der Erfahrung bedurft hätte. Dieser Glaube, daß der Mensch »schuldig« geboren werde, erinnert stark an das christliche Schuldgefühl, und vielleicht hat Freud selbst, als er in frühester Kindheit die Lehren seiner Kinderfrau über die Sünde und das Böse anhören mußte, einiges davon in sich aufgenommen; freilich ist für ihn das grundlegende Ereignis eines, das sich hier auf Erden zugetragen hat und sich symbolisch im Leben eines jeden Menschen wiederholt, und nicht ein mystisches Geschehen in einer höheren Sphäre. Der pikareske Abenteuerroman oder die Romane von Dickens und Thackeray, die Freud so gerne las, und ihre Helden, die durch ihre Lebenserfahrung reifen, passen keineswegs zu seiner Theorie von der Wiederentdeckung der eigenen Vergangenheit, die ich oben als umgekehrten Bildungsroman bezeichnet habe.

Freuds Überzeugung, daß unsere »Rassenerinnerung« an die Ödipusereignisse auf wirkliche Begebenheiten zurückgeht, steht im Gegensatz zu der ganz eigenen Wirklichkeit des »als ob«, die Künstler gewöhnlich ihrer Phantasiewelt zuweisen. In einem interessanten Austausch mit Yvette Guilbert, der Pariser Sängerin, die ihn entzückte, behauptete er steif und fest, daß die überaus wandlungsfähige Schauspielerin die Erlebnisse, von denen sie sang, auch tatsächlich gehabt habe. Vielleicht hätte Freud ein zutreffendes Bild von den frühen Erlebnissen Yvettes gewonnen, wenn er sie nach den Gründen ihrer Berufswahl gefragt hätte – warum sie den *Wunsch* hatte, eine so große Vielfalt von Typen darzustellen und sie in ihrer von Lektüre, Theater und ähnlichem genährten Phantasie zu »erleben«. Aber Freud war zuzeiten offenbar wie besessen von der Idee, mit Hilfe seiner psychoanalytischen Archäologie konkrete Erlebnisse auszugraben.

Mehrere Autoren haben den Vergleich der Psychologie mit der Archäologie in den Mittelpunkt der Freudschen Gedankenwelt gestellt [8], und Freud selbst hat ihn in einer seiner letzten Arbeiten (*Konstruktionen in der Analyse*, 1937) mit der Bemerkung wiederaufgenommen, daß die Konstruktions- oder Rekonstruktionsarbeit des Psychoanalytikers »eine weitgehende Übereinstimmung mit der des Archäologen (zeigt), der eine zerstörte und verschüttete Wohnstätte oder ein Bauwerk der Vergangenheit ausgräbt«. Dieses Bild aus der Archäologie hat unmittelbaren Bezug auf seine Analyse des Künstlers, wie sie uns in *Gradiva* begegnet; Freud suchte ja immer nach den frühen Erlebnissen, die – wie in seinen Studien über Leonardo und Goethe – als Richtlinien zum besseren Verständnis des Genies dienen konnten. Außerdem bemerkte er auf einer Sitzung des Wiener Psychoanalytischen Vereins am 24. November 1909, daß ein Inhalt in der Regel seine Geschichte habe und daß man im Hinblick auf die Kunst mit Recht sagen könne, Form sei der Niederschlag eines älteren Inhaltes. Wenn Freud so starken Nachdruck auf die Erinnerung legt, nähert er sich gewissen Gedankengängen Platons; Jones [9] weist darauf hin, daß auf Freud, der wahrscheinlich seine Kenntnis der griechischen Philosophie größtenteils aus John Stuart Mills Aufsatz über Platon bezog (den er 1880 übersetzt hatte), ein dort behandeltes Thema starken Eindruck machte, nämlich die Theorie der Erinnerung. Mill findet diese Theorie im platonischen Dialog *Menon* zusammengefaßt: »Die Erinnerungstheorie stützt sich darauf, daß jedes existierende Ding, obwohl in sich selbst unvollkommen, einen Typus der gleichen Art, aber von größerer Vollkommenheit, ins Gedächtnis ruft, und da wir nur an das erinnert werden können, was wir einst kannten, müssen wir diesen Typus in einem früheren Leben gekannt haben [10].« In Mills Darstellung der Theorie Platons finden sich auffallende Parallelen zu Freuds Vorstellung von der therapeutischen Funktion des Erinnerns, wie er sie in seiner Arbeit mit Breuer formuliert hat (1895). Die (Aristoteles zugeschriebene) Theorie, daß Freude am Wiedererkennen als Grundlage für den Kunstgenuß dienen könne, bildet ein Glied in der Beweiskette Freuds in seinem Buch über den Witz [11], und die gesamte Erinnerungstheorie gab Freud auch die Grundlage für seine Analysen der *Gradiva* Jensens und der Gemälde Leonardos. Es ist durchaus möglich, daß Freuds alter Freund aus den achtziger Jahren, der angesehene Archäologe Emmanuel Löwy, den Psychoanalytiker in seinen Vorstellungen von der Rolle des Gedächtnisses in der Kunst beeinflußt hat, da er in seinen Arbeiten die Theorie entwickelt hatte, daß künstlerische Schemata auf primitive Bilder zurückgehen, die noch im Kollektivgedächtnis haften [12].

Die schöpferische Inspiration ist nach Freud von der dem Künstler eigenen Fähigkeit abhängig, über Erinnerung und Wiedererkennen zu den verlorenen Bildern und Gefühlen der eigenen Kindheitsvergangenheit vorzudringen. Diese Fähigkeit steht dem bildenden Künstler und dem Dichter zu Gebote, da beide sich in der vorteilhaften Lage befinden, weniger als die meisten anderen Menschen durch die repressiven Auswirkungen der Kultur gebunden zu sein; sie haben, wie Freud es ausdrückt, »die Lockerheit der Verdrängung«, was bedeutet, daß der Künstler leichter Zugang zu den Reichtümern seines Kindheitserlebnisses findet. Freud unternahm es – in der *Traumdeutung* und in dem Buch über den Witz – zu erklären, warum der Dichter oder der bildende Künstler diese Reste längst vergangener Erlebnisse darzubieten wünscht, und warum die Zuhörer oder Betrachter sie aufzunehmen wünschen.

Die *Traumdeutung* enthält jene beiden bedeutenden Beiträge Freuds zur Psychologie, die den größten Einfluß auf die Kunst und die Kunstkritik hatten: seine Konzeption des Unbewußten und seine Theorie des Lustprinzips. Über Freuds zahlreiche Vorgänger in der Erforschung des Unbewußten ist schon viel geschrieben worden (neuerdings liegt eine Übersicht von Ellenberger vor, 1970). Ein charakteristisches Werk war das Buch des deutschen pessimistischen Philosophen Eduard von Hartmann (*Philosophie des Unbewußten,* 1867), der – wie Hegel und Schopenhauer vor ihm – eine Spannung zwischen Ideal und Wirklichkeit sah, die er dadurch zu überbrücken versuchte, daß er die Einheit von Vernunft und Willen in einem »absoluten Unbewußten« annahm. Freud, der den Philosophen in einer Anmerkung zur *Traumdeutung* erwähnt [13], teilte Hartmanns Überzeugung, daß alles bewußte Denken durch das Unbewußte bestimmt werde, und erweiterte die Vorstellungen des neunzehnten Jahrhunderts vom Unbewußten durch einen neuen Gedanken, indem er zwischen zwei grundverschiedenen unbewußten Vorgängen unterschied: dem primären oder absoluten und dem sekundären oder vorbewußten.

Bei dem Versuch, Träumen, Neurosen und unerklärlichen Verhaltensweisen Sinn zu geben, nahm Freud an, daß alle diese Teilgebiete geistigseelischer Aktivität mit Übertragung von Energie verbunden seien, deren Spannung und Entladung die Motive der Menschen bestimmten. Das absolute Unbewußte, das dem Denken unzugänglich ist, wirkt durch den primären Vorgang, in dem hypothetische Energieeinheiten sich frei und ohne Einschränkung bewegen, während die Energien innerhalb der zweiten Abteilung des Unbewußten, im sogenannten Vorbewußten, gebunden, gelenkt und an echte Befriedigungen geknüpft sind. Die großen Schwierigkeiten, denen Freud gegenüberstand und mit denen er sich intensiv beschäftigte, sind erstens die Mechanismen, mittels derer die beiden Systeme miteinander in Beziehung stehen, und zweitens das Problem einer Übertragung der normalen geistigen Vorgänge, etwa der Wahrnehmung und der Erinnerung, in das neue Begriffsschema. Freud versuchte, die beiden Systeme durch einen quantitativen Energieaustausch zu verbinden, wobei das »Ich« (ein unklar definiertes Selbst) als ein Organismus angesehen wurde, der ständig mit Energie besetzt ist (Kathexis). Freud postulierte eine Verbindung von Wahrnehmung und Erinnerung zu motorischer Aktivität und übernahm die alte Reflexbogentheorie, nach der Reize von den Wahrnehmungsorganen zu den Muskeln fließen, wo sie sich in zweckvolle Aktivität entladen, die den Trieb zum Lustgewinn und zur Schmerzvermeidung gemäß dem Lust-(ursprünglich Un-lust-)Prinzip befriedigen kann.

Obwohl der Energiefluß seinem Wesen nach in den beiden Systemen sehr verschieden ist, nimmt Freud für beide das gleiche Ziel an, nämlich das Bestreben, einen Wunsch zu erfüllen; in dieser Hinsicht kann alles Denken zusammenfassend als ein Weg zum Ziel der Wunscherfüllung be-zeichnet werden. Der unkontrollierte primäre Vorgang ist von der Art einer infantilen Wunscherfüllung, während der sekundäre die freien Energien des primären Vorgangs zu hemmen oder zu binden und da-durch die Vorstellungen mit Energie zu besetzen vermag, die ein Ventil in motorischem Verhalten finden kann, das zu echten Befriedigungen führt. Die beiden Systeme bedienen sich der Erinnerungen auf sehr ver-schiedene Weise: Das erste geht zeitlich immer weiter zurück und ist wie der Traum auf die Befriedigungen der Kindheit gerichtet, während das zweite sich auf relevante, sachdienliche und in einem Kausalverhältnis stehende Erinnerungen hinbewegt, die das Streben, Lust zu finden oder Unlust zu beenden, fördern werden. Freud unterschied zwischen einer »progredienten« Richtung, die von der Wahrnehmung zu motorischen Reaktionen und zur Ausbildung einer Erinnerungsspur führt, und einer »regredienten«, die sich von der Erinnerungsspur rückwärts auf die ein-dringenden Wahrnehmungen zubewegt und dadurch die halluzinatori-sche »Wahrnehmung« einer Befriedigung erzeugt.

Freud verwendet den Begriff der Regression auch noch im Sinne einer Rückkehr von Gefühlsregungen zu einem früheren Zustand. So ist das Traumerlebnis eine Regression sowohl im Sinne der damit verbundenen halluzinatorischen Wahrnehmungen, wie auch im Sinne der Rückkehr zu älteren, infantilen Wünschen. Diese Wünsche gehören zum System des Unbewußten, gehen aber nach Freuds Theorie nie verloren und ent-hüllen sich dem Erwachsenen in bestimmten Augenblicken seines Erlebens, etwa im Traum oder durch neurotische Versagung. Auf die Verknüpfung eines lange verschüttet gewesenen Wunsches mit Wahrnehmungen in der Gegenwart und die komplizierten Wechselwirkungen, die sich dabei er-geben können, ist Freud in *Der Wahn und die Träume in Jensens »Gra-diva«* eingegangen; aber 1908, ein Jahr später, wandte er sich in seinem Aufsatz *Der Dichter und das Phantasieren* noch intensiver den Zusam-menhängen zwischen dem Denken des Erwachsenen und kindlichen und egozentrischen Wünschen zu.

Ehe wir in eine detaillierte Erörterung der Regression eintreten, sollten wir uns klarmachen, in welcher Beziehung die Traumvorgänge zum Kunstwerk stehen. Obwohl Freud an einer Stelle leugnet, daß das, »was sich im Traum von Urteilsäußerungen, von Kritik, Verwunderung und Folgerung findet, ... Leistungen der Traumarbeit« seien [14], behauptet er an anderer Stelle ganz unmißverständlich, daß Traumdeutung uns zum

Verständnis von Dichtung verhelfen könne (*Zur Geschichte der psycho-analytischen Bewegung*, 1914 c): »Die Auffassung der unbewußten seelischen Tätigkeit gestattete eine erste Vorstellung vom Wesen der dichterischen Schöpfungsarbeit.« Am 11. Dezember 1907 behauptete Freud in einer Sitzung des Wiener Psychoanalytischen Vereins sogar, daß die Pathographie nichts Neues zeigen könne, die Psychoanalyse dagegen Kenntnisse über den schöpferischen Vorgang vermittle. Nach diesen Bemerkungen sieht es so aus, als sei die seltsame Welt des Unbewußten, das primäre System, die verschüttete und nie bewußte Traumwelt für Freud so etwas wie jenes »Innerafrika« gewesen, von dem die Romantiker und später Raymond Roussel sprachen: ein unbekannter Kontinent, dessen Geographie er zum ersten Mal in ihren Hauptlinien aufzeigte. In gewissen Augenblicken bestand Freud auf der zentralen Bedutung des Unbewußten, in dem alle Leistungen der Kunst und Literatur ihren Ursprung haben: wahrscheinlich neige man viel zu sehr dazu, den bewußten Charakter selbst intellektueller und künstlerischer Produktion zu überschätzen. Er glaubte, Genies wie Goethe oder Helmholtz sei der wesentlichste Teil ihrer Schöpfungen »in Form von Inspirationen« als ein Ergebnis des unbewußten Denkens zugekommen. Das Unbewußte sei die wahre psychische Realität, deren inneres Wesen ähnlich wie Kants »Ding an sich« uns ebenso unbekannt sei wie die Realität der Außenwelt. Diesen so überaus wichtigen Entdeckungen Freuds wollen wir uns nun zuwenden, vor allem um ihre Anwendung nicht nur innerhalb der eigentlichen Traumwelt, sondern auch in der Welt der Kunst und Literatur zu verfolgen.

Die Bedeutung und der Zweck der Traumarbeit läßt sich am besten verstehen, wenn wir ihr Verhältnis zur Verdrängung ins Auge fassen. Freud sah die Verdrängung als den Grundstein seines ganzen psychoanalytischen Gebäudes an und definierte ihre Funktion als Abwehr und als Abschirmung des Bewußtseins mit dem Ziele, Schmerz zu vermeiden. Verdrängung kommt gewöhnlich dann zustande, wenn bei jemandem Wünsche, insbesondere sexuelle Wünsche, in Widerspruch zu seinen ethischen oder ästhetischen Wertmaßstäben geraten. Solche Konflikte setzen eine dynamische und dramatische Vorstellung von der Seele voraus, eine Verfassung, in der Kräfte von unten, aus dem Unbewußten, aufzusteigen streben und von oben, vom Bewußten, zurückgestoßen werden. Der Traum, der sich genau auf der Grenze zwischen diesen beiden verschiedenen Welten ereignet, bietet einen manifesten Inhalt auf der Oberfläche des Bewußtseins dar, der latenten Traumgedanken entspricht, die aus den Tiefen des Unbewußten stammen. Traumdeutung war für Freud die Übersetzung der »Hieroglyphen« des Trauminhalts in die Sprache der zugrundeliegenden Traumgedanken. Träume sind Bilderrätsel oder Rebusse, die man nicht wie rationale künstlerische Gebilde behandeln darf, wie das ältere Trauminterpreten irrtümlich unternommen hatten. Freud führt ein Traumbeispiel an, in dem ein Haus mit einem Boot auf dem Dach vorkam, dann ein einzelner Buchstabe und dann eine laufende Figur, deren Kopf wegapostrophiert ist. Er weist darauf hin, wie sinnlos es ist, wenn eine kopflose Figur rennt und wenn eine Landschaft die Buchstaben des Alphabets enthält – wohl ohne zu ahnen, daß die Kunst schon des nächsten Jahrzehnts gerade solche Elemente bevorzugt darstellen würde (Chagall, Picasso).

Die Sinnentstellung, die eintritt, wenn unbewußtes Denken zum bewußten oder manifesten Trauminhalt wird, führt Freud auf das Einwirken einer Zensur zurück, die unseren moralischen und ethischen Widerstand gegen die sexuellen und aggressiven Bestandteile des Unbewußten zum Ausdruck bringt. Diese Bestandteile werden nicht vernichtet, sondern nur verkleidet. Wie Freud auf der bereits erwähnten Sitzung des Wiener Psychoanalytischen Vereins vom 11. Dezember 1907 betonte, verhält sich der Inhalt des Bewußten zu dem des Unbewußten derart, daß die Elemente dieselben sind, aber die Anordnung auf mancherlei Weise verändert ist. Die Gesetze dieser Entstellung – der Traumarbeit – bilden den Kern und das lohnendste Teilstück der gesamten Freudschen Traumanalyse oder Traum-»Archäologie«.

Der tiefgreifende und bedeutungsvolle Vorgang der Verdichtung, dessen Intensität von Person zu Person, ja auch von Traum zu Traum verschieden sein kann, erklärt, wieso der karge und zusammengestückelte Traum die vielfältigen, weitläufigen und sogar phantastischen Traumgedanken zu erkennen geben kann. Wir sahen schon, wie die spärlichen Erinnerungsfetzen des Traums von »Irmas Injektion« eine ganze Welt unerwarteter und weit ausgreifender Vorstellungen offenbarten, und ein ähnlicher Reichtum verbarg sich auch unter den scheinbar trivialen und bedeutungslosen Versehen und Irrtümern, wie sie etwa in *Die Psychopathologie des Alltagslebens* analysiert sind. Obwohl Freud die Verdichtung in der Literatur nicht ausführlich erörtert, beziehen seine Traumanalysen ständig literarische Assoziationen ein [15], und immer wieder deutet er an, daß in einem Stück Literatur mehr steckt, als man auf den ersten Blick sieht. Neu sind weniger diese Tatsachen als die Brillanz, mit der Freud den verborgenen Sinn in scheinbar ganz einfachen und eindeutigen Feststellungen erkennbar macht, und die außergewöhnlichen technischen Möglichkeiten, die andere verwirklichen sollten. Wenn Freud in seinen Ausführungen über Kunst und Literatur die Verdichtung auch selten hervorhob, so beruhte doch seine Methode in diesem Bereich darauf, daß er sie unterstellte, und ihre Auswirkungen erstrecken sich auch auf die anderen Traumvorgänge.

Wie die Verdichtung dient auch die Verschiebungsarbeit dazu, den eigentlichen Inhalt der Traumgedanken zu verkleiden, indem der Nachdruck vom Wichtigen auf das Triviale oder Unerhebliche verlagert wird.

Freud erklärt sowohl die Verdichtung als auch die Verschiebung durch ein machtvolles Phänomen, das in allen Träumen auftritt, nämlich die Überdeterminierung – das Wiedererscheinen jedes einzelnen Traumelements in den Traumgedanken. Als Beispiel führt er das Wort »Amylen« in »Der Traum von Irmas Injektion« an, bei dem es in Verbindung mit Propylpräparat, Trimethylamin, Wilhelm (Fliess), Propylen und so weiter wiedererscheint. Die vielfache Determinierung eines einzigen Elements erklärt sowohl die Verdichtung des Traums, der gedankenreicher ist, als es zuerst den Anschein hat, wie auch das Hinüberwechseln von den Hauptgedanken zu so peripheren Dingen wie den Namen der chemischen Zusammensetzung. In Kunst und Literatur muß man das spezielle Temperament, das solche Verschiebungen des Nachdrucks fordern würde, in den Perioden manieristischer Kunst suchen; stärker klassisch orientierte Perioden würden sie ja sicherlich ablehnen. Wie wir gleich sehen werden, wählte Freud nahezu ausschließlich Werke, in denen die Hauptsache klar und zentral ist; freilich haben viele seiner Anhänger versucht, selbst bei klassischen Werken sekundäre Aspekte zu entwickeln, um weit hergeholte Analysen zu machen.

Ein dritter Vorgang bei der Traumarbeit, die Rücksichtnahme auf Darstellbarkeit, ist von größter Bedeutung für eine eventuelle Anwendung der Freudschen Theorien auf Kunst und Literatur. Freud stellt fest, daß es zusätzlich zu dem ersten Typ der Verschiebung, bei dem ein Gedanke einen anderen, ihm irgendwie verwandten ersetzt, noch eine zweite Art der Verschiebung gibt, die »sich in einer Vertauschung des sprachlichen Ausdrucks für den betreffenden Gedanken kundgibt« *(Traumdeutung)*. In diesem Fall ersetzt ein bildlicher und konkreter Ausdruck einen farblosen und abstrakten, was für den Traum den Vorteil hat, daß »das Bildliche darstellungsfähig« ist. Diese bildliche Sprache, die »nicht beabsichtigt, verstanden zu werden«, läßt sich nichtsdestoweniger wie antike Hieroglyphenschriften übersetzen, doch müssen wir uns beim Deuten von Traumelementen mit ihrer Vieldeutigkeit auseinandersetzen: soll man sie in positivem oder negativem Sinn, historisch, als Reminiszenz, symbolisch oder ihrem Wortlaut nach auffassen? Unter das Thema Darstellungsfähigkeit fallen die Wiedergabe logischer Relationen und die Rolle der Symbolik.

Freud beschreibt unter den Mitteln der Darstellung logischer Relationen einige außergewöhnliche, die für Schriftsteller und bildende Künstler wichtig sind; solche Zusammenhänge werden nämlich durch die »formalen Eigentümlichkeiten der Träume« dargestellt. So stellt er fest, daß in Träumen logischer Zusammenhang durch Gleichzeitigkeit wiedergegeben wird, etwa wie in Raffaels *Schule von Athen* oder in seinem *Parnaß*, wo die Philosophen oder Dichter verschiedener Epochen in einer Gruppe erscheinen, obwohl sie natürlich »niemals in einer Halle oder auf einem

Berggipfel beisammen gewesen sind«. Dieses Beispiel aus der bildenden Kunst, das deutlich macht, wie Elemente, die im Traum dicht beieinander liegen, auf einen ähnlich engen Zusammenhang zwischen den ihnen zugrundeliegenden Traumgedanken schließen lassen, ergänzt er durch ein Schriftbeispiel: Die Buchstaben »ab«, die dicht beisammen stehen, werden als Silbe ausgesprochen, während eine Lücke zwischen ihnen bedeutet, daß das »a« der letzte Buchstabe des einen und das »b« der erste des nächsten Wortes ist. Kausalbeziehungen können entweder durch bloße Aufeinanderfolge wiedergegeben werden, wobei dann ein kürzerer Vortraum für einen Satz mit »wenn« und ein längerer Haupttraum für einen Satz mit »dann« stehen kann, oder durch die Verwandlung eines Bildes in ein anderes. Alternativen gibt es in Träumen nicht, und für »entweder – oder« sollte man »und« substituieren; das heißt – wie Freud an mehreren Beispielen zeigt –, zwei oder mehr Dinge sind eigentlich Aneinanderreihungen und keine Alternativen. Gegensatz und Widerspruch können in Träumen nicht unmittelbar ausgedrückt werden und bleiben deshalb unbeachtet: »Gegensätze werden mit besonderer Vorliebe zu einer Einheit zusammengezogen«; so bedeuten die Blumen in einem von Freud analysierten Traum gleichzeitig sexuelle Unschuld und deren Gegenteil. Gegensätze können im Traum sowohl dadurch ausgedrückt werden, daß eine Person gegen eine andere ausgetauscht wird, die einen den Traumzensor befriedigenden entgegengesetzten Wesenszug oder Charakter repräsentiert, wie auch dadurch, daß ein Stück des Trauminhalts, das bereits da war, nach dem Motto »Umgekehrt, im Gegenteil« wiedergegeben wird. Freud führt das Beispiel seines Traums von Goethes Angriff auf einen jungen Mann an, eine Umkehrung der Tatsache, daß ein junger Kritiker Freuds viel bewunderten »Goetheschen« Freund Fliess angegriffen hatte. Eine letzte logische Relation, die im Mechanismus der Traumbildung häufiger als alle anderen auftritt, ist die Ähnlichkeit, »das Gleichwie«. Diese Relation liefert »die ersten Stützpunkte der Traumbildung«, kann auf vielfältige Weise dargestellt werden und wird durch Verdichtung unterstützt. Ähnlichkeit, Übereinstimmung und Gemeinsamkeit werden »durch Zusammenziehung zu einer Einheit« dargestellt, wobei der Traum entweder bereits vorhandenes Material verwendet (Identifizierung mit Personen) oder neue Synthesen erstmals konstruiert (Mischbildung aus verschiedenen Dingen).

Bei Identifizierung erscheinen mehrere durch ein gemeinsames Element verbundene Personen in dem manifesten Trauminhalt unter der Maske einer Deckfigur, aber da nach Freud jeder Traum sich mit dem Träumer beschäftigt, ist diese Figur in Wirklichkeit eine Verkleidung, in der der Träumer sich selbst verbirgt. In *Der Dichter und das Phantasieren* (1908 c) überträgt Freud diese These vom Traum auf eine umfangreiche Gruppe moderner Literaturerzeugnisse, bei denen der Autor sein Ich spaltet und auf mehrere Charaktere seines Romans verteilt [16]. Während Identifikationen sich nicht ausschließlich auf Personen zu beziehen brauchen – sie sind auch bei Örtlichkeiten möglich, wie in einem Traum Freuds, in dem er Rom mit Prag identifizierte – scheint der Vorgang der Mischbildung bei Dingen häufiger zu sein.

Freud vergleicht die in Träumen konstruierten zusammengesetzten Bilder mit erdachten Kentauren und Drachen, wobei der wichtige Unterschied besteht, daß die Schöpfung des Phantasiegebildes im Wachen durch die Wirkung bestimmt ist, die das neue Gebilde auf die Zuschauer ausüben soll, während die Gestaltung des gemischten Gebildes im Traum durch ein außerhalb seiner tatsächlichen Form gelegenes Moment bestimmt wird – durch die dargestellten Traumgedanken. Als Beispiel einer Mischbildung führt Freud den Traum einer Patientin an, in dem Badekabinen im Seebad, ein Aborthäuschen und eine Bodenkammer vorkommen. Er bemerkt, daß die ersten beiden Elemente »die Beziehung auf menschliche Nacktheit und Entblößung gemeinsam« haben und stellt fest, daß »sich aus der Zusammensetzung mit dem dritten Element schließen (läßt), daß (in ihrer Kindheit) auch die Bodenkammer der Schauplatz von Entblößung war«.

Ein viertes Moment bei der Traumbildung, die sekundäre Bearbeitung, rührt von kritischen Gefühlen her, von Fällen, »wo man sich im Traume wundert, ärgert oder sträubt«. Um den Traum für die stets wache Zensur erträglich zu machen, die ihn versehentlich hat passieren lassen und ihn nicht mehr unterdrücken kann, denkt der Träumer: »Das ist ja nur ein Traum.« Dieser Traumbeitrag kommt nicht aus den Traumgedanken; er gleicht als psychische Funktion unserem wachen Denken, und diese Traumzensur tritt tatsächlich regelmäßig kurz vor dem Aufwachen in Funktion. Noch bedeutsamer wirkt sich die sekundäre Bearbeitung in den Vermehrungen und Einschaltungen aus, mit deren Hilfe Stücke des Trauminhalts miteinander verknüpft werden oder ein vernünftiger Zusammenhang zwischen manchen unlogischen Traumpartien angebahnt wird. Obwohl diese verbindenden Gedanken im ursprünglichen Traum nicht enthalten waren, führen sie doch auf Material der Traumgedanken zurück und schaffen gewöhnlich nichts Neues. Freud möchte diesem Moment »die Fähigkeit, schöpferisch neue Beiträge zum Traume zu liefern, nicht peremptorisch absprechen«, betont aber, daß sich ihr Einfluß »vorwiegend in der Bevorzugung und Auswahl von bereits gebildetem psychischen Material in den Traumgedanken« äußert. Diese Möglichkeit, etwas Neues beizutragen, ist wichtig, denn Freud nennt dieses Element der Traumgedanken »Phantasie«. Freud vergleicht die Phantasie mit dem Tagtraum, einem Phänomen, das nicht nur für Dichter wie Alphonse Daudet (in *Le Nabab*) von Bedeutung, sondern überhaupt mit den Phantasieschöpfungen des Dichters verwandt ist, wie Freud in *Der Dichter und das Phantasieren* zeigt [17].

Freud und seine Anhänger erkannten die Verwandtschaft des gesamten Traumarbeitsprozesses mit schöpferischem und dichterischem Denken, und in der vierten bis siebenten Auflage der *Traumdeutung* folgten auf das Kapitel über die Traumarbeit Aufsätze von Rank über *Traum und Dichtung* und *Traum und Mythus*. Daß man sie aus späteren Ausgaben seiner *Gesammelten Werke* entfernte, ändert nichts an der Tatsache, daß Freud, auf dessen Wunsch sie ja aufgenommen worden waren, sie für wichtig hielt. Es ist zu beachten, daß für Freud die Traumarbeit eher mit der Neurose, der Psychopathologie des Alltagslebens und der Pathologie des Genies zusammengehört, als daß er sie im ästhetischen Bereich zur Erklärung des schöpferischen Prozesses heranzieht. Als Freud auf der Sitzung des Wiener Psychoanalytischen Vereins am 11. Dezember 1907 erklärte, daß die Psychoanalyse Auskunft über den schöpferischen Prozeß gebe, war er optimistischer als in späteren vorsichtigen Äußerungen über die Möglichkeit, mittels der Psychoanalyse die Geheimnisse der Kunst zu ergründen [18]. Er ist sicher, daß Freud die Kunst nie einer Analyse aufgrund von Kategorien der Traumarbeit unterzogen hätte, zumal er der Ansicht war, daß die Symbolik, die Quelle der schöpferischen Phantasie, sich nicht von der Traumarbeit, sondern vom unbewußten Denken herleite. Dennoch konzentriert sich seine Analyse der bildenden Kunst wie die der Literatur auf die seelischen Vorgänge, und viele seiner Erkenntnisse fußen auf den Vorstellungen, die er in der Traumarbeit entwickelt hatte. So betonte er in seiner Arbeit über *Gradiva* diejenigen Teile der Erzählung, in denen es um die Fehlleistungen und Phantasien des Helden und deren begleitende Mechanismen, Verdichtung und Verschiebung, geht. In der Analyse der *Gradiva* wie auch in der des *Moses* von Michelangelo und der *Heiligen Anna selbdritt* von Leonardo hat Freud die Bedeutung der Kunstwerke teilweise im Sinne von Mechanismen erforscht, die denen der Traumarbeit gleichen, selbstverständlich ohne dabei jemals die Kunstwerke Träumen gleichzusetzen.

In gewissem Sinne begreift Freud alle großen Schöpfungen als sich entfaltende Seelendramen, als Psychodramen, um einen damals geläufigen Ausdruck zu verwenden (Richard von Meerheimb, *Psychodramenwelt*, 1888), den J. L. Moreno später aufnahm. Man könnte diese Methode als psychischen Realismus bezeichnen: die Landschaft und die Einzelheiten des Milieus werden auf ein Minimum beschränkt, und der Kritiker zieht es vor, nur die Wendepunkte im Gemüts- und Geistesleben des Helden zu erforschen, ein Verfahren, das ganz ähnlich auch Kritiker des späten neunzehnten Jahrhunderts, etwa ein Leo Berg, und Schriftsteller wie Schnitzler und Proust anwendeten. Die Gesetze und Prinzipien, denen Abenteurer in dieser seelischen Landschaft zu folgen hätten, ähneln der Topographie der Traumarbeit (man fühlt sich an die Aufhebung der gültigen Gesetze in der Phantasiewelt *Flatland* mit ihren zweidimensionalen Geschöpfen erinnert, die Abbot schildert, natürlich auch an *Alice im Wunderland*). Aber bei näherem Zusehen erweist sich die Traumarbeit als nicht ganz ausreichend zum Verständnis dieses verschütteten oder innerlichen Universums. In der *Traumdeutung* [19] erklärt Freud, als er das Wesen der Traumsymbolik erläutert, daß der Traum »ein gutes Teil dieser Symbolik ... mit den Psychoneurosen, den Sagen und Volksgebräuchen« gemein habe, daß die Traumarbeit, wenn sie sich der Symbolik bediene, »überhaupt nichts Originelles leistet«, sondern nur »Wege wandelt, die sie im unbewußten Denken bereits gebahnt vorfindet«. In *Der Dichter und das Phantasieren* vergleicht Freud noch eindeutiger den Dichter mit dem »Träumer am hellichten Tag und seine Schöpfungen mit Tagträumen«, aber er unterscheidet zwischen höchstgeschätzten Schriftstellern und »anspruchsloseren ... Erzählern von Romanen, Novellen und Geschichten, die dafür die zahlreichsten und eifrigsten Leser und Leserinnen finden«. Er unterließ es nicht, darauf hinzuweisen, daß die Phantasie des Tagtraums, ehe sie Kunst werden kann, von ihrer Ichbezogenheit befreit werden muß. Dennoch erhebt Freud in einer anderen Arbeit – *Zur Geschichte der psychoanalytischen Bewegung* (1914 c) – für die Psychoanalyse den Anspruch, daß uns »die Auffassung der unbewußten seelischen Tätigkeit ... eine erste Vorstellung vom Wesen der dichterischen Schöpfungsarbeit« gestatte. Wir müssen uns insbesondere seinen Gedanken über die Symbolik zuwenden, wenn wir verstehen wollen, welcher Art dieser Einblick wohl sein mag, denn Freud hat darauf hingewiesen [20], daß Traumsymbolik nicht etwa nur eine weitere Technik der Traumarbeit ist, sondern die Traumarbeit mit dem Material für Verdichtung, Verschiebung und Dramatisierung versorgt; sie bleibt nicht auf Träume beschränkt, sondern »beherrscht in gleicher Weise die Darstellung in den Märchen, Mythen und Sagen, in den Witzen und im Folklore«.

Die Symbolik hat eine zentrale Rolle nicht nur bei der Anwendung der Psychoanalyse auf die Künste gespielt, sondern auch beim Zustandekommen des Bildes, das sich die Allgemeinheit (insbesondere im Hinblick auf sexuelle Symbole) von der Psychoanalyse macht. So konnte Thass-Theinemann 1968 feststellen, daß das oft belächelte Freudsche Symbol den Zugang zu der Wahrheit gebracht habe, die seither zum abgedroschenen Axiom geworden sei. Die These nämlich, daß der Mensch das symbolische Wesen (animal symbolicum) und daß die Erschaffung von Symbolen eine Hauptbeschäftigung der gesunden menschlichen Seele sei. Wo Freud das Symbol verwendet, ist es sensorisch und konkret, ähnelt in mancher Hinsicht dem, wofür es steht (ein langer Gegenstand zum Beispiel für einen Phallus), und erscheint gewöhnlich, wenn eine primitivere Denkweise vorherrscht, etwa in der Ermüdung, der Neurose oder im Traum. Das Wesen des Symbols liegt darin, wie Rank und Sachs in ihrem

Buch von 1913 darlegen (einem Werk, in dem laut Freud die Symbolik ganz besonders treffend behandelt ist), daß es zwei oder mehr Bedeutungen hat und verborgene oder geheime Gedanken wiedergibt. Die meisten Symbole sind zwar sexuell, aber sie schließen die elementarsten menschlichen Erfahrungen ein, wie Jones (1916) darlegt: »Alle Symbole stehen für Vorstellungen vom Selbst und den nächsten Blutsverwandten oder von den Phänomenen Geburt, Liebe und Tod.« Er erklärt die Entstehung der Symbolik und ihre primitive Tendenz, verschiedene Vorstellungen zusammenzuwerfen oder miteinander zu identifizieren, vor allem aus einem Lust-Schmerz-Prinzip, wie es sich beispielhaft im Denken des Wilden zeigt, das nur Ähnlichkeiten wahrnimmt, die leichter (weniger schmerzvoll) zu sehen sind als Unterschiede.

Freud bringt zahlreiche gehaltvolle und überzeugende Beispiele (Abb. 18 und 19) für die Symbolik sexueller und körperlicher Funktionen, die aus seiner eigenen Erfahrung oder aus der Erfahrung anderer Autoren stammen (Vorstellungen aus der Küche oder dem Pflanzenleben als sexuelle Bilder bei Fuchs, 1908 und 1909–12; Traumsymbole bei Stekel, 1911; Körpersymbole bei Scherner, 1861, und Volkelt, 1875). Er zitiert J. Marcinowsky (1912), den Herausgeber einer von den Träumern illustrierten Traumsammlung, durch deren vorgebliche Landschaftsbilder ein latenter Trauminhalt durchschimmert: »Während sie, arglos betrachtet, Pläne, Landkarten u. dgl. zu bringen scheinen, enthüllen sie sich einer eindringlicheren Untersuchung als Darstellungen des menschlichen Körpers, der Genitalien usw. und ermöglichen erst nach dieser Auffassung das Verständnis des Traumes. Vgl. hierzu Pfisters Arbeiten über Kryptographie und Vexierbilder (1911–12).« Die vielen Seiten, die Freud der Traumsymbolik widmet, gehören zu seinen fesselndsten und überzeugendsten Darlegungen, und manche Symbole, auf die Freud bei seinen Patienten stieß, erinnern an lyrische Dichtung: Pfeiler und Säulen für Beine, ein Bild, das Freud an das Hohelied Salomonis denken läßt und bei dem wir heute – wenn wir nicht ganz so hoch greifen – uns an Dalis *Unsichtbaren Mann* von 1929 erinnert fühlen können; Türen für Leibespforten und Wasserrohre für das urinausscheidende Organ. Märchengestalten wie König und Königin stehen für die Eltern des Träumers, während Prinz oder Prinzessin den Träumer selbst bezeichnen. Die einfachste und ausgedehnteste Symbolik, die der männlichen und weiblichen Sexualorgane, hat auf Freuds Leser den größten Eindruck gemacht (Abb. 20): »Alle in die Länge reichenden Objekte, Stöcke, Baumstämme, Schirme (des der Erektion vergleichbaren Aufspannens wegen!) ... wollen das männliche Glied vertreten.« Andererseits gilt: »Dosen, Schachteln, Kästen, Schränke, Öfen entsprechen dem Frauenleib, aber auch Höhlen, Schiffe und alle Arten von Gefäßen.« Zimmer sind zumeist Frauenzimmer, besonders wenn es sich um eine Darstellung »ihrer verschiedenen Eingänge und Ausgänge« handelt, während der Schlüssel, der das Schloß aufsperrt, den Penis bedeutet. Stufen, Leitern, Treppen, ja selbst Kleider verlieren ihre scheinbare Unschuld bei der Deutung: Der Hut oder Mantel einer Frau bedeutet ein Genitalorgan, wie auch die Krawatte eines Mannes in seinem Traum den Penis bedeutet [21]. Der Penis wird fortwährend durch Pflüge, Waffen, Schlangen, ja auch Luftschiffe dargestellt – es ist eine endlose Liste. Träume vom Fliegen, Fallen oder Schweben und andere, die hauptsächlich Bewegungssensationen wiedergeben, stehen für eine gänzlich andere Klasse von Traumgedanken, die bei jedem Menschen anders gedeutet werden können.

Angesichts dieser sexuellen Symbolik, sicherlich des aufsehenerregendsten Phänomens in Freuds Betrachtungen zum Traumgeschehen, hielt er es für notwendig, jenen Kritikern zu antworten, die sein Buch unter diesem Gesichtspunkt angriffen: »Man darf bei der Traumdeutung diese Bedeutung sexueller Komplexe niemals vergessen, darf sie natürlich auch nicht zur Ausschließlichkeit übertreiben.« Außerdem erklärt er ausdrücklich: »Die Behauptung, daß alle Träume eine sexuelle Deutung erfordern, ... ist meiner *Traumdeutung* fremd.«

Wahrscheinlich war es der Einfluß Wilhelm Stekels, der Freud gelegentlich dazu bewog, von seiner Ansicht, daß Traumsymbole durch den Träumer, der sie hervorbringt, bedingt seien, abzuweichen und sich der Meinung anzuschließen, daß Symbole – wie in den alten Traumbüchern – feste Bedeutungen hätten. In einer Ansprache (*Die zukünftigen Chancen der psychoanalytischen Therapie*, 1910) vor dem Zweiten Internationalen Psychoanalytischen Kongreß machte er die erstaunliche Mitteilung, daß ein Ausschuß gegenwärtig damit beschäftigt sei, die festen Symbolbedeutungen der Träume herauszuarbeiten. Die anhaltende Tendenz innerhalb der Psychoanalyse (nicht nur unter den »mystischen« Junganhängern), die private und persönliche Bedeutung der Symbole zu leugnen, scheint auf eine Annäherung mancher Autoren und Kritiker an die allgemeingültigen Symbole hinzuweisen. Doch viele von ihnen mußten das mit einer Verwässerung der klinisch präzisen Definitionen Freuds bezahlen. Jedenfalls ist dieser Versuch, unveränderliche und allgemeingültige Symbole zu entdecken, bisher erfolglos geblieben und wird es vielleicht auch immer bleiben, denn selbst bei so offensichtlich phallischen Symbolen wie der Nase (Ende der sechziger Jahre hat der amerikanische Cartoonist R. Crumb eine Figur mit einer erektilen Nase namens Dicknose erfunden) ist es zu Gegeninterpretationen gekommen: Friedman (1951) stellt fest, man habe sich zwar in der psychoanalytischen Literatur vielfach mit der phallischen Bedeutung der Nase befaßt, aber Leon J. Saul habe (1948) in einem Aufsatz gezeigt, daß die Nase nicht nur einen Phallus, sondern auch eine Vagina bedeuten könne.

Ob nun das Symbol in einem universalen Sinne »gültig« oder durch die eigenen Erlebnisse des Patienten bedingt und deshalb mittels der analytischen Wiedergewinnung verlorener Erinnerungen deutbar ist – es dient in jedem Fall dem Analysierenden als Mittel seiner Therapie. Man hat diese Verwendung des Symbols heftig kritisiert, da sie eine Trivialisierung und Simplifizierung einer reichen und starken Quelle menschlicher Erfahrung darstelle. Als Beispiel hierfür könnte man die Träume vom Fliegen anführen, die Freuds Versuchen, sie auf eine einzige Bedeutung zurückzuführen, widerstanden zu haben scheinen (obwohl er sie, besonders bei Männern, am liebsten sexuell deuten wollte), von denen er sich jedoch eine spezifische Symbolik erhoffte. Ein wohlwollender Kritiker Freuds, der Existentialpsychologe Ludwig Binswanger – der behauptete, daß das Bild nicht ein Symbol (von etwas dahinter Verborgenem, wie in der Psychoanalyse), sondern ein unmittelbarer Ausdruck sei [22] –, lieferte eine höchst überzeugende phänomenologische Schilderung der vertikalen Dimension des Fliegens und erhob den Anspruch, bewiesen zu haben, daß das Subjekt der Steig- und Fallträume gewöhnlich das Bild eines Vogels annimmt. Rudolf Allers erklärt (1961):»Der Analysierende hat es im Grunde nicht mit einer Person, sondern mit ihren Symptomen zu tun. Ich meine damit nicht nur Symptome im klinischen Sinn, sondern auch alles das, was die Psychoanalyse als ›Symbol‹ bezeichnet. Das Verhältnis nämlich zwischen dem psychoanalytischen Symbol und dem Symbolisierten ist das von Wirkung und Ursache ... Gegen die Gleichsetzung des Kausalzusammenhangs mit dem Sinnzusammenhang lassen sich ernsthafte Einwände erheben.«

In ähnlicher Weise wenden sich Ogden und Richards gegen das Symbol des Psychoanalytikers als eine Reduktion menschlicher Erfahrung auf die Sprache des Wissenschaftlers:

»Der Psychoanalytiker spricht oft von der Bedeutung von Träumen. Wenn er die ›Bedeutung‹ eines seelischen Phänomens entdeckt, dann hat er gewöhnlich einen augenfälligen Teil der Ursache gefunden ... Aber dadurch, daß er Theorien unbewußter Wünsche und ›allgemeingültige Symbole‹, Könige, Königinnen etc. einführt, kann ›Bedeutung‹ im Sinne von etwas unbewußt Beabsichtigtem beziehungsweise im Sinne einer spezifischen Eigenschaft des Symbols leicht als Ziel seiner Untersuchungen erscheinen. Mit anderen Worten, wie für alle Naturwissenschaftler sind auch für ihn die kausalen Zeichen-Relationen die interessantesten [23].«

Eben diese Eigenschaft der Freudschen Symbolik veranlaßte Morris, sie in seine behavioristische Zeichen-Theorie aufzunehmen [24].

Gerade die Stärke der semantischen Präzision, mit der Freud an das Symbol herangeht und die Morris anzog, war in den Augen Jungs und anderer ehemaliger Anhänger Freuds eine ästhetische Schwäche (Philipson, 1963), die eine Blindheit gegenüber der reichen Vielfalt künstlerischen Erlebens verrät. Gewiß hätte Freud, der in jedem Fall einen Widerwillen gegen metaphysische Spekulationen hatte, niemals wie Cassirer (1944) die Kunst als den Gipfel der Symbolik und die Essenz dessen, was den Menschen recht eigentlich zum Menschen macht, gepriesen. Von einem entgegengesetzten Standpunkt her haben manche Autoren, denen Freuds Methode unzulässig vage erschien, geleugnet, daß er »Symbole« im strengen Sinn verwende; so kritisiert der Naturwissenschaftler von Bertalanffy (1965) im Rückgriff auf S. K. Langers *Philosophy in a New Key* das Freudsche »Vorsymbol« folgendermaßen: »Wenn es sich um eine Relation handelt, bei der nicht eins für vieles, sondern eins für alles steht (die Zunge bedeutet in Kubies Beispiel Kampf gegen den Gatten, gegen den Koitus, gegen Dr. Freud etc., etc.) oder alles für eines (alle in die Länge reichenden Objekte sind nach Freud Penissymbole), sollte man nicht mehr von Symbolik sprechen, sondern von frei spielender Assoziation.« Dieser Kritik (die insoweit gerechtfertigt ist, als sie sich gegen universale Symbole wendet) scheint entgangen zu sein, daß die symbolisch verwendeten Objekte nach Freuds Theorie etwas Gemeinsames haben, das innerhalb eines gegebenen Zusammenhangs signifikant ist, ob es sich nun um einen auf verschiedene Weise ausgedrückten unbewußten Gedanken oder um eine in die Augen springende Eigenschaft, etwa die Ausdehnung in die Länge, handelt. Von größerer Relevanz ist der Einwand, den Roger Fry in *The Artist and Psychoanalysis* (1924) gegen Kunstdeutung mittels Freudscher Symbolik erhebt. Er behauptet, daß nichts in stärkerem Gegensatz zum Wesen der Ästhetik stehe als der Traum, und erklärt, im gleichen Grade, in dem Dichtung an Reinheit verliere, lasse sie den Traum zu. Fry schließt mit der Feststellung, daß in einer Welt der Symboliker nur zwei Gruppen von Menschen der Symbolik entgegenträten, und zwar die Wissenschaftler und die Künstler, da nur sie sich um Konstruktionen bemühten, die vollkommen autark, nicht auf fremde Hilfe angewiesen und unabhängig seien – Konstruktionen, die nicht für etwas anderes stünden, sondern einen letztgültigen Wert zu haben und in diesem Sinne real zu sein scheinen. Indem Fry dem konservativen Standpunkt des Psychoanalytikers formalistische Maßstäbe gegenüberstellte, schnitt er eine entscheidende Geschmacksfrage an, die die ältere Generation Freuds und seiner Kollegen von modernen Kunstbewegungen trennt. Frys Formulierung war so bedeutsam, daß Marshall Bush noch 1967 in seiner Untersuchung *The Problem of Form in the Psychoanalytic Theory of Art* zu dem Schluß kommen konnte, die von Fry im Hinblick auf die Psychoanalyse aufgeworfene Grundfrage, was denn das Wesen der Lustgefühle sei, die ästhetisch empfindsame Menschen aus der Betrachtung formaler Zusammenhänge gewännen, sei der Lösung nur wenig nähergekommen. Freuds feindliche Einstellung der modernen Kunst gegenüber war mehr oder weniger auch für seine bedeutendsten Schüler charakteristisch; so fand zum Beispiel Jones [25], der – im Gegensatz zu Freud –

mit dem Impressionismus einigermaßen zurechtkam, die Kunst werde, wenn das ästhetische Element vorherrsche, »trocken«. Er führte den Kubismus als Beispiel eines Stils an, dessen zunehmende »Trockenheit« seine Anziehungskraft entsprechend abschwäche. Ohne Zweifel gab die erste Psychoanalytikergeneration einer Kunst, die ein symbolisch verkleidetes Geheimnis barg, im allgemeinen den Vorzug.

Es fällt auf, daß Freud und seine Schüler für ihre Analyse Kunstwerke auswählten, bei denen der sexuelle Inhalt nicht offenkundig war, sondern erst gesucht und in das Werk hineingelesen werden mußte. Arbeiten über eindeutig sexuelle oder pornographische Kunst gehören zu den am wenigsten bedeutsamen Arbeiten über Kunst, die Freudianer zu Verfassern haben. Freud selber ging in den Werken, die er untersuchte, nur mit mäßigem Interesse auf sexuelle Symbolik ein: der ausgesprochenen Sexualität des Ödipus Rex brauchte er nichts hinzuzufügen, der Archaeopteryx schien ihm ein geeignetes Symbol für einen Sonderling wie den Archäologen Hanold, aber der phallischen Bedeutung der Eidechsen, die durch Mauersprünge schlüpften, bediente er sich kaum, und die Antriebe und Motivationen des Moses von Michelangelo behandelte er ohne die leiseste Anspielung auf Sexuelles. Seine Analyse der Kunst Leonardos allerdings baute er auf einer, wie er glaubte, sexuellen Phantasie aus der Kindheit des Künstlers auf, verknüpfte jedoch die sexuelle Komponente nicht mit Werken außerhalb der begrenzten Gruppe, in der das ›Lächeln‹ auftritt. Im Gegensatz zu diesem Zögern Freuds stürzten sich seine Schüler oft Hals über Kopf in das Gewirr sexueller Symbolik; es kam zu seltsamen Ergebnissen, die Sandor Ferenczi mit der erstaunlichen Bemerkung gewissermaßen rechtfertigte, man habe über die Psychoanalyse die spöttische Bemerkung gemacht, das Unbewußte sehe in jedem konvexen Gegenstand einen Penis und in jedem konkaven eine Vagina oder einen anus. »Ich finde, daß dieser Satz durchaus den Tatsachen entspricht [26].« Otto Rank entwickelte (1924) aus der Sexualsymbolik der Träume eine phantasievolle Theorie über den Ursprung kultureller und künstlerischer Techniken, und der eigenwillige, aber gelegentlich doch anregende Psychoanalytiker Georg Groddeck ging noch viel weiter. So trug er keine Bedenken, in seinem Aufsatz *Unbewußte Symbolik in Sprache und Kunst* (1926) vor der *Sixtinischen Madonna* Raffaels in Dresden Geheimnisse des Unbewußten und Anhaltspunkte nicht nur für ›Das ewig Weibliche‹, sondern auch für Sexualsymbolik sogar in den Heiligen Barbara und Sixtus zu entdecken, die er nicht in ihrem Status als Heilige, sondern nur als Mann und Frau identifizierte. Er weist auf die Krone hin, die bei dem Mann liegt, und bezeichnet sie als ein Symbol des Weibes, und »bei der Frau steht, ohne sie zu berühren, ein Turm, das Symbol des Mannes«. Wie harmlos klingt dagegen, was Freud dreiundvierzig Jahre zuvor von demselben Bild gesagt hatte: Er äußerte sich nur über die allzu große Jugend der Madonna und fand sie darin weniger ›göttlich‹ als die Dresdener Holbeinmadonna (eine Kopie, die er für echt hielt).

Obwohl Freud sich bei der Anwendung sexueller Symbolik auf die Kunst so zurückhält, spielt das sexuelle Moment bei der Schöpfung und dem Verständnis der Kunst in seiner Ästhetik eine maßgebliche Rolle; so erklärte er 1915, daß »der Begriff des Schönen auf dem Boden der Sexualerregung« wurzele [27]. 1929 trat er den »volltönenden, inhaltsarmen Worten« der Ästhetiker, die Wesen und Ursprung der Schönheit zu erklären versuchen, mit seiner eigenen Formulierung entgegen: »Einzig die Ableitung aus dem Gebiet des Sexualempfindens scheint gesichert [28].«

Freud kannte natürlich als Wiener und als Zeitgenosse Schnitzlers die materialistischen Bestrebungen des neunzehnten Jahrhunderts, die Kunst auf Sexualität zurückzuführen [29]; viele seiner Zeitgenossen standen unter dem Einfluß dieser Vorstellungen und schrieben Bücher, in denen sie die These aufstellten, daß Schönheit sich von Sexualität herleite [30]. Obwohl Freud die Ästhetiker in Bausch und Bogen ablehnte, gab es am Anfang des zwanzigsten Jahrhunderts doch einige, die Schönheit aus Sexualität erklärten [31]. Freud war das zweifellos nicht unbekannt, aber diese undifferenzierte Zurückführung der Kunst auf Sexualität genügte ihm keineswegs, und er ergänzte deshalb seine Vorstellung von der Sexualität durch die ›Libido‹, die kulturelle Tätigkeit mit einschloß und sich nicht auf Sexualbiologie beschränkte, und fügte außerdem der Theorie, daß Schönheit dem »Sexualempfinden« entspringe, einen zweiten, einschränkenden Satz hinzu, in dem es heißt, daß die Liebe zur Schönheit »ein vorbildliches Beispiel einer zielgehemmten Regung« sei. Das ist der hochbedeutsame Gedanke der Sublimierung, der zuerst in den *Drei Abhandlungen zur Sexualtheorie* von 1905 vorgetragen wurde, und zwar im Rahmen einer Erörterung der sexuellen Neugier, die – wie er bemerkt – »ins Künstlerische abgelenkt (›sublimiert‹) werden kann, wenn man ihr Interesse von den Genitalien weg auf die Körperbildung im ganzen zu lenken vermag«. Hier wirkt die Symbolik als ein Kanal, der unbewußte Triebe zum künstlerischen Ausdruck aufwärtsleitet. Jones drückt es folgendermaßen aus: »Jede Symbolik kündigt bis zu einem gewissen Grade eine Unfähigkeit entweder zum (affektiven oder intellektuellen) Erfassen oder zur Darstellung an, vorwiegend jedoch ersteres [32]«, die ein Zurückfallen auf primitivere seelische Prozesse herbeiführt, insbesondere auf diejenigen, die am wenigsten Anstrengung erfordern, etwa die konkreten und sensorischen – gewöhnlich visuellen, weil »die meisten Wahrnehmungserinnerungen in visuelle Formen verwandelt werden«. Um sich zum Ausdruck zu bringen, benützen unterdrückte Vorstellungen Symbole, die ungehemmt, bewußt und sozial wertvoll sind, und auf diese Weise werden die verdrängten sexuellen Motive weitgehend sublimiert. Diese kulturbedingte Verwandlung libidinöser Triebe in Symbole, die die eigentliche Befriedigung dadurch ersetzt, daß Triebenergien zu Sprache, Kunst und Ritual sublimiert werden, hat Freud ziemlich pessimistisch in *Das Unbehagen in der Kultur* behandelt, doch sollten später andere, die eine Befreiung der Triebe vom Druck der Kultur anstrebten, auf diesem Freudschen Fundament utopische Gebäude errichten. Derartige Theoretiker setzen sich gewöhnlich darüber hinweg, daß Freud selbst zu Skepsis und Konservativismus neigte und der festen Meinung war, daß das sexuelle Bedürfnis die Menschen nicht eine, sondern vielmehr trenne *(Totem und Tabu)*.

Was bewegt den Künstler dazu, ständig solche ›Sublimierungen‹ hervorzubringen? Freuds Antwort wäre, daß der Künstler ungewöhnlich starke Triebforderungen hat, die zu befriedigen seine introvertierte Veranlagung ihn hindert, so daß er an der Grenze der Neurose in einer Phantasiewelt leben muß [33]. Für Freud lautet die nächste Frage selbstverständlich: wie gelingt es dem Künstler unter diesen schwierigen Voraussetzungen, dennoch sein Ziel zu erreichen und einer Neurose zu entgehen? Auf diese Frage hätte Freud zwei Antworten anzubieten: erstens, der Künstler, dessen Ich aus seinen starken Trieben übermäßige Energieladungen bezieht, kann sie teilweise in der Phantasiewelt seiner Kunst abführen, durch Techniken, die zu erklären Freud niemals unternimmt; zweitens – und diesen Weg entwickelt Freud nun wirklich –, der Künstler verfügt, obwohl er in Illusionen befangen ist und die Wirklichkeit nicht so bewältigt wie andere Menschen, in der Tat über ein Mittel, um die schemenhafte Welt seiner Phantasie in echten Erfolg umzumünzen. In einer berühmten Äußerung hat Freud 1913 [34] erklärt, daß der Künstler seine persönlichsten Wunschphantasien als erfüllt darstellt, daß sie aber erst durch eine Umformung zum Kunstwerk werden, die »das Anstößige dieser Wünsche mildert, den persönlichen Ursprung derselben verhüllt, und durch die Einhaltung von Schönheitsregeln den anderen bestechende Lustprämien bietet«. Diese Theorie von der Form als einem Zuckerguß über dem Inhalt deutet sich bereits in dem Buch über den Witz von 1905 an, in dem Freud die Funktion der Form oder Einkleidung des Witzes beschreibt, die unsere Kritikfähigkeit besticht. Freuds echt viktorianischer Widerwille gegen den genitalen Aspekt der Sexualität war mit daran schuld, daß er die Kunst als eine Verfeinerung ihres sexuellen Urgrunds ansah und die eigentliche Sexualität als keineswegs identisch »mit dem Trieb zur Vereinigung der geschiedenen Geschlechter oder nach Erzeugung von Lustempfindung an den Genitalien« definierte, »sondern weit eher mit dem allumfassenden und alles erhaltenden Eros des Symposions Platos«.

Freuds spätere Theorie der Sublimierung als einer Abwendung von orgiastischer Sexualität deutete sich schon in seinen Ansichten über Katharsis an. Bereits im ersten und entscheidenden Schritt in der Entwicklung der Psychoanalyse wandte sich Freud von der begrenzten und unmittelbar physischen Behandlungsweise, die Breuer und er in ihrer kathartischen, auf Hypnose beruhenden Methode ausgebildet hatten, der weniger unmittelbaren und stärker ›sublimierten‹ Methode der Psychoanalyse zu [35]. Zuletzt versuchte Freud natürlich seine Patienten zur Selbsterkenntnis zu führen und zielte damit mehr auf Selbstkontrolle als nur auf vorübergehende Erleichterung ab [36]; er mißbilligte Ferenczis neokathartisches Prinzip mit seinem Schwelgen in einem kathartischen Erlebnis als Abschluß der Therapie, wenn auch Ferenczi den Anspruch erhob, es von der alten Technik als »Neokatharsis« abzusetzen, die als »Erinnerung« zurückbleibe und ein noch festeres Fundament für das künftige Dasein des Patienten biete. Was Freud von der Bedeutung der Katharsis für den Schriftsteller hielt, hat Clarence P. Oberndorf zusammengefaßt: »In den meisten Fällen . . . hat der Versuch des Autors, sich von der Neurose dadurch zu befreien, daß er sie aus sich herausschreibt, keinen Erfolg . . . Das Herausschreiben oder Wegschreiben durch einen Autor läßt sich vielleicht mit den Konfessions- oder kathartischen Elementen des klinischen analytischen Verfahrens gleichsetzen, aber eine solche Selbstenthüllung genügt in der Regel nicht, um die Grundkonflikte des Schreibenden auf die Dauer zu beheben, wie sie ja auch die angstvolle Seele des neurotischen Patienten nicht beruhigt.«

Die kathartische Therapie, die sich der Hypnose bediente, um aus dem Bewußtsein verdrängte aufgestaute traumatische Erinnerungen wieder heraufzuholen und abzuführen, mochte Freud eine Theorie der Kunst als eines therapeutisch expressiven Verhaltens nahegelegt haben, das der psychologischen Reinigung des Aristoteles nicht unähnlich war. Ellenberger hat (1970) eine Verbindung zwischen Breuers Therapie und dem – besonders in Wien – weitverbreiteten Interesse an Katharsis aufgezeigt, das durch die Veröffentlichung der zweiten Auflage (1880) des Buches von Jakob Bernays über die aristotelische Katharsistheorie ausgelöst wurde. Bernard Bosanquet (1904) unterstrich die Bedeutung Bernays', der die ältere Anschauung, daß die Katharsis des Aristoteles zu einer wirksamen »Läuterung« der Gefühle führe, durch die Version der Katharsis als Reinigung ersetzte, jene Anschauung, die gewiß auch bis zu Breuer und Freud drang. In seiner Arbeit *Psychopathische Personen auf der Bühne* (1905) bekannte sich Freud zu der aristotelischen Theorie, daß es die Aufgabe der Tragödie sei, Furcht und Mitleid zu erregen und eine Reinigung der Affekte herbeizuführen; er interpretierte die Theorie aber insofern neu, als er zeigte, daß es das eigentliche Ziel der Tragödie sei, Lustquellen zu erschließen, die uns sonst versagt sind, und zwar nicht nur dadurch, daß unsere Spannung sich löst, sondern auch durch den zusätzlichen Gewinn an sexueller Erregung. Darüber hinaus hat Freud die Katharsis nicht systematisch behandelt; in seiner Goetherede von 1930 verwendet er den Begriff – durchaus abweichend von Aristoteles – für Entsühnung und nennt »die Befreiung der leidenden Seele von dem Druck der Schuld« eine Katharsis. In Bernays' Version kann die Betrachtung unserer unerwünschten Gefühle, wenn sie auf ein Kunstwerk übertragen werden, dazu dienen, uns auf unschädliche Weise von ihnen zu befreien und uns (besonders durch Riten und Tänze) ein Ventil für aufgestaute Gefühle zu verschaffen. Obwohl Freud schon 1895 in seinem *Entwurf einer Psychologie* Lust mit »Abfuhrempfindung« [37] gleichgesetzt hatte, scheint er doch vor der Möglichkeit einer bloßen motorischen Befreiung in der Katharsis stets zurückgeschreckt zu sein. Dennoch hat er offenbar eine gemäßigte Version der Katharsis gutgeheißen, wie man aus einem beifälligen Vorwort zu dem Buch seiner Freundin und Anhängerin Marie Bonaparte (1937) schließen darf, in dem sie die Ansicht vertritt, daß die Dichtung als Sicherheitsventil für zu stark unterdrückte Triebe der Menschheit wirkt.

Freud schätzte, wenn schon nicht die Verdrängung von Triebenergie zugunsten von kulturellen Schöpfungen, so doch zumindest eine ausgewogene Verwendung menschlicher Energie. Wie ein Volkswirt stellte er ein System auf zur Berechnung der Gewinne und Verluste an Energie [38]. Der Sublimierungsvorgang bringt außergewöhnlich starke sexuelle Erregungen dazu – wie Freud es in seinen *Drei Abhandlungen zur Sexualtheorie* ausdrückt –, »Abfluß und Verwendung« auf anderen Gebieten zu finden, »so daß eine nicht unerhebliche Steigerung der psychischen Leistungsfähigkeit« die Folge ist. »Eine der Quellen der Kunstbetätigung ist hier zu finden«, fährt Freud fort. Diese Auffassung von der Sublimierung findet schroffe Ablehnung bei Hermann Hesse, dessen anfängliche Sympathie für die Psychoanalyse (*Künstler und Psychoanalyse*, 1918) sich allmählich in eine besonders gegen den psychoanalytischen Sublimierungsbegriff gerichtete Kritik verwandelte. In einem Aufsatz aus dem Jahre 1930 (*Über gute und schlechte Kritiker: Notizen zum Thema Dichtung und Kritik*) bemerkt er, daß die Psychoanalyse sich über die entscheidende Frage bei der Sublimierung ausschweige, warum nämlich ein Künstler aus demselben Bauchweh, das den Neurotiker Meier heimsuche, ein Meisterwerk gestalte. In einem Brief an Jung von 1934 [39] lehnt Hesse sowohl Freuds wie auch Jungs Version der Sublimierung ab und versichert, er ziehe das Scheinsublimieren eines pathologischen, aber fruchtbaren Genies dem psychoanalytisch erfolgreichen Sublimieren eines Durchschnittsmenschen vor. Arthur Koestler [40] behauptet, daß Freud alle kulturellen Leistungen als Ersatzbildungen für zielgehemmte Sexualität ansehe und daß die Freudsche Sublimierung deshalb in Wirklichkeit eine Substituierung sei (wobei kulturelle Leistungen auf einen

Koitusersatz reduziert werden). Andere Kritiker, so zum Beispiel Lawrence Kubie (1958), betrachten die Sublimierung als eine zur Erklärung schöpferischer Leistung nicht notwendige Annahme. Melanie Klein dagegen (1930) erkennt die Bedeutung der Sublimierung an, macht sie aber von der Symbolik abhängig.

Daß Freud die Kunst auf Sublimierung zurückverfolgt und den kathartischen Aspekten ihres Ausdrucks gleichgültig gegenübersteht, entspricht seiner Auffassung von der Schönheit als einem Lockmittel und einer Lustprämie. Er nähert sich hier den von Darwin entwickelten Theorien, die den Ursprung des Schönheitssinns in der »künstlerischen« Zurschaustellung schmückenden Aufputzes zum Zwecke der Anlockung des Paarungspartners sehen [41]. Indessen besteht ein wichtiger Unterschied zwischen dieser Sexualtheorie und Freuds Ansicht, daß die Phantasie des Künstlers den Betrachter nicht zum Orgasmus, sondern zu der – auch durch Phantasie erreichten – Befriedigung »der nämlichen unbewußten Wunschregungen« [42] führe. Freuds Sexualmodell für die künstlerische Lust ist die Vorlust des Liebesspiels etwa beim Schauen (skopophilia), die seiner Meinung nach zur Perversion wird, wenn sie »das normale Sexualziel, anstatt es vorzubereiten, verdrängt. Letzteres ist in ausgeprägter Weise bei den Exhibitionisten der Fall«. Hier scheint sich Freud nicht klar über das Verhältnis zwischen Perversion und Sublimierung zu äußern; wo ist der Punkt, an dem die Liebe des Künstlers zur Exhibition (der Kunst oder vielmehr seiner selbst durch die Kunst), zum perversen Sexualersatz wird? Und warum ist das Verhalten des Künstlers, da doch Freud die geschlechtliche Begegnung Widerwillen einflößt, nicht ein Triumph der Sublimierung? Die gleiche Unklarheit findet sich in seinen Äußerungen über die »Einzigartigkeit« der sublimierten Homosexualität, die er bei Leonardo feststellt. Wieder kann man sich des Gefühls nicht erwehren, daß hier Freuds eigene Probleme in seine Erörterungen über Kunst eingegangen sind.

Das »Vorlustprinzip« [43], mit dessen Hilfe Freud ästhetisches Erleben erklärt, hat für ihn zur Folge, daß – wie Richard Sterba es (1940) ausdrückt – »die Wirkung der ästhetischen Seite des Kunstwerks beträchtlich überschätzt wird«, da die »von unbewußten Quellen ausstrahlenden Lustempfindungen automatisch den ästhetischen Zügen des Kunstwerks zugeschrieben werden«. Die These, daß die Lust an der Kunst nur Vorlust vor einer Endlust der vollkommenen Befriedigung und daß Kunst im Grunde eine oberflächliche Lustprämie sei, die »den Beobachter in weitere Tiefen lockt« [44], ist von Kunstkritikern energisch bestritten worden, so zum Beispiel von Roger Fry, der es ablehnt, den Traum und dessen Symbolik als psychoanalytisches Modell für das Verstehen von Kunst zu benutzen. In einem berühmten Vortrag – *The Artist and Psychoanalysis* (1924) – zweifelt Fry die Psychoanalyse an, weil sie versucht, Kunst als Wunscherfüllung zu erklären, weil sie annimmt, daß Symbolik zu höchster Kunst führen könne, und weil sie behauptet, eine Untersuchung der Ursprünge der Kunst könne zu Einsichten über die Kunst an sich führen. Clive Bell (1925), der Frys Vortrag kannte, fügte streitbar hinzu, dem Künstler gehe es nicht um eine Sublimierung seiner Lüste, sondern vielmehr um ein Problem, das völlig außerhalb der normalen Erfahrung liege. Sein Ziel sei es, eine Form zu schaffen, die einer ästhetischen Konzeption Genüge leiste, und nicht eine, die Dr. Freuds ungestillte Sehnsüchte befriedige. Er erinnert daran, daß Cézanne für seine Stilleben Äpfel Blumen vorgezogen habe – ganz einfach deshalb, weil der Künstler Studienobjekte haben wollte, die von Dauer waren und nicht zu rasch welkten oder sich veränderten.

Natürlich hat eine ganze Reihe von Kunstschriftstellern schon seit der zweiten Hälfte des neunzehnten Jahrhunderts auf eindrucksvolle Weise den Anspruch auf Unabhängigkeit und emotionale Ausdruckskraft der Form erhoben: Konrad Fiedler, Wilhelm Worringer, Henri Foçillon (für den Leben Form ist), Herbert Read und in jüngster Zeit Clement Greenberg (1961), der mit Schrecken auf eine Zeit zurückblickt, in der »es aussah, als sollten die Künste der simplen Unterhaltung einverleibt werden, und diese wiederum – wie die Religion – der Therapie«. Wie Fry gaben sich alle diese Autoren bis zu einem gewissen Grade der Hoffnung hin, daß die Kunst sich den nicht-künstlerischen Systemen, die sich ihrer bemächtigen, sie kategorisieren und »erklären« wollten, entziehen werde. In einem Brief an Ernest Jones vom 8. Februar 1914 [45] scheint Freud – allerdings von einem entgegengesetzten Standpunkt aus und mit Mißbilligung – einem Verständnis des Standpunkts Frys sehr nahe gekommen zu sein. In dem Brief schildert Freud einen Abend, den er mit einem Künstler verbracht hatte, und bemerkt dazu: »Der Sinn bedeutet diesen Männern nur wenig; sie kümmern sich nur um Linie, Form, Übereinstimmung der Umrisse. Sie frönen dem Lustprinzip.« Freud betonte ganz allgemein die motivische Relevanz des Vorwurfs in der Kunst und sah ihre Wurzeln letztlich in unbewußten Trieben und nicht in den oberflächlichen und »koketten« formalen Aspekten.

Eine Ergänzung zu Freuds Theorie der Sublimierung als einer Umwandlung sexueller Energien in »höhere« Kunst- und Kulturenergien bildeten seine von der Traumtheorie abgeleiteten Spekulationen über den Grad der Freiheit, den der Künstler durch eine Lockerung der Vernunftkontrollen erreichen könne. Wie beim Auftauchen »ungewollter Vorstellungen« kurz vor dem Einschlafen läßt der Patient seinen Gedanken freien Lauf, aber er verwandelt – im Gegensatz zum Träumer – seine Gedanken eben nicht in visuelle und akustische Bilder; statt dessen benutzt er die von der normalen Traumarbeit ersparte Energie, um den Charakter der Vorstellungen festzuhalten. Diese Methode, die freie Assoziation, die Freud als »die bedeutendste Neuerung der Psychoanalyse [46]« bezeichnete, ähnelt teilweise dem schöpferischen Vorgang, wie ihn – von Freud zitiert – Schiller beschreibt, wenn er einem unproduktiven Freund erklärt: »Bei einem schöpferischen Kopfe hingegen ... hat der Verstand seine Wache von den Toren zurückgezogen, die Ideen stürzen pêle-mêle herein ...« Wichtige Äußerungen über die Schöpferkraft des Künstlers finden sich in den *Vorlesungen zur Einführung in die Psychoanalyse* (1917 a), insbesondere in dem Satz, der – wie Jones [47] behauptet – im Kern alles enthält, was er über die Psychologie des Künstlers zu sagen hatte. Es heißt da von den Künstlern: »Wahrscheinlich enthält ihre Konstitution eine starke Fähigkeit zur Sublimierung und eine gewisse Lockerheit der den Konflikt entscheidenden Verdrängungen.« Dieser Satz gehört zu Ausführungen über das Phantasieleben, in denen Freud vom Künstler sagt, er sei »im Ansatz ein Introvertierter, der es nicht weit zur Neurose hat«. Seine überstarken Triebbedürfnisse können nur in der Phantasie befriedigt werden. Hier sieht Freud eine paradoxe Möglichkeit für den Künstler, wieder in die Wirklichkeit zurückzufinden; wenn er nämlich seine Phantasie erfolgreich in seiner Kunst Gestalt werden läßt und Nichtkünstlern ermöglicht, »aus den eigenen unzugänglich gewordenen Lustquellen ihres Unbewußten wiederum Trost und Linderung zu schöpfen«, dann wird man ihn um seiner Phantasie willen bewundern, und er »hat nun durch seine Phantasie erreicht, was er vorerst nur in seiner Phantasie erreicht hatte: Ehre, Macht und Liebe der Frauen«.

Freuds Methode, den Künstler unter dem Gesichtspunkt seines unbewußten Phantasielebens und seines Zugangs zu verdrängtem, für andere Menschen unerreichbarem Material zu betrachten, haben eine Anzahl von Autoren auf den Bereich der künstlerischen und literarischen Schöpferkraft angewendet. Im Gegensatz zu Psychoanalytikern wie etwa Otto Rank, für den die Kunst ein Triumph über biologische Abhängigkeiten war, und der dem Künstler eine kraftvollere Beherrschung seines Ichs zugestand als dem Durchschnittsmenschen, oder wie Ella Sharpe, die (1930) erklärte, daß »in den schöpferischen Perioden die Allmacht beim Ich, nicht beim Überich liege«, sind diese Autoren der Meinung, jedes schöpferische Erlebnis verlange an einem bestimmten Punkt, daß die kulturbedingten Hemmungen des Erwachsenen fallen müssen, um den Fluß der Bilder und Vorstellungen freizugeben. Ernst Kris, ein zunächst als Kunsthistoriker ausgebildeter Analytiker, der unter dem Einfluß von Rank und Sharpe stand, formte die ästhetischen Ansichten vieler Psychoanalytiker durch sein Buch *Psychoanalytic Explorations in Art* (1952). Nach seiner bekannten und einflußreichen These ist der Künstler fähig, zu unbewußten Quellen vorzustoßen, ohne die Kontrolle zu verlieren, fähig also zu einer »Regression im Dienste des Ich«. Vorher hatte schon Oskar Pfister in *Der psychologische und biologische Untergrund expressionisti-*

scher Bilder (1920) den Umweg der Regression als unerläßlich für jeden Fortschritt im Geistesleben bezeichnet und dabei auf Jesus, die Reformation, Rousseau und Tolstoi verwiesen. Die Hauptsache sei, fügt er hinzu, daß man nicht auf der infantilen Ebene hängenbleibe, sondern sich aus diesem regressiven Zustand in gesundem Weiterschreiten herausbewege.

Kris, dessen Vorstellungen vielleicht unausgesprochen auf das Modell der Freudschen Therapiesitzung zurückgingen, wo der Patient in einer kontrollierten Situation frei assoziiert, vermutete, daß die Entspannung oder Regression bei jeder künstlerischen Schöpfung – im Gegensatz zur Phantasie und zum Traum – zweckvoll und kontrolliert ist. Es kommt zu einer ständigen Wechselwirkung zwischen Schöpfung und Kritik, »einer Veränderung im psychischen Niveau, die in der Schwankung der funktionellen Regression und Kontrolle besteht. Geht die Regression zu weit, so werden die Symbole persönlich«, wird dagegen die Kontrolle zu stark, so ist das Ergebnis »kalt, mechanisch und unbeseelt«. Kris nähert sich in seinem Bestreben, die kritische und kontrollierte Tätigkeit des Bewußtseins gegen den unkontrollierten primären Prozeß mit seinen überdeterminierten und mehrdeutigen Symbolen auszubalancieren, einer alten ästhetischen Regel für künstlerischen Erfolg; da er jedoch Heinz Hartmanns Schule der Ich-Psychologie verbunden ist, unterstreicht er gern die dynamische Rolle des Ich im Schöpfungsvorgang – eine Abweichung von der weniger optimistischen Freudschen Betonung des Unwillkürlich-Unbewußten. Dennoch neigt Kris genau wie Freud dazu, in die Geheimnisse scheinbar scherzhafter Produktionen einzudringen. So gehen Kris und Gombrich von der genialen Vermutung Freuds aus, daß der Witz dem Traum und dem Unbewußten verwandt sei, und vielleicht auch von Ferenczis »magischer Geste« (1916) des Zeichnens; sie spüren der verborgenen und dunklen Seite des visuellen Vergnügens an der Karikatur nach und finden, daß darin die kindlichen Freuden der Regression in gefährliche Aggressionslust umschlagen. Kris behauptet in seinem Aufsatz *The Psychology of Caricature* [48], Karikatur sei immer aggressiv, und in ihrem gemeinsam verfaßten Aufsatz *The Principles of Caricature* [49] entdecken Kris und Gombrich »unter der Oberfläche von Spaß und Spiel« einer gelungenen Karikatur das Wirken eines verborgenen »Bildzaubers«. Wie wäre es sonst zu erklären, daß das Opfer einer solchen Karikatur sich ›verletzt‹ fühlt?« Obwohl die beiden Verfasser Baldinucci zitieren, der den Zweck der Karikatur »im Spaß, bisweilen auch im Spott« sieht, berücksichtigen sie nicht genügend das scherzhafte und keineswegs aggressive Verhältnis, das oft zwischen dem Künstler und seinem Opfer besteht; so erwähnt, wie Irving Lavin [50] bemerkt, Baldinucci (in einem von Kris nicht beachteten Abschnitt) in seinem *Leben Berninis*, daß »Berninis Karikaturen hoher Persönlichkeiten von den Betreffenden hoch geschätzt wurden, und daß sie sich selbst auch daran ergötzten«.

Kritiker, die (wie zum Beispiel Philipson) [51] von Jung herkommen, haben die Ansichten Kris' über die Beziehungen der Psychoanalyse zur Kunst mit denen Freuds zusammengeworfen; sie sehen in ihnen »eine Art phantasievoller Archäologie, bei der die Ausgräber die Elemente des ›Fundaments‹ in den unbewußten Konflikten des jeweiligen Künstlers suchen«. Philipson stellt fest, daß Kris die Symbolik in der Kunst (anders als bei ihrem Auftreten im kindlichen Spiel und im Märchen) unangemessen behandelt und daß er zugibt, »sich mit dem formativen Prozeß, durch den der unbewußte Inhalt erst eigentlich in ein Kunstwerk verwandelt wird«, nicht genügend befaßt zu haben; in diesem Punkte lassen, wie Philipson findet, Freud und Jung gleichermaßen zu wünschen übrig.

Orthodoxe Freudianer wie Bronson Feldman (1968) lehnen nicht nur Kris, sondern die Ich-Psychologie ganz allgemein ab. Feldman stellt fest, daß Hartmanns 1939 erschienene Abhandlung über *Ichpsychologie und das Anpassungsproblem* »eine Theorie aus Freuds *Das Ich und das Es* aufnahm, nach der es möglicherweise in der Psyche zwischen Libido und Todestrieb eine dritte neutralisierende Kraft gibt, und sie zu einer Lehre von einer ›konfliktfreien Sphäre‹ erweiterte«. Von dieser tröstlichen Annahme schritt Hartmann weiter zu der Behauptung, daß sich das Ich nicht aus dem Es entwickle, sondern als souveräner Bereich gleichzeitig mit dem Es entstehe. Diese Lehre kam in der medizinischen Psychologie der Vereinigten Staaten sehr in Mode und wurde durch Ernst Kris gestützt, der behauptete, Kunst sei nicht, wie Freud betont habe, »eine Sublimierung dumpfer Antriebe, sondern vielmehr eine ›Regression im Dienste des Ich‹«.

Ernest G. Schachtel wandte sich (1959) heftig gegen die Ansichten, die Freud vertrat, wie auch gegen ihre Krissche Version, insbesondere gegen den Versuch, die schöpferische Tätigkeit des Künstlers als ein Ergebnis verdrängter Libido- und Aggressionstriebe und einer Regression zu infantilen Denk- oder Erlebnisweisen (Primärprozeß) darzustellen, selbst wenn diese im Dienste des Ichs steht. Eine vorübergehende Beseitigung oder »Lockerung« der Verdrängung erkläre noch nicht, warum das Ich des Künstlers einen unbewußten Impuls festhalten kann. Schachtel findet seine Erklärung in der »Überzeugung von der Wahrheit künstlerischen oder wissenschaftlichen Schaffens« angesichts des Widerstands jener, deren »Wahrnehmung und Denken sich in konventionellen Bahnen bewegt«. Die »Kindlichkeit« des Künstlers ist in Wirklichkeit seine Weltoffenheit, und die Unfähigkeit des Erwachsenen, sich an seine frühe Kindheit zu erinnern, ist die Folge nicht etwa der Verdrängung verbotener Sexualstrebungen, sondern der Umwandlung der gesamten Wahrnehmungs- und Denkweise, die »den Übergriff einer bereits etikettierten Welt auf unsere spontanen sensorischen und intellektuellen Fähigkeiten« mit sich bringt. Die von Freud für den Künstler beanspruchten Werte

Ehre, Reichtum und so weiter sind nach Schachtel für die aufrichtige, ehrenhafte und offene Künstlerpersönlichkeit unerheblich. Was Kris' Theorie über die Regression des Künstlers betrifft, so leugnet Schachtel, daß schöpferisches Denken – wie der Denkvorgang des Primärprozesses in Träumerei und Tagtraum – darauf abziele, Spannungen zu lösen und einen spannungslosen Zustand zu erreichen: »Die frühen Stadien des schöpferischen Prozesses haben mit solchen Träumereien hauptsächlich das gemein, daß auch sie frei schweifen, ohne durch die Regeln und Eigenheiten der anerkannten, konventionalisierten vertrauten Alltagswelt gebunden zu sein. Bei diesem freien Schweifen kreisen sie jedoch um das Objekt, die Idee, das Problem, das den Brennpunkt der schöpferischen Bemühung bildet. Der schöpferische Prozeß unterscheidet sich von der Regression zum Denkvorgang des Primärprozesses dadurch, daß die Freiheit des Zugangs nicht auf eine Triebentladungsfunktion zurückzuführen ist, sondern auf die Offenheit bei der Begegnung mit dem Gegenstand der schöpferischen Arbeit.«

Hierzu sei noch bemerkt, daß die Kritik sich bei der Psychoanalyse fast ausschließlich mit Problemen emotioneller und persönlicher Natur befaßt und nur selten versucht hat, jene Seite der Kunst aufzuhellen, die Freud als die »technische« bezeichnet hat.

Obwohl Freud sich selbst wenig Gedanken über die technische Seite der Kunst machte, gab er doch (freilich ohne die Inkonsequenzen zu beseitigen) zu, daß die Meisterschaft, die der Künstler gegenüber seinem Vorwurf beweist, bei der Unterscheidung zwischen dem Spiel des Kindes und der Arbeit des Erwachsenen eine wesentliche Rolle spielt, und die Kunst also nicht nur Illusion oder sublimierte Sexualität ist, sondern ein Mittel, um mit der Welt der Wirklichkeit fertigzuwerden. Wenn auch der Dichter, der eine Phantasiewelt schafft, »dasselbe tut wie das spielende Kind« (*Der Dichter und das Phantasieren*, 1908), so sind doch seine Absichten und Werte mehr auf die »Wirklichkeit« abgestimmt. So erklärt Freud am Schluß von Kapitel 23 (›Die Wege der Symptombildung‹ seiner *Vorlesungen zur Einführung in die Psychoanalyse* [1917a]), daß für den zur Neurose neigenden Künstler die Kunst als ein Weg aus der Phantasie zurück zur Wirklichkeit eine besondere Rolle spiele. Freud scheint hier die Kunst als ein nützliches Werkzeug zu betrachten, als ein Mittel zu nichtkünstlerischen Zwecken, gerade wie er beim spielenden Kind annimmt, daß sein Sehnen und Streben dem Erwachsensein gilt und daß sein Spiel eine Vorübung dafür ist. Das Kind reift aus seiner Kindheit heraus, wie der Neurotiker von seiner Neurose geheilt wird, denn beide müssen »jenen Fortschritt vom Lustprinzip zum Realitätsprinzip machen, durch welchen sich der reife Mann vom Kinde unterscheidet« (*Einige Charaktertypen aus der psychoanalytischen Arbeit*, 1916a). Es ist bemerkenswert, daß Freud, der ja sechs Kinder hatte, sich nie ernsthaft mit deren Zeichnungen oder Gedichten befaßt hat, wenn er sich auch in seinen Briefen hier und da belustigt über ihre Machwerke äußert. Daß Freud, der die ganze Kindheit als einen Übergang ins Erwachsenenleben ansieht, keine einzige Bemerkung über das Wesen der Kinderkunst macht, überrascht um so mehr, als im späten neunzehnten Jahrhundert ein starkes Interesse an dieser Kunst festzustellen war; hier ist vor allem der hervorragende Psychologe James Sully zu nennen, dessen Arbeiten über den Traum Freud in der *Traumdeutung* so rühmt. Die Frage, wieweit der Künstler ernst zu nehmen ist, der in einem echten Sinn Verbindung zur eigenen Kindheit beibehält, scheint Freud Schwierigkeiten gemacht zu haben, wenn er sich auch selten mit ihr herumschlug. In einer mehrdeutigen Erklärung aus dem Jahre 1911 *(Formulierungen über die zwei Prinzipien des psychischen Geschehens)* geht Freud um ein weniges über seine frühere Vorstellung hinaus, nach der der Künstler erfolgreich ist, indem er sein Publikum zum Beifall verlockt, und gibt zu, daß der Künstler – ein Mensch, der die äußere Welt nicht wirklich ändern kann – zumindest fähig ist, aus seinen Phantasien eine neue Art von Wirklichkeit zu formen, eine wertvolle Spiegelung des wirklichen Lebens, die andere Menschen anziehend finden und deshalb belohnen. Wirklichkeit bedeutet für Freud, den nüchtern denkenden Materialisten und Wissenschaftler, das Gegenteil der verschwommenen Traumwelten, die die Dichter des Symbolismus, Brüder der Freudschen Neurotiker und Träumer, heraufbeschworen: sie bedeutet Leid, Hunger und Kampf ums Dasein. Wie in der egoistischen Welt von Hobbes' *Leviathan* definiert man das Gute als das, was dem Individuum zur Selbsterhaltung verhilft, und das Schlechte als das, was ihn mit dem Verlust von Liebe oder Leben bedroht. Kunst ist in einer solchen Welt letztlich stets gefährdet, ein ausgesparter Augenblick im Ansturm der Wirklichkeit zum Tod hin, eine Illusion wie die Religion, die sich unter dem kalten Licht der Vernunft auflösen muß.

Vielleicht kann Freuds Theorie vom Ich oder Selbst, das vor allem auf die eigene Erhaltung bedacht ist, seine Vorstellung von der Labilität der Kunst verstehen helfen. Freud unterschied den bewußten Teil der Persönlichkeit, der will, Stellung nimmt und gestaltet, von dem dunklen unteren Bereich der Triebregungen, den er als das Es bezeichnete, und dem zensierenden und beurteilenden Bereich der Ideale und Gegenideale, dem sogenannten Über-Ich. Das so lange von Philosophen der Vernunft und der Moral gepriesene Ich ist in Freuds System sehr schwach und hilflos. Es wurzelt im Es, von dem es stets seine Energie beziehen muß, es läßt das Über-Ich entstehen, das zu einer zweiten beherrschenden und beschränkenden Kraft wird, und muß sich auch den Forderungen stellen, die ihm die Außenwelt auferlegt. Dennoch ringt gerade dieser gebrechliche Teil der Seele darum, seine Aufgabe zu meistern und die Kräfte und

Einflüsse miteinander in Einklang zu bringen, die in ihm wirksam sind und auf ihn einwirken. Nach Anna Freud [52] ist das Ich »siegreich, wenn Abwehrleistungen glücken, das heißt, wenn es ihm gelingt, mit ihrer Hilfe die Entwicklung von Angst und Unlust einzuschränken«. »Das Leben ist nicht leicht«, erklärt Freud und ist damit nicht weit vom Pessimismus Schopenhauers entfernt, obwohl er wahrscheinlich dessen Ansicht nicht geteilt hätte, daß in einer solchen Welt die Kunst – freilich nur vorübergehend – den Menschen von der schmerzlichen Bedrückung durch den Willen befreien könne. Die neue Topographie der Seele – Ich, Über-Ich und Es – gab Freud die Möglichkeit, mit seiner Theorie des Unbewußten, die hauptsächlich für den Traum und die Neurose gegolten hatte, breitere Aspekte der Persönlichkeit zu erfassen. Überdies konnte er dadurch, daß er Libido und Aggression in das System einbezog, manches erklären, was in seinen älteren Theorien nicht befriedigend gelöst war, so etwa das Wesen des Sadismus und des Narzißmus.

Wenn wir versuchen, die Kunst in diesem Schema unterzubringen, kommen wir zu dem Schluß, daß sich der Sitz der ästhetischen Tätigkeit im Ich befinden muß. Wir gehen dabei von der Bemerkung Freuds aus, daß das Ich zwar seine Energien aus dem Es bezieht, daß es sich aber vom Es unterscheidet durch »ein Streben nach Vereinheitlichung, nach Synthese; dieser Charakter fehlt dem Es« (Die Frage der Laienanalyse). Da es jedoch in sich selbst keine Energiequelle besitzt, hat dieses Streben keinen größeren Wert als ein Netz aus Drähten ohne elektrischen Strom; und das Es ist, wie er 1923 ausführte (Das Ich und das Es) die Quelle der vom Lustprinzip geleiteten Lebensenergie (Eros), so etwa von erotischen Spannungen, die es in der Kopulation abzuführen strebt. Die Abstoßung der Sexualstoffe entspricht für Freud »der Trennung von Soma und Keimplasma«, und der Zustand nach der vollen Sexualbefriedigung entspricht dem Sterben (ist also eine extreme Form des alten Spruches ›post coitum omne animal triste‹). Freuds Vorstellungen von der Energiequelle des Ich und des Es sowie von der Möglichkeit einer neurotischen Regression des Ich (Neue Folge der Vorlesungen zur Einführung in die Psychoanalyse, 1932, Kapitel 32) haben zweifellos jene Freudianer angeregt, die – weniger pessimistisch als Freud – dem Ich zutrauten, daß es die unablässigen Konflikte zwischen Lebens- und Todesinstinkten bestehen und sich über den von Freud skizzierten trüben Determinismus erheben könne, indem es – wie Kris es ausdrückt – eine »Regression im Dienste des Ich« dazu verwendete, Kunst und andere kulturell wertvolle Erzeugnisse hervorzubringen [53]. Es ist nicht nötig, diese neue und nicht immer konsequente Topographie der Seele im einzelnen zu erörtern, da Freud selber seine Ansichten über Kunst nicht wesentlich modifiziert hat, um sie seinem veränderten System und der neuen Nomenklatur anzupassen. Selbst in den wenigen Fällen, in denen er die neue Terminologie auf die Literatur anwendet – etwa in seinem Aufsatz *Dostojewski und die Vatertötung* (1928) –, fügt er seinen älteren Formulierungen nur wenig hinzu. Freud schildert die Passivität von Dostojewskis Ich gegenüber dem (aus einer Identifizierung mit dem sadistischen Vater abgeleiteten) aggressiven Über-Ich in einem Versuch, die komplizierte Persönlichkeit des Romanciers zu erklären; in ihren Hauptlinien beruht diese Analyse jedoch, besonders soweit sie sich mit der Kunst des Schriftstellers befaßt, immer noch auf der alten Vorstellung vom Ödipuskomplex.

Freuds spätere Neuerungen in seinen psychologischen Theorien wirkten sich, wie wir sahen, nicht wesentlich auf seine Aussagen über die Psychologie der Kunst aus. So kommt es, daß Freudforscher, die auf seine wichtigsten Äußerungen über Kunst verweisen wollen, auf das Buch über den Witz von 1905 zurückgreifen. Sterba (1940) und Kris (1952) haben beide die Bedeutung dieser Arbeit betont, und Gombrich erklärt (1966), Kris habe als erster *Der Witz und seine Beziehung zum Unbewußten* als die eigentliche Vorlage für jede Aussage über »Kunstschöpfung nach Freudschen Gesichtspunkten« bezeichnet. Freud hatte aber schon in seinem Aufsatz *Das Interesse der Psychoanalyse für die nicht psychologischen Wissenschaften* (1913 b) empfohlen, sein Buch über den Witz auf ästhetische Probleme anzuwenden, und in seiner *Geschichte der psychoanalytischen Bewegung* (1914) deutlich erklärt, daß die Arbeit über den Witz »von der Anwendung analytischen Denkens auf ästhetische Themata ... ein erstes Beispiel gegeben« habe. Ich halte diese Einschätzung des Buches hinsichtlich seiner Bedeutung für das Verständnis von Freuds Ästhetik für durchaus gerechtfertigt und will versuchen zu zeigen, daß es darin Stellen gibt, die Fragen wie etwa das Verhältnis zwischen Spiel und Sexualität in der Kunst, zwischen Spiel und Wirklichkeit und zwischen Zuschauer und Künstler anschneiden.

Am Anfang des Buches zitiert Freud Kuno Fischers (1889) Ansicht, nach der unser ästhetisches Verhalten gegen ein Objekt sich aus dem Gegensatz zwischen Spiel und Arbeit bestimmt, einer Haltung, in der »wir von diesem Objekt nichts verlangen, insbesondere keine Befriedigung unserer ernsten Bedürfnisse, sondern uns mit dem Genuß der Betrachtung desselben zufriedengeben«. Trotzdem begnügte sich Freud nicht mit dem Begriff des »bloßen Spielens«; er stieß in größere Tiefen vor und fand schließlich ein Ziel des Witzes in der sexualbetonten Äußerung und einen Mechanismus, um ihn mit dem Unbewußten und dem Traum zu verknüpfen. Wo im Zusammenhang mit dem Witz über Kunst gesprochen wird, tritt zweifellos die Bedeutung des sexuellen Elements zurück, aber in anderen Schriften über die Kunst erscheint die Sexualität als die Hauptsache. Roland Dalbiez stellt (1947) eine Inkonsequenz in Freuds Einstellung zur Kunst fest, da er »zwischen der Sexual- und der Spieltheorie hin- und herschwankt«, indem er einmal in der Sexualität die Ursache der Entstehung von Kunst sieht, um dann wieder zuzugeben, daß der Mensch Befriedigung empfinden könne, »wenn er seinen seelischen Apparat arbeiten lasse, ohne ihn zu zwingen, sich der Wirklichkeit anzupassen. Diese freiwillige Übung ist Spiel.« Nachdem er Freuds in *Das Unbehagen in der Kultur* (1930 a) ausgesprochene Ansicht zitiert hat, daß Schönheit im wesentlichen sexuell sei, gibt Dalbiez eine Stelle aus dem Buch über den Witz wieder, die im Gegensatz zu dieser Aussage zeigt, daß Freud einer ästhetischen Theorie zuneigte, die sehr weit vom Sexualismus entfernt ist, einer Theorie, die die wesentliche Vorbedingung für das Schöne in der freiwilligen Betätigung der Einbildungskraft sucht. Der von Dalbiez festgestellte Gegensatz zwischen Spiel und Sexualität in der Freudschen Ästhetik weist unmittelbar auf Freuds Versuche hin, über die stärker einengenden Ansichten der *Traumdeutung* hinaus zu denen seines Buches über den Witz fortzuschreiten.

Daß das Buch über den Witz unmittelbar aus der *Traumdeutung* herausgewachsen ist, weiß man aus Freuds Briefen. Es erweitert die These der *Traumdeutung*, indem es den Zusammenhang zwischen dem Witz und dem Unbewußten aufzuzeigen versucht und die Verbindung mit Freuds Vater beibehält, die in dem Buch über Träume deutlich geworden war. Freud, der »den Sinn für Humor von seinem Vater geerbt hatte« [54], einem passionierten Erzähler jüdischer Anekdoten, hatte schon lange, ehe er sein Buch schrieb, angefangen, jüdische Witze zu sammeln. Während die *Traumdeutung* ein Denkmal für den Vater darstellte, zeigt das Buch über den Witz möglicherweise den befreiten Freud nach der Selbstanalyse, wie er zumindest ein traditionelles Element der Persönlichkeit seines Vaters assimiliert; denn wie Rieff [55] gut beobachtet hat, sind die »jüdischen Witze frei von Sexualität«. Wenn uns das Buch auch keine Antworten auf die wichtigen ästhetischen Fragen gibt, die es anschneidet, so mag doch schon der Umstand, daß Freud in der Lage ist, diese Probleme anzupacken, unlösbar mit diesem Augenblick der ruhigen Ausgeglichenheit zusammenhängen, in dem er sich mit seinem Vater identifizieren und mit Hilfe dieses Sinnes für Humor, den er mit ihm gemeinsam hatte, seine Schuldgefühle abstreifen kann.

Freud geht in seinem Buch folgendermaßen vor: Zuerst gibt er wie in der *Traumdeutung* in dem »analytischen« Teil einen Überblick über unzulängliche, aber einleuchtende ältere Theorien, dem ein ausführlicher Katalog der Technik und Tendenzen des Witzes folgt; hier stellt er fest, daß »die witzige Tätigkeit ... sich unverkennbar das Ziel gesetzt hat, Lust beim Hörer hervorzurufen«. Weiterhin definiert Freud im »synthetischen« Teil den Ursprung unseres Vergnügens im Sinne eines allgemeinen Lustmechanismus, um sich dann einer Erörterung der Motive des Witzes als eines sozialen Vorgangs zwischen dem Erzähler des Witzes und seinen Zuhörern zuzuwenden. Schließlich vergleicht Freud in einer theoretischen Abhandlung das asoziale seelische Produkt des Traums (das »vorwiegend der Unlustersparnis« dient) mit der sozialen Leistung des Witzes (der »dem Lusterwerb« dient) und die Traumarbeit mit der Witzarbeit, die beide unbewußt sind. Die These des Buches ist ganz am Schluß in eine Formel zusammengefaßt, nach der die Lust des Witzes aus »erspartem Hemmungsaufwand«, die der Komik aus »erspartem Vorstellungs-(Besetzungs-)Aufwand« und die des Humors aus »erspartem Gefühlsaufwand« hervorgeht. Die Lust an allen drei »Arbeitsweisen unseres seelischen Apparats« leitet sich nach Freud von einer »Ersparung« her. Durch diese Ersparung werden Energien gewonnen, die für verschiedene, mit dem Unbewußten, dem Denken oder Fühlen verknüpfte Zwecke gebraucht worden wären und nun plötzlich durch Lachen abgeführt werden können.

Diese Abfuhrtheorie fand Freud bei Herbert Spencer, den er folgendermaßen zitiert: »Lachen kommt von Natur aus nur dann zustande, wenn das Bewußtsein unversehens von großen Dingen auf kleine verlegt wird« (*The Physiology of Laughter,* 1860); er hatte jedoch an Spencer auszusetzen, daß er nicht erklärte, warum der »früher zur Besetzung gewisser psychischer Wege verwendete Betrag von psychischer Energie unverwendbar geworden ist, so daß er freie Abfuhr erfahren kann«. Um Spencer gerecht zu werden, sollte man hinzufügen, daß Freud selbst nie die entscheidende Frage beantwortet, wie eigentlich die Energie von ihren eigentlichen Zielen loskommt und zur Abfuhr durch das Lachen frei wird. Andere Psychologen sollten aus der nicht utilitaristischen Seite des Spiels eine Theorie der wohltätigen Abfuhr (die in mancher Hinsicht mit der Katharsistheorie des Aristoteles in Verbindung steht) entwickeln. Karl Groos (1912) erarbeitete eine Theorie des Spiels als Katharsis, und Otto Rank (1924) folgte ihm, indem er den »therapeutischen« Charakter von Lebenstätigkeiten feststellte und dann hinzufügte: »Wir möchten in diesem Zusammenhang auch nicht versäumen, auf den hohen ›kathartischen‹ Wert hinzuweisen, den gerade die angeblich am wenigsten nützlichen, d. h. dem Ausdruck unbewußter Tendenzen dienenden Betätigungen haben: vom kindlichen Spiel bis zum Spiel der Erwachsenen, das im Trauerspiel seine höchste kathartische Ausgestaltung erfährt.« Anstatt wie diese beiden Autoren den Erlebnissen des Kindes und denen des Erwachsenen gleiche Gültigkeit zuzugestehen, erklärte Freud, der Erwachsene gewinne Lust aus Witzen, weil sie ihm vorübergehend die Euphorie der Kindheit zurückbringen, jener Phase, in der »wir das Komische nicht kannten, des Witzes nicht fähig waren und den Humor nicht brauchten, um uns im Leben glücklich zu fühlen«.

David Riesman bemerkt (1950) zu Freuds Einstellung zum Spiel: »Es ist ... die eher pessimistische Einstellung der Mittelschicht des neunzehnten Jahrhunderts zu Arbeit und Spiel, die sich in Freuds Denken widerspiegelt und niederschlägt.« Die Hypothese, Kinder seien humorlos, hat besonders Max Eastman gereizt, der in seinem bekannten Buch *The Enjoyment of Laughter* [57] Freuds Überzeugung angreift, daß »... sich in dem spielerischen Unsinn von Kindern kein Humor verbirgt und daß Humor nur dann entsteht, wenn erwachsene Menschen ihren Idealen der Vernünftigkeit und sonstigen Hemmungen entwischen und sich in jenen nicht-humoristischen Kinderspaß zurückflüchten ... Er erklärt nicht, warum dieser Unsinn, der für ein Kind nicht komisch ist, dann komisch sein soll, wenn ein Erwachsener heimlich zu ihm zurückkehrt.«

Eastman ignoriert natürlich die verschiedenen Theorien, die Freud zur Erklärung eben dieses Phänomens vorbringt. Der nüchterne Eastman macht sich ganz allgemein über alle Versuche lustig, das Problem, wie eine Gefühlsverschiebung vom Schmerzlichen zum Komisch-Lustvollen in Gehirn und Nerven vor sich geht, »durch Theorien zu lösen wie die von Herbert Spencer, der sich vorstellt, daß Lachen sich nur dann ereignet, wenn unsere nervöse Energie darauf vorbereitet ist, etwas Großes wahrzunehmen, und statt dessen etwas Kleines folgt; ferner die Theorie der ›psychischen Stauung‹, die der österreichische Psychologe Lipps auf dem von Spencer gelegten Fundament errichtete; und Freuds von Lipps abgeleitete Theorie, daß die Lust am Komischen auf eine ›Ersparung an seelischem Aufwand‹ zurückgeht.«

Für manche Psychoanalytiker war Freuds Buch ein hinlänglicher Anreiz, ihre eigenen Kunsttheorien darauf zu gründen. So weitet J. Weiss (1947) die Analyse der Verdichtung und der Ersparung psychischer Energie als Weg zum Lustgewinn zur Beschreibung einer »Wahrnehmungsersparung« aus, die insofern quantitativ ist, als unser Behagen beim Wahrnehmen eines Kunstwerks Lust erzeugt, und qualitativ insofern, als wir in der Würdigung an der kindlichen und primitiven Veranschaulichung des Künstlers teilhaben. Es versteht sich, daß diese Formulierungen kaum besser als die Freuds geeignet sind, uns die dichten und hochkomplizierten Akte des Kunstschaffens und des Kunstverstehens begreiflicher zu machen.

Die von Eastman und anderen geäußerte Kritik, Freud habe in seinen Kunsttheorien das Spiel nicht berücksichtigt, ist nicht ganz gerecht. Freud stellt diesen Faktor in Rechnung, er sieht ihn sogar als wesentlich an, macht aber Einschränkungen, um ihn im Rahmen seiner allgemeinen deterministischen Anschauung vom menschlichen Verhalten unterbringen zu können. So zitiert er aus Kuno Fischers Buch *Über den Witz* (2. Auflage, 1889) die Bemerkung: »Dieser Genuß, diese Vorstellungsart ist die rein ästhetische, die nur in sich beruht, nur in sich ihren Zweck hat und keine anderen Lebenszwecke erfüllt.« Freud bemerkt dazu, er zweifle, »ob wir irgend etwas zu unternehmen imstande sind, wobei eine Absicht nicht in Betracht kommt«. Und die »witzige Tätigkeit« hat sich

»unverkennbar das Ziel gesteckt, Lust beim Hörer hervorzurufen«. Doch
– so fährt Freud fort – dieses Ziel ist nicht in demselben Sinn konkret
und funktional wie in anderen Augenblicken, in denen unser »seelischer
Apparat« darauf abzielt, »unsere unentbehrlichen Befriedigungen« zu erfüllen.

Und hier verharrt Freud in Ungewißheit gegenüber einer (für
ihn) völlig neuen Vorstellung, die einige Forscher über alles Maß hinaus
zu einer Freudschen Ästhetik ausgeweitet haben: Indem er Fischers
zwecklosen Zustand in seine eigene Begriffswelt überträgt, sieht Freud
Kunst dann entstehen, wenn wir unseren »seelischen Apparat ... auf
Lust arbeiten« lassen; er gibt jedoch zu, daß er zu wenig von der Ästhetik versteht, »um diesen Satz durchführen zu wollen«. Da Freud rastlos
und unaufhörlich in den Triebkräften der Seelentätigkeit nach den Motivierungen menschlichen Verhaltens suchte, konnte er sich unmöglich einer
Theorie verschreiben, die zugab, daß diese Tätigkeit eigenständig oder
»unerklärt« blieb. Die scheinbare Sinnlosigkeit der Träume spornte ihn
dazu an, ihren Zweck darin zu sehen, daß sie den Wunsch nach Schlaf
befriedigten, und er verknüpfte den Witz (soweit er in das Gebiet des
»tendenziösen« Witzes fällt) genauso wie die Kunst mit dem Unbewußten und dessen sexuellen und aggressiven Triebregungen. Um diese Verbindung herzustellen, unterschied Freud im Witz wie auch in der Kunst
Technik und Tendenz (nur Scherze haben keinen Gehalt und beruhen
einzig auf der Lust an einer mit einer gewissen Freiheit verbundenen
Technik). Diese Lösung schien jedoch manchen Kritikern unbefriedigend,
da sie fanden, daß die beiden Aspekte nicht in Einklang gebracht seien.
Wir sahen schon, daß Dalbiez gerade hier eine Inkonsequenz im Denken Freuds feststellte [58].

Freud erkannte, daß die ästhetische Vorstellungsart, wenn sie als nar-
zißtisches Produkt nur der Befriedigung ihres Erzeugers diente, wie es bei
schlechten Witzen, Tagträumen und Träumen der Fall war, sicherlich
nicht zu echter Kunst, ja nicht einmal zu einer Mitteilung an andere führen würde. Obwohl er den meisten ästhetischen Fragen auswich, sah er
hier ein Thema, das er zumindest berühren mußte: welche Mittel und
welche Wege versetzten den Künstler in die Lage, den Betrachter mit
seinen Vorstellungen zu erreichen? Gombrich (1966) glaubt, in dem Buch
über den Witz eine Antwort sowohl auf diese Frage wie auch auf eine
entscheidende Kritik an Freuds Ansichten zu finden (daß er nämlich in
der Form nicht viel mehr sähe als die Hülle für den unbewußten Inhalt).
Nach Gombrich besagt Freuds Definition des Witzes, daß eine vorbewuß-
te Vorstellung vorübergehend dem Einwirken des Unbewußten ausgesetzt wird, und er stellt fest, daß nach dieser Formel der Witz aus dem
Unbewußten »nicht so sehr seinen Inhalt als vielmehr seine Form her-
leitet, die traumgleiche Bedeutungsverdichtung, die charakteristisch ist
für ... den Primärprozeß«. Auf die Kunst wendet er das dann folgen-

dermaßen an: »Weit davon entfernt, in der Welt der Kunst nur den unbewußten Gehalt an biologischen Trieben und Kindheitserinnerungen zu suchen«, behaupte Freud, der Traum müsse sich der Wirklichkeit anpassen, ehe er zum Kunstwerk werden könne. Nach Gombrich ist Freud der Ansicht, daß die »Hülle« den Inhalt determiniert, so daß »nur diejenigen unbewußten Vorstellungen, die der Wirklichkeit einer formalen Struktur angepaßt werden können, mitteilbar werden, und daß ihr Wert für andere wenigstens ebensosehr in ihrer formalen Struktur wie in der Vorstellung liegt«.

Bei diesen enthusiastischen Versuchen, eine Freudsche Theorie der Form zu entwickeln, die sich auch auf moderne Kunst anwenden läßt, scheint Gombrich aus verstreuten Erklärungen Freuds, die schlecht zu dem Axiom passen, daß der unbewußte Inhalt die Form bestimme, zuviel herauszulesen. Indem Gombrich Freuds Position im umgekehrten Sinn interpretiert – daß nämlich Form den Inhalt bestimmen könne – weist er tatsächlich auf den wunden Punkt einer psychoanalytischen Ästhetik hin, aber weder Freud noch seine Schüler (einschließlich Gombrichs) haben jemals konkret gezeigt, daß spezifische formale Techniken den Vorgängen im Unbewußten, wie Freud sie schildert, entsprechen. Damit soll nichts gegen die Möglichkeit gesagt sein, sondern nur gegen eine voreilige affirmative Schlußfolgerung. Überdies hatte Freuds Theorie von der »Form« im Traum eine sehr spezifische Bedeutung, die sich schwer in den Bereich der Ästhetik übertragen läßt; und wo er in der *Traumdeutung* (in Kapitel VI »Die Traumarbeit«, unter C, »Die Darstellungsmittel des Traums«) erwägt, was »gewisse formale Charaktere der Traumdarstellung in bezug auf die Traumgedanken bedeuten«, stellt er fest, daß »zu diesen formalen Charakteren vor allem die Unterschiede in der sinnlichen Intensität der einzelnen Traumgebilde und in der Deutlichkeit einzelner Traumpartien oder ganzer Träume untereinander verglichen« gehören. Das grundlegende Formprinzip der Deutlichkeit beziehungsweise der mangelnden Deutlichkeit, das Freud hier berührt, veranschaulicht er durch den Traum einer Dirne, die schwanger geworden war. Die Unklarheit des Traumes darüber, »ob ihr Mann ihr Vater sei, oder wer eigentlich ihr Vater sei«, enthüllte ihre eigene Unsicherheit darüber, wer nun eigentlich der Vater des Kindes war. Hier stellt die mangelnde Klarheit das formale Element des Traumes dar, und die Form des Traumes wird »zur Darstellung des verdeckten Inhalts verwendet«. Diese Betonung des Klaren beziehungsweise des Dunklen als eines Formelements ist keineswegs eine Erfindung Freuds, sondern hat ihre Wurzeln in der intellektualistischen Ästhetik Baumgartens (der auf die Linie Descartes, Spinoza und Leibniz gehört), für den sich ›klar‹ und ›verworren‹ danach bestimmen lassen, ob es möglich ist, eine beliebige Sache in Worten angemessen auszudrücken [59]. An sich kann das formale Element auf alle mög-

1 Holzschnitt nach Raffaels Gemälde *Aaron segnet das Volk* aus der
illustrierten *»Israälitischen Bibel«* (1858) von Ludwig Philippson, die auch
Bilder von christlichen Meistern wie Raffael und Domenichino enthielt.
Die Philippsonsche Bibel hatte großen Einfluß auf Freuds frühe Entwicklung und lieferte Bilder und Vorstellungen für seine späteren Träume und
einige seiner Schriften über Kunst.

2 Stich Pirodons nach Pierre-Albert Brouillets *La leçon clinique du Dr.
Charcot*, 1887. Der Stich hing in Freuds Londoner Haus direkt über der
Patientencouch und zeigt Charcot in seiner Klinik neben einer hysteri-
schen Patientin.

3 Eine Kopie
Johann Heinri
Füßlis *Der Alb
traum* (Goethe
Museum, Frank
am Main) hing
Eingang zu Fre
Wiener Ordina
tionszimmer.

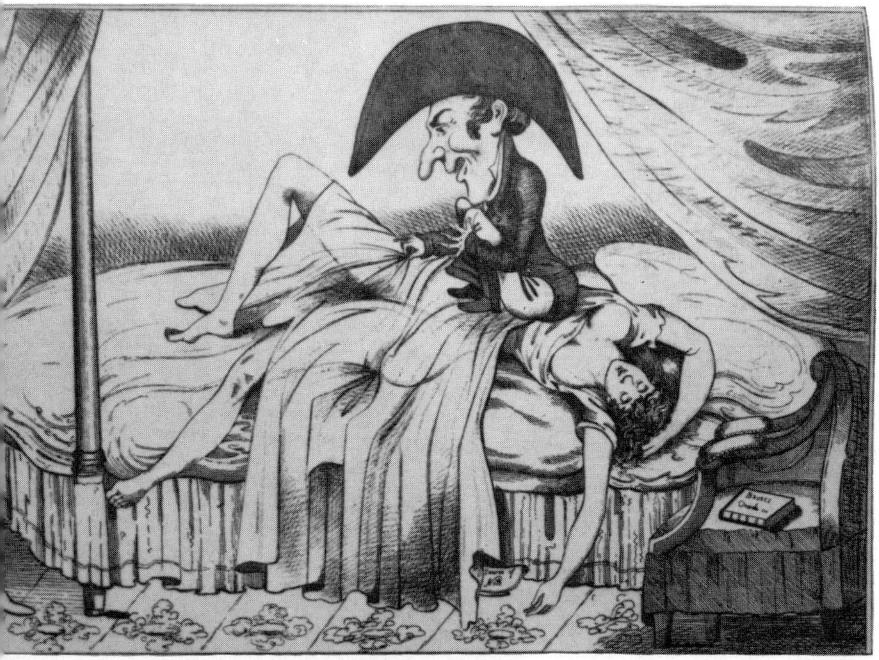

4 Englische Karikatur des *Alb-
traums* aus dem 18. Jahrhundert.
Reproduktion aus: Eduard Fuchs:
Geschichte der erotischen Kunst
(Berlin 1908).

5 Masaccio und Masolino *Die
Heilung des Aeneas* und *Die Auferstehung der Tabitha.* Das zwischen 1424 und 1427 entstandene
Fresko in der Brancacci-Kapelle
von Santa Maria del Carmine in
Florenz spiegelt im Bild Freuds
Auffassung von der Neurose und
ihrer Therapie wider.

6 Michelangelos *Sklave*, Grabmal des Papstes Julius II., Louvre Paris.

Gradiva (Fragmente eines antiken Reliefs), Vatikanische Museen, Rom. Der Held in Wil-elm Jensens Erzählung *Gradiva,* den Freud ausführlich analysierte, gerät im Verlauf seiner rchäologischen Studien in den Bann dieses Reliefs, von dem er später einen Gipsabguß besaß.

8 Félicien Rops *Die Versuchung des hl. Antonius.* Reproduktion aus: *Félicien Rops und sein Werk* von Arsène Alexandre u. a. (Brüssel 1897). Freud führt das Bild als ein Beispiel für seine Theorien über verdrängte Sexualität an.

9 Leonardo da Vinci *Mona Lisa,* Louvre Pari

10 Leonardo da Vinci *Heilige Anna selbdritt*, Louvre Paris.

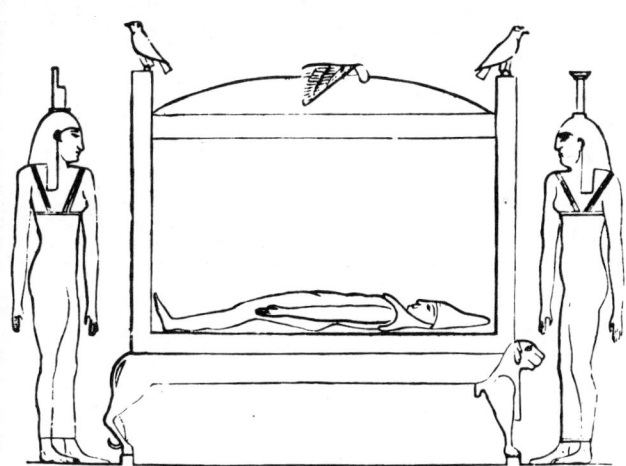

11 Holzschnitt aus der Philippsonschen Bibel: *Ägyptisches Totenschiff.* Die Themen Tod und Bestattung nahmen in Freuds Sammlung von Altertümern breiten Raum ein.

12 Holzschnitt aus der Philippsonschen Bibel: *Ägyptisches Grabrelief.*

Der Sperber, Falco nisus.

13 Holzschnitt aus der Philippsonschen Bibel: *Gott mit Sperberkopf* von einem ägyptischen Grabrelief.

14 Michelangelos *Moses,* Grabmal Julius II., San Pietro in Vincoli, Rom.

15 Illustration zu Rabelais' *Gargantua* (Buch I, Kapitel 17) von Jules Garnier. Reproduktion aus: *François Rabelais und das Werk von Jules Garnier* (Paris 1897).

16 Illustration zu Rabelais' *Gargantua* (Buch I, Kapitel 36) von Jules Garnier. Reproduktion aus: *François Rabelais und das Werk von Jules Garnier* (Paris 1897).

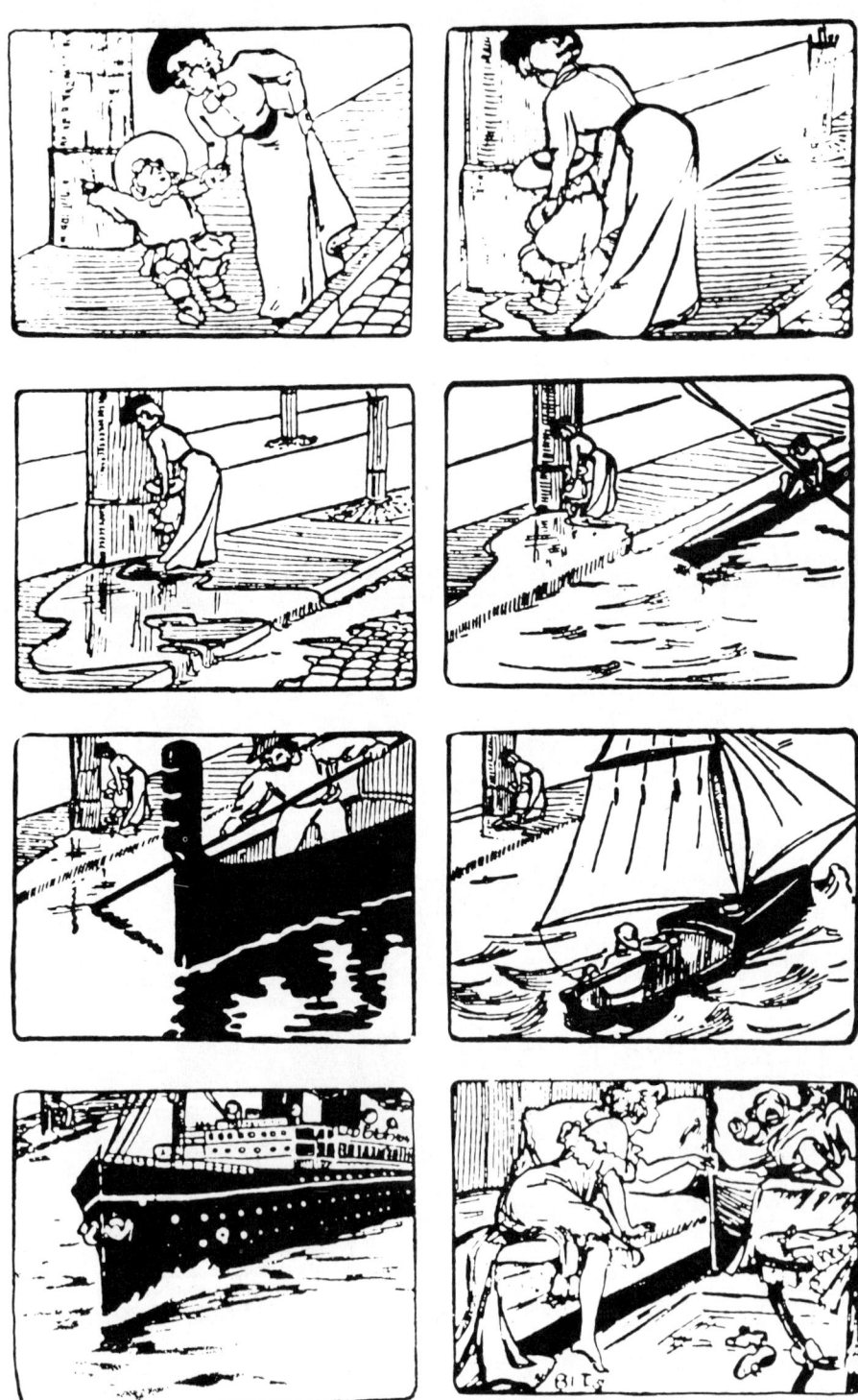

17 *Der Traum einer französischen Bonne.* Illustration aus Freuds *Traumdeutung* (4.–7. Aufl.).

18 Claude Mellan *Decorative Ornament,* französischer Druck aus dem 17. Jahrhundert, Reproduktion aus Eduard Fuchs: *Illustrierte Sittengeschichte* (München 1902–12).

19 *Die Schlange,* französische Karikatur aus dem 18. Jahrhundert, Reproduktion aus Eduard Fuchs: *Illustrierte Sittengeschichte* (München 1902–1912).

20 Titelseite eines französischen Romans, Reproduktion aus Eduard Fuchs: *Illustrierte Sittengeschichte* (München 1902–12).

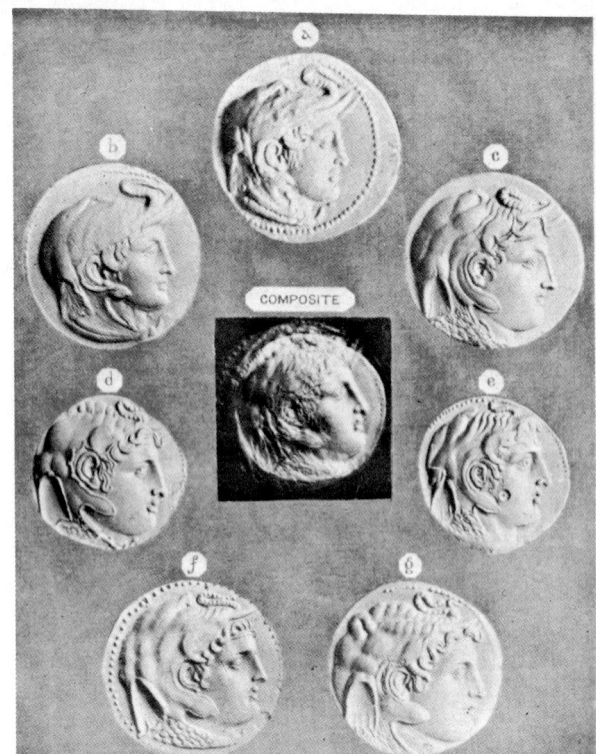

21 Porträt Alexanders des Großen mit einer Kompositfotografie von Francis Galton. Reproduktion aus: Karl Pearson: *Leben, Briefe und Werke von Francis Galton* (Cambridge 1930).

22 Jean Bebers Karikatur *England* von 1901. Reproduktion aus Eduard Fuchs: *Geschichte der erotischen Kunst* (Berlin 1908).

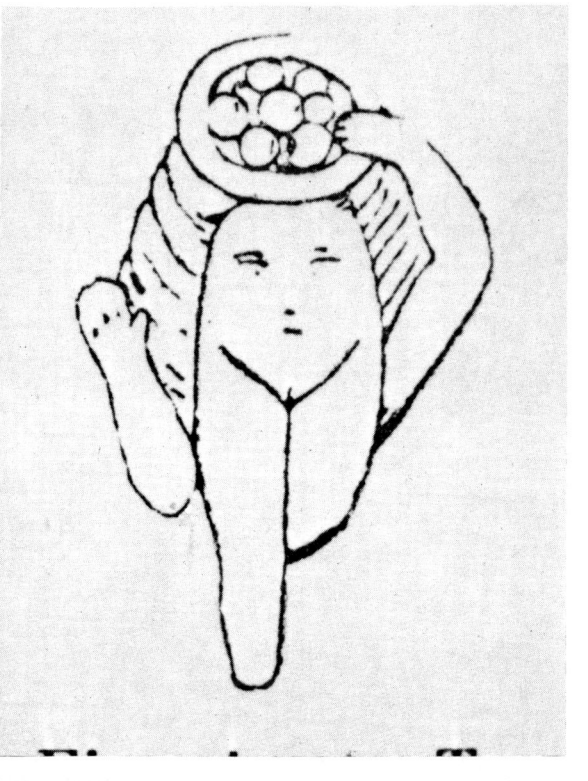

23 *Baubo*, griechische Terrakotta in Salomon Reinach: *Kulte, Mythen und Religionen* (Paris 1912). Nach Freud demonstriert die abgebildete Figur durch das Entblößen ihrer Genitalien eine apotropäische Handlung.

24/25 Zeichnungen nach Michelangelos *Moses.* Illustrationen zu Freuds Aufsatz *Der Moses des Michelangelo.*

26 *Moses*, Statuette aus dem 13. Jahrhundert, Ashmolean Museum, Oxford.

27 Jacomo Rocchetti *Entwürfe für das Grabmal Julius II.* nach Michelangelo,
Staatliche Museen, Berlin.

28 Moritz von Schwind *Traum eines Gefangenen*, Bayerische Staatsgemäldesammlung München. Das Bild illustriert Freuds Theorie vom Traum oder Tagtraum als Wunscherfüllung.

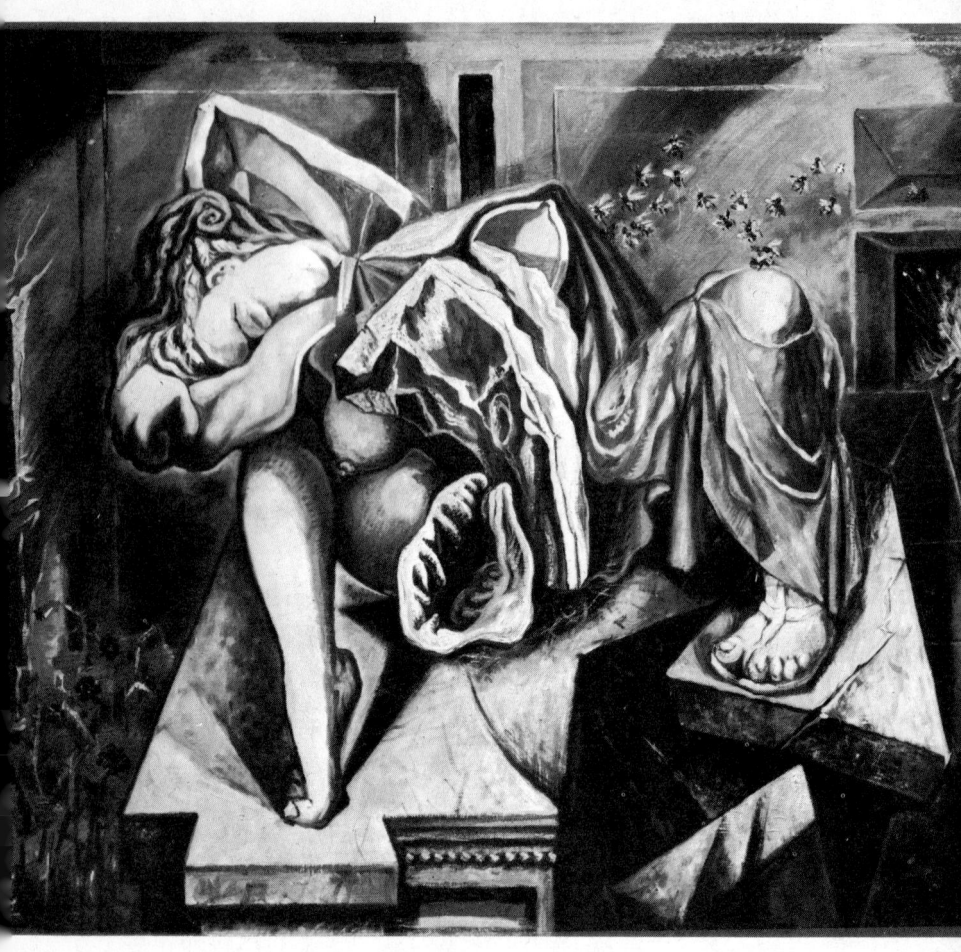

29 André Masson *Metamorphosis* der
Gradiva, 1939, Privatsammlung. Das Bild
interpretiert den Freudschen Gradiva-
Aufsatz.

30   René Magritte *Le Viol*, Sammlung George Melly, London.

31 Marcel Duchamp *L. H. O. O. Q!*, 1919.

32 Francis Galton »all-round«-Kompositfotografie einer Büste im Britischen Museum. Reproduktion aus Karl Pearson: *Leben, Briefe und Werke von Francis Galton* (Cambridge 1930).

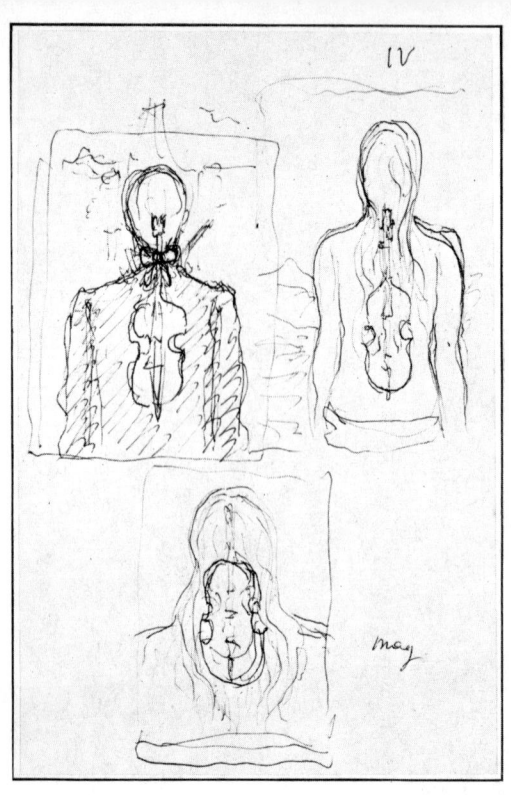

33/34 René Magritte *Persian Lettres*, 1960. Zeichnungen für das Gemälde *Die Seele der Banditen*, Sammlung Harry Torczyner, New York. Beide Zeichnungen zeigen klar den Einfluß der Freudschen Traumsymbolik.

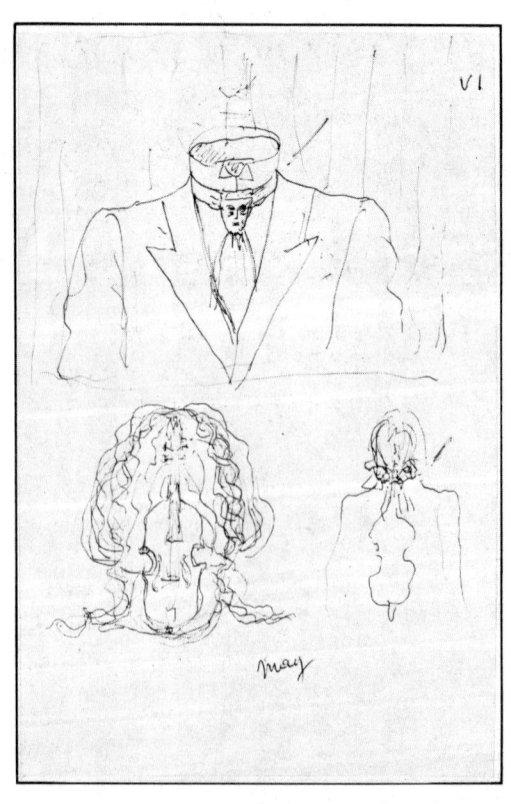

lichen Gebiete Bezug haben, etwa auf die Erkenntnistheorie oder auf die Semantik, ohne dadurch mit der Kunst verknüpft zu sein. Erst als Forscher im Bereich der Kunstgeschichte und der Kunstkritik ihre Aufmerksamkeit dem Unterschied zwischen klaren und verworrenen Bildwerken zuwandten, wurde es endgültig in einen echt ästhetischen Zusammenhang aufgenommen, so in Heinrich Wölfflins *Kunstgeschichtliche Grundbegriffe* (1. Auflage, München 1915). Die Kluft zwischen dem ästhetischen und dem psychoanalytischen Bereich ist bisher nicht überbrückt.

Ein weiterer Anspruch, den Gombrich für das Buch über den Witz geltend macht, betrifft dessen Behandlung des Mediums. Gewöhnlich sah Freud in seinen Untersuchungen zur Kunst das Kunstwerk nicht als Objekt, sondern unter psychologischem Aspekt, und verwandte wenig Aufmerksamkeit auf das jeweilige Medium, so daß Fragen der spezifischen Qualitäten des Bildes und der Skulptur – oder des Romans, Gedichts und Dramas – in seinen Schriften letztlich doch eine geringe Rolle spielen. Es ist eine Ausnahme, wenn Freud sich in seinem Buch über den Witz eingehend mit dem Medium der Sprache und mit formalen Aspekten des Klangs – Reim, Assonanz und Rhythmus – beschäftigt. Es ist möglich, daß diese Betonung des Mediums ein erster Schritt hin zu einer tiefer eindringenden und befriedigenderen psychoanalytischen Ästhetik war. Ich kann jedoch Gombrich und N. N. Holland (1968), der ihm folgt, nicht beistimmen, wenn sie hier schon einen bedeutsamen Beitrag zu dem weiteren Feld der Ästhetik sehen, denn Freud geht in dieser Hinsicht nicht über viele ältere Untersuchungen hinaus. Außerdem hat er, wo immer möglich, die ästhetischen und sinnlichen Aspekte des Mediums ignoriert und keinen Versuch gemacht, sein Interesse an den Medien über die Sprache des Witzes hinaus auszuweiten. Sein Interesse am Medium der Sprache ging darauf zurück, daß beim Witz Sinn und Klang ineinanderfließen, so daß ein anderes Verfahren gar nicht möglich war. Man stellt vielmehr überrascht fest, daß Freud, von unbedeutenden Anspielungen auf die Pathologie der Unsinnwitze abgesehen, in seinem Buch nirgends Anstalten macht, den psychotischen Witz zu untersuchen, obwohl doch die »schlechten Witze« an ihrer unteren Grenze zum reinen »Medium«, das heißt zu Unsinn-Lauten herabsinken.

Eine andere Antwort auf die Frage nach den Mitteln, deren sich der Künstler bedient, um den Betrachter zu erreichen, hat Freud in seiner gewöhnlich vernachlässigten Theorie der »Vorstellungsmimik« entwickelt, die ich als seinen potentiell wertvollsten Beitrag zur Ästhetik und als die beste Brücke ansehe, die von seinen psychoanalytischen Ansichten über Kunst zu dem allgemeinen Gebiet des ästhetischen Verständnisses hinüberführt. Diese Theorie ergibt sich aus Freuds Untersuchung des Komischen und der diesem verwandten Techniken der Nachahmung, Verkleidung, Entlarvung, Karikatur, Parodie, Travestie und der Bewegungskomik in ihrer primitivsten Form – der Pantomime. Die Komik ist besonders wichtig, da sie wie die Kunst im Vorbewußten wirksam ist und nicht wie der Witz im Unbewußten. Freud fragt, warum wir lachen, wenn wir erkannt haben, daß die Bewegungen eines anderen Menschen übertrieben oder überflüssig sind (die Zuckungen des Veitstanzes oder die Bewegungen der Zunge, mit denen ein Kind beim Schreibenlernen dem Federhalter folgt), und antwortet, daß hier Komik entsteht, weil wir die am anderen wahrgenommene Bewegung mit derjenigen vergleichen, die wir selbst ausgeführt hätten, wenn wir an seiner Stelle wären. Der Vergleichsmaßstab ist unser »Innervationsaufwand«, unser »psychischer Aufwand«, der vom Vorstellungsinhalt nicht unabhängig ist; so erfordert »die Vorstellung eines Großen einen Mehraufwand gegen die eines Kleinen«. Wir gewinnen die Vorstellung von einer Bewegung und damit einen Vergleichsmaßstab dadurch, daß wir diese Bewegung irgendwann einmal ausführen und auf diese Weise eine Erinnerung an den »Innervationsaufwand« bilden. Wenn wir eine ähnliche mehr oder minder große Bewegung wahrnehmen und mit unserer eigenen vergleichen möchten, brauchen wir sie nicht wirklich mit unseren Muskeln nachzuahmen, sondern können das »vermittels (unserer) Erinnerungsspuren an die Aufwände bei ähnlichen Bewegungen«. Ein derartiges »Vorstellen« oder »Denken« bringt, verglichen mit dem Handeln oder Ausführen, viel geringere Besetzungsenergien in Verschiebung und »hält den Hauptaufwand vom Abfluß zurück«.

Hier fragt Freud, wie »das quantitative Moment – das mehr oder minder Große – der wahrgenommenen Bewegung« in der qualitativen Vorstellung ausgedrückt werden könne. Zur Beantwortung zieht er die Physiologie heran, die lehrt, daß »auch während des Vorstellens Innervationen zu den Muskeln ablaufen«, wenngleich mit einem sehr bescheidenen Energieaufwand. Dieser Umstand gestattet Freud die Annahme, daß der das Vorstellen begleitende Energieaufwand den quantitativen Faktor der Vorstellung darstellen kann, und daß »er größer ist, wenn eine große Bewegung vorgestellt wird, als wenn es sich um eine kleine handelt«. Freud beruft sich hier auf seine unmittelbare Beobachtung: die Menschen seien es gewöhnt, »das Groß und Klein in ihren Vorstellungsinhalten durch mannigfachen Aufwand in einer Art von Vorstellungsmimik zum Ausdruck zu bringen«. Ganz deutlich wird das bei Menschen ohne Hemmungen – bei Kindern oder etwa bei einem ungebildeten oder primitiven Menschen, der, wenn er etwas erzählt, mimische und wörtliche Darstellungsformen miteinander zu verbinden strebt. Selbst wenn er es sich abgewöhnt hat, »mit den Händen zu malen«, wird er es mit der Stimme tun, und wenn er etwas Großes schildert, wird er die Augen aufreißen, während er sie bei der Darstellung von etwas Kleinem zusammendrückt. »Es sind nicht seine Affekte, die er so äußert, sondern wirklich der Inhalt des von ihm Vorgestellten.« (Hier vertritt Freud die Ansicht, daß zu dem als körperliche Nebenwirkung seelischer Vorgänge bekannten »Ausdruck der Gemütsbewegungen« dieser »Ausdruck des Vorstellungsinhalts« hinzuzufügen sei.) Freud vermutet, daß ein »Bedürfnis nach Mimik« nicht nur unabhängig von jeder Mitteilung besteht, sondern daß sogar »die dem Inhalt des Vorgestellten konsensuelle Körperinnervation der Beginn und Ursprung der Mimik zu Mitteilungszwecken« war. Mehrere Jahre nachdem Freud diese Gedanken veröffentlicht hatte, beschrieb sein Schüler Herbert Silberer (1909, 1912) eine Methode, nach der man an sich selbst die Verwandlung von Gedanken in Traumbilder unmittelbar beobachten kann. (Das kürzeste von mehreren interessanten Beispielen: In schlaftrunkenem Zustand erinnerte er sich daran, daß er in einem Aufsatz einen holprigen Textabschnitt verbessern müsse, und erzeugte dann das Symbol, daß er ein Stück Holz hobele, um die rauhen Kanten zu glätten.) Von großer potentieller Bedeutung im Zusammenhang mit Freuds Vorstellungsmimik ist, daß Silberer überdies eine Kategorie der »funktionalen Symbolik« aufstellte, die Rank und Sachs als eine introjizierende (im Gegensatz zu einer projizierenden) Symbolbildung beschreiben, »welche endopsychisch wahrgenommene Zustände und Vorgänge des eigenen Seelenlebens plastisch darstellt (etwa die trübe Gemütsstimmung durch das Bild einer düsteren Landschaft, das Einarbeiten in schwierige Gedankengänge durch das mühselige Aufsteigen auf einem sich immer mehr verengenden Pfad u. Ä.) [60]«. Freud schätzt zwar Silberers Beitrag und erörterte ihn in der *Traumdeutung*, verfolgte aber leider die Anregungen nicht systematisch, die vielleicht dazu hätten beitragen können, diesen Aspekt des Traumsymbolismus mit der ihm entsprechenden Einfühlungstheorie und seiner eigenen Vorstellungsmimik zu verbinden. Das ist um so bedauerlicher, als er seine Theorie der Vorstellungsmimik für sehr bedeutsam hielt und seine Ausführungen mit der Vermutung beschließt, daß sie – weiter ausgebaut – »auf anderen Gebieten der Ästhetik ähnlich nützlich sein dürfte wie hier für das Verständnis des Komischen«.

Um das besonders deutliche Beispiel der Komik der Bewegung auch auf das Komische anwenden zu können, »das an den geistigen Leistungen und Charakterzügen des anderen gefunden wird«, bei denen keine sichtbaren Bewegungen Vergleiche möglich machen, bedient sich Freud eines Mechanismus der »Einfühlung«. Obwohl er nie klar umriß, welchen Sinn dieser Mechanismus hatte oder was er für seine Theorie bedeutete, machte er mehr als einmal Gebrauch davon, so zum Beispiel in *Massenpsychologie und Ich-Analyse* (1921). Hier nahm Freud in seinem Bestreben zu erklären, wieso die Menschen in der Lage sind, die Reaktionen anderer zu deuten, einen Apparat in der unbewußten Seelentätigkeit eines jeden Menschen an, der der Einfühlung sehr ähnlich ist, aber nicht so bezeichnet wird. An den verschiedenen Stellen, wo diese Annahme in seinem Buch erscheint, bestimmt sie sich hauptsächlich aus dem Zusammenhang; hier hilft sie den Ursprung der komischen Lust erklären, die entsteht, wenn wir unseren eigenen Energieaufwand mit demjenigen anderer vergleichen. Freud beobachtet, daß wir zwar über das Komische der Bewegung lachen, weil jemand zuviel Energie aufgewendet hatte, daß uns aber, wenn es sich um seelische Leistungen handelt, gerade das Gegenteil komisch erscheint. Kehrt sich das Verhältnis in beiden Fällen um, so daß »der somatische Aufwand des anderen geringer und sein seelischer größer gefunden wird als der unsrige, dann lachen wir nicht mehr, dann staunen und bewundern wir«. Freud gibt zu, daß der ganze Komplex der größeren und geringeren Energie ziemlich verwirrend ist, nimmt aber dennoch die Tendenz, die intellektuelle Leistung im Gegensatz zur physischen zu bewundern, zum Anlaß der Feststellung, »daß es in der Richtung unserer Entwicklung zu einer höheren Kulturstufe liegt, unsere Muskelarbeit einzuschränken und unsere Gedankenarbeit zu steigern«. Es ist bemerkenswert, daß Freuds Vorstellung von einem Fortschritt in Richtung auf verstärkte Bemühung der Intelligenz über jene älteren, oben erörterten Theorien der *Traumdeutung* hinauszugehen scheint, wo es den Unterschied gab zwischen einer »progredienten« Richtung von der Wahrnehmung zu motorischen Reaktionen und einer »regredienten« von Erinnerungsspuren (einschließlich derjenigen der Bewegung) zur Wahrnehmung; Freud scheint hier einen geheimnisvollen Zustand im Sinn zu haben, in dem intellektuelle Kräfte maßgebend sind, ein platonisches Reich des Geistes, in das er die Kunst nie aufgenommen hat (wie bereits erwähnt, ist er wohl in seiner Einstellung zu Schöpferkraft und ästhetischem Verständnis nie über ein vages Lob oder das Zugeständnis hinausgekommen, daß beides einer psychoanalytischen Erklärung nicht zugänglich sei). Schließlich hat Freud in *Jenseits des Lustprinzips* (1920) den Trieb der Wenigen zur Selbstvervollkommnung als ein Streben erklärt, die anhaltende Spannung der Instinkte zu verdrängen.

Der beim Komischen so wichtige Vergleich zwischen Groß und Klein lenkte Freuds Aufmerksamkeit auf einen Vergleich zwischen Erwachsenem und Kind, da er in diesem Punkt die wesentliche Beziehung zwischen beiden sieht. Während Freud (was Eastman beklagt) behauptet, daß das Kind kein Gefühl für Komik habe, sieht er in dem Überlegenheitsgefühl des Kindes und in seiner Schadenfreude eine reine Lust, zu welcher der Erwachsene zurückkehren möchte. Kann man »das verlorene Kinderlachen« wiedergewinnen, dann läßt sich sagen: »Ich lache jedesmal über eine Aufwandsdifferenz zwischen dem anderen und mir, wenn ich in dem anderen das Kind wiederfinde.« Freud führt die von ihm behandelten verschiedenen Arten des Komischen auf Vergleiche zurück, in denen der andere entweder als Kind erscheint oder sich selbst zum Kind herabläßt. Man kann aber auch – wenn der Vergleich sich ausschließlich in der eigenen Person vollzieht – das Kind in sich selbst finden. Er fühlt sich »nicht kühn genug«, folgende Theorie, die sich ihm aufdrängt, »mit ähnlichem Ernst« wie andere von ihm vertretene Sätze zu verteidigen: »Komisch ist das, was sich für den Erwachsenen nicht schickt.« Damit wäre das Komische als eine Herabsetzung des Erwachsenen zum Kinde erklärt.

Dieses Suchen nach Ursprüngen in Kindheitserlebnissen scheint mir eine Abschweifung Freuds vom Hauptthema zu sein, auf das seine Vorstellungsmimik hinführte: die Beziehung des Darstellenden (Schauspielers, Künstlers) zum Beschauer und die vermittelnde Rolle, die der Einfühlungsvorgang spielt, in Verbindung mit einem verwandten Problem von größter Bedeutung, nämlich der Rolle des Objekts bei den Akten der Schöpfung und des Verstehens. Ich möchte dieses Kapitel damit beenden, daß ich zunächst diese und verwandte Themen erörtere und dann einen Vorschlag mache, wie einige der psychoanalytischen Theorien Freuds unter dem Gesichtspunkt einer Ästhetik ausgelegt werden können.

Freuds »Ästhetik«, die es unterläßt, die Verbindungen zwischen Künstler, Betrachter und Kunstwerk herzustellen, sagt wenig über die Schlüsselbereiche der Wahrnehmung und des Gefühls in der Kunst. In seiner Theorie der Vorstellungsmimik und der damit verbundenen Theorie der Einfühlung unternimmt Freud zögernd einen Vorstoß, der vielleicht die Lücken seiner Wahrnehmungstheorie hätte schließen können. Der von Robert Vischer geprägte Begriff ›Einfühlung‹ spielte am Ende des neunzehnten Jahrhunderts eine wichtige Rolle in dem Ringen um ästhetische Probleme, das die feindlichen Lager der Gestaltpsychologen und der Assoziationspsychologen später fortsetzen sollten [61]. Freuds Führer auf diesem Gebiet, Lipps, zeigt klar den neuen Standpunkt auf (1897), den Freud einnehmen konnte. Über den ästhetischen Eindruck, den eine dorische Säule vermittelt, heißt es bei Lipps: »Das kraftvolle sich Zusammenfassen und Aufrichten der dorischen Säule ist für mich erfreulich, wie das eigene kraftvolle Zusammenfassen und Aufrichten, dessen ich mich erinnere, und wie das kraftvolle Zusammenfassen und Aufrichten, das ich an einem Anderen wahrnehme, mir erfreulich ist. Ich sympathisiere mit dieser Weise der dorischen Säule sich zu verhalten oder eine innere Lebendigkeit zu betätigen, weil ich darin eine naturgemäße und mich beglückende eigene Verhaltungsweise wiedererkenne.« In einer etwas späteren Arbeit (1903) versucht Lipps die »ästhetische Einfühlung« auf der Basis einer »inneren Nachahmung« zu erklären, die »für mein Bewußtsein einzig in dem gesehenen Objekt« stattfindet. »Mit einem Wort, ich bin jetzt mit meinem Gefühl der Tätigkeit ganz und gar in der sich bewegenden Gestalt ... Dies ist ästhetische Nachahmung ... Hierbei liegt aller Nachdruck auf der für mein Bewußtsein bestehenden

›Identität‹.« Ästhetische Nachahmung oder Betrachtung führt nicht zu kinästhetischer Aktivität, sondern es müssen im Gegenteil »die Empfindungen von Zuständlichkeiten meines Körpers meinem Bewußtsein entschwinden«. In Freuds Analyse des *Moses* von Michelangelo, die er unter dem Gesichtspunkt des Ablaufs gedachter Vorphasen durchführte, ignorierte der Autor, der Lipps und Volkelt als Exponenten der Einfühlung kannte, deren Betonung der ästhetischen Betrachtung gerade in Bezug auf Skulpturen von der Art des *Moses*. Lipps zum Beispiel schreibt (1903): »Sehe ich in einer plastischen Darstellung einen Menschen sich aufrichten, so existieren für meine ästhetische Betrachtung die Organempfindungen, die ein wirklicher Mensch haben würde, wenn er sich so aufrichtete, ebensowenig wie meine eigenen Organempfindungen. Was ich der plastischen Gestalt unmittelbar ansehe, ist ihr Wollen, die Kraft, der Stolz.« Und nach Volkelt [62] sehen wir, wenn wir Michelangelos *Moses*, die Haltung seiner mächtigen Gestalt und die Drehung des Kopfes betrachten, in einer Gebärde, die sonst unverständlich wäre, den Zorn des Propheten tatsächlich mit.

Karl Groos, der auf Lipps fußt, greift (1898) energisch die »Unvollkommenheit der bloß associativen Methode« an, die bei ihren Versuchen, ästhetische Empfindungen zu erklären, sich zu sehr mit vergangenen Ereignissen befasse: »Die Einfühlung der ästhetisch Veranlagten hat eine solche Wärme und Innerlichkeit, sie besitzt eine so fortreißende Kraft, daß mir und vielen anderen die Nachwirkung vergangener Erfahrungen, so unentbehrlich sie ist, doch nicht genügen will. Darauf haben Volkelt, Dilthey, Th. Ziegler und A. Biese mit Recht hingewiesen. Der bloße Nachhall aus der Vergangenheit bringt für sich allein das, was ich unter dem Spiel der inneren Nachahmung verstehe, noch nicht zu Stande. Ich fasse auf Grund meiner Erfahrung die innere Nachahmung als eine wirkliche, mit motorischen Vorgängen verknüpfte Thätigkeit auf und bringe sie dadurch in noch viel nähere Beziehung zu den äußeren Nachahmungsspielen, als es in dem oben Gesagten zum Ausdruck kam.«

In einer interessanten Weiterführung der Einfühlungstheorie stellt Herbert Langfeld (1920) fest, daß klassische griechische Statuen ohne leidvollen Gesichtsausdruck eine Einfühlungsreaktion in uns erzeugen; er führt das allbekannte Beispiel für Einfühlung, Michelangelos *Moses*, an: »Man braucht die Geschichte des Mannes nicht zu kennen. Jede Linie der Skulptur vermittelt, während man sie erlebt, einen Hinweis auf seinen Charakter und auf die Idee, die er symbolisiert.« Häufiger hatten im zwanzigsten Jahrhundert die Plastik und ihre Deutung mittels Einfühlung das gleiche unglückliche Schicksal: soweit man einer mehr auf das Objekt gerichteten Ästhetik anhing, lehnte man die Einfühlung ab, und sogar die Vorstellung von einem mit dem Kunstwerk eng verbundenen einzigartigen Genie wich der Meinung, daß alle Menschen Künstler seien (oder doch sein könnten). So war es möglich, daß der Dadaist Hans Arp Michelangelos *Moses* boshaft mit einem »inspirierten Schneemann« verglich, da seiner Meinung nach beide Objekte gültige Kunst darstellten. Wenn Freud Kunstwerke analysiert, sucht er hinter der unmittelbaren Einfühlungsreaktion und den offenbaren ästhetischen Details der Farbe, Form, Linie und Ikonographie verborgene symbolische Anspielungen auf das Unbewußte in dem Bild oder der Skulptur. Er wendet hier eine Methode an, die sich deutlich bei seinem Lehrer Charcot vorgebildet findet, der (1887, 1889) verschiedene Zustände, wie etwa das in der älteren Kunst dargestellte Besessensein von bösen Geistern, als Hysterie deutete. Charcots Methoden wurden von Freuds Kollegen in Wien geschätzt, und auch Freuds Lehrer, Sigmund Ritter von Exner, Brückes Assistent, erwähnte (1889), daß der französische Psychologe Fotografien benutzte, um bestimmte Fälle von Neurose zu diagnostizieren. Diese Anwendung moderner neurologischer Diagnose auf ältere Kunst und Literatur wirkte unmittelbar auf Freud ein, der kein Hehl daraus machte, daß er Charcot viel verdankte. In seiner Untersuchung von Leonardos *Heiliger Anna selbdritt* (Louvre) behauptet Freud, die Gestalten der Anna und der Maria seien »so ineinander verschmolzen wie schlecht verdichtete Traumgestalten«. Aber »was so vor der kritischen Betrachtung als ein Mangel der Komposition erscheint, das rechtfertigt sich vor der Analyse durch den Hinweis auf seinen geheimen Sinn«. Nach Freud durften Leonardo »die beiden Mütter seiner Kindheit zu einer Gestalt zusammenfließen«. Mögen auch die meisten Leonardoforscher Freud hier nicht folgen können, so führt seine Kritik doch den fruchtbaren Gedanken ein, daß gerade dort, wo ein Meister sich unsicher zeigt, ein Problem seiner Persönlichkeit verborgen liegen könnte, und daß eben an diesem Punkt eine Annäherung zwischen Psychoanalyse und ästhetischer Kritik den größten Nutzen brächte [63].

Freuds Kritik an der Kunst Leonardos geht nur so weit, wie es für seine Psychographie erforderlich war; sie dient zur Stützung und Veranschaulichung der These, die die Persönlichkeit des erwachsenen Leonardo mit entscheidenden Ereignissen seiner Kindheit verknüpft; die berauschende Wirkung der Freudschen Einsichten veranlaßte allerdings seinen Schüler Oskar Pfister zu der phantasievollen Behauptung – die Freud ausführlich zitiert, ohne sich ganz dazu zu bekennen –, daß »auf dem Bilde, das die Mutter des Künstlers darstellt« (Pfister übernimmt uneingeschränkt Freuds Analyse des Gemäldes), »der Geier, das Symbol der Mütterlichkeit«, ganz deutlich zu erkennen sei. Wenn sich Pfister hier so daran interessiert zeigt, weithergeholte Bedeutungen in das Bild hineinzulesen, so erinnert das an den berühmten Tintenkleckstest seines Kollegen Hermann Rorschach. Pfister betrachtet das Bild fast nach der Methode eines Rorschachtests (der seinerseits einem Schweizer Kinderspiel, der Klecksographie, ähnelt) und sieht dabei Kopf, Hals und Rumpfansatz eines Geiers »in dem blauen Tuch, das bei der Hüfte des vorderen Weibes sichtbar wird und sich in der Richtung gegen Schoß und rechtes Knie erstreckt«. Wenn man weiß, daß der Vogel in Leonardos Phantasie gar kein Geier war, kann man sich nur über die Gutgläubigkeit von Pfisters Publikum wundern, von dem er sagt: »Fast kein Beobachter, dem ich meinen kleinen Fund vorlegte, konnte sich der Evidenz dieses Vexierbildes entziehen [64].«

Freud bringt oft, wenn er die Verschmelzungen und Verdichtungen von Traumbildern ausdeutet, seine Vorstellung von der Mischfigur ins Spiel, die er erklärt, indem er sie mit den sogenannten Kompositfotografien Francis Galtons vergleicht (Abb. 21). Galton, ein Anhänger Darwins und einer der begabtesten, vielseitigsten englischen Naturwissenschaftler des neunzehnten Jahrhunderts [65], entwickelte eine Methode, mehrere Fotografien dadurch zu kombinieren, daß er eine über die andere legte, so daß die auf diese Weise gefilterten Züge klar oder verschwommen erscheinen, je nach der Häufigkeit ihres Auftretens. (Man könnte das mit Freuds »architektonischem Prinzip des seelischen Apparats« vergleichen, das sich als »Schichtung, der Aufbau einander überlagernden Instanzen erraten« läßt (vergl. *Psychopathologie des Alltagslebens*). Galton schreibt (1887) über Kompositporträts: »Am schärfsten und dunkelsten sind diejenigen Umrisse, die der größten Zahl der Einzelaufnahmen gemeinsam sind; die rein individuellen Eigentümlichkeiten hinterlassen kaum eine oder überhaupt keine sichtbare Spur. Da letztere notwendigerweise auf beiden Seiten des Durchschnitts liegen, ist der Umriß des zusammengesetzten Bildes der Durchschnitt aus allen Bestandteilen [66].«

Freud wandte Galtons Methode auf seinen Traum »Mein Onkel mit dem blonden Bart« an, in dem die Züge eines Gesichts verschwommen erscheinen, während der Bart deutlich zu erkennen war: Der Traum »mischte« zwei Gesichter, beide mit Bart, ein gemeinsamer Zug, der verstärkt wurde, wohingegen die Unterschiede einander abschwächten. Bei der Erklärung schwieriger visueller Traumbilder scheint Freud sich nicht nur auf Galtons rein visuelle Analyse gestützt zu haben; er fand es unerläßlich, die Bilder auch als linguistische Phänomene, als Hieroglyphen zu erklären. Sein archäologisches Interesse wurde hier zur Bestrebung, etymologische Ursprünge aufzudecken wie etwa Karl Abel, dessen Aufsatz *Über den Gegensinn der Urworte* (1884) von Freud (1910) rezensiert wurde. So hatte er sich in seiner Arbeit *Mythologische Parallele zu einer plastischen Zwangsvorstellung* (1916 b) mit einem Patienten zu befassen, der – wie wir sahen – von dem Wort Vater-Arsch nicht loskam. Der Patient brachte dazu auch ein Bild hervor, das den Vater darstellte »als einen nackten, mit Armen und Beinen versehenen Unterkörper . . ., dem Kopf und Oberkörper fehlten«. Geschlechtsteile waren nicht sichtbar, jedoch »die Gesichtszüge auf dem Bauch aufgemalt«. Freud erklärte das seltsame Wort als einen Ausdruck der miteinander im Streit liegenden Liebe und Furcht, die der Patient seinem Vater gegenüber empfand (dessen Anspruch, als »Patriarch« respektiert zu werden, humorvoll verzerrt erscheint); er vergleicht dann das bizarre Traumbild mit einer Karikatur: »Es erinnert an andere Darstellungen, die in herabsetzender Absicht die ganze Person durch ein einziges Organ, z. B. ihre Genitale ersetzen.« Unter diesen Darstellungen befindet sich auch eine Karikatur England (Abb. 22) und eine bei Reinach abgebildete griechische Terrakottafigur (Abb. 23); sie stellt eine Frau namens Baubo dar, die die unglückliche Göttin Demeter dadurch zum Lachen brachte, daß sie ihre Kleider hochhob und ihren Körper entblößte. In einem Aufsatz über Das Medusenhaupt (1922) verweist Freud auf einen ähnlichen Vorfall – das Vorzeigen der Genitalien – als apotropäische Handlung, die Unheil abwenden soll. »Noch bei Rabelais ergreift der Teufel die Flucht, nachdem ihm das Weib die Vulva gezeigt hat.« Die Terrakottafigur der Baubo zeigt »einen Frauenleib ohne Kopf und Brust, auf dessen Bauch ein Gesicht gebildet ist; der aufgehobene Rock umrahmt dieses Gesicht wie eine Haarkrone«. Diese bizarre Zusammensetzung aus Gesicht und Genitalien kam auch früher schon in Freuds Traum von den drei Schicksalsgöttinnen vor. Man wird sich erinnern, daß in diesem Traum ein Fremder mit einem langen Gesicht und einem Spitzbart erschien, ein Geschäftsmann wie Freuds Vater, dessen Name Popović das respektvolle Wort Papa mit dem umgangssprachlichen Ausdruck für das Gesäß, »Popo«, verband. In einem Brief an Fliess vom 16. Januar 1899 hatte Freud bereits hysterische Kopfschmerzen auf eine »phantastische Vergleichung« zurückgeführt, »die das Kopfglied mit dem Endglied gleichstellt. Haare hier und dort – Backen und Hinterbacken – Lippen und Schamlippen, Mund = Vagina [67]«.

Freud »las« bestimmte Kunstwerke – etwa die Mona Lisa –, wie er neurotische und Traumvorstellungen auf ihren verborgenen Sinn hin »entzifferte«, und verhielt sich dabei nicht viel anders als Bibelexegeten oder manche moderne Gelehrte bei ihren Bemühungen um die Interpretation mittelalterlicher Dichtung, etwa H. Flanders Dunbar (1929), der meint, daß jedes Gedicht wie ein »kryptographischer Code« gelesen werden müsse. Doch Freuds Ziel war es gewöhnlich nicht, zu einem festen allegorischen oder metaphorischen Sinn vorzudringen, sondern Deutungen zu entwickeln, die zu einem tieferen Verständnis der Absichten des Künstlers führen konnten. Dennoch analysierte Freud in manchen Fällen Kunstwerke als eigenständige Phänomene und ohne auf die Persönlichkeit des Künstlers Bezug zu nehmen. Das Hauptbeispiel für diese Methode ist Freuds Aufsatz über Michelangelos Moses, der bereits auf seinen auf Freud bezüglichen biographischen Gehalt hin untersucht wurde, nun aber unter dem Gesichtspunkt der Kunstkritik behandelt werden soll. Freud läßt in seinem Aufsatz die legendäre und komplizierte Persönlichkeit des Künstlers vollständig außer Betracht und konzentriert sich voll und ganz auf den Dialog mit der Gestalt, die er vor Augen hatte, wie auch mit einigen ihrer Kommentatoren. Übrigens hat es selbst der keineswegs von Freud beeinflußte Kunsthistoriker Erwin Panofsky für sinnvoll gehalten, sich Michelangelos Werk unter psychoanalytischem Aspekt zu nähern [68]. Freud neigte ganz allgemein dazu, sich ganz intensiv mit einem einzigen Werk eines Künstlers zu befassen und andere ebenso wichtige und belangvolle außer Acht zu lassen (man denke an sein starkes Interesse für *Hamlet* und seine Gleichgültigkeit gegenüber den psychologisch bedeutsamen und vielbesprochenen Sonetten). Er begann im wesentlichen mit dem Eindruck, den das Kunstwerk auf ihn selber machte, und ging dann dazu über, diesen Eindruck zu analysieren. Man könnte diese Analyse als eine »Dekomposition« bezeichnen, das Gegenteil des Kompositionsprozesses der Traumarbeit; sie arbeitet gewissermaßen von einem anfänglichen Wahrnehmungs- und Aneignungs-Akt nach rückwärts. Subjektivität versuchte Freud dadurch zu vermeiden, daß er ältere Beurteilungen des Kunstwerks nachprüfte und seine Spekulationen sowohl auf seine psychologischen Grundsätze als auch auf seine unmittelbaren Beobachtungen gründete.

Als er seine Reaktion auf den *Moses* mit den Äußerungen älterer Beurteiler verglich, stellte er fest, daß vieles unerklärt geblieben war, vor allem gewisse scheinbar unwichtige Einzelheiten, etwa die unstabile Stellung der an den Körper gepreßten Tafeln und die Art, in der der Bart herabfällt. Freud sieht eine Schwierigkeit in der Haltung der rechten Hand, deren Zeigefinger auf den von der linken Gesichtsseite herkommenden Bartstrang drückt; er bemerkt dazu: Selbst wenn rein formale Überlegungen Michelangelo dazu bewogen, »die herabwallende Bartmasse des nach links schauenden Moses nach rechts herüberzustreichen, wie sonderbar ungeeignet erscheint als Mittel hierfür der Druck des einen Fingers«. Eine weitere Schwierigkeit hängt mit den Tafeln zusammen, die oben gerade Kanten haben, unten aber einen »Vorsprung wie ein Horn«. Aus diesem Detail schließt Freud, daß sie auf den Kopf gestellt sind, denn »es ist kaum zweifelhaft, daß dieses Horn den der Schrift nach oberen Rand der Tafeln auszeichnen soll«. Freud behauptet, Michelangelo könne kaum aus rein formalen Erwägungen so heilige Gegenstände so sonderbar behandelt haben. Freuds Lösung bringt alle diese Einzelheiten unter einen Hut und erklärt zugleich, was an Arm und Tafeln Rätsel aufgibt: Michelangelo wollte den »Rest einer abgelaufenen Bewegung« zeigen. Als Moses das abgefallene Volk um das Goldene Kalb tanzen sah, packte ihn ein solcher Zorn, daß er sich mit der rechten Hand in den Bart fuhr und die Tafeln vergaß, die ihm aus der Hand rutschten. Im Bestreben, die schon umgekehrten Tafeln zu retten, zuckt der rechte Arm unwillkürlich zurück und zieht den Bart mit, während die linke Hand ebenfalls in der Richtung auf die Tafeln zu über den Bart faßt – Bewegungen, die die seltsame Drehung zwischen der linken und der rechten Seite des Körpers erklären.

Auf manche Schüler Freuds machte diese Analyse einen sehr starken Eindruck; Hanna Segal zum Beispiel behauptet (1952), Freud habe in seinem Aufsatz nicht nur deutlich gezeigt, »daß der latente Sinn des Kunstwerks die Beherrschung des Zornes« sei, sondern auch, daß die Leistung des Künstlers ganz allgemein darin bestehe, »dem Widerstreit und der Harmonie zwischen Lebens- und Todestrieb den tiefsten Ausdruck zu verleihen«.

Freud ließ sich mehrere Zeichnungen machen, die die drei Phasen Ruhe, Zorn und wiedererlangte Fassung wiedergeben (Abb. 24 und 25). Diese drei Zeichnungen verraten, wie einseitig sein Interesse sich auf Kosten der Gesamtform in ihrer beabsichtigten architektonischen Komposition auf die Details der Gesten richtet, denn sie zeigen den Körper Moses' nur bis unter die Knie; ganz besonders verräterisch aber ist die Fotografie der Statue, die dem Originalartikel in *Imago* (1914 a) beigefügt ist, denn sie zeigt nur den Rumpf bis hinab zum linken Arm. Er glaubte so fest an die Stichhaltigkeit dieser Gefühlsabfolge, daß er sie – als man ihm Jahre später die Abbildung einer Statuette aus dem zwölften Jahrhundert (im Ashmolean Museum in Oxford) zeigte, auf der Moses mit einer Hand den Bart und mit der anderen die Tafeln festhält (Abb. 26) – in einem 1927 verfaßten Nachtrag zu seinem Aufsatz von 1914 als eine Stütze seiner These bezeichnete und annahm, in ihr ein Beispiel für die Phase gefunden zu haben, die der von Michelangelo dargestellten unmittelbar vorausging. Freud gab zu, daß auffallende Unterschiede zwischen der Statue aus dem zwölften Jahrhundert und dem Werk Michelangelos bestünden, hoffte jedoch, eines Tages werde ein Kunstkenner in der Lage sein, die Zeitlücke auszufüllen, indem er Beispiele für einen Moses der dazwischenliegenden Phase fände. Indem Freud die Abfolge der Gefühle und Gebärden der Michelangelostatue seiner Vorstellung entsprechend konkretisierte und als »real« ansah, konnte er glauben, daß andere Künstler, wenn sie – auch zu ganz anderer Zeit und an ganz anderem Ort – das gleiche Thema behandelten, ebenfalls eine der zu Gebote stehenden Phasen wählen würden, das heißt also, er wollte die Ikonographie seines Gegenstands psychologisieren.

In einem Aufsatz *The Right Arm of Michelangelo's Moses* (1968) erfüllt der Kunsthistoriker H. W. Janson, der (wie er mich wissen ließ) vor Abfassung seines Artikels den Nachtrag von 1927 nicht gelesen hatte, scheinbar die Hoffnung Freuds, daß ein künftiger Kritiker Beispiele aus der Zeit zwischen dem zwölften und dem sechzehnten Jahrhundert ausfindig machen werde; aber Janson geht es mehr darum, Bildwerke zu finden, an denen sich stilistische Einflüsse nachweisen lassen, als daß er die Freudsche Abfolge von Gefühlen an ihnen hätte anschaulich machen wollen. Janson leitet einen Einfluß auf Michelangelos Statue von einer gotischen Medaille um 1400 aus dem Norden her, auf der nicht Moses, sondern der byzantinische Kaiser Heraklius dargestellt ist. Trotz dieser Verschiedenheit findet Janson Ähnlichkeiten, die ihn überzeugen, hier den Ursprung der herrlichen Michelangelo-Figur gefunden zu haben: Der Dargestellte »hat den gleichen langen, strähnigen Bart wie die Statue, die in Michelangelos Œuvre einzigartig ist«, beide Hände fassen in den Bart, der Aufblickende zeigt keinen Zorn, sondern »Ehrfurcht in der Gegenwart des Göttlichen«[69], und die Hörner entsprechen den Lichtstrahlen, die vom Haupte des Heraklius ausgehen. Während Freud annahm, daß der Moses aus dem Ashmolean Museum die Phase unmittelbar vor dem von Michelangelo gezeigten Augenblick wiedergibt, möchte Janson »die Herakliusbüste an die Stelle jener Zeichnung bei Freud setzen, die Moses unmittelbar vor dem von Michelangelo dargestellten Augenblick zeigt«.

Bei diesen parallelen Theorien – die dadurch besonders eindrucksvoll sind, daß die Parallele unwissentlich zustandekommt – ist festzuhalten, daß sowohl der Psychoanalytiker wie auch der Kunsthistoriker die überaus wichtigen Veränderungen übersehen haben, die Michelangelo an seinem Plan für das Juliusgrab in den Fassungen von 1513 vorgenommen hat. In der älteren Fassung saßen sich auf der gleichen Höhe wie Moses noch drei andere Figuren an den Ecken des rechteckigen Sockels diagonal gegenüber, und Moses sitzt stattlich da, in jeder Hand eine Tafel, Hörner auf dem Kopf und mit einem langen Bart, der gerade herabfällt (Abb. 27). Wenn diese Skizze überhaupt etwas über Michelangelos Auffassung von Moses aussagt, dann eigentlich nur, daß er – wie bei den anderen von Freud ignorierten Grabfiguren – keinen von all den ingeniösen Einfällen im Sinn hatte, die Freud sich ausdachte, und daß seine Absicht im wesentlichen darin bestand, mit den Tafeln die Attribute des Gesetzgebers darzustellen. Diese Fassung kann auch keinerlei Beziehung zu der Statuette im Ashmolean Museum haben, obwohl im Widerspruch zu der These Jansons, daß Michelangelo die Hörner und den langen Bart der Herakliusmedaille entnommen habe, diese beiden Details bereits vorhanden sind. Wie kann man dann den erheblichen Unterschied zwischen dieser ersten Fassung und der zweiten von 1513 erklären? Meiner Ansicht nach hängt er mit beträchtlichen Veränderungen im Gesamtentwurf zusammen, zu denen auch gehört, daß die Figuren auf dem Sockel (jetzt sechs statt vier) im rechten Winkel und nicht mehr diagonal zueinander stehen. In dieser (von Panofsky rekonstruierten) letzten Fassung von 1513 löste Michelangelo das Problem – das ihm bei der Deckenausmalung der Sixtinischen Kapelle anschließend wieder zu schaffen machen sollte –, Front- und Seitenfiguren miteinander zu verbinden [70]. Zu diesem Zweck durchbrach er die Symmetrie der Form, brachte die Tafeln in einer Hand unter, drehte Kopf und Arme und benutzte den Bart als »flutendes« Motiv, um den Kopf mit der rechten Hand zu verbinden, die die Tafeln hält. Entgegen der Deutung Freuds (und auch Jansons, der keinen Unterschied zwischen berühren und fassen macht), faßt Moses seinen Bart nicht, sondern berührt ihn in genau derselben Weise, wie der »sterbende Sklave« im Louvre, den er zusammen mit dem Moses für dieselbe Fassade des Juliusgrabes meißelte, den Stoffstreifen auf seiner Brust berührt, wodurch die rechte Hand mit dem erhobenen linken Arm verbunden wird.

Freud entschloß sich, die formalen Konsequenzen der Abänderungen für unwesentlich zu halten (er wußte offenbar von den zwei Fassungen, denn er erwähnt im Zusammenhang mit Moses »drei oder vier andere sitzende Figuren«); offensichtlich bevorzugte er seine dramatischere Deutung mit den aufeinanderfolgenden Phasen und der Möglichkeit, sich selbst mit Moses zu identifizieren. Earl Rosenthal hat in einem Aufsatz (1964) Freuds Interpretation treffend als »kinematographisch« bezeichnet, ein Beiwort, das sich auch auf Freuds Methode anwenden ließe, zur Darstellung von Traumsymbolen sowohl Bilderfolgen als auch die komprimierten Bilder der Galtonschen Fotografien zu verwenden. Das gesamte Problem der Wahrnehmung von Bewegung durch statisch-plastische Darstellung machte bereits der Generation von Freuds Lehrern zu schaffen, so auch Brücke, der darüber einen Aufsatz schrieb (1881). Brücke griff Muybridges fotografischen Beweis auf, daß die Künstler die Beinstellung galoppierender Pferde stets falsch dargestellt hatten, war aber klug genug zu erkennen, daß die Ungenauigkeiten guter Künstler hinsichtlich der Bewegung eine poetische Wahrheit besaßen, die den einzeln aufgenommenen fotografischen Bildern abging. Die Kunst konnte also dadurch, daß sie Elemente aus mehr als einer Stellung kombinierte, Abfolge und Bewegung andeuten. Wir dürfen nicht vergessen, daß die allgemeine Frage, in welcher Beziehung unmittelbare Wahrnehmung und Erinnerung zueinander stehen, den Mitarbeiter und Anreger Brückes, Hermann Helmholtz, ein von Freud sehr bewundertes und viel studiertes Genie, intensiv beschäftigte [71].

In Freuds Untersuchung ist die psychologische Dimension ganz sicher überbetont; sie ignoriert, wie Janson feststellt, die bildhauerische Überlieferung, aus der Michelangelo für seinen Moses konventionelle, überlieferte Gebärden übernommen haben konnte. Wie wir sahen, verband Freud das Kinematographische mit dem Psychologischen, wenn er die

Form der Statue als die Epitome vorausgegangener Stellungen und emotioneller Haltungen ansah; man kann diese Methode des konservativen Freud aber vielleicht, konventionell ausgedrückt, im Sinne des idealen »fruchtbaren Moments« des achtzehnten Jahrhunderts verstehen. Diese Theorie, die von Shaftesbury herkam und von Lessing aufgenommen wurde, schnitt Fragen nach der »Geschichte« einer statischen Form und ihren Möglichkeiten an, Bewegung darzustellen, die den Problemen Freuds entsprachen. Mit den Worten Shaftesburys: »Wie ist es also möglich, . . . an einem Objekt einen Wandel der Leidenschaft darzustellen, da dieser Wandel doch durch Abfolge zustandekommt; und . . . die Leidenschaft, die als gegenwärtig verstanden wird, eine Verfassung des Körpers und der Gesichtszüge erfordert, die sich durchaus von derjenigen Leidenschaft unterscheidet, die vorüber und vergangen ist? Hierauf antworten wir, daß der Künstler bei allem Übergewicht und trotz der beherrschenden Stellung der ausschlaggebenden und augenblicklichen Leidenschaft es in der Hand hatte, in seinem Objekt doch noch die Spuren oder Fußstapfen ihrer Vorgängerin zurückzulassen: so daß er uns nicht nur eine entstehende zusammen mit einer schwindenden Leidenschaft schauen läßt, sondern, was mehr ist, eine starke und entschlossene Leidenschaft zusammen mit ihrem Gegenteil, das bereits abgetan und verbannt ist.«

Freud sieht Kunst unter zwei Gesichtspunkten: einmal im Sinne Shaftesburys unter dem des »fruchtbaren Moments«, wenn er schildert, wie Michelangelo in einem statischen Werk die Reihe von Gefühlen unterbringt, die dem dargestellten Augenblick vorangingen und auf ihn folgten, und dann in einem romantischen Sinne, wenn er in Leonardos Gemälde die Intentionen und Assoziationen des Künstlers hineinliest. Im Grunde waren Michelangelos Statue und Leonardos Gemälde für seine Zwecke nicht so gut geeignet wie andere, oft weniger wertvolle Kunstwerke. Freud konnte zwar durch geschicktes Manövrieren die im *Moses* Michelangelos dargestellte Pose als »Rest einer abgelaufenen Bewegung« deuten, fand aber natürlich Arbeiten, in denen solche Abläufe offen zu Tage traten, ganz besonders fesselnd und brauchbar. Die Fortsetzungsbilder der Comic Strips stellen manchmal eine verborgene Motivation auf lebendige, humorvolle Weise sehr klar heraus – man denkt ganz allgemein an die Zeichnungen von Wilhelm Busch, und ein Einzelbeispiel ist der *Traum der französischen Bonne* [73], ein Blatt, das den Zusammenhang verdeutlicht zwischen den immer ausgedehnteren Wassertraumbildern des Kindermädchens, das gern weiterschlafen möchte, und den wachsenden Nöten des Kindes, die sich in lautem Gebrüll ausdrücken – eine drollige Analogie zum Bewußtseins-»Strom«. Noch ergiebiger ist ein Gemälde des Wiener Malers Moritz von Schwind (1804–71), *Traum eines Gefangenen* (Abb. 28). Das Bild von dem

Gefangenen, der sich danach sehnt zu entkommen, illustriert Freuds Theorie vom Traum oder – in diesem Fall – vom Tagtraum als Wunscherfüllung insofern, als die Reihe von Schritten, die aus der Gefangenschaft in die Freiheit führen, durch Zwerge in verschiedenen Stellungen dargestellt sind. Freud bemerkt: »Es ist sehr hübsch, daß die Befreiung durch das Fenster erfolgen soll, denn durch das Fenster ist auch der Lichtreiz eingedrungen, der dem Schlaf des Gefangenen ein Ende macht. Die übereinander stehenden Gnomen repräsentieren wohl die eigenen sukzessiven Stellungen, die er beim Emporklettern zur Höhe des Fensters einzunehmen hätte.« Einer amüsant übertriebenen Ausweitung der Freudschen Analyse begegnen wir bei Alexander Grinstein (1952), der einen Unterschied zwischen dem Krug neben dem Gefangenen und dem Gefäß in den Händen der Frau feststellt und mutmaßt, daß der Krug neben dem Gefangenen sich auf einen Augenblick aus seiner Vergangenheit beziehe, »vielleicht aus seiner Kindheit, als er schlief«, und mit der Milch seiner Mutter in Verbindung gebracht werden könne und so weiter. Auf einer Skizze zu dem Gemälde übersieht Grinstein, daß der Krug des Träumenden hier anders geformt ist als in der endgültigen Fassung, eine Änderung, die eher eine Frage nahelegt als die kühn vereinfachende Lösung Grinsteins: welcher Krug (Skizze oder endgültige Fassung) gehört zur Kindheit des Träumers (oder des Künstlers)? Vielleicht keiner, wenn die Änderung eher aus ästhetischen Gründen als aus dringenden subjektiven Motiven vorgenommen wurde. Wir besitzen jedoch zu wenig Arbeitsmaterial und müßten viel mehr Skizzen und Bilder nebst einer Menge biographischer Unterlagen haben, um auch nur die ersten Schritte einer stichhaltigen psychologischen Deutung des Gemäldes wagen zu können.

Eine psychoanalytische Kunsttheorie muß die Tatsache in Rechnung stellen, daß Wahrnehmung zwar für den Neurotiker und den Träumer Kunst in Wunscherfüllungsfantasien verwandeln kann, daß aber diese Fähigkeit bei den meisten wachen Menschen nicht nur ein Instrument des »Realitätsprinzips« darstellt, sondern auch einen Weg zu den Lustempfindungen ästhetischer Betrachtung oder zu den Freuden fantasievoller »Ein-Sicht«. Während Freud den Prozeß der Einfühlung nicht voll nutzte, um mit seiner Hilfe die Verknüpfung des inneren Bildes mit dem wahrgenommenen nicht-verbalen ästhetischen Objekt zu erklären, stellte er sich durchaus der vergleichbaren Schwierigkeit, eine Erklärung für das Eingehen des einzelnen auf die Werte und Konventionen seiner Gruppe zu finden. Hier arbeitete Freud (1921) mit einem der Einfühlung sehr nahestehenden Identifizierungsvorgang als einem Mittel, Personen miteinander in Beziehung zu bringen sowie mit einem damit verwandten Phänomen der »Projektion«. Dieser Vorgang – daß man sich durch Symbole in die Natur einfühlt oder in sie hineinprojiziert –

war bereits als allgemeingültiger und normaler Prozeß mit der Einfühlung verknüpft worden, und zwar von berühmten und Freud bekannten Autoren, zum Beispiel von F. Th. Vischer (1873); Freud selbst jedoch verwendete den Begriff 1896, um Fälle halluzinatorischer Paranoia zu erklären (*Weitere Bemerkungen über die Abwehr-Neuropsychosen*) und dann wieder in dem berühmten Fall Schreber von 1911. In *Totem und Tabu* beschreibt Freud, wie dieser »Abwehrmechanismus« bei dem Primitiven wirkt, der eben den schmerzlichen Verlust eines geliebten Menschen erlitten hat; der Wilde war dem Verstorbenen gegenüber unbewußt zwiespältig eingestellt, er haßte und liebte ihn gleichzeitig. Da er nicht in der Lage ist, den unbewußten Haß zu akzeptieren, wehrt er sich dagegen, indem er ihn der abgeschiedenen Seele beilegt (auf sie projiziert), die er jetzt als einen Dämon ansieht, vor dem man sich schützen muß. Nach Freud projizieren die Personifikationen des Dichters, gleich den Projektionen des Primitiven, seine einander widerstrebenden Impulse als gesonderte Individuen aus ihm heraus. Freud wendet seine Theorie im wesentlichen auf Neurotiker oder Primitive an, die tatsächlich etwas (nicht Zutreffendes) von einem anderen Menschen glauben, während es in Wirklichkeit ein bedeutsamer, aber nicht akzeptabler (und deshalb verdrängter) Teil ihrer eigenen Persönlichkeit ist. Ein Künstler, der auf dem Wege einer solchen Projektion arbeiten wollte, wäre allzusehr an eine »participation magique« gebunden, um Kunst hervorzubringen, die anderen etwas mitteilen oder sie auch nur interessieren könnte. Henry A. Murray hat in seinem Vorwort zu einem Standardwerk über projektive Techniken von Anderson und Anderson (1951) diese Frage insofern angeschnitten, als er zeigt, daß Freud den Ausdruck ganz anders verwendet als die Verfasser der Beiträge dieses Bandes, deren Versuchspersonen es nicht mit »Wirklichkeit« zu tun hatten, sondern mit Tintenklecksen etc., und die alles mögliche vorspiegelten, nachdem man sie aufgefordert hatte, sich etwas vorzustellen oder mit Rede oder Handlung zu reagieren. Diese Methode mißt der Fantasietätigkeit als solcher weit mehr Wert bei, als es bei Freud der Fall ist, wo der Wert der Projektion vor allem darin liegt, daß sie ein Schlüssel zur seelischen Verfassung (und zur Neurose) der projizierenden Person ist und nicht so sehr ein Modus des kommunikativen oder produktiven Verhaltens.

Freud mußte etwas finden, womit er die Tatsache erklären konnte, daß wir Menschen einander verstehen, daß wir aus unserer Haut herauskönnen und daß wir stark auf die Kunst eines anderen reagieren, und »Einfühlung« schien zu einer solchen Erklärung hinzuführen. Das Problem des Sich-Einfühlens des Beschauers in einen Gegenstand oder eine Person mag ihn dazu angeregt haben, die primitive Verbindung zwischen dem Gesichts- und dem Tastsinn zu erforschen (1905 b), die beide aus einem sexuellen Impuls »hineinzufühlen« entspringen; doch falls das als ein erster Schritt zu einer ästhetischen Theorie gedacht war, mußte es vielleicht zu einem Fehlschlag führen, da der Voyeur nur ein schwächliches Pendant zu dem ästhetisch motivierten Betrachter von Schönheit ist. An diesem entscheidenden Punkt mußte eine psychoanalytische Ästhetik, die mit Freuds beschränktem Ausblick im Bereich der Kunst belastet war, in Schwierigkeiten kommen: Sie muß erklären, warum wir uns in unserem Kunstgenuß nicht nur narzißtisch verhalten, aber sie erkennt die Bedeutung und den Wert des ästhetischen Erlebnisses nicht eigentlich als einen »objektiven« Zustand an wie reife Liebe, denn Freud sah von seinem einseitig biologischen Standpunkt aus das ästhetische Erlebnis nicht als einen Wert an sich an, sondern als ein Mittel, eine Illusion, deren durch die anziehende Oberfläche erzeugte Lust ein Lockmittel zu den »wahren« und »echten« Erlebnissen des Unbewußten war. Freud zog es folgerichtig vor, den voluntaristischen Aspekt der künstlerischen »Illusion« konstant zu ignorieren, die durch unseren Willen begonnen, genossen und beendet und nicht durch biologische Forderungen unserer Natur herbeigeführt wird oder ihnen dient [74].

Ein passenderes Modell für das Verhalten gegenüber der Kunst hätte die Psychoanalyse vielleicht in den frühesten Kindheitsjahren finden können, wo der Säugling eine sinnliche Verschmelzung mit dem Objekt der Mutterbrust erlebt, eine Lieblingsvorstellung Freuds, für den dieser Vorgang etwas Idyllisches hat. Otto Rank [75] verfolgte einen etwas anderen Kurs bei seinem Versuch, das Kunstproblem, in dem er letztlich ein Formproblem sah, an der Wurzel zu packen. Nach seiner Auffassung geht »jede ›Form‹ auf die Urform des mütterlichen Gefäßes zurück, die in der Kunst in weitgehendem Maße Inhalt geworden ist; und zwar in einer idealisierten und – eben als Form – sublimierten Weise, welche die der Verdrängung verfallene Urform wieder akzeptabel macht, indem sie als ›schön‹ dargestellt und empfunden werden kann. Freud selbst sah in der mütterlichen Brust das erste und interessanteste Objekt des Menschen (in Kapitel 20 der *Vorlesungen zur Einführung in die Psychoanalyse*), eine These, die Adrian Stokes zu einer ganzen Kunsttheorie aufgeblasen hat (1959). Stokes (dessen Vorstellungen in mehreren Punkten denen Ranks ähneln) beantwortete wie sein Kollege Herbert Read Freuds Pessimismus und Desillusionierung mit der Theorie, daß Kunst von Grund auf gesund und daß die künstlerische Betätigung das erfolgreichste Ergebnis einer psychoanalytischen Therapie sei. Er behauptet, der Grundtrieb bei der schöpferischen Tätigkeit strebe nach Zusammenhang und Klarheit der Form und wolle die harmonische Einheit des ursprünglichen Mutter-Kind-Verhältnisses wiederherstellen. In seinen Theorien über die dunklen ersten Jahre der Kindheit teilt Stokes die Meinung der englischen psychoanalytischen Schule, die – etwa in den Arbeiten von Klein (1930) und Milner (1952) – besonderen Nachdruck auf Projektion und »Introjektion« legt. Das Gesamtobjekt, das wiederhergestellt oder neugebildet wird, ist nach Stokes und seinen Lehrern Melanie Klein und Hanna Segal »eine unbewußte Erinnerung an die Mutterbrust«. Diese Erweiterung der Vorstellungen Freuds entspricht Archetypen Jungs und läßt sich wohl am ehesten auf Künstler vom Schlage Henry Moores anwenden, dessen Werk nach Erich Neumann [76] um das »Urweibliche« kreist. Man mag Einzeluntersuchungen über Bildhauer für nützlich halten, die wie Moore und Gaston Lachaise vom Gerundeten fasziniert sind, aber wie ließe sich eine Anwendung der Stokesschen Brusttheorie auf Künstler plausibel machen, in deren Werk lange »phallische« oder flache Formen vorherrschen? Vielleicht könnte man auf Kosten der sinnlichen Konkretheit des Objekts alle Varianten auf eine letzte Rundheit zurückführen, etwa so, wie es von vor den Griechen bis nach Descartes Versuche gab, das Universum auf eine kleine Zahl letzter Elemente zurückzuführen; aber sobald der Theoretiker sich wieder unmittelbar dem Objekt zuwendet, führen alle diese komplizierten Abstraktionen nicht weiter, und wir stehen wieder dort, wo wir angefangen haben und brauchen Worte, um die geschätzten und greifbaren Eigenschaften des Objekts zu beschreiben.

Nach Freud verbringt der Mensch die glücklichste Zeit seines Lebens in den »goldenen Jahren« der frühen Kindheit. Was später kommt, hat er in seinen Schriften nur selten als an sich schön und wertvoll bezeichnet; vielmehr ist der Mensch nach Freud wie Faust oder Peer Gynt aus dem Paradies der Mutterheimat vertrieben, mit dem ihn Erinnerungen an verlorene Freuden verbinden, er hat die Zwangsvorstellung, dorthin heimkehren zu müssen, was ihm schließlich im Tod gelingt. Freud sieht die früheste Kindheit von rein physiologischen Bedürfnissen, etwa dem Hunger, beherrscht; das Kind versucht, solange es seine Lippen und Eingeweide noch nicht als sein eigen empfindet, die Brust der Mutter zu verschlingen, doch bleibt ihm das versagt und es wird in eine Welt hinausgestoßen, wo ihn harte und kalte Dinge umgeben. Nachdem das Kind aus dem Nest geworfen ist, wo es sich mit der Mutter eins fühlte, muß es die warme Berührung der Brust durch Gesicht und Gehör – Sinne, die auf Entfernung wirken – ersetzen lernen. Da es fühlt, daß die sorgenden Eltern (der Vater wird jetzt zunehmend einbezogen) ihm in der Welt die höchste Befriedigung verschaffen, sucht es nicht nur deren Körper »in sich aufzunehmen«, sondern auch das, was ihnen an Macht und Liebe eignet – kurz, sich mit ihnen zu identifizieren. Wenn das Kind jetzt beginnt, seine Eltern nachzuahmen, wird die Vorstellungsmimik als ein Mechanismus eingeführt, der den Wahrnehmenden unmittelbar mit dem wahrgenommenen Objekt verbindet. Die Vorstellungsmimik könnte noch eher als die Einfühlung, der sie ähnelt, einen Ausgangspunkt für die Entwicklung einer fundierten Freudschen Ästhetik bieten, da sie die wechselseitige Abhängigkeit des Wahrnehmenden und des Objekts offenbart und keineswegs das Objekt zu einer leeren Leinwand macht, auf welche die Person ihre Vorstellungen und Gefühle projiziert. Möglicherweise wird dieser Mechanismus zum erstenmal wirksam, wenn das Kind, das physiologisch auf seine Befriedigung an der Brust mit einem Lächeln reagiert hat, später dem zärtlichen Lächeln der Mutter mit einem eigenen Lächeln antwortet.

Wir sahen bei unseren Erörterungen zur Ästhetik Freuds immer wieder, eine wie wichtige Rolle die Lust spielt; schon bei den biologischen Trieben und den sexuellen Bedürfnissen ist das Lustprinzip die Triebkraft, die den Menschen zu anderen Personen und zu Objekten hinzieht, und es liegt auch jeder ästhetischen Lust zugrunde. Daß sich das menschliche Sexualempfinden vom Narzißmus zur Objektwahl hin entwickelt, hängt von der Fähigkeit des einzelnen ab, über seine einseitige Ichbezogenheit hinauszuwachsen und seine Gefühle auf andere zu richten – zuerst auf seine Mutter, dann auf jemanden, der dem engsten Familienkreis ferner steht, und schließlich auf einen Geschlechtspartner. Freud leitete diese Fähigkeit von der Macht des Eros her, sich Objekten »da draußen« anzuschließen – eine Situation, die der liebevollen Kunstbetrachtung entspricht. Freud war jedoch, wie Norman O. Brown [77] zeigt, nie der Meinung, daß seine Psychoanalyse die Bindung der Libido an Objekte einschloß, und sein Denken war »dadurch behindert, daß er das Selbst und das Andere als Alternativen auffaßte, die sich wechselseitig ausschlossen«; außerdem gelang es, wie H. J. Home bemerkt (1966), »der Psychoanalyse nicht, ein System zu finden, innerhalb dessen sie hätte beschreiben können, was sich tatsächlich zwischen zwei Personen zuträgt«. Eros oder Libido müßten wohl im Prozeß der Selbstfindung durch Identifizierung eine zentrale Rolle spielen: Wir ahmen Urbilder nach, die wir lieben und die uns Lust verschaffen, und die Erinnerung oder das Wiedererkennen, der maßgebliche Vorgang bei der Identifizierung, ist nach Freud an sich schon ein lustvoller Akt. Wir würden also bei Freud die Schlußfolgerung erwarten, daß das unglückliche Menschenwesen, das sich in sich selber und seinen (im allgemeinen verdrängten) Kindheitserinnerungen (sexueller und nicht sexueller Art) verirrt und in den Schwierigkeiten der Identitätsfindung verfangen hat, schließlich seine Energien nach außen auf »den anderen« oder »das andere«, Person oder Sache, wenden könnte. Hier wäre dann die ästhetische Betrachtung das Äquivalent für Erfüllung und Vervollständigung, nämlich dadurch, daß man im Kunstwerk aufgeht; die Sexualität könnte nicht nur in jedem der beiden einander entgegengesetzten Annexe der Vorlust oder der traurigen postkoitalen Erschöpfung liegen, sondern auch in dem Erfüllungszustand eines gemeinsamen Orgasmus. Doch

Freud gelangte in seinen zahlreichen Erwähnungen der Kunst niemals zu einer in sexueller oder ästhetischer Erfüllung begründeten Theorie. Wir sahen schon, daß Freud vor einem simplifizierten optimistischen Bild der gesamten Kultur – einschließlich der Kunst – zurückscheute und die Bürde der bedrückenden inneren und äußeren Realitäten als eine Last für die Seele all derer empfand, die berufen sind, sich kulturell hervorzutun. Selbst der unvermeidliche kulturbedingte Mechanismus der Identifizierung war mit tückischen Schwierigkeiten belastet; auch Freud selbst mußte in seinem Leben immer wieder nach Helden suchen, von denen er sich zutiefst gefesselt, dann aber wieder entfremdet und abgestoßen fühlte. Dabei machte nur Goethe eine Ausnahme, ein Genie, das bis zum Ende unergründlich blieb (und das ihm fern war durch den zeitlichen Abstand, die Religion, als Deutscher und als Künstler-Gelehrter, dessen reiches Werk Freud ebensoviel zu verbergen schien wie es ihm enthüllte). Und Freud hat, wenn man von einer Episode aus Goethes Kindheit absieht, nie den Versuch gemacht, sein Vorbild zu analysieren. Diese Schwierigkeit bei der Suche nach einem geeigneten Vorbild ist nur eine unter vielen Erfahrungen, die Freuds pessimistische Ansicht von der menschlichen Natur samt ihren triebhaften Aggressionen bestärkte. Wahrscheinlich hatte sich Freud schon früh mit dem Tod als der gegenläufigen Begleiterscheinung alles dessen, was im Menschenleben gut und glücklich war, tief eingelassen, aber die aufrüttelnde Wirkung bestimmter Todesfälle geliebter Menschen wie auch die furchtbaren Offenbarungen der keineswegs erloschenen menschlichen Bestialität boten ihm Gelegenheit und Beispiel, seine zutiefst dualistischen Anschauungen auszubilden. Schon in seinen *Formulierungen über die zwei Prinzipien des psychischen Geschehens* (1911) hatte Freud sich Gedanken darüber gemacht, daß dem freien Ablauf des Lustprinzips nicht nur ein Realitätsprinzip, sondern auch ein Unlustprinzip entgegensteht, das sich einmengt, wenn die Lustgefühle überhand nehmen, und den Organismus zum Rückzug veranlaßt, um die Reizmenge zu vermindern.

1920 war er schon zu seiner berühmten Formulierung in *Jenseits des Lustprinzips* fortgeschritten, in der er behauptete, daß wir manchmal frühere Erlebnisse wiederholen, selbst wenn sie nicht lustvoll sind. Überdies beschäftigte sich Freud mit der immerwährenden Wiederkehr des Kriegs und kam dadurch auf den Begriff des Todestriebs, der im normalen Menschen tief verwurzelten Hinwendung zu Tod und Aggression, die das Lustprinzip ausgleicht. Der ganzen Generation optimistischer Nachfreudianer entgeht, wie wichtig diese Vorstellung für Freud war, wenn sie in seinen Ansichten Anzeichen dafür finden, daß die menschliche Natur nach einem besseren Vorbild geformt werden könne und die Kunst keineswegs trügerisch oder bloß unschädlich, sondern positiv therapeutisch sei. So nimmt Simon O. Lesser (1957) die Wiederherstellungstheorie von Stokes auf und beschließt eine lange elegische Schilderung des Leids, der Unlust und der Schuld in der Realität mit der Bemerkung, daß die Menschen Prosadichtung läsen,»um den Mangel an Erlebnissen einigermaßen auszugleichen«; im gleichen Buch lehnt er später Sachs' Versuch ab, eine auf der Psychoanalyse begründete Theorie des ästhetischen Erlebens zu formulieren, weil Sachs den Begriff Todestrieb einführt:»Ich kann mich seiner Meinung nicht anschließen, daß ein Gefühl der Trauer ein notwendiger Bestandteil ästhetischen Erlebens sei.« Und Norman N. Holland (1968), der sich auf Lessers Buch stützt, macht Freud aktuell mit der Behauptung:»Der Schlüssel zu den erfolgreichsten literarischen Werken ... liegt darin, daß gerade ihre Abwehr mir Lust bereitet.« Hier wird Freuds Beschreibung des Verlaufs der Abwehrneurosen [78] ignoriert: es gibt dabei ein verfrühtes und traumatisches Sexualerlebnis; wenn es bei einer späteren Gelegenheit erinnert wird, erzeugt seine Verdrängung ein Primärsymptom; es folgt»ein Stadium gelungener Abwehr, das bis auf die Existenz des Primärsymptoms der Gesundheit gleicht«, und schließlich ein Stadium,»in dem die verdrängten Vorstellungen wiederkehren, und im Kampf zwischen ihnen und dem Ich neue Symptome, die der eigentlichen Krankheit, gebildet werden«. Es gibt reichlich Literatur, die die Abwehrfunktion der Kunst bei der Neurose und bei Schizophrenie untersucht, wo sie zur Abwendung einer drohenden, ichspaltenden Psychose beizutragen scheint [79]; diese Abwehr hat jedoch nur oberflächliche Ähnlichkeit mit der künstlerischen Produktion und verschwindet gewöhnlich mit der Angst, so daß die Kunst gleichzeitig mit der Krankheit»wegkuriert« wird. Offensichtlich steht nach Freud die aus der Abwehr abgeleitete»Lust« auf sehr unsicherem Boden und stellt ein Stadium in der Entstehung einer neurotischen Krankheit dar. Die ganze Frage ist mit dem Wesen der Abwehr verknüpft, die Freud als»die Abneigung, die psychische Energie so zu lenken, daß Unlust entsteht«, umschreibt.

Wenn Freud am Anfang seiner Laufbahn das Vorhandensein einer Unlust neben der Lust andeutete – wobei die eine sich aus der lustvollen Abfuhr, die andere aus der schmerzhaften Zunahme von Energiespannungen über eine bestimmte Schwelle hinaus herleitete –, arbeitete er im Rahmen des von Helmholtz und dessen Kreis übernommenen ökonomisch-mechanischen Modells, das er auch auf den Witz anwendete. Die zentrale Idee war das Gesetz der Konstanz, nach dem jeder Energieverbrauch durch eine Zufuhr kompensiert werden muß und umgekehrt, wenn nicht ein bedeutender und entstellender Überschuß oder Verlust die Folge sein soll. (Der oft erörterte Mechanismus der Homöostase wurde als Arbeitsprinzip von Claude Bernard und anderen entsprechend dem physikalischen Gesetz von der Erhaltung der Energie in die Biologie eingeführt.) Freud scheint Ausgewogenheit für den erstrebenswertesten

Zustand des Organismus gehalten zu haben, ein Gleichgewicht jener achtunggebietenden inneren und äußeren Kräfte, die das gebrechliche Ich beherrschen oder von denen es beherrscht wird (eine weit dynamischere und lebendigere Vorstellung als Schopenhauers vorübergehende Suspendierung des Willens.) Während das Lustprinzip, wie Max Schur es ausdrückt [80], »das Bedürfnis regelt, durch Aktion oder Phantasie jede Situation neu zu schaffen, die das Erlebnis der Befriedigung herbeigeführt hat«, wirkt das Unlustprinzip dahin, »Störungen des Gleichgewichts zu beseitigen, die hauptsächlich durch übermäßigen Reiz von außen her entstehen«.

Wie bereits erwähnt, ergibt sich eine große Schwierigkeit beim Erarbeiten einer brauchbaren psychoanalytischen Ästhetik daraus, daß ihre implizierte Definition der Schönheit ein ungebührliches Gewicht auf Lust legt. Künstler wie auch Kritiker lehnen es schon lange entschieden ab, daß ihr Erleben auf Lust zurückgeführt wird, die ja für manche Kunstformen – etwa die Tragödie – unter Umständen von keiner erheblichen Bedeutung zu sein braucht. Kurzum, eine Freudsche Ästhetik müßte Mittel und Wege finden, mit dem Beschauergenuß des Betrachters und der Aufheiterung des Schöpfers fertigzuwerden, ehe sie von einer Psychologie der Kunst zu einer Ästhetik der Kunst fortschreiten könnte. Dazu kommt noch, daß Kritiker, für welche Oberfläche und Tiefe bei der Kunst in die Struktur des Kunstwerks eingegangen sind, es nicht gut aufnehmen, daß die Psychoanalyse behauptet, nur sie sei in der Lage, die »tiefste« Schicht eines jeden Kunstwerks freizulegen. Es war die Praxis der naturwissenschaftlichen Ästhetik des neunzehnten Jahrhunderts, wie sie Fechner und andere vertraten, von deren Methode Freud weitgehend abhängig ist, den Blick vom Kunstwerk weg auf seine »wesentlichen« und meßbaren Elemente zu richten, und daraus erklären sich bis zu einem gewissen Grade die Grenzen seiner Kunstkritik.

Daß Freud das Lustprinzip mit einem Prinzip des Gleichgewichts koppelte, könnte sich für die Erklärung begrenzter Bereiche der ästhetischen Würdigung als ausreichend erweisen, würde aber kaum dem machtvollen Trieb des Künstlers gerecht, durch die Anordnung von Farben und Formen sich selbst auszudrücken. Der konservative Geschmack des Psychoanalytikers mag ihm hier den Ausblick verengt und ihn für künstlerische Probleme in jenen Fällen blind gemacht haben, wo der Künstler gegen konventionelle Weisen des Sehens und Produzierens von Kunst rebelliert. Die Grenzen sind hier wahrscheinlich nicht anders gezogen als bei seinem Lehrer Brücke, der Schönheit ganz akademisch als das angenehm Ruhige definierte. Freud schloß zwangsläufig aus seiner – unausgesprochenen – Definition der Schönheit nicht nur Richtungen mit einer Vorliebe für das Groteske wie den Expressionismus aus, sondern auch alle die mit dem Impressionismus einsetzenden neuen und erfindungsreichen Stilarten – die sämtlich ohne Unterschied das Etikett »häßlich« erhielten. Die mäßigende Rolle der Schönheit in der Kunst entspricht recht gut der Funktion des Ich in Freuds Seelenschema: gerade so, wie eine gelungene Komposition unter diesem Gesichtswinkel eine humane Mitte zwischen der reinen Abstraktion und einer übertriebenen Gefühlsbetontheit hielte, so bliebe das gesunde Ich Herr in seinem Haus und würde weder von dem strengen Überich beherrscht noch in die wilden Fluten des Es gerissen. Im Sinne einer schöpferischen Tätigkeit würde das Ich eine Verschmelzung auseinanderstrebender und frei schwärmender Energien bewirken. Freud hätte für diese seine Haltung Unterstützung bei Fechner finden können (1876); in seinem Buch über den Witz [81] zitiert er Fechner zum Beispiel dort, wo er vom »Prinzip der einheitlichen Verknüpfung des Mannigfaltigen« spricht, das – wie Freud zeigt – im Bereich des Witzes sich so auswirkt, »daß wir beim Zusammenwirken mehrerer lusterzeugender Faktoren nicht imstande sind, jedem derselben den ihm am Ergebnis wirklich zukommenden Anteil zuzuweisen«. Die gleiche Formel, in der romantischen Ästhetik als »Einheit in der Vielfalt« bekannt, scheint auf Freuds Schema zu passen, nach welchem es in der Seele verschiedene Strebungen gibt, die aufeinander einwirken, wobei das Ich (wenn es nicht passiver Beobachter ist) die auseinanderstrebenden und miteinander wetteifernden Botschaften, die von den triebhaften Es-Kräften, vom Über-Ich und von (inneren wie äußeren) Wahrnehmungen der Realität herkommen, vereint oder ausbalanciert [82].

In Freuds dynamischem System entspräche die Tendenz der Ich-Energie, konstant zu bleiben, zusammen mit den Verschmelzungsfähigkeiten des Ich der »Einheit«, während die aufladenden und abführenden Energien des Über-Ich, des Es und der Realität offensichtlich der »Vielfalt« entsprächen [83]. Meine Übersetzung des Freudschen Diagramms des seelischen Apparats in die Sprache der Ästhetik unterstreicht die Bedeutung, die Freud den bewußten (oder vorbewußten) Elementen in der Hervorbringung von Kunst beimißt, wie auch die Notwendigkeit, eine gewisse Balance zwischen den bewußten und unbewußten Kräften aufrechtzuerhalten. Es ist verständlich, daß Gombrich (1966), der in der Nachfolge von Kris gerade das beweisen wollte, besonderen Nachdruck auf einen interessanten Satz legte, den er in einem Brief Freuds an Stefan Zweig vom 20. Juli 1938 fand. Es hieß darin vom Surrealismus und anderen ungewöhnlichen Kunstformen, »der Begriff der Kunst verweigere sich einer Erweiterung, wenn das quantitative Verhältnis von unbewußtem Material und vorbewußter Verarbeitung nicht eine bestimmte Grenze einhält«. Dieser Satz, der ganz offenbar den alten Verhältnissen einer »naturwissenschaftlichen« Ästhetik, wie sie Fechner teuer war, na-

besteht, stellt die Kunst zwischen eine totale Kontrolle durch das Bewußtsein und eine psychotische Auslieferung ans Unbewußte. Die neuen kühnen Sprünge der zeitgenössischen Kunst ins Unbekannte hinein waren Freud und seinem Kreis verhaßt, und es ist kein Wunder, daß die Künstler, die er kannte und die sein Porträt malen durften – mit der Ausnahme Dalis, der eine von Freud bewunderte glatte und virtuose Skizze schuf – sämtlich mittelmäßig waren. Nur seine technische Meisterschaft rettete Dali davor, von Freud einfach für wahnsinnig gehalten zu werden. Man sollte jedoch die Originalität von Freuds Ansichten über die Bedeutung des Ich, die in seinen späteren Schriften öfter zum Ausdruck kommt, nicht überschätzen, und man sollte diese Gedanken auch nicht als Beiträge zu einer Ästhetik der modernen Kunst ansehen, wofür Gombrich sie offenbar hielt. Freuds Einstellung wurzelt in dem romantischen Interesse, das das neunzehnte Jahrhundert der Originalität entgegenbrachte, und genauso, wie er den Künstler als einen der Bohème zuneigenden und nicht ganz respektablen Träumer ansah, so lag ihm auch daran, eine Formel zu finden, die es ihm erlaubte, die Fantasie und das »freie Assoziieren« in ein legitimierendes und zusammenhängendes System zu bringen. In dieser Hinsicht scheint sein Ich im Mittelpunkt eines verwirrenden Chaos von Eindrücken die beiden einander entgegengesetzten Strömungen zu mischen, die ihm am vertrautesten waren: die klassizistische, die den Nachdruck auf Ordnung und »Schönheit« legte, und die romantische, der es in erster Linie um Originalität und ungehemmten Ausdruck ging. Man fühlt sich hier an die fast gleichzeitige Schrift Edward Bulloughs (1912) erinnert, die darauf abzielt, die bestmögliche »psychische Distanz« für die Kunst zu finden, die weder »überdistanziert« ist (isoliert und unbeteiligt annähernd im Sinne der klassischen Zurückhaltung) noch »unterdistanziert« (so nahe und gefühlsbeteiligt, daß Perspektive und Trennungslinie verlorengehen), sowie an die neueren Theorien McLuhans und seine »heißen« und »kalten« Medien.

Freuds Streben nach einer ausgewogenen, vernünftigen und gesunden Kunst scheint in seinem Aufsatz *Psychopathische Personen auf der Bühne* (1905) klar hervorzutreten. Beim Nachdenken über die Beziehung des Verfassers eines Stückes zu seinem Publikum sieht Freud den Zuschauer als »Misero, dem nichts Großes passieren kann« und dem Autor und Schauspieler »die Identifizierung mit einem Helden« ermöglichen. In Stücken mit psychopathischen Hauptpersonen ist es wichtig, »daß der Held nicht psychopathisch ist, sondern es in der uns beschäftigenden Handlung erst wird«. Freud legt diesen Maßstab an ein Stück an, das er kurz zuvor gesehen hatte – Hermann Bahrs *Die Andere* (1905) –, und findet es (im Gegensatz zu *Hamlet*) fehlerhaft, weil es dem Betrachter eine fertige Neurose und eine Heldin vorstellt, mit der er sich nicht identifizieren kann. Freud schließt mit einer verallgemeinernden Feststellung hinsichtlich der »Grenze der Verwendung abnormer Charaktere« auf der Bühne und sieht sie bestimmt durch die »neurotische Labilität des Publikums (sic) und die Kunst des Dichters, Widerstände zu vermeiden und Vorlust zu geben«. Der Aufsatz enthält gewissermaßen das Urbild der späteren Formel, nach der sich Kunsterfolg auf der Grundlage des Verhältnisses von bewußtem zu unbewußtem Material entscheidet. Dabei ist zu bedenken, daß Freuds hier mit konservativer Strenge angewandte Formel unbestimmt und dehnbar genug ist, um eine weit großzügigere, ja avantgardistische Auslegung zuzulassen: die Vorlust, die Bahr Freud nicht vermittelte, konnte von Teilen des Publikums mit fortschrittlicherem Geschmack durchaus gewürdigt werden. Zugegebenermaßen braucht Freuds Identifizierungsmaßstab, wie er ihn hier vorlegt, nicht einmal den ungewöhnlichsten psychotischen Charakter auszuschließen, wenn sich nur seine Krankheit so allmählich vor uns herausbildet, daß wir eine dauernde Sympathie für ihn bewahren können. Sofern jedoch zu Freuds Verhältnis des Bewußten zum Unbewußten nicht noch ergänzende Kriterien hinzutreten, die zeigen, wie sich die verschiedenen Größenverhältnisse auf vorliegende Beispiele anwenden lassen (vorausgesetzt, daß solche Proportionen überhaupt bestimmt werden können), bleibt das Kunstwerk einer unzulänglichen, psychologischen und vielleicht irrelevanten Kritik überlassen.

In unseren Überlegungen zu Freuds Ansichten über Kunst ist ganz deutlich geworden, daß der objektive Aspekt des Kunstwerks zugunsten psychologischer Erwägungen vernachlässigt wurde. Diese Tendenz machte eine Schwäche sichtbar, die der Freudschen Psychologie überhaupt anhaftet; es sieht so aus, als habe er nie die intersubjektiven Probleme des sozialen Verhaltens gelöst, mit denen sich jede Psychologie auseinandersetzen muß. So fragt er in seinem Aufsatz über den Narzißmus (1914), »woher denn überhaupt die Nötigung für das Seelenleben rührt, über die Grenzen des Narzißmus hinauszugehen und die Libido auf Objekte zu setzen«; er antwortet, »diese Nötigung trete ein, wenn die Ichbesetzung mit Libido ein gewisses Maß überschritten habe«. Dann stellt er fest: »Ein starker Egoismus schützt vor Erkrankung, aber endlich muß man beginnen zu lieben, um nicht krank zu werden, und muß erkranken, wenn man infolge von Versagung nicht lieben kann. Etwa nach dem Vorbild, wie sich Heinrich Heine die Psychogenese der Weltschöpfung vorstellt.« Diese paradoxe Eigenschaft des Ich, das dann am stärksten ist, wenn es seine überschüssigen Energien nach außen auf andere lenken kann, steht vielleicht in unmittelbarem Zusammenhang mit Freuds Anschauung von der Kunstschöpfung, denn er vergleicht in seinem letzten Satz den gesamten Vorgang der sich nach außen wendenden Liebe mit einer Theorie der kosmischen Schöpfung, die, weil sie von einem skeptischen Dichter stammt, mehr mit poetischer Schöpferkraft als mit der Genesis der Bibel zu tun haben muß. Die paradoxe Stellung der Ich-Libido in Freuds Psychologie hat ihre Wurzeln in seiner ungleichmäßigen Behandlung einerseits der Künstlerpsyche, deren feinste Motivierungen katalogisiert werden, und andererseits des Künstlerverhaltens oder seines eigentlichen Werks, dessen Zustände und Medien, Formen und Stilarten in den meisten seiner Schriften – mit Ausnahme des Buches über den Witz – selten unterschieden oder bestimmt werden. In der Tat war Freud weniger am Künstler oder Schriftsteller an sich interessiert als an dem schöpferischen Genie. Er hat nie über Rembrandt geschrieben, einen Künstler, den er besonders seiner Porträts wegen mehr als alle anderen geschätzt haben mag, und der Grund ist wohl darin zu suchen, daß alles, was man von diesem Künstler weiß, sich hauptsächlich auf seine Kunst bezieht und nicht auf seine Mentalität. Auch gab es kein Rembrandtporträt, das wie die *Mona Lisa* oder der *Moses* Michelangelos eine umfangreiche Literatur angeregt hätte, die sich über die seelische Verfassung des Porträtierten oder über die Abfolge der bei ihm vermuteten Gefühle und Gebärden vor dem dargestellten Augenblick den Kopf zerbrach.

Eine weitere Schwierigkeit der Freudschen Ästhetik liegt in der Wertfrage: die Psychoanalyse konnte die Tiefen eines Kunstwerks sondieren, ohne jemals anzugeben, ob es gute oder schlechte Kunst war. Freilich folgen viele moderne Ästhetiker dem skeptischen F. H. Bradley, der keinerlei Verbindung zwischen einem Studium der Kunst und der Wertfrage sieht, denn auch die sorgfältigste und tiefstschürfende Kunstbeschreibung wird den Kritiker von der Menge seiner Fakten nicht zu einer Wertung des Kunstwerks führen. Es scheint, daß eine solche Wertung, ausgesprochen oder unausgesprochen, bei der Kritik unvermeidlich ist, allein schon bei der Auswahl des zu untersuchenden Stückes; Freud jedenfalls legte Qualitätsmaßstäbe an, wenn er »große« Werke auswählte, um sein Ödipusthema zu veranschaulichen. Er versuchte sogar eine vage Erklärung der Größe des Sophoklesdramas und später des *Hamlet* und der *Brüder Karamasow*, indem er sie alle irgendwie mit dem gleichen Thema in Verbindung brachte; er zeigt aber auch, daß moderne Behandlungen, etwa Grillparzers *Ahnfrau*, den großen Beispielen nicht ebenbürtig sind. Seine Erklärung überzeugt nicht, und sie versetzt uns auch nicht in die Lage, in die literarischen Qualitäten der Werke einzudringen, weil sie alle auf eine einzige Dimension reduziert werden und Faktoren wie Sprache, Rhythmus und so weiter infolgedessen unberücksichtigt bleiben [84].

Man könnte aus dieser Untersuchung den Schluß ziehen, der Hauptwert einer Beschäftigung mit Freuds Theorien über Kunst liege darin, daß sie Aufschlüsse über die Psychoanalyse und über Freuds Persönlichkeit vermitteln könne. Das gilt vielleicht für seine engeren ästhetischen

Äußerungen, die oft in seinen eigenen frühen Neigungen und Vorurteilen wurzeln. Aber Freud war (wie in Kapitel IV gezeigt werden soll) durch sein nachhaltiges literarisches Beispiel in den großen Werken – *Traumdeutung, Psychopathologie des Alltagslebens* – sowie durch die eindrucksvolle Formulierung von Vorstellungen und Techniken, die nicht in erster Linie als ästhetische gedacht waren, aber doch auf mehrere Generationen von Kritikern, bildenden Künstlern und Schriftstellern großen Einfluß hatten, ein großer Anreger. Man denkt hier an Begriffe wie Überdeterminierung und Verdichtung, an seine eingehende Beschreibung des ungebrochenen Zusammenhangs zwischen normalem und neurotischem Erleben und an seine lebendige Vorstellung von der Seele, in der sich ein Kampf nicht zwischen Gut und Böse, sondern zwischen dem Ich, dem Über-Ich und den Es-Kräften als eine säkulare ›Psychomachia‹ abspielt. Daß Freud es vorzog, den Inhalt der Kunst zu betonen und bei den seelischen Phantasievorgängen die Wunscherfüllung in den Vordergrund zu stellen, bedeutet nicht, daß eine Forschung, die auf Freuds Erkenntnissen aufbaut, nicht die Kluft zu einer Betrachtung unter formalen, perzeptiven Gesichtspunkten überbrücken könnte. Ferner haben zwar manche Autoren die kritiklose Anwendbarkeit der Freudschen Kunsttheorien auf die moderne Kunst übertrieben, aber manche von diesen Theorien haben tatsächlich einen unmittelbaren Bezug auf diese Kunst und Literatur und können moderne Stilarten in beiden Bereichen dem Verständnis näherbringen. Schließlich waren Freuds Gedankengänge eine reiche Quelle für neuartige, einfallsreiche Interpretationen alter Kunst, die manchmal Offenbarungen bringen, manchmal weit vom Thema abschweifen, aber in vielen Fällen neue und lohnende Wege weisen.

FREUDS EINFLUSS AUF KUNST, LITERATUR UND KRITIK

Wir sind bisher den Schwierigkeiten und Widersprüchen, den Vorzügen und Schwächen der Gedanken Freuds über Kunst nachgegangen und haben ihre Beziehung zur Psychoanalyse wie auch zu seinem privaten Leben untersucht. Damit haben wir uns eine günstige Position geschaffen, von der aus wir ihren Einfluß auf die Kunst und Literatur des zwanzigsten Jahrhunderts überprüfen können. Dieser gewaltige und vielfältige Einfluß läßt sich nur deutlich machen, wenn wir verstehen, was Freud selbst hervorgebracht hat und wie diese so verschiedenartigen Vorstellungen bestimmten Kunstbewegungen gelegen kamen, manchen allgemeinen Richtungen oder Moden entsprachen und anderen (wie im Anhang ausführlich dargelegt) als Anregung dienten. Ganz besonders kamen Freuds Vorstellungen wohl den Bedürfnissen und Bestrebungen der Surrealisten entgegen.

Wer mit der einschlägigen Literatur vertraut ist, weiß, daß das Verhältnis Freuds zum Surrealismus ungeheuer kompliziert ist [1]; immerhin wird es nützlich sein, hier kurz auf die Geschichte dieser Beziehung einzugehen, da sie zur Klärung gewisser Aspekte der Freudschen Ästhetik beitragen kann. Die Anfänge des Surrealismus fallen mit dem Ausklingen der kurzen, lebhaften Dada-Bewegung zusammen, aus der viele seiner Begründer herkamen. Der Dadaismus jedoch, der 1916 in Zürich inmitten der Ängste und Zerstörungen des Ersten Weltkriegs ins Leben trat, war von Anfang an international; die Gelehrten streiten sich darüber, wer den Namen der Bewegung ›entdeckt‹ hat (Dada ist ein Wort der französischen Kindersprache und heißt Steckenpferd). Anspruch auf die Ehre haben Tzara (ein Rumäne), Huelsenbeck (ein Deutscher) und Arp (ein zweisprachiger, in Frankreich geborener Deutscher). Die deutsche Gruppe dieser intensiv bildstürmerischen und nihilistischen Bewegung hatte – abgesehen von Ablegern in Frankreich und in Amerika – ihre Zentren gleichermaßen in der Schweiz und in Deutschland und besaß immerhin so gute Verbindungen zu den noch unübersetzten Arbeiten Freuds, daß Wittels den Dadaismus verächtlich ablehnen konnte, weil er sich auch auf Freud berufe. (Ich spreche nicht vom Berlin der Nachkriegsjahre, in denen der revolutionäre Sturm gegen jede Ordnung bewirkte, daß Freud zugleich mit Jung und Adler auf den Abfallhaufen wanderte, wie der deutsche Dadaist Hans Richter es ausdrückt [2].) Unter den Züricher Dadaisten scheint ein gewisses Interesse für Freuds Arbeiten bestanden zu haben, so daß der leidenschaftliche Bilderstürmer Tzara es für nötig hielt, in seinem *Manifeste Dada 1918* (1924) zu erklären, die Psychoanalyse sei »eine gefährliche Krankheit, die die antirealen Tendenzen einschläfert« und der Bourgeoisie ein brauchbares System liefere. (Tzara stand später psychoanalytischen Gedankengängen wohlwollender gegenüber; in seinem Buch *Grains et issues* von 1935 rief er den »experimentellen Traum« wieder ins Leben und bediente sich Freudscher Termini, so etwa des Wortes Sublimierung.) Breton erwähnte, als er 1920 *Pour Dada* schrieb, die herrschende Mode, »das Unbewußte systematisch zu erforschen«, und bemerkte, daß »falsche Gelehrte« Dada Schaden zuzufügen drohten, indem sie darin »die Anwendung eines Systems sehen, das in der Psychiatrie in Mode gekommen ist, nämlich der Freudschen Psychoanalyse, eine Anwendung, die ich zudem selbst vorausgesehen habe. Ein sehr verworrener und ganz besonders böswilliger Charakter, nämlich H. R. Lenormand, wagte sogar zu behaupten, uns könne eine psychoanalytische Behandlung gut tun ... Es braucht nicht betont zu werden, daß die Analogie zu Verrückten ganz und gar oberflächlich ist.« Breton verfaßte, nachdem er Freud 1921 in Wien besucht hatte, eine kurze, kritische Schilderung des Psychoanalytikers [3], die er später als eine dadaistische Geste bedauerte.

Die Surrealisten standen – vielleicht, um sich von den Dadaisten abzusetzen – der Psychoanalyse nach den frühen zwanziger Jahren wohlwollend gegenüber, obwohl man eigentlich von der Bezeichnung her das Gegenteil hätte erwarten sollen. Verglichen mit ›Dada‹ hat das Wort ›Surrealismus‹ einen eindeutigen französischen Ursprung, da es 1917 von Guillaume Apollinaire geprägt wurde. Apollinaire, ein streitbarer Deutschenhasser, widersetzte sich jeder Symbolik und Romantik, da beides seiner Meinung nach durch die deutsche Philosophie belastet war. Er verwendete das Wort ›Surréalisme‹ für sein Stück *Les mamelles de Tirésias* (Die Brüste des Teiresias) in unmittelbarem Widerspruch zu Victor Basch, dem französischen Befürworter der Lippsschen Einfühlung, der behauptete, in dem Stück Symbolik gefunden zu haben. Sowohl im Stil seines Stückes wie auch in der Geste, zu dessen Charakterisierung einen neuen Namen zu wählen, schloß sich Apollinaire anderen jungen Franzosen an, die nach unmittelbarem Ausdruck strebten, nach Gleichzeitigkeit und Direktheit, die das Althergebrachte vermied [4]. Zunächst sah es aus, als würden die französischen Dadaisten Apollinaire folgen und die Bezeichnung ›Surréalisme‹ für sich anerkennen, aber Apollinaires Ablehnung des Symbolismus wurde jetzt schon ignoriert oder in Frage gestellt, und manche Schriftsteller sahen im Dadaismus im Grunde nichts anderes als die bis zum Wahnsinn gesteigerte symbolistische Geisteshaltung.

In dieser verzwickten Situation, in der die Kritiker je nach ihren Motiven Junge und Alte, Franzosen und Deutsche, Symbolisten und Dadaisten einander zuordneten oder gegenüberstellten, ließ sich oft nur schwer erkennen, wie die Entwicklung wirklich verlief. Als Breton 1924 sein erstes Manifest schrieb, machte er eine Kehrtwendung in seiner Einstellung sowohl zu Deutschland [5] wie auch zum Symbolismus und provozierte seine Landsleute mit dem Namen Freuds, zum Teil wohl in der Absicht, einen Skandal herbeizuführen [6]. Wir dürfen nicht vergessen, daß während der bitteren Nachwehen des Ersten Weltkriegs Freuds Name mit dem deutschen Feind identifiziert werden mußte; so behauptete der oben genannte Lenormand [7], dessen Ansichten über Dada Breton seinerseits angriff, der »Dadaismus und der darauf folgende Surrealismus« seien ein »Rückfall in die Kindheit« ähnlich der Hysterie und der Psychoneurose; er zitiert Henri Albert im *Mercure de France* mit der Bemerkung, den Dadaismus hätten »die Deutschen erfunden, deren Nervensystem zerrüttet« sei und die »ihre Gesundheit dadurch wiederherstellen wollten, daß sie das Stammeln der frühen Kindheit nachahmten«. Lenormand unterzieht dadaistische Dichtung einer humorvollen »Psychoanalyse« und beruft sich dabei nicht auf Freud, sondern auf Dr. Maeder, den Schweizer Schriftsteller, der einige der ersten Zusammenfassungen Freudscher Gedanken auf französisch herausgebracht hatte, und den Tzara und Breton persönlich kannten [8]. Solche Zusammenfassungen machten, wenn sie auch bedenkliche Mängel hatten, Freuds Vorstellungen doch soweit zugänglich, daß Schlagworte und Formulierungen aus seinen Schriften in französische Intellektuellenkreise eingeführt werden konnten. Es gilt also weitere Untersuchungen abzuwarten, ehe wir entscheiden können, ob Clifford Browder [9] und Michel Sanouillet [10] recht haben, wenn sie Freuds Einfluß auf den frühen Surrealismus für sehr gering halten [11], wobei Browder vorbringt, daß Freuds Werke erst in den frühen zwanziger Jahren ins Französische übersetzt wurden und daß Breton nie Deutsch gelernt hat, während Sanouillet auf Bretons unfreundlichen Bericht über seinen Besuch bei Freud im Jahre 1921 verweist. Mir will scheinen, daß die bei den französischen Surrealisten gängige Version der Psychoanalyse trotz deren gegenteiligen Behauptungen nur selten mit dem Freudschen Original übereinstimmte; in den schlimmsten Fällen mißverstanden sie seine zutiefst therapeutische Absicht, und wo sie ihm noch am nächsten kommen, dehnten sie die Freudschen Vorstellungen von der Sexualität und dem Unbewußten auf Gebiete aus, die der große Psychoanalytiker nicht vorgesehen hatte, indem sie Elemente aus der französischen Tradition einführten. Um diese Ansicht zu stützen, dürfen wir darauf hinweisen, daß das surrealistische Gedankengut weitgehend dasjenige älterer französischer Dichtung und Psychiatrie fortsetzt [12]. Freud selbst brachte in einem halb scherzhaften Interview mit dem Franzosen Raymond Recouly (1923) zwei Erklärungen dafür vor, daß er in Frankreich nicht populär war: erstens habe »die Politik etwas damit zu tun«, und zweitens hätten seine Theorien »zumindest am Anfang mit denjenigen des großen Charcot im Zusammenhang gestanden«, und die Franzosen wären »keineswegs darauf erpicht gewesen, deren Entwicklung auf fremdem Boden, in einem fremden Geist und einer fremden Sprache zu verfolgen«.

Wie erklärt sich dann, daß Breton sich in seinem ersten *Manifeste du surréalisme* von 1924, in dem Charcots Name nicht auftaucht, auf Freuds Traumtheorien zu stützen scheint (und daß er behauptet, diese Theorien vor 1919 gekannt zu haben)? Breton war zwar sehr stolz auf sein psychiatrisches Wissen, hat aber wahrscheinlich trotzdem von Freuds Namen Gebrauch gemacht, ohne damals seine Theorien ganz verstanden zu haben; so hat zum Beispiel Aragon schon 1923 in *Max Ernst, peintre des illusions* die sehr allgemeine Behauptung aufgestellt, daß man in Ernsts Zeichnungen, wenn man sie »in der Art Freuds« analysierte, »eine sehr einfache phallische Bedeutung« fände. Und Breton nimmt in seinem *Manifeste du surréalisme* an, offensichtlich ohne Freuds entgegengesetzte Ansicht zu kennen, daß Träume von den Träumen vorangegangener Nächte abhängen und »zur Lösung der grundlegenden Lebensfragen benutzt werden« können. Anscheinend hat er hier die Theorie von den Tagesresten oder von der Wunscherfüllung noch nicht erfaßt, und er erwähnt auch Freuds Theorie von der Sublimierung in ihrer Anwendung auf die Kunst nicht – ein Thema, auf das er im zweiten Manifest von 1930 kurz, aber verständnisvoll eingeht. Breton bagatellisierte seine Abhängigkeit von der französischen psychiatrischen Überlieferung aus verschiedenen Gründen: französische Psychiater hegten kaum Sympathie für Freud oder die Surrealisten [13]. Wenn wir uns klarmachen, wieviel die Technik des psychischen Automatismus vermutlich Janets Schriften (1889) verdankt, können wir nur vermuten, daß Bretons offensichtliche Gleichgültigkeit Charcot und Janet [14] gegenüber auf deren Stellung innerhalb der akademischen Psychologie zurückzuführen ist. Einen weit günstigeren Eindruck hat auf Breton wahrscheinlich Jean Vinchons kleines Buch *L'art et la folie* gemacht, das 1924 in Paris erschien, gerade als der Surrealismus sich konsolidierte. Dieses Buch behandelt die Geistesgestörten im Sinne Charcots und seiner Schüler an der Salpêtrière, verwendet Bleulers Terminus »schizophren« und bedient sich der Vorstellung Schopenhauers, daß Erinnerungen, anstatt ausgelöscht zu werden, sich isoliert und ohne Verbindung mit irgendwelchen logischen Gruppen erhalten können; es geht jedoch mit keinem Wort auf Freuds Arbeiten ein.

Vinchon bemerkt, daß es bei geistesgestörten Schriftstellern und Künstlern »keinen Wechsel mehr zwischen dem Traumleben und dem wirklichen Leben gibt wie bei den Haschischessern Moreaus von Tours (des Psychologen, der *Du haschisch et de l'aliénation mentale* schrieb,

Paris 1845), sondern nur die tyrannische und endgültige Herrschaft des Traumlebens«. Dieses Traumleben nennt er »ein automatisches Leben«, und er findet, daß »der Traum, dem die Ekstasen des delirierenden Mystikers und die Trancezustände des Mediums ähneln, den Dichter oder Künstler zu einer Bearbeitung seiner Erinnerungen inspirieren kann, aus denen er, da die Kontrolle des Bewußtseins ausfällt, überraschende Ergebnisse gewinnen wird. Diese Art der Inspiration stellt die höhere Form des Automatismus dar.« Im gleichen Jahr 1924 richtet Breton ein ›Bureau für surrealistische Forschung‹ ein und nähert sich damit zwangsläufig eher dem experimentellen Vorgehen Janets als der Therapie Freuds. Dieses Abweichen von der Psychoanalyse zeigt sich ganz deutlich in dem Vergleich, den Freud selbst in seinen *Fünf Vorlesungen über Psychoanalyse* (1910 a) zwischen seinen und Janets Ansichten über Hysterie durchführt; er stellt dabei fest, daß Janet den Nachdruck auf eine unvermeidliche Dissoziation legt, während er eine Synthese als möglich annimmt, und beschließt seinen Aufsatz mit der Bemerkung, daß diese Divergenz sich notwendigerweise ergeben mußte, »da ich nicht wie Janet von Laboratoriumsversuchen, sondern von therapeutischen Bemühungen ausging«. Erst später, als Breton eine Therapie aus Sex und Liebe anstrebte, wurden Freuds Theorien für ihn bedeutsamer.

Im *Manifeste du surréalisme* übersetzte Breton Apollinaires vage Andeutung des in seiner Neubildung ›Surréalisme‹ enthaltenen Neuen in eine Definition, die eine eindrucksvolle Sicherheit verriet: »Surrealismus, Substantivum, masc. Reiner, psychischer Automatismus, durch den man mündlich, schriftlich oder auf jede beliebige andere Weise den Denkvorgang unverfälscht auszudrücken versucht. Diktiert vom Gedanken, frei von jeder Kontrolle der Vernunft und jedem ästhetischen oder moralischen Einfluß entzogen ... Der Surrealismus beruht auf dem Glauben an die höhere Wirklichkeit bestimmter, bisher vernachlässigter Assoziationsformen, an die Allmacht des Traumes, an das unbefangene Spiel des Gedankens.«

Diese Betonung der Gedankentiefe, der Imagination und der Erinnerung bewog Breton, ältere Schriftsteller heranzuziehen, vor allem jene unerschrockenen Traumforscher, die Romantiker; allerdings lehnte er auf seiner Suche nach dem »Wunderbaren« (merveilleux) das Geheimnisvolle der Romantiker ab, und die Verschwommenheit und Sentimentalität der Romantik verwandelte sich bei ihm in eine positivistische, psychologisch unterbaute Disziplin. Zu oft wird übersehen, daß die Romantiker, von Augenblicken des Überschwangs abgesehen, dazu neigen, Traum und Leben voneinander abzusetzen. So ist in Jean Pauls gewaltiger ›Rede des toten Christus‹ die erschreckende Vision des Dichters zwischen sein Einschlafen und Aufwachen eingeschoben, und die Leser finden sich durch diesen trennenden Rahmen getröstet, der ihnen gewissermaßen bestätigt, daß das alles nicht Wirklichkeit ist. In unserer Zeit jedoch ist man mehr und mehr bestrebt, die Schranke zwischen den Gefühlen und Empfindungen des Künstlers und denen des Betrachters niederzureißen. E. T. A. Hoffmanns Kater Murr andererseits bringt eine ausreichende Erklärung für die eingestreute Kreislerbiographie, so daß die Ängste des Lesers auf eine Weise beschwichtigt werden, die surrealistische Texte nicht gestatten. Selbst der romantische Humor, der zumindest bei Börne und Jean Paul in seiner Zielrichtung auf die – politische wie auch psychologische – Freiheit dem Humor der Surrealisten ähnelte, ging nie so weit wie der konsequente schwarze Humor und die endlosen kindlichen Wortspiele der Surrealisten, Züge, die das absurde Theater ankündigten. Im Grunde gehen also die Surrealisten in der kühnen und bewußten Ausbeutung ihrer Seele über ihre Vorläufer hinaus, indem sie sich ihren Weg von der Psychiatrie und schließlich auch von der Psychoanalyse vorzeichnen lassen. Die Surrealisten, die auf Freuds realistischer Einstellung zum Unbewußten fußen, sind der Meinung, daß die Seele des Menschen nach oben und unten nicht durch Geheimnisse, sondern durch Realitäten begrenzt ist, das heißt, durch sein Erleben, seine Erinnerung und seinen Körper; grob gesagt, Gott wird zum Über-Ich, die Seele zum Unbewußten und die religiöse Ekstase zur Lust und Freude der Fantasie, die durch Traum oder Kunst mit dem Unbewußten in Verbindung steht. Die Errichtung realer Grenzen geht Hand in Hand mit der Auflösung formaler Grenzen – zwischen Leben, Traum und Kunst, zwischen Erwachsenem und Kind und zwischen Seele und Seele –, die in dem Spiel *Le cadavre exquis* (Der köstliche Leichnam) zustandekommt, bei dem eine Gruppe von Surrealisten ein Gedicht hervorbringt, indem einer nach dem anderen Zeilen auf einen Bogen Papier schreibt, der so gefaltet ist, daß keiner weiß, was die anderen geschrieben haben. Auch Zeichnungen entstehen auf ähnliche Weise.

Breton wich von dem stärker vernunftbetonten Freud insofern ab, als er glaubte, daß diese und andere surrealistische Spiele zusammen mit den »Wissenschaften Astrologie, Hellseherei und Parapsychologie« eine seltsame Denkmöglichkeit ans Licht brächten, nämlich die des »Poolens«. Derartige Kontakte innerhalb des Unbewußten würden fördern helfen, was Breton weiterhin anstrebte: die Entstehung eines Kollektivmythos. Hier versucht Breton unter Betonung seiner Unabhängigkeit von Freud seine eigenen Gottheiten – die Frauen Gradiva, Aurelia und Nadja, die das von ihm verfolgte, schwer zu fassende Liebesprinzip verkörperten – ins Freudsche Pantheon einzuführen, das sich auf Familienmitglieder beschränkt hatte und in dem (unter den Frauen) neben der Schwester vor allem die Mutter die beherrschende Figur gewesen war. Breton ist auch in mehreren anderen wichtigen Punkten anderer Meinung als Freud; das betrifft das Verhältnis des Bewußten zum Triebhaften (Freud wünscht, daß das Es sich dem Ich fügt, während Breton dem Es die Rolle des Befreiers zuweist), die Wertung der Neurose (Freud will sie heilen, während Breton zeitweise die geistige Verwirrung fördert, etwa wenn er das faszinierend exzentrische und seltsame Verhalten Nadjas unterstützt, eines Mädchens auf der Grenze zwischen Vernunft und Wahnsinn, die ein nach ihr benanntes Buch anregte und mit ihren Zeichnungen illustrierte (1928), das Verhältnis zwischen Traum, Leben und Kunst (Freud bestand auf einer Trennung, während Breton die Schranken niederreißen und die drei Bereiche vermischen wollte), und das betrifft schließlich auch die Behandlung des Traums (Freud ging klinisch und positivistisch vor, während Breton im Traum etwas Wundersames sah und ihn – im Widerspruch zu Freud – sogar für prophetisch hielt).

Ganz allgemein traten die Surrealisten der Vergangenheit mit viel weniger Ehrfurcht entgegen als Freud, bei dem Erinnerungen im Bereich des Sprechens und Hörens eine so große Rolle spielten; und wie die Futuristen (denen die Surrealisten verpflichtet sind, wenn sie es auch nicht zugeben) priesen sie das Neue, das Unerwartete und das Erschreckende. Es ist zu verstehen, daß Gaston Bachelard [15], der mit dem Surrealismus sympathisierte, der psychoanalytischen eine phänomenologische Kunstbetrachtung gegenüberstellte, und behauptete: »Die Phänomenologie liquidiert die Vergangenheit und stellt sich dem Neuen.« Der surrealistische Automatismus versucht, indem er die Bedeutung des Sehens und Hörens einschränkt, im Interesse tieferer unbewußter Wahrheiten und »Ein-Blicke« blind und taub zu machen und neigt zur Betonung präimaginärer kinästhetischer Sensationen; wenn man sich hinsetzt und die Feder müßig übers Papier wandern läßt, spielt es kaum eine Rolle, ob man als bildender Künstler oder als Schriftsteller bezeichnet wird, da man in der Hauptsache primitive Kritzeleien oder Wortgemische fabriziert, die vielleicht so aussehen wie die Figuren, die Kinder aufs Papier bringen, wenn sie die Buchstaben des Alphabets lernen. Die Produkte einer solchen Betätigung sollen nicht »schön« sein, sondern schockieren, den Betrachter oder Zuhörer aus dem Gleichgewicht bringen und in einen Zustand der Unruhe versetzen, in dem er für neue, unerwartete Wahrheiten und Wirklichkeiten empfänglich ist.

Die Verschiedenheiten zwischen Freud und Breton gehen teilweise auf die offensichtlich unterschiedliche geistige Struktur der beiden Männer zurück, sie erklären sich aber auch daraus, daß hier zwei starke Persönlichkeiten zusammenprallten, die sich in ihrem Streben zu obsiegen und zu führen ebenso glichen wie in ihrer Selbstbeherrschung (Breton sträubte sich, in hypnotischen Schlaf zu verfallen, genau wie Freud sich niemals analysieren lassen wollte). Der alte Gladiator hatte mit dem jungen einen Zusammenstoß, der beider Persönlichkeit auf amüsante Weise enthüllte. Breton schrieb ein Buch Les vases communicants (Die kommunizierenden Gefäße, 1932) [16], das in gewisser Weise eine ›Traumdeutung‹ war (Breton steht nicht nur stark unter dem Einfluß der Traumtheorien aus Freuds Buch, sondern scheint dieses Buch – wie Freud das seine – aufgrund von Schuldgefühlen geschrieben zu haben; in seinem Falle rühren sie davon her, daß er Nadja in die Psychose getrieben hatte, während sie bei Freud auf den Tod seines Vaters zurückgingen); er faßte hier das detaillierte Wissen zusammen, das er sich von der Psychoanalyse hatte aneignen können, nachdem Freuds wichtigere Werke in den zwanziger Jahren übersetzt worden waren. In dieser Arbeit beanstandete Breton an Freuds Meisterwerk zweierlei: erstens, daß Freud, obwohl er sich der Gedankengänge Volkelts bedient hatte, sich in seiner Bibliographie über diesen wichtigen Vorgänger »bezeichnenderweise ausschwieg« (womit er unterstellte, daß Freuds Motiv möglicherweise Neid auf einen Rivalen gewesen sei), und zweitens – ein Einwand, der Freud ganz besonders geärgert zu haben scheint – daß Freud inkonsequent gewesen sei, indem er in der Analyse seiner eigenen Träume den vorsichtigen Bourgeois herausgekehrt habe, nicht aber bei den Träumen anderer: »Sexuelle Anliegen scheinen in seinen eigenen Träumen keine Rolle zu spielen, während sie bei der Interpretation der anderen, vorwiegend von Hysterikern stammenden Träume das Übergewicht haben.« (Breton läßt dieser kritischen Bemerkung eine Analyse eines eigenen Traumes folgen, in der er sagt: »Wir werden versuchen, solch ein unkluger und korrekter Beobachter zu sein.«)

Freud las Bretons Buch, das Ende November 1932 erschien, und scheint dem Verfasser sofort rasch nacheinander – am 17. und am 18. Dezember – zwei Briefe geschrieben zu haben, und dann einen dritten am 26. Dezember, in denen er auf Bretons Kritik einging. Die ersten beiden Briefe bringen eine ausführliche Erklärung dafür, daß in der Bibliographie bestimmter Ausgaben der *Traumdeutung* der Name des Verfassers einer seiner Quellen fehlt, während dieser dritte Brief vom 26. Dezember auf das ihm eigentlich wichtige Thema eingeht und Bretons Behauptung bestreitet. Freud ist der Meinung, daß seine überaus eifrige Antwort zweifellos eine Form der Reaktion auf den grenzenlosen Ehrgeiz der Kindheit sei, den er nun glücklich überwunden habe. (Breton fragt in seiner Antwort auf diesen Brief im Scherz, ob dieser Ehrgeiz wirklich »glücklich überwunden« sei.) Freud erwiderte auf Bretons Kritik: »Wenn ich die Analyse meiner eigenen Träume nicht so weit verfolgt habe wie die anderer, so war nur selten die Scheu vor dem Sexuellen daran schuld, weit häufiger die Tatsache, daß ich regelmäßig den geheimen Hintergrund der ganzen Traumreihe hätte aufdecken müssen, der in meinem Verhältnis zum kurz vorher verstorbenen Vater bestand. Ich meine, daß ich ein gutes Anrecht darauf hatte, der unvermeidlichen Exhibition (auch eine überwundene Kindheitsneigung!) eine

Grenze zu setzen.« (Breton, Les vases communicants, Paris 1955, S. 192/3 [Bild 8]).

Breton wies Freuds Verteidigung scharf zurück und bemerkte, Freuds Ausrede – der Tod seines 1896 verstorbenen Vaters – erscheine ihm wenig stichhaltig, da »die seit 1900 erschienenen sieben Auflagen des Buches Freud jede nur wünschbare Gelegenheit geboten hätten, seine frühere Zurückhaltung aufzugeben oder sie zumindest kurz zu erklären«. Bretons Einwand stimmt mit unseren Feststellungen über Freuds Reaktion auf kritische Bemerkungen zu seinem Leonardo überein, und wir könnten noch hinzufügen, daß auch die erste Auflage der Traumdeutung frühestens drei Jahre nach dem Tod Jakob Freuds fertig wurde, was den Hinweis Freuds auf den vor kurzem erfolgten Tod widerlegt.

Mochten auch manche Vorstellungen der französischen Surrealisten der zwanziger Jahre mit denen Freuds unvereinbar sein und mochten auch zwischen Breton und Freud noch zusätzliche Spannungen bestehen, so kann man doch seit dem Ende der zwanziger und während der dreißiger Jahre feststellen, daß die Surrealisten sehr deutlich den Versuch machen, die Psychoanalyse in ihre Arbeiten einzubeziehen; es sieht so aus, als hätten sie die französischen Übersetzungen der Schriften Freuds tatsächlich gelesen. Breton vor allem suchte bei Freud Dinge, die sich bei den ihm zugänglichen französischen Schriftstellern und Psychologen nicht fanden, so zum Beispiel eine Rechtfertigung der surrealistischen Liebestheorien (Liebe als Befreiung aus sexuellem Gehemmtsein, die es dem Liebenden ermöglicht, das mythische Weib zu suchen) und des Komischen (vor allem des schwarzen Humors) als Techniken der Befreiung, ferner eine sorgfältig ausgearbeitete Metapsychologie, die die menschliche Seele zum Mittelpunkt von Politik, Religion und Kunst machte, und (vor allem in der Psychopathologie des Alltagslebens) eine Rationalisierung der surrealistischen Versuche, mittels eines psychologischen Determinismus, den sie als »Allmacht des Verlangens« bezeichnen könnten, wunderbare Sinnzusammenhänge in den Alltagserlebnissen und den Gegenständen der Alltagswirklichkeit zu entdecken. Bei ihrer Betonung der psychologischen Seite der Kunst hatten die Surrealisten für Fragen der Form ebensowenig Raum wie Freud [17]; sie bemühten sich vielmehr, Kunst nicht als Ausdruck der eigenen Persönlichkeit zu benutzen, sondern als ein Mittel, das sie davor bewahrte, das eigene Ich zu überschätzen und in Narzißmus zu verfallen. Ihre Zielvorstellung einer Gemeinschaftsliebe, des Bestrebens, aus der eigenen Haut zu schlüpfen, drückte sich dichterisch in Begriffen wie »wahnsinnige Liebe«, »konvulsivische Schönheit« und in der Verschmelzung Liebender in sexueller Ekstase aus, die durch eine Vielfalt von teils aus Freuds Traumvorgängen, teils aus der avantgardistischen Literatur abgeleiteten Techniken wiedergegeben wurden; Vorbild waren etwa die reich strukturierten Wortmuster des Joyceschen Ulysses und

Finnegans Wake. Bildnerisch fanden sie ihren Ausdruck in Überschneidungen der Bilder einzelner Körper (eine vom Kubismus erlernte Technik, die man jedoch zur Herstellung mehrdeutiger, selbst androgyner Formen und »köstlicher Leichname« [cadavres exquis] benutzte) oder in der Deformierung von Körperdarstellungen, die man in der Art mancher Bilder von Chagall und Picasso streckte und ineinander verflocht.

Kunst oder künstlerische Zustände würden dann therapeutisch wirken, aber diese Therapie schien Freud (der unbedingten Wert auf einen konventionellen sozialen Rahmen legte) weniger nahezustehen als Ferenczi oder F. H. Myers, die – weniger skeptisch als Freud – parapsychologische und mediale Untersuchungen nicht ablehnten [18]. Das »Poolen«, die Gruppenspiele und der Spiritismus, die den einzelnen aus sich herausziehen sollten, machten sicherlich Anleihen bei echten oder scheinbaren analytischen Techniken; eine Version des freien Assoziierens wurde, in offene Gruppensituationen übersetzt, das Paradigma befreiter schöpferischer Tätigkeit, die den Automatismus verdrängte oder sogar ersetzte. Die fürchterliche, phantastische Gewalt des Unbewußten, ausgeforscht von unerschrockenen Künstlern und Dichtern, die ihren Weg durch schreckeneinflößende Dunkelheiten suchen und sich dabei des Lichtes – oder des Fadens – des Bewußtseins bedienen, wurde in den dreißiger Jahren oft durch den Minotaurus und das Labyrinth symbolisiert [19].

Schließlich ergaben sich Berührungspunkte zwischen der Psychoanalyse und dem Surrealismus dadurch, daß letzterer seine Bilderwelt aus der Freudschen Symbolik herleitete. Offensichtlich nimmt Sexuelles in den bildlichen Darstellungen einen breiten Raum ein, wir finden phallische Krawatten (Breton), Nasen (Dali) und Knochen (Tanguy); fetischistisches Haar (Leonor Fini, Toyen, Félix Labisse, Meret Oppenheim); die Sexualität der Vögel (Ernst); Brüste als Zwangsvorstellung (Paul Delvaux, Hans Bellmer) und infantile Sexualität (Dali, Balthus). Das Thema Traum, Ödipus Rex, Ödipuskomplex (etwa in Tanguys *Mama, Papa ist verwundet!*, wo dargestellt ist, wie ein Kind sich das sexuelle Eindringen des Vaters in die Mutter deutet) und sogar der »Familienroman« der Heiligen Familie – alles das erscheint in der surrealistischen Malerei oder Dichtung. Dalis »handgemalte Traumphotographien« versuchten die halluzinatorische Klarheit der Träume einzufangen, so etwa sein berühmtes Gemälde *Zerrinnende Zeit*, das den Stillstand der Zeit in der Gedankenwelt des Träumers vorstellt, wie es in Freuds zeitlosem Unbewußten der Fall ist, so daß Uhren aus Metall schlaff werden und keine Funktion mehr haben, verrotten, Ameisen anlocken und sich zu organischen Formen wandeln ähnlich der Uhr, die wie ein Blatt im Herbst von einem kahlen Ast herabhängt. Man kann das alles natürlich nicht ausnahmslos auf den Einfluß Freuds zurückführen – manches ist dadaistisch oder futuristisch inspirierter Antitraditionalismus, andere biomorphe Formen hängen mit dem Kubismus zusammen –, aber die Tatsache, daß Freuds Schriften zugänglich waren, ließ solche Darstellungen zweifellos häufiger werden und übte nachweisbar Einfluß auf Vorwürfe einer Anzahl von Bildern aus [20]. Zu den bedeutsamen Vorstellungen, die fraglos von Freud angeregt waren, gehört Gradiva.

Freuds Aufsatz über Jensens *Gradiva* wurde 1931 von seiner langjährigen Freundin und Schülerin Marie Bonaparte zum erstenmal ins Französische übersetzt. Die Schrift enthielt eine Abbildung des antiken Relieffragments mit der Darstellung der Gradiva und zweier anderer Figuren, und sie scheint die Phantasie der Surrealisten stärker angeregt zu haben als alle anderen Schriften Freuds. Wahrscheinlich hat Breton, der stets auf der Suche nach eindrucksvollen weiblichen Wesen war, ob sie nun der Dichtung oder der Wirklichkeit angehörten (und den besonders zufällige Begegnungen auf der Straße faszinierten), sich als erster auf die Gradivafigur gestürzt, zu der er noch öfter zurückkehren sollte. Folgende Stelle aus Jensens Buch (dessen Text der französischen Übersetzung beigegeben war) stellt er seinem Werk *Les vases communicants* (1932) als Widmungszitat voran: »Mit der Linken das Kleid ein wenig raffend, schreitet die Gradiva rediviva Zoe Bertgang, von ihm mit traumhaft dreinblickenden Augen umfaßt, in ihrer ruhig-behenden Gangart durch den Sonnenglanz über die Trittsteine zur anderen Straßenseite hinüber [21].« 1937, im gleichen Jahr, in dem in Paris die surrealistische Galerie Gradiva mit ihrer von Duchamp geschaffenen Glastür eröffnet wurde, schrieb Breton seinen Aufsatz *Gradiva* [22], in dem er erklärt: »Gradiva? Dieser von dem wunderbaren Werk Jensens entliehene Titel besagt vor allem: DIE VORANSCHREITENDE [23]!« Später heißt es: »Vom Bilderbuch des Kindes zum Buch der Dichter: / GRADIVA / Über die Brücke, die Traum und Wirklichkeit verbindet, mit der Linken das Kleid ein wenig raffend: / GRADIVA / Auf der Grenze zwischen Utopia und Wahrheit, das heißt in der Mitte des Lebens: / GRADIVA«. 1931 malte Dali – vermutlich auf Bretons Spuren – das erste einer Reihe von Bildern, die das Gradivathema behandeln – jene Gradiva, die er schließlich mit der alles einschließenden Gestalt der Gala vereinte, der schwer zu durchschauenden und launischen Frau Eluards und Geliebten Max Ernsts, die schließlich Dalis treue Muse wurde und den Namen Gala-Gradiva erhielt. Unter dem Eindruck der metamorphischen Gradivabilder schrieb Dali in *La vie secrète de Salvador Dali* [24], man könne nicht sagen, »wo Gradiva ende und wo Zoe Bertrand (sic!) in Jensens ›Wahn und Traum‹ beginne«. Der begeisterte Dali schuf mehrere Zeichnungen der Gradiva, auf denen ein Fuß an das der französischen Ausgabe beigegebene Bild des Gradivareliefs erinnert, aber die von Jensen gewollte Beziehung zwischen den Namen Gradiva und Bertgang scheint ihm (wenn er Jensen überhaupt gelesen hat) gänzlich entgangen zu sein; Freuds Deutung dieses Bezugs ist ihm sicher unbekannt geblieben, denn er verwendet durchgehend den unrichtigen Namen ›Bertrand‹ [25]. Die ersten Gradivazeichnungen Dalis müssen 1931 oder später, jedenfalls nach dem Erscheinen der französischen Ausgabe von Gradiva entstanden sein [26].

André Masson verdanken wir eine wichtigere und interessantere Behandlung des Themas: seine 1939 gemalte *Metamorphose Gradivas* (Abb. 29) ist eine glänzende Auslegung des Freudschen Aufsatzes. Indem er der Erzählung in Einzelheiten folgt, stellt Masson eine nahezu nackte Gestalt dar, die, an der linken Seite Toga und Sandale tragend, schlafend vor einem typisch pompejanischen Fresko auf den Stufen des Apollotempels liegt. Weitere Einzelheiten, etwa der ausbrechende Vesuv, die Fliegen und der Mauerriß mit einer Eidechse davor folgen ebenso der Darstellung Freuds wie das Hauptthema des Bildes: die Spannung zwischen den lebendigen Teilen des Körpers und denjenigen, die in Versteinerung übergehen, eine Unterscheidung, die am Original deutlich wahrzunehmen ist, wo man den Gegensatz zwischen den warmen Fleischtönen und den (in der Pose einer primitiven Muttergöttin) ausgestreckten Beinen sehen kann, die eine weite vaginaartige Form zur Schau stellen, neben der ein großes dickes Stück rotes Fleisch den ganzen mittleren Rumpf bedeckt. Masson legt Freuds vorsichtige Anspielungen eindeutig sexuell aus; so suggeriert der Vulkanausbruch ein orgastisches Durchbrechen verdrängten sexuellen Materials, der Riß hat einen offensichtlich genitalen Nebensinn, und der Fliegenschwarm macht die sinnliche Anziehung des Fleisches, auf das er sich hinbewegt, handgreiflicher. Bei diesem Bild erhebt sich die interessante Frage, in welcher Weise und wie weit es von Freuds Aufsatz und der Abbildung des Reliefs abhängig ist. Masson führt eine geringfügige, aber auffallende Änderung ein, indem er die in der Erzählung erwähnte Asphodelosblüte durch die rote Mohnblume (französisch »coquelicot«) ersetzt, ein Symbol des Traums und des Todes; und in anderen Einzelheiten unterlegt der Künstler dem Vorwurf auf noch bezeichnendere Weise seine eigene Deutung. Die Komposition erinnert an die seines Gemäldes *Frau* (1925), und die Gestalt der Gradiva scheint von der Hauptfigur dieses Bildes übernommen zu sein [27]. Die beiden Gestalten ähneln einander in dem wichtigen Detail der zerlegten Eingeweide (Lunge? Herz?), die hier zu dem Stück Fleisch über dem Rumpf werden, ferner in dem klaren Umriß der linken Brust und in ihrem monumentalen Maßstab. Das ganze linke Bein und besonders der auf einen schrägen Sockel gesetzte Fuß mit Faltenwerk darüber in der *Frau* erscheinen mit geringfügigen Änderungen wieder – höchst bezeichnend ist die Hinzufügung des vorragenden rechten Fußes, dessen Stellung auf das dem Freudschen Buch beigefügte Bild zurückgeht und der Identifizierung der Dargestellten dient. Offenbar kann man zumin-

dest im Falle Massons nur mit Einschränkung vom Einfluß eines Freudschen Buches auf ein spezielles Werk des Künstlers sprechen: der Künstler hatte bereits eine Form zur Hand, die er so umgestalten konnte,
daß sie sich einem neuen Bildinhalt fügte. Freud half Masson dabei,
seine Figur mit symbolischen Attributen und erzählerischem Kolorit
zu verzieren, aber die wichtigsten und interessantesten Einzelheiten stammen aus der persönlichen Ikonographie des Künstlers, die der psychoanalytischen nahekommen kann, aber nicht muß.

Aus dieser Untersuchung der Quellen von Massons Gemälde *Gradiva*
dürfen wir den Schluß ziehen, daß in manchen wichtigen Fällen auch
der surrealistische Künstler nur das aus der Psychoanalyse ableitete, was
er anzuwenden bereit war und was in seine eigene Entwicklung paßte.
Da die Bewegung jedoch eine Phase durchlief, in der man sich bemühte,
psychologisch interessante Protokolle hervorzubringen, haben manche
Autoren den Einfluß Freuds übertrieben dargestellt; so behauptet Jean
Cazaux[28], die Arbeiten der Surrealisten seien ebenso beweiskräftige
Studienunterlagen wie die Aufzeichnungen psychologischer Befragungen
oder psychoanalytischer Sitzungen, und man könne infolgedessen die
Freudsche Methode mit Nutzen auf sie anwenden (ironischerweise ist
Cazaux' Beschreibung psychoanalytischer Techniken viel verschwommener
als seine verhältnismäßig ausführliche Darstellung französischer psych-
iatrischer Verfahren). Kenneth Burke (1939) geht noch weiter, wenn
er den Satz prägt: »Insoweit Kunst einen surrealistischen Bestandteil
enthält (und davon ist Kunst niemals ganz frei), sind psychoanalytische
Koordinaten nötig, wenn man die Logik ihrer Struktur erklären will.«
Wenn wir Burkes Verallgemeinerung, die nur soweit beweisbar ist, als
jede Kunst einen mehr oder weniger stark ins Auge fallenden emotionellen und motivbedingten Aspekt hat, durch die begrenztere Hypothese
ersetzen, daß sich subjektive oder symbolistische Kunststile eher als abstrakte oder dekorative gewinnbringend unter psychoanalytischen Gesichtspunkten betrachten lassen, wird uns – wie ich glaube – die Psychoanalyse mit noch mehr Nutzen als kritisches Werkzeug dienen, und
zwar als eines, das auch der historischen Betrachtungsweise angemessen
ist. Selbstverständlich kann eine psychoanalytische Kritik ein wichtiger
Schlüssel zum Inhalt moderner nachfreudischer Kunst und Literatur
sein, sofern sich darin Freuds spezifische Symbole und Bilder oder seine
eigentlichen Techniken finden. George Boas[29] hat festgestellt, daß neue
»Hieroglyphen« an die Stelle der älteren, überlieferten getreten sind,
nämlich »die Symbole, die die Schule Freuds populär gemacht hat«. Er
vergleicht die Surrealisten, die Freudsche Symbole entlehnen, mit älteren
Symbolbenutzern und kommt zu dem Ergebnis, daß »die Bedeutung der
surrealistischen Symbole kaum im Bereich der Symbole der Bildschrift-
benutzer lag, daß jedoch – was von besonderem Interesse für uns ist –

ihre Bedeutung sich ganz und gar aus dem visuellen Schock ergab und nicht aus schweifendem Nachdenken.«

Natürlich kann man auf diese entlehnten Symbole die Psychoanalyse anwenden, wäre es auch nur, um sie leichter bestimmen zu können, aber es wird schon schwieriger, wenn man fragt, ob sich auch in den Werken der sogenannten abstrakten Künstler, deren Individualität nahelegen mag, daß ein Teil ihrer Leistung in identifizierbaren Merkmalen der Persönlichkeit liegt, eine unvermeidbare Ikonographie und ein Ausdruck der eigenen Persönlichkeit feststellen lassen. Es gibt Zeiten, in denen der Künstler Anonymität anstrebt (oder Nicht-Ausdruck, wie der Nach-Dadaist John Cage und seine Anhänger); aber zeitgenössische Künstler, die ihre Konzeptionen in der Massenproduktion verwirklichen und die es verschmähen, mit ihren Werken in Berührung zu kommen, sind nur in einem ganz speziellen Sinn anonym; zieht man die Förderung durch ihre Galerien und die Kunstzeitschriften in Betracht, die einerseits sogar für junge Künstler »catalogues raisonnés« in komplizierter Fachsprache zusammenstellen und andererseits komplette Analysen mit einer hochintellektuellen Apologetik veröffentlichen, so gibt es heute einen Überfluß an genau umrissenen künstlerischen Individualitäten, von denen freilich manche bald in aller Stille der Vergessenheit anheimfallen. Den virtuosen jungen formalistischen Kritikern erscheint die psychoanalytische Kritik alter Schule mit ihrem Forschen nach sexuellen und motivbedingten Daten und ihrer Unkenntnis formaler Kriterien trivial und schülerhaft. Formalistische Kritiker wie Roger Fry hatten in ihrem Kampf gegen Versuche, Künstler zu psychoanalysieren, bereits auf ganz bestimmte Phänomene hingewiesen, etwa auf Matisse mit seinen Darstellungen, die nichts enthüllen, seiner eindeutigen Versenkung in die Freude an der Form und seiner langweiligen Biographie (die nur dann interessant ist, wenn man seine künstlerische Entwicklung verfolgt). Doch mit zwei anderen Giganten der Malerei des zwanzigsten Jahrhunderts entstand eine neue Situation – Picasso und Duchamp mußten psychoanalytische Kritiker in noch größere Verwirrung stürzen.

Picasso regte mit seinen zahlreichen Ausflügen in die traditionelle wie auch in die psychoanalytische Ikonographie, seinen Magengeschwüren und seinem stürmischen Liebesleben, vor allem aber mit seinem aufsehenerregenden kubistischen Stil verschiedene schwache Versuche an, seine Kunst zu »psychoanalysieren [30]«; aber die erstaunliche Proteusnatur des Künstlers, die Aneignung einer ganzen Reihe vergangener und moderner Stile bewirkten, daß er allzu schwer zu fassen war; die einsichtigsten Arbeiten über Picasso sind Untersuchungen, die sich mit der vielschichtigen Ungleichheit von Bild zu Bild und sogar innerhalb einzelner Werke abfinden. Noch schwerer zugänglich sind Werk und Persönlichkeit bei Marcel Duchamp, der aus seiner Kunst eine komplizierte Form der Abwehr machte und der wie Joyce seine Waffe darin sah, zu schweigen (er hörte 1923 zu malen auf), ins Exil zu gehen (er hielt sich bald in Frankreich, bald in Amerika auf, ohne in einem der beiden Länder endgültig seinen Wohnsitz aufzuschlagen; er liegt in Frankreich begraben, hat aber seine Hauptwerke amerikanischen Museen vermacht) und seinen Betrachtern Rätsel aufzugeben (seine unendlich einfallsreichen Gesten und seine unerforschlich komplizierten ironischen Gebärden versagten dem schlichten Verständnis jedes Eindringen). Duchamp und die zahllosen jungen Männer, die in der einen oder anderen Hinsicht seinem Leben oder seiner Kunst nacheifern, wären vielleicht mit einer psychoanalytischen Kritik durchaus zu erfassen, aber die psychoanalytischen Standardformeln müßten zu diesem Zweck natürlich beträchtlich abgewandelt werden. Duchamp hat wie jeder Mensch eine Lebensgeschichte, aber die übliche romantische Vorstellung, daß sich eine Persönlichkeit »unmittelbar« in ihrer Kunst »ausdrückt«, ist für das Verständnis des Menschen wie des Werkes lächerlich unangemessen; außerdem könnte es sein, daß Duchamps Übertreibungen nur auf gewisse Binsenwahrheiten hinweisen, die besagen, daß in allen Künstlern ein Rest von Unzugänglichkeit bleibt. Freud mag hinter seinen eigenen Hemmungen etwas davon verspürt haben, wenn er sogar den Versuch vermied, einen Künstler zu analysieren, aber vor dem Phänomen eines Duchamp wäre er voller Abscheu zurückgeschaudert. Ob es überhaupt eine psychoanalytische Methode gibt, mit deren Hilfe man diesem schwer zu fassenden Wesen näherkommen kann, ist eine zu schwierige Frage, als daß sie hier beantwortet werden könnte.

Trotz der häufigen Klagen über die bei Freud spürbare Muffigkeit des neunzehnten Jahrhunderts oder auch trotz der entsprechenden pietätvollen Rücksichtnahme sind Freuds Gedanken – oder Elemente dieser Gedanken – für manche zeitgenössischen Schriftsteller und Künstler lebendig und bedeutsam geblieben. Das Zeitalter der Psychologie, das die Romantiker voraussahen, ist das Zeitalter des Freudschen Menschen geworden, bei dem die Neurose mit der Einsicht Hand in Hand geht und dessen ichbezogene Analysen ihn offenbar von den Werten der Politik und der Gesellschaft entfernen. Eine bezeichnende (aber nicht sehr einsichtige) Beschwerde über dieses Zeitalter findet sich bei dem Philosophen C. E. M. Joad (1948), der die »Psychologisierung« der Moral und des Denkens beklagt und behauptet, das Ich zu vergessen sei – wenn auch die Psychoanalyse das Gegenteil behaupte – ein besseres Rezept für ein gutes Leben als das Ich zu erkennen. Aber dieses Kreisen um das eigene Ich und die Selbsterkenntnis brauchen nicht mit eigennützigen bürgerlichen Werten verbunden zu sein, und es gibt beharrliche zeitgenössische Bestrebungen, nicht nur die »Moral zu sozialisieren«, sondern auch den Versuch zu machen, dieses Ziel durch eine Verbindung psychoanalytischer

und marxistischer Vorstellungen von Arbeit und Lust zu erreichen, um
so die Mängel des westlichen Menschen und seiner Gesellschaft zu überwinden. Die Lösungen dieser Autoren gehen zwar von Vorstellungen
Freuds und Marx' aus und entwickeln sich dialektisch als ein Zusammenstoß der bürgerlichen individualistischen Psychologie Freuds mit dem
sozialistischen Kollektivismus Marx', reichen aber weit über beide hinaus. In bezug auf die Kunst liegt das klar zutage: »Schlechte« akademische zusammen mit umstrittener zeitgenössischer Kunst und nicht-west-
liche zusammen mit primitiver Kunst finden immer mehr Raum in den
Museen, während die überkommene »große Kunst« immer weniger zu
sehen ist.

Die Einstellung zur Tiefenpsychologie und ihrer Beziehung zur Kunst
hat ebenfalls eine bemerkenswerte Entwicklung durchgemacht: Zuerst
schien sie der Schlüssel zum Verständnis der verborgenen oder verdrängten Bedeutung der Kunst zu sein (daher die immer wiederkehrenden
Untersuchungen von Kunst und Neurose); dann wurde sie selbst zur
Quelle künstlerischer Techniken; danach wurde sie weithin von Schriftstellern und Kritikern abgelehnt, die fanden, daß »Tiefe« für die künstlerische Oberfläche belanglos sei, auf der sich alles abspiele, was für
Kunst von Wichtigkeit sei; und schließlich gibt es neuerdings wiederum
ein Interesse an den tiefen Schichten der Kunst und ihres Erlebnisses
als einer Reihe von Oberflächen mit vielfachen Bedeutungsschichten,
die mit großen Mythen verknüpft sind, jedoch ohne die alte Anordnung,
nach der »früh« immer »tief« bedeutete und »spät« gleich »seicht« war.
In dieser letzten Phase hat die Psychoanalyse zu dem vielleicht wichtigsten Phänomen der modernen Kunst und Literatur beitragen können:
zu ihrer Suche nach einer neuen säkularen Mythologie, einer Mythologie,
welche die alte verlorene Mitte der westlichen Welt ersetzen soll, die im
Monotheismus und der unter väterlichem Schutz stehenden Familie verwurzelt war.

Wenn man zugibt, daß die Ästhetik des zwanzigsten Jahrhunderts
sich mehr mit Ironie und Vieldeutigkeit als mit Schönheit, mehr mit
neuen Mythen als mit klassischer Ikonographie befaßt, kann man nicht
an der Bedeutung der Psychoanalyse und der Tiefenpsychologie (etwa
in der Jungschen Ausprägung) zweifeln, da sie Möglichkeiten zur Erforschung dieser Denkrichtungen bieten. Nachdem Freuds Psychoanalyse
sich aus den moralischen Bindungen des neunzehnten Jahrhunderts hatte
lösen können, hat sie zu Schlußfolgerungen geführt, die zwar von den
seinen weit entfernt sind, aber trotzdem auf gewisse Aspekte seines
Denkens zurückgehen. Der Nachdruck etwa, mit dem man neuerdings die
infantile Sexualität und den eigenen Lebensstil der Jugend betont, die
Hinnahme der Amoralität der Lust und die Konzentration auf Befriedigung der Sinne ohne Rücksicht auf die dabei ins Spiel kommenden

sexuellen Mittel – all das stützt sich auf Freuds (und Wilhelm Reichs, seines Schülers) Erforschung der polymorph-perversen sexuellen Welt des Kindes, auf seine offensichtlich permissive Technik des freien Assoziierens und auf seine unablässigen Hinweise darauf, daß sexuelle Verdrängung unnatürlich und für das Individuum ungesund ist. Von ähnlicher Relevanz sind bestimmte Vorstellungen Freuds für manche moderne Kunstrichtungen geworden, was zunächst überraschen muß, wenn man bedenkt, wie wenig aufgeschlossen Freud der modernen Kunst gegenüberstand. Wir sahen schon, wie wenig Freud die Kunst vom Impressionismus an schätzte. Andererseits erregten ihn Randerscheinungen wie die Radierungen von Rops, er schätzte die humoristischen Illustrationen der *Fliegenden Blätter* und war offenbar beeindruckt von zweifellos nicht sehr wertvollen Erzeugnissen wie dem Buchschmuck einer Rabelaisausgabe von Garnier, lauter Beispiele, die ihm irgendwie zur Bekräftigung einer seiner Theorien zustatten kamen. Sein streitbarer viktorianischer Geschmack glich fast aufs Haar demjenigen seiner bewunderten Lehrer Lipps und Ernst Brücke, die beide vorwiegend Kunst der Renaissance und älterer Zeiten schätzten. Wir erkennen das deutlich aus einem Brief vom 21. Juni 1920 an Oskar Pfister. Freud geht darin auf Pfisters Buch über expressionistische Künstler (1920) ein, bewundert nicht ohne Ironie die Geduld und Toleranz des Autors bei der Niederschrift des Buches, das schließlich doch »klar und erschöpfend« zeige, »was diesen Leuten zum Anspruch auf den Künstlernamen fehlt«. Freud gibt zu, daß er »schrecklich intolerant gegen Narren« sei, nur »das Schädliche in ihnen« sehe und es ablehne, sich mit solchen »Künstlern« ernsthaft zu beschäftigen. Pfister selbst bringt in seiner Arbeit kaum mehr Sympathie für die moderne Kunst auf; er sieht in den Expressionisten Introvertierte, die zu ihrem Glück fähig sind, aus ihrer Regression zu primitiven Mustern und autistischem Verhalten emporzutauchen [31]. Wenig später schmäht Fritz Wittels die moderne Kunst: »Es besteht kein Zweifel, daß die Kunst unserer Zeit mit Freuds Psychologie übereinstimmt, da ja beide Kinder unserer Zeit sind: die Kunst im dionysischen, Freud als Wissenschaftler im apollinischen Bereich. Der Expressionismus in der Kunst enthüllt einen Ausbruch des Primitiven, einen Versuch, die Primärfunktion mit dem geringstmöglichen Widerstand seitens der Sekundärfunktion nach außen zu wenden und darzustellen. Der Dadaismus erstrebte eine Trennung von jeder Vernunft, die Regression zum Infantilen und darüber hinaus zum Animalischen. Die Dadaisten behaupteten, ihre Theorie stamme von Freud ... Er hätte sie davongejagt. Sein Schönheitsideal ist ein völlig anderes ... Die Expressionisten und die Dadaisten sind die analen Sudler. Die Kubisten wollen schmieren, lassen sich aber vom neurotischen Zwang des Über-Ich lenken. Sudelei? Aber immerhin geometrisch [32].«

Dreißig Jahre später schrieb Franz Alexander, auch ein Freudianer, einen Aufsatz über die psychoanalytische Betrachtungsweise der zeitgenössischen Kunst [33], der für die orthodoxe psychoanalytische Kritik bezeichnend ist. Alexander geht über Freud insofern hinaus, als er fähig ist, den Impressionismus zu akzeptieren und sogar zu genießen, aber er sieht die impressionistische Kunst als Hintergrund für das alte Schreckgespenst des Expressionismus. Indem er (ohne darauf hinzuweisen) Worringers Gegenüberstellung von Einfühlung und Abstraktion übernimmt, stellt er fest, »der eigentliche Unterschied zwischen den beiden Schulen« liege darin, daß die eine »die Welt annehme, während die andere sie ablehne«, wobei natürlich der Impressionismus mit seiner »innigen Bindung an die Welt« den Preis davonträgt. Alexander geht sehr kühn und vereinfachend mit der Kunstgeschichte um: Der »verhängnisvolle Ausbruch« von 1914 habe »die Seifenblase der ästhetischen (Vorkriegs)kultur« zum Platzen gebracht und damit eine »totale Ablehnung der Welt erzeugt, die jetzt so überzeugend ihre schmutzige Wirklichkeit enthüllte«; so sei es in der Kunst zur Flucht in die Abstraktion gekommen. Alexander macht eine Reihe von Fehlern, wenn er den Ursprung der Abstraktion einzig und allein aus der nihilistischen Stimmung des Ersten Weltkriegs erklärt. Zunächst einmal ignoriert er in dieser knappen Darstellung das allmähliche Auftauchen abstrakter Kunst bei den Künstlern, die nach der Hochblüte des Impressionismus und vor dem Entstehen des Dadaismus tätig waren: bei Gauguin, Seurat, Cézanne, den Nabis, den Fauves und den Kubisten; sie alle erforschten auf verschiedenen Wegen und in verschiedenen Graden dekorative oder strukturelle Aspekte ihrer Kunst, die später in die abstrakte Kunst eingingen. Alexander versteht nicht, daß die komplizierte Wechselwirkung und Mischung von Abstraktion und Einfühlung in den Bildern dieser Künstler zur Charakterisierung und erst recht zur Erklärung ihrer Kunst viel mehr verlangen als Worringers elementaren Gegensatz. In seiner eindimensionalen psychologischen Betrachtungsweise der Geschichte verändert Alexander sogar die Zeitabfolge; so verzeichnet der Psychoanalytiker unter den Reaktionen auf die häßlichen Realitäten des Kriegs die zornigen Proteste der Künstlergruppe »Der Blaue Reiter« in München und der Futuristen in Italien, ohne im geringsten die Tatsache zu berücksichtigen, daß diese Gruppen sich schon vor dem Kriege herausbildeten. Am wenigsten befriedigt in der Untersuchung Alexanders wohl, daß er den Ursprung der höchst ernst zu nehmenden und konstruktiven Kunst Mondrians auf die Stimmung eines dadaistischen Nihilismus zurückführt: In der Kunst »Mondrians ist das Hauptthema die nihilistische Ablehnung von allem und jedem, das an die reale Welt auch nur erinnert«. Alexanders »reale Welt« zeigt sich hier ohne jede Hülle: es ist die Welt der sentimentalen romantischen Landschaft oder, im besten Falle, vertrauter und liebenswürdiger impressionistischer Bilder; sie hat nichts mit der modernen Industriewelt zu tun und auch nichts mit geradlinigen Städten wie New York, das Mondrian liebte.

Die Psychoanalyse als Technik hat im Bereich der Ästhetik wenig geleistet, aber doch einen höchst bezeichnenden – und oft stark anregenden – Einfluß auf manche Werke der Kunst und Literatur unseres Jahrhunderts ausgeübt. Es gibt natürlich Autoren wie Meyer Levin (1953), die behaupten, der moderne Schriftsteller habe infolge des Eingriffs der Psychoanalyse mit ihren Einsichten in das Wesen des Menschen – das angestammte Reich und Feld des Schriftstellers – Zweifel an sich selbst entwickelt; diese Autoren führen die Tatsache, daß in den letzten Jahrzehnten keine »Großen« aufgetreten sind, auf den »Kampf« (mit der Psychoanalyse) zurück, »in dem die Energie des Schreibenden von der Anstrengung verzehrt werde, seinen eigenen echten Funktionsbereich wiederzufinden«. Diese oberflächliche Theorie übersieht, daß die Vertiefung mancher bildenden Künstler und Schriftsteller in die Psychoanalyse ebensosehr ein Symptom ihrer seelischen Reaktion auf den größeren soziokulturellen Zusammenhang ist wie eine »Ursache« ihrer Sterilität.

Zweifellos haben sich die Psychoanalytiker in der Behandlung der modernen Kunstgeschichte nicht mit Ruhm bedeckt; dennoch hat dieses Versagen nicht verhindert, daß die Psychoanalyse selbst zahllose Arbeiten angeregt hat, die sich mehr oder weniger auf Methoden oder Beobachtungen Freuds gründen. Wenden wir uns als einer reichen Quelle solcher Beispiele der Zeitschrift *transition* zu, insbesondere in den Jahren 1927–30, als der Surrealismus wohl auf dem Höhepunkt seiner Aktivität und Entwicklung stand, so stoßen wir auf Kathleen Connell und ihre Freundin, die mit ihrer *Geschichte eines Traums* (*transition* 18, 1927) ein Traumspiel ohne alle psychoanalytischen Absichten erfinden. »Heutzutage ist niemand frei von Freud«, gesteht sie, »und unsere Methode war zweifellos angeregt und bis zu einem gewissen Grade auch gelenkt von den Kenntnissen, die wir von Freuds Theorien hatten.« In der gleichen Zeitschrift veröffentlichte Harry Crosby seine *Träume: 1928–9*, die ihren psychoanalytischen Charakter teilweise leicht erkennen lassen, so etwa der folgende: »Da ist ein Baum so hoch daß ich seinen Wipfel nicht erreichen kann bis das junge Mädchen mit dem blonden Haar und der weißen Haut (sie trägt Pelzwerk und einen Schleier) vorschlägt daß wir Unterricht im Fliegen nehmen woraufhin ich in den Wipfel des Baumes klettere und meine Seele freilasse aber als ich wieder auf den Boden herabgleite verschwindet das Mädchen auf einem Kinderrädchen aus meinem Gesichtsfeld und ich habe nicht die Kraft wieder hinaufzuklettern.«

Psychoanalytisch gedeutet, könnte das etwa heißen: Ich hatte Mühe, zu einer Erektion und zum Orgasmus (Baumwipfel) zu kommen, bis eine verführerische Blonde mir ihr Schamhaar (Pelz) zeigte und mir Geschlechtsverkehr anbot (Fliegen), worauf ich tatsächlich zum Orgasmus kam, den ein Gefühl spielerischer Regression (Kinderrädchen) begleitete, und dem Detumeszenz folgte. Julian Trevelyan, der in seinen *Träumen* (*transition* 19) Freud ignoriert und Jung zur Symbolfunktion des Unbewußten zitiert, verkündet, daß Traum Schöpfung ist (TO DREAM IS TO CREATE), aber seine Beispiele entfernen sich oft nicht weit von der regulären Freudschen Symbolik, so etwa in:

».. . II. Frauen

Schirme auf

Schirme zu.«

(Der geschlossene, phallische Schirm wird dem offenen Schirm des Orgasmus gegenübergestellt.) Solche Wortarrangements auf der Buchseite mit einer visuellen Wirkung finden sich vor allem auch bei Cummings und William Carlos Williams und in der neuen Schule der konkreten Dichtung; man folgt hier einer Überlieferung, in die auch Mallarmés *Un coup de dés* und Apollinaires *Calligrammes* gehören.

Die Psychoanalytiker haben, ob sie nun Anhänger oder Gegner Freuds sind, in ihrem Widerwillen gegen moderne Kunst Gesinnungsgenossen unter den klassischen Kunsthistorikern, vor allem wenn es sich um Anhänger der ikonographischen Methode handelt, wie Aby Warburg und sein Schüler Erwin Panofsky sie entwickelt haben [34]. Letzterer, ein hervorragender Kunsthistoriker mit einem Widerwillen gegen die moderne Kunst, erhielt in Deutschland eine humanistische Bildung, die noch in engem Zusammenhang steht mit derjenigen, die Freud sechsunddreißig Jahre vorher in Österreich genossen hatte; er wollte, wie ein bewundernder Kollege es ausdrückte, als Historiker »das Erbe der Vergangenheit studieren und wiederherstellen, um, wie er sagte, ›alte Überlieferungen mit kraftvollem Leben zu erfüllen‹« [35]. Panofskys Analyse eines Kunstwerks im Geiste eines Interpreten geheimer Texte findet sich am klarsten in der Einleitung zu seinen *Studies in Iconology* (1939) umrissen. Diese Warburgsche Methode, die an Freud erinnert, wenn er gewisse Kunstwerke wie Hieroglyphen deutete, stammt unmittelbar aus der reichen und alten Überlieferung christlicher ikonographischer Untersuchungen (die auch der romantischen Kunst und Kritik reiche Anstöße gaben). Ein Kunstwerk ist unter diesem Gesichtspunkt nicht einfach ein sichtbares Ding, das Genuß verschaffen soll, sondern ein vielschichtiges Instrument zur Übermittlung verborgener Bedeutungen [36]. Panofsky sah es als vordringliche Aufgabe an, der Geschichte bestimmter Schlüsselkonzeptionen nachzugehen, so etwa der neuplatonischen Theorie, daß der Künstler die Natur nicht nachahmen, sondern übertreffen solle. Das erwies sich als wesentlich für die Beweisführung des Kunsthistorikers Ernst Kris aus der Wiener Schule, der eine Anwendung der Psychoanalyse auf die Kunstgeschichte auszuarbeiten versuchte, und zwar vor allem im Zusammenhang mit seiner Theorie über die Entstehung der Karikatur, die sich teilweise auf Panofskys Beobachtung stützte, daß der Künstler beim Übergang vom Mittelalter zur Renaissance eine Charakterwandlung durchmachte und vom Nachahmer zum Schöpfer, vom Schüler der Natur zu ihrem Meister wurde [37]. Wenn auch Kris' Untersuchung über den Ursprung der Karikatur nicht restlos überzeugt, so ist er doch auf dem rechten Weg, wenn er bestrebt ist, die Geschichte ästhetischer Vorstellungen ganz allgemein und die Geschichte eines psychologisch interessanten Phänomens im besonderen – zum Beispiel der Karikatur – miteinander zu vereinen und zu einer Kooperation der Disziplinen vorzustoßen.

Während Panofsky und auch sein Lehrer Aby Warburg die Grenzlinie zwischen Kunstgeschichte und Psychoanalyse bereits flüchtig berührt hatten, schlug ein anderer Kunsthistoriker, nämlich Meyer Schapiro – ein weniger produktiver, aber tieferschürfender Autor als Panofsky – in mehreren seiner Arbeiten eine konkrete Anwendung der Psychoanalyse vor. Von den Vorstellungen Ranks ausgehend, dessen Arbeiten um die Mitte der zwanziger Jahre in Paris so begeistert aufgenommen wurden, konnte Schapiro eine seiner Thesen auf den Theorien dieses Psychoanalytikers aufbauen, nämlich in seinem Aufsatz *From Mozarabic to Romanesque in Silos* (1939), der den Übergang von einem Stil mit privatem und ritualistischem Inhalt zu einem anderen mit öffentlichem, monumentalem und weltlichem Inhalt beschreibt. In einer langen Anmerkung, die sich hauptsächlich mit den Möglichkeiten sexueller Symbolik in Darstellungen alltäglicher Objekte – etwa einer Tür – befaßt, behauptet Schapiro, daß psychoanalytische und soziale Deutungen miteinander vereinbar seien, eine Überzeugung, der er – mit vernünftigen Vorbehalten – stets treugeblieben ist [38]: »So wäre das Auftreten dieser unausgesprochenen sexuellen Bedeutungen – wenn es sich tatsächlich um solche handelt – speziell in dem Motiv des Ungläubigen Thomas vor der romanischen Periode weniger wahrscheinlich; sie setzten bis zu einem gewissen Grade Konflikte und eine weltliche Tendenz voraus, wie sie mit der Bürgerklasse und der Entwicklung der Städte auftreten, und eben jene Widersprüche von Glauben und Erleben, asketischer Verdrängung und sinnlichem Genuß, wie sie in den offenkundigeren Bedeutungen des Ungläubigen Thomas und der Musikanten im Gefüge der Stadt zum Ausdruck kommen.«

Die beispielhafte, aber vorsichtige Methode, die Schapiro hier anwendet, korrigiert die Neigung Freuds und seiner Schüler, psychoanalytische Prinzipien zu stark zu verallgemeinern und sie in Bausch und Bogen auf Geschichte und Biographie zu projizieren, ohne die unerläßlichen (aber schwierigen) Einschränkungen zu machen, die eingehende Kenntnis erfordert; so ist das Auftauchen psychoanalytisch eindeutiger sexueller Symbolik hier nicht oberflächlich (weil äußerlich und allgemeinverbindlich), sondern es nimmt eine spezifische und zwingende Bedeutung an, weil es den Übergang aus einer Phase in der Geschichte von Silos in eine andere bezeichnet. Ähnlich fühlte sich Schapiro in einem anderen Fall berechtigt (wie vor ihm schon Freud), eine psychoanalytische Deutung einzuleiten, wenn sich an dem vom Künstler dargestellten Gegenstand etwas Unerwartetes und Widersprüchliches zeigte. Dieses Verfahren hätte durchaus zu schlüssigen Ergebnissen führen können, nur ließ sich leider in dem betreffenden Fall die scheinbare Schwierigkeit erklären, auch ohne daß man psychoanalytische Methoden heranzuziehen brauchte [39]. Kris (1952) bemüht sich nach Kräften um Schapiros Methode, ohne sie jedoch ganz zu meistern. Viel unkontrollierter sind die Ergebnisse des psychoanalytisch vorgehenden Kunsthistorikers Adrian Stokes, der – ebenso unkritisch wie etwa Georg Groddeck – ausruft: »Wie gotisch ist doch das weibliche Geschlechtsorgan [40]!«, und der Architekturuntersuchungen auf den Gegensatz zwischen glatten und rauhen Strukturen beschränkt, den er »im Sinne von Brust und Brustwarze« analysiert [41].

In einer anderen Arbeit wendet Schapiro (1945) dieselbe ausgezeichnete Methode auf ein flämisches Meisterwerk aus dem fünfzehnten Jahrhundert an und analysiert den Stil im Hinblick auf die sozialen und historischen Zusammenhänge, wobei er die Untersuchung durch Beobachtungen psychoanalytischen Charakters stützt (und sich dabei wie schon vorher an Ranks Symbolanalyse hält). Es überrascht nicht, daß Schapiros Arbeiten, wenn man von gelegentlichen Fußnoten in ernstzunehmenden Arbeiten wie Julius S. Helds Aufsatz über Rembrandt (1967) oder in dem unterhaltsamen Buch der Wittkowers (1963) absieht, die auf Freudsche Erkenntnisse hinweisen, nicht auch andere Kunsthistoriker zu bedeutenden psychoanalytisch orientierten Untersuchungen von Kunstwerken angeregt haben; die Gabe, solche interdisziplinäre Probleme mit Erfolg anzupacken, ist wohl sehr selten – selbst Schapiro ist nicht oft und nur auf einem schmalen Sektor dazu fähig gewesen, denn Genauigkeit muß mit Beschränkung bezahlt werden. Aber vielleicht ist es auch in den meisten Fällen einfach unmöglich, das kombinierte Beweismaterial zusammenzubringen, das notwendig ist, um Schnittpunkte dreier so verschiedenartiger Bereiche wie Kunst, Geschichte und Psychologie aufzuzeigen.

Es ist eine Ironie des Schicksals, daß die Schriften Freuds, der sich intensiv mit der Analyse des Humors befaßt hat, in ihrer aufreizenden Unmittelbarkeit eine beträchtliche Anzahl von Parodien angeregt haben. Freilich würde der Psychoanalytiker wahrscheinlich sagen, daß er nur Irrtümer und Ignoranz angegriffen hatte und daß die Parodien einen

Widerstand offenbarten, der viel geringer geworden ist, seit seine Theorien, wenn auch nicht völlig akzeptiert, so doch stärker in das Denken unserer Zeit eingegangen sind. Daß Freuds Analysen den allegorischen Deutungen ehrwürdiger christlicher Exegeten so ähnlich waren, hat zur Entstehung mancher Parodien beigetragen. Es ist interessant zu beobachten, wie oft die Parodien der Psychoanalyse neuen Kunstrichtungen nahekommen, zu denen Freud, ohne es zu wollen, den Weg gewiesen hat; so schrieb zum Beispiel Adolph Wohlgemuth (1923), der zuerst Freud zögernd folgte, sich dann aber zu einem fanatischen Gegner entwickelte, ausführliche satirische Analysen von Träumen und Freudscher Symbolik, wobei er sich besonders darum bemüht, die Phallussymbolik der Schlange zu widerlegen. Um zu zeigen, wie willkürlich der Psychoanalytiker Silberer bei der »anagogischen« Deutung verborgener Symbole verfährt, legt Wohlgemuth seine eigene ironische Version vor, in der er die Elemente der Traumgeschichte Silberers zu Fleisch (Rindfleisch, Hammelfleisch, Schweinefleisch) und den Helden oder Träumer zum Fleischer macht (daher »kreopolisch« als Name der neuen Methode, nach dem griechischen Wort für Fleischer). Diese possenhafte Nachahmung der Psychoanalyse erinnert – wenn ihr natürlich auch die künstlerische Genialität abgeht – an die häusliche Komödie des Joyceschen *Ulysses* und an manche Methaphern Eliots aus dieser Periode. Etwa um die gleiche Zeit spielte Aldous Huxley mit psychoanalytischen Worten wie »Trauma« und dem Jungschen »Komplex« (1920 a) und verspottete sowohl die Amateurpsychoanalytiker (1920 b) wie auch das populäre Thema der Sexualtriebe (1923). Amerikanische Psychologen, die Freud kritisch gegenüberstanden, schwelgten in Parodien; wie sich vor kurzem zeigte [42], hat Knight Dunlap »eine parodistische Umdeutung klassischer Kinderreime« geschrieben, und *Ein Versuch in Freudscher Analyse* – eine symbolische Deutung der Motive eines »wohlwollenden Rezensenten neuerer Freudliteratur« – stammt vermutlich von Titchener.

Wahrscheinlich waren die zahlreichen Freudparodien zum Teil gereizte Erwiderungen auf die unausgewogene Mischung aus komplizierender Anreicherung und parodistisch vereinfachender Reduzierung, die den psychoanalytischen Interpretationen im Bereich der Kunst und Literatur zugrunde lag. Zuerst wichen viele Schriftsteller vor den psychoanalytischen Methoden wie vor einem aufdringlich wissenschaftlichen Instrument zurück, da sie wie Max Jacob empfanden [43]: »La poésie moderne saute toute les explications.« Natürlich hatten sowohl die ironischen Dadaisten als auch die ernsthaften Expressionisten die Idee einer klaren und schlichten Kommunikation in Frage gestellt; sie verdunkelten absichtlich jeden klaren Sinn und verwischten selbst Spuren ihrer Persönlichkeit (freilich nicht im psychoanalytischen Sinne; Theodor Reik hat gezeigt, daß selbst Verbrecher, die natürlich nicht entdeckt werden wollten, Spuren ihrer Persönlichkeit hinterließen, manchmal allerdings in der Form ihrer faeces). So veranstalteten die Dadaisten unverständliche verworrene Simultanlesungen ihrer Gedichte unter Geräuschen, die keinerlei Beziehung dazu hatten. Die seltsamen und scheinbar unverständlichen Schöpfungen der Expressionisten entstanden wahrscheinlich oft in der Erwartung, daß – wie Walter H. Sokel[44] es in bezug auf Wedekind ausdrückt – »Entstellung das Wesentliche enthüllt«, und manche deutschen Romanschriftsteller verwendeten Simultaneität oder Doppelbödigkeit in der Hoffnung, damit die Zusammenhanglosigkeit des menschlichen Erlebens – im Kielwasser einer Joyceschen Epiphanie oder einer Proustschen Rückblende – vorübergehend zu durchbrechen. Diese Hoffnung konnte sich auf Freuds Untersuchungen der verborgenen Bedeutung von Träumen, freien Assoziationen und anderen scheinbar verworrenen, entstellten oder sinnlosen Äußerungen berufen.

Die Vorstellung, daß Komplikation und unerwartetes sprunghaftes Vergleichen, das eher Überraschung als klare Aussage erzielt, die Grundlage der Dichtung bilde, findet sich schon bei Apollinaire, doch wurde dieses Kriterium von anderen den bildenden Künsten zugewiesen. So wird zum Beispiel bei Eisenstein Simultaneität ein wesentlicher Bestandteil jeder Kunst; seiner Meinung nach ist diese »Juxtaposition« die Grundlage nicht nur des Kinos, sondern auch der Malerei, der Plastik, ja selbst aller vergangenen und gegenwärtigen Literatur[45]. Northrop Frye bezeichnet die Metapher als »einfache Juxtaposition[46]« und führt Pounds berühmtes Beispiel in Gestalt eines chinesischen Ideogramms an, das eine Reihe von Einzelbestandteilen ohne Aussage nebeneinanderstellt. Pounds zweizeiliges Gedicht *In einer Metrostation* lautet: »Die Erscheinung dieser Gesichter in der Menge; Blütenblätter an einem nassen, schwarzen Zweig.« Roger Shattuck (1958) erweitert diese Vorstellungen kühn zu einem Charakteristikum der gesamten Moderne, der es seiner Meinung nach an Übergängen mangelt, und die durch plötzliche, trennende Juxtapositionen gekennzeichnet ist. Er spürt den von Frye und anderen untersuchten Zusammenhang zwischen Juxtaposition und Ironie, bedauert ihn aber nicht, sondern ist vielmehr von diesem Phänomen sehr angetan und spricht von der Mehrdeutigkeit als einer »hohen Stilart« und vom Wortspiel als einer einst als »vulgär« angesehenen Stilform, die heute als gehoben gilt.

Juxtaposition als Formprinzip vereint in überraschenden Umkehrungen oder Entstellungen von Wert und Sinn das Nebensächliche mit dem Bedeutsamen ganz wie in jenen von Freud beschriebenen Traumvorgängen; so richtete denn auch D. H. Lawrence, den Freuds Traumtheorien beunruhigten, seine Kritik gerade dagegen, daß der Psychoanalytiker diese Nebensächlichkeiten überbewertete: »Gewöhnlich ... sind die Bilder, die im Schlaf zufällig vorübergleiten, genauso unzusammenhängend und bedeutungslos wie die Papierfetzen, die die Straßenkehrer abends in der Stadt aus den Rinnsteinen in eine Tonne kehren. Wir kämen nicht auf den Gedanken, alle diese Papierstücke aufzuheben, sie zusammenzusetzen und ein wunderbares Buch daraus zu machen, das Zukünftiges prophezeit und mit der Vergangenheit schwanger geht. Wir würden das nicht tun, obwohl jeder aus dem Rinnstein gefegte Fetzen bedruckten Papiers irgendeine Verbindung mit dem Ereignis des vergangenen Tages hätte. Aber seine Bedeutung, die Bedeutung der darauf gedruckten Worte, ist so gering, daß wir ihn in den Bereich des Zufälligen und Bedeutungslosen verweisen. Es gibt keinen lebenswichtigen Zusammenhang zwischen den vielen Papierstückchen – nur einen zufälligen Zusammenhang. Jedes Stück Papier hat Bezug auf irgendein tatsächliches Ereignis: ein Omnibusfahrschein, ein Briefumschlag, ein Traktat, eine Konditortüte, eine Zeitung, ein Reklamezettel. Nimmt man sie aber alle zusammen ... dann haben sie keine individuelle Reihenfolge, sie gehören mehr zu den mechanischen Vorrichtungen als zum eigentlichen Resultat unseres Daseins. Und das gilt auch für die meisten Träume [47].«

Diese überraschende pauschale Ablehnung des Zufälligen in der Kunst bezieht sich wie Wohlgemuths Fopperei über die *Gradiva* auf eine Reihe fortschrittlicher künstlerischer Verfahren, insbesondere auf die Collage, das Aufkleben ausgeschnittener Papierstücke (und schließlich auch anderer Materialien), die seit den Kubisten zur Anwendung gekommen war und vielfach abgewandelt wurde, auch von den Surrealisten, ja selbst von Schriftstellern wie Bryan Gysin und dem Romancier William Burroughs (dessen Traumdarstellungen mittels Collage vielleicht den Collageromanen des Surrealisten Max Ernst einiges verdanken).

Versuche, Kunstwerke hervorzubringen, die eine unmittelbare Wechselwirkung zwischen dem Visuellen und dem Verbalen aufweisen (über theoretische Gleichsetzung von Malerei und Dichtung hinaus, die es schon seit der Antike gibt, wie Horaz' berühmtes Wort ›Ut pictura poesis‹ zeigt), hat es in der Dichtung von den Manieristen bis zu Mallarmé, Apollinaire und Cummings und in der Malerei unter den Kubisten, Futuristen, Dadaisten und Surrealisten gegeben. Besonders die Surrealisten verwendeten »Spiele« mit wortspielähnlichen Lautwiederholungen, die aber noch weniger Sinn hatten als das schlechteste Wortspiel, sondern vielmehr gewissen hochneurotischen Ausdrucksweisen ähnelten, etwa der Echolalie (der sinnlosen Wiederholung von Wörtern durch geistig gestörte oder hypnotisierte Personen) oder sogar dem verworrenen »Wortsalat« der Schizophrenen. Der Zerfall der rationalen Schranken, den die Surrealisten in solchen hypnotischen und psychotischen Zuständen fanden, und den sie in ihren Schöpfungen nachzuahmen suchten, ist ein Merkmal, das Freud auch im Traum und in manchen neurotischen Äußerungen feststellte. Außerdem überschreiten Freuds Analysen bei seiner Suche nach tieferer Bedeutung die Grenzen des Visuellen und Verbalen; so ähnelt der Vorgang, durch den in manchen Witzen Mischworte produziert werden (Heines von Freud angeführter Witz, in dem das familiäre Verhalten des Millionärs »famillionär« wird; Brills »alcoholidays« für Weihnachtszeit), stark der Konstruktion von Mischfiguren im Traum [48]. Wir sahen, wie Freuds Analyse des Gesichts auf Baubos Bauch ihm half, den scheinbar sinnlosen Neologismus ›Vaterarsch‹ zu entziffern und zu der wichtigen, aber latenten Bedeutung des Mischwortes vorzudringen. Eine solche Verschmelzung des Visuellen und Verbalen kam bei den Surrealisten häufig vor, da sie das »Wunderbare« erstrebten, einen Zustand, der in Aragons Formulierung (1924) »den Ausbruch des Widerspruchs innerhalb des Realen« bezeichnet.

Die Deutung und das volle Verständnis von Kunstwerken, die derart komplizierte Techniken verwirklichten, verlangt einen Schlüssel, der Schätze der Imagination eröffnet, die sonst unerschlossen bleiben; oft können Verdichtung und Verschiebung diesen Schlüssel liefern. Ich will damit nicht sagen, daß der Kritiker sich der subjektiven oder sogar mystischen Akrobatik einer auf freier Assoziation beruhenden impressionistischen Kritik überlassen soll; Gaston Bachelard zum Beispiel schlägt vor [49], der Kritiker solle »das Bild gerade so (nehmen) . . ., wie der Dichter es geschaffen hat, und es zu seinem eigenen machen . . . Er bringt das Bild genau bis an die Grenze dessen, was er sich vorzustellen vermag.« Derart weit hergeholte Assoziationen wären wahrscheinlich eher ein historisches Pendant als eine echte erhellende Einsicht in die Dichtung. Ein besseres kritisches Modell wären Freuds scharfsinnige Analysen, die der Bedeutung von Sätzen oder Wörtern philologisch nachgehen, etwa wie in dem Boltraffio-Botticelli-Beispiel, von dem im zweiten Kapitel die Rede war. Dort zeigte Freud, daß man, wenn man sich bei einem Ausdruck nicht mit der Oberflächenschicht begnügt, sondern Verdichtung, Zerlegung und so weiter heranzieht, eine Unmenge verwandter assoziierter Vorstellungen finden kann, die an einem tiefen latenten Inhalt teilhaben – bei dem Boltraffio-Beispiel an Sexualität und Tod. Diese Methode scheint mir für gewisse Werke der Kunst und Literatur des zwanzigsten Jahrhunderts hohe Relevanz zu besitzen, und sie kann tatsächlich Wege eröffnen zur Wahrnehmung der großen Anregungen und des Ideenreichtums in Kunstwerken, die entweder entwaffnend einfach oder entmutigend kompliziert sein können. Ich möchte jetzt unter Verwendung der Methode Freuds ein Beispiel der ersten Art in einem Gemälde Magrittes analysieren, und eines der zweiten in einem Satz von Joyce.

Magrittes Bild *Le Viol* (Abb. 30) galt seit seiner Entstehung im Jahre 1934 als eine starke und typische Aussage des Surrealismus, und eine Radierung des Künstlers mit den Hauptzügen des Gemäldes schmückte den Einband von Bretons wichtigem Vortrag, der als Broschüre mit dem Titel *Qu'est-ce-que le surréalisme?* 1934 in Brüssel erschien. Breton war auch 1952 noch an Magrittes Kunst interessiert, und in seiner Essaysammlung aus jenem Jahr [50] verglich er sich als Dichter und Verfasser eines ›poème-objet‹ mit Magritte als bildendem Künstler, »der entdeckte, was sich daraus ergeben konnte, wenn man konkrete Wörter von starker Resonanz (das Wort ›Berg‹, das Wort ›Pfeife‹ . . .) mit Formen verband, die diese Wörter verleugnen oder ihnen zumindest rational nicht entsprechen«. Breton wollte es dabei bewenden lassen, er wollte keine verborgenen Bedeutungen oder halbrationalen Entsprechungen suchen, auch dachte er nicht daran, die Freudsche Analyse anzuwenden, obwohl er 1932 in *Les vases communicants* den Versuch gemacht hatte, sich des großen Traumdeuters als ebenbürtig zu erweisen. Und doch könnte uns eine durch analytische Einsichten bereicherte, dabei aber durch ein gewissenhaftes Studium der Hintergründe des Magritteschen Werks gemäßigte und kontrollierte Methode dazu verhelfen, es besser zu verstehen und nur um so höher einzuschätzen.

Die Verschmelzung von Gesicht und Rumpf in *Le Viol* schockiert uns genauso wie der Bart, den Duchamp dem verehrten Antlitz der *Mona Lisa* Leonardos auf seinem Graffito hinzugefügt hat (Abb. 31), oder wie Freuds Baubo, die überraschtes Gelächter hervorrief, als sie ihre Röcke hochhob. Bildverschmelzungen sieht man bei Galton (Abb. 32), und sie erscheinen auch auf manchen protokubistischen Karikaturen der frühen zwanziger Jahre, auf denen Vorder- und Seitenansichten des Gesichts ineinander übergehen [51], in kubistischen Bildern und später auch bei den Futuristen, Dadaisten und Surrealisten [52]. In seinem bemerkenswerten Bild *Die Schwangere* (1913) drückt Chagall die sexuelle Vereinigung von Mann und Frau durch solche Gesichtsdurchschneidungen aus (ähnlich hatte er 1911 in einem Bild Adam und Eva wie siamesische Zwillinge mit ineinander übergehenden Lenden dargestellt). Das Gemälde zeigt eine große stehende Frau, deren Kind in ihrem Leib zu sehen ist, und deren uns entgegenblickendes Gesicht auf der linken Seite vom Profil eines Mannes mit vorspringendem Bart überdeckt wird.

Aber was kann ›viol‹ bedeuten? Das sorgfältig gemalte und statische »Porträt« vor einer weiten, hell beleuchteten Landschaft wirkt gewiß harmlos, es zeigt weder eine eindeutige Gewaltanwendung noch auch Massons ineinander verflochtene Bewegungen – von Körpern in seiner *Metamorphose Liebender* (1938) und von Linien in *Die Vergewaltigung* (1941). Doch schon die Frivolität, einem anmutig geformten Gesicht mit wohlfrisiertem Haar einen Rumpf mit einer stark betonten Vagina als Mund über einem verräterisch phallischen Hals überzulegen, zeigt an, daß mehr hinter dem Bild steckt: Diese Gleichsetzung eines frei zur Schau getragenen Gesichts mit Geschlechtsteilen, die gewöhnlich den Blikken entzogen werden, verletzt tatsächlich unsere Vorstellungen von Form und Schicklichkeit, vielleicht sogar unsere Ansichten über den pseudo-ornamentalen und -aufheiternden Inhalt der Kunst (Degas hatte die Kunst ein Laster genannt, das man nicht heirate, sondern notzüchtige). Möglicherweise will Magritte sagen, daß die »Vergewaltigung« eines anziehenden Gesichts, das einem auf der Straße begegnet, sich jedesmal dann ereignet, wenn ein Mann sein Bild vom Körper der Frau darüberlegt, eine eindeutige Wunscherfüllung, und zwar an dem entblößten Gesicht. (Magritte hatte 1928 in seinem Ölgemälde *Les jours gigantesques* eine »Vergewaltigungscollage« dargestellt, die – wie manche gleichzeitigen Gemälde Picabias – zu einem einzigen Sujet verschmilzt: ein Mann in dunklem Anzug über einer nackten Frau, die sich gegen seinen Zugriff wehrt.)

Doch das ist noch nicht alles. Zunächst der Name. In einem beachtenswerten Aufsatz *On René Magritte* zitiert Roger Shattuck Paul Nougés Bemerkung, daß »das ›Wort‹ eine Quelle der poetischen Erfindung Magrittes« sei; er wendet diese Feststellung auf mehrere Werke Magrittes an, nicht aber auf *Le Viol*. Dieses bezeichnende Mißverständnis des Gemäldes erklärt sich daraus, daß er die Bildunterschrift ins Englische übersetzte. Der Schlüssel liegt jedoch in dem Titel *Le Viol*. Der scharfsinnige Duchamp hatte schon 1921 Wortspiele mit ›violette-voilette‹ gemacht, als er auf dem Etikett eines Toilettewassers ›Eau de Violette‹ als verschleierte Frau posierte. Zweifellos erinnerten sich die Surrealisten an dieses bekannte Wortspiel, als sie ein wichtiges, aber wenig bekanntes Buch über die junge Verbrecherheldin Violette Nozières herausbrachten, die – angeblich aus der Qual einer inzestuösen Neigung zu ihrem Vater – ihre Eltern umgebracht hatte. An diesem Buch *Violette Nozières* (Brüssel 1933), das dieses ungeheuerliche Verbrechen verherrlichte, arbeiteten zahlreiche maßgebliche Surrealisten mit, unter ihnen Breton, René Char, Benjamin Peret, Arp, Giacometti und Magritte. Mit Bezug auf die Gewalttat schrieb Breton: »M. Nozières war ein weitblickender Mann ... besonders deswegen, weil er seiner Tochter einen Vornamen gab, aus dessen erstem Teil seine Absichten psychoanalytisch herausgelesen werden können«; Peret stellte in seinem Gedicht fest, daß der Vater »violait ... Violette«; und Gui Rosey verwendete die Worte ›dévoilée‹ und ›inviolable‹ und erwähnte ›le sexe de la femme à barbe‹ (das Genitale der bärtigen Frau). Magrittes Beitrag scheint nicht mit *Le Viol* zusammenzuhängen, er zeigt einen Mann, der ein Mädchen auf dem Schoß hält und mit der Hand unter ihr Kleid faßt, aber ich bin überzeugt, daß das ein Jahr später gemalte Bild *Le Viol* teilweise von seinem Erlebnis mit dem Namen Violette und dem schrecklichen Verbrechen angeregt war.

Die Bildunterschrift enthält jedoch mehr als nur eine Anspielung auf dieses kranke junge Mädchen. Sie spielt auch auf Violinen an, Instrumente mit bekanntermaßen sexuellem Nebensinn. Freud erwähnt 1906 [53] den bei Karikaturisten häufigen Einfall, die Violine als eine Frau und den Violinbogen als Penis darzustellen, und in *Totem und Tabu* zitiert er später den französischen Ausdruck ›jouer au violon‹, der – wie er erklärt – Onanie bedeutet [54]. Man Ray zeigte auf einer Fotografie, die er *Violon d'Ingres* nannte (was ein Steckenpferd bedeutete, wie das Geigenspiel des Malers Ingres), eine nackte Frau mit zwei auf den Rücken gemalten f-Löchern, die ihre Geigenform unterstrichen. Zweifellos war dabei auch an eine andere Art Spiel mit der Nackten gedacht, die einer Odaliske von Ingres ähnelt. Die witzigen Kubisten Picasso und Braque malten in ihrer sogenannten analytischen Phase oft Musiker so, daß ihre Körper mit dem Instrument verschmolzen; dabei gehörte die Violine mit ihren anmutig geschwungenen Umrissen und ihrer unverwechselbaren Form zu den beliebtesten Instrumenten. Es sei bemerkt, daß schon 1926 Magrittes Collage *Les notes musicales* Umrisse zeigte, die man entweder als kurvenreiche weibliche Figur oder als Violine deuten konnte; auch ist eine biomorphe Abstraktion des Ex-Dadaisten Arp, die er *Frau* (1927) nannte, so wenig eindeutig, daß man sie für einen Körper, aber auch für einen Kopf halten kann. Die Möglichkeit, daß ein Rumpf oder Kopf, der nicht auf eine Abstraktion reduziert ist, eine Violine andeuten könne, zeigte sich zuerst an einem der ›cadavres exquis‹ – ›köstlichen Leichnamen‹, an denen unter anderen Breton mitarbeitete, der damals in enger Verbindung mit Magritte stand. Die 1934 ausgeführte Zeichnung [55] zeigt eine Frau mit sechs Brüsten, deren Hals sich nicht zu einem Kopf erweitert, sondern zu einer Violine mit einem Haarbüschel und einer kleinen Brust, die aus dem rechten Rand herauswächst.

Über Magrittes Absichten in *Le Viol* wie auch über seine Methode zu deren Verwirklichung könnte man am besten durch eine Untersuchung der vorangegangenen Zeichnungen ins Klare kommen, aber leider kenne ich keine. Ein älteres Bild von 1932 allerdings, *L'attentat*, verbindet einen auffallend zur Schau gestellten weiblichen Torso mit einer Benennung, die an Gewalttätigkeit denken läßt; darüber hinaus enthüllen vielleicht die Skizzen für ein späteres Bild *L'âme des bandits* (1960) [56] die Gedanken Magrittes, und vor allem stützen sie meine Deutung, daß die Violine als Brücke von einem mit Haar bedeckten Kopf zu einem Rumpf dient (dessen sexuelle Bloßlegung seine ›Vergewaltigung‹ darstellt). In einer Serie von sieben Zeichnungen spielt Magritte mit einer Reihe von Worten, die er damit illustrierte [57]. Unter diesen Zeichnungen finde ich zwei, die einen starken Bezug auf *Le Viol* haben: die drei Zeichnungen auf Nummer IV (Abb. 33) zeigen die Violine (die auf manchen Zeichnungen einem Mann mit Schnurrbart

ähnelt), umgeben von langem Frauenhaar, zuerst am Zopf einer Männer-
frisur aus dem achtzehnten Jahrhundert angebracht [58], dann versuchs-
weise ins Haar einer Frau plaziert und schließlich auf dem Kopf einer
Frau befindlich (der irgendwie an ein Gesicht erinnert, obwohl man
sie von hinten sieht). Die zweite Zeichnung, Nummer VI (Abb.
34), zeigt
das Haar-Violinen-Gesicht deutlich von vorn und außerdem einen höchst
interessanten kopflosen Rumpf (ein wesenloses Gesicht ist über dem
Kragen mit ein paar Strichen nur angedeutet) mit einem Kopf am Kra-
wattenknoten, was vielleicht eine Anspielung auf die Viola d'amore ist,
die oft einen Amorkopf trägt, aber sicher mit einem ›köstlichen Leichnam‹ von Breton in Verbindung steht, der einen Kopf auf einer Krawatte zeigt und damit unmißverständlich die Freudsche Phallussymbolik illustriert. Aus alledem geht hervor, daß uns ohne den psychoanalytischen Blick die besondere Methode Magrittes entginge, nach der er komplizierte Assoziationen in sein Bild hineinpackt, das scheinbar einfach und
geschmacklos ist. Wollte man tiefer in den dichten und schwierigen Humor von *Le Viol* eindringen, so müßte man Zugang sowohl zu den
vorbereitenden Zeichnungen wie auch zu biographischen Informationen
über das Denken und Tun des Künstlers in den Jahren 1933–34 haben.

Obwohl das Werk Joyces offensichtlich viele Techniken enthält, die
denen der Psychoanalyse entsprechen, haben sowohl Joyce als auch die
Psychoanalytiker sich nach Kräften bemüht, einander anzugreifen und
jede Geistesverwandtschaft abzustreiten; einerseits leugnet Sten Selander
in seiner Arbeit über die Auswirkungen Freuds auf die moderne Literatur
einen Einfluß auf Joyce, dessen *Ulysses* Langeweile errege, indem er sich
eines Stromes stinkenden intellektuellen Toilettenwassers ohne Gedan-
kenzusammenhang bediene [59], und andererseits führte Joyce einen unablässigen Kampf gegen die Psychoanalytiker, weil es ihn wütend machte, daß er dauernd in einem Atem mit ihnen genannt wurde. Dennoch
hat ein Wortspiel (oder eine Gruppe von Wortspielen) Joyces, das mir
dem bei Magritte erwähnten zu ähneln scheint, vieles mit bestimmten
Freudschen Traummechanismen gemein. Dieses Wortspiel steht (unter unzähligen anderen) auf der ersten Seite von *Finnegans Wake* und lautet
folgendermaßen: »Sir Tristram, violer d'amores, had passencore rearrived
from North Armorica.« Ohne im einzelnen auf das reiche Aufgebot
an Bedeutungen einzugehen, das jedes kleine Textstück bei Joyce enthält, können wir feststellen [60], daß es sich hier um zwei Helden handelt:
den Tristan aus der Artussage, den sein Liebestod mit Isolde so berühmt
gemacht hat, und den historischen Sir Almeric Tristram, Erbauer von
Howth Castle, den angelsächsischen Eroberer Irlands, der eine morbide,
nie vollzogene Ehe mit einer zweiten Isolde führte. Tristans Liebe zu
Isolde führt das klassische Beispiel einer Liebe ein, die Sterben bedeutet
und mit dem Bindeglied zwischen Schlaf und Tod verglichen werden

kann, das den Angelpunkt dieses ganzen Buches über Tim Finnegans »wake« (Totenwache) – ein festliches irisches Begräbnis (funeral – »funferall« – Spaß für alle) bildet. Es endet mit dem Wiedererwachen des Leichnams, der sich aus dem Schlaf erhebt (daher die zyklische Form des Buches und sein Titel: Fin: Ende, Egan [again]: wieder). Das Buch enthält grundlegende Polaritäten – Mann und Weib, Liebe und Haß, Leben und Tod –, die wie ein latenter Traumwunsch den vielen ganz verschiedenen Passagen des Buches zugrunde liegen. An der angeführten Stelle hat der Ausdruck »violer d'amores« keinen einfachen klaren Sinn, er verbindet oder verdichtet vielmehr mehrere Bedeutungen, die unmittelbar mit den Ereignissen in der seltsamen Traumwelt des Buches zusammenhängen. Einige von diesen Bedeutungen führen zwar nicht zu einer Interpretation der Stelle, aber immerhin zur Erschließung der Möglichkeiten verständnisvollen Nachforschens. Ich beschränke mich bei meiner Analyse der Joyceschen makkaronischen Wortspiele auf die französische Sprache; Anspielungen auf das Gälische und andere Sprachen sind nicht berücksichtigt. Weitere Schlüssel zum Verständnis der sprachlichen Erfindungen Joyces finden sich bei Freud (*Über den Gegensinn der Urworte*, 1910 b):
»viol aid(e) amour«: eine ironische Therapie für Tristrams unerfüllte Liebe;
»viol aid(e) à mort« oder »viol aida mort«: die andere Seite der Medaille – Tod unterstützt von der Vergewaltigung;
»violer d'amour«: Violine (oder Viola d'amore) aus Freude am Instrument spielen oder mit Liebe spielen, im schlimmsten Fall aus narzißtischen Motiven wie in »jouer au violon«, oder im günstigen Fall um der Geliebten willen;
»violé d'amour«: durch die unerfüllte Liebe zu der neurotischen und frigiden Isolde verletzt.
Northrop Frye [61], ein Kenner der Techniken sowohl Freuds als auch Joyces, findet in einer Wendung Poes die Möglichkeit zu einem Joyceschen Wortspiel: »In Poes Vers ›the viol, the violet and the vine‹ liegt eine Verschmelzung zweier widersprüchlicher Qualitäten vor... *Finnegans Wake* ist ein sehr seltsames Buch... Es könnte durchaus irgendwo ein Wort wie ›vinolent‹ darin versteckt sein, das alles, was Poes Vers enthält, auf einmal ausdrückt.« Mir scheint eine ähnliche Sinnverschmelzung in der eben behandelten Wendung vorzuliegen; jede einzelne Bedeutung mag dann für eine der verschiedenenen Strömungen verbindlich sein, die das Buch durchziehen, denn der intensive und komplexe Stil Joyces gleicht weniger einem einzelnen »Bewußtseinsstrom« als vielmehr einer Reihe ineinander verflochtener Strömungen, die sich, in ihrem Flußbett dahinflutend, vermischen und wieder trennen. Joyce begnügt sich auch nicht damit, die Bedeutung der

Traumbilder auf den von Freud geschilderten privaten Bereich zu beschränken, sondern strebt vielmehr danach, das Persönliche mit dem Kosmischen zu verbinden. Dieses Ziel, das auf das Bemühen hinausläuft, im Alltagsleben eine mythische Dimension zu entdecken, erinnert im Rückblick an gewisse Anregungen Freuds und deutet andererseits schon interessante kritische Meinungen unserer Tage an.

Der vieldeutige und ironische Inhalt der Werke Magrittes und Joyces verlangt neue kritische, besonders philologisch orientierte Methoden. Freud hat oft die technischen Mittel für eine solche Kritik bereitgestellt; seine Verdichtungstheorie hat uns geholfen, bei Magritte und Joyce zum Sinn vorzudringen, und die Freudsche Überdeterminierung und Symbolverschiebung können uns auch den Zugang zu neuen kritischen Systemen verschaffen, die sich auf moderne ironische Kunstformen anwenden lassen. Wir sahen, daß zum Beispiel ein Kritiker vom Range Northrop Fryes (im Gegensatz zu Shattucks selbstzufriedenem Optimismus hinsichtlich des Vorherrschens der Ironie) voll Sorge feststellt, daß wir uns in einem Zeitalter des Verfalls befinden. Frye sieht in Übereinstimmung mit Hegels pessimistischer Prophezeiung des Kunstverfalls in einer Welt, in der die Religion zunehmend säkularisiert wird, unser ironisches Zeitalter als das Ende eines Zyklus. Er steht mit der Natur auf weniger gutem Fuße als die romantischen Theoretiker der ›Einfühlung‹ und sucht keine sympathetische Harmonie mit dem Nichthumanen, um den ironischen Riß zu heilen; er richtet den Blick statt dessen auf die Mythenbildung, die eine neue Aufwärtsbewegung des Zyklus bringen soll, eine Bewegung, die unter dem Zeichen eines neuen Gefühls für Symbolik stehen wird. Freilich gibt es nach Frye »für den Kritiker keine privaten Symbole«, er mißtraut dem vagen Mystizismus der archetypischen Symbolik Jungs und zieht Freuds Methode vor, weil sie konkret ist und mehr vom individuellen Erleben als von halbreligiösen oder metaphysischen Vorstellungen ausgeht. Aber er kehrt Freuds Ansicht von der Kunst als Flucht um, wenn er behauptet, in Kunst und Literatur sei die »Wunschwelt« nicht eine »Flucht vor der ›Realität‹, sondern ... die eigentliche Form der Welt, die das menschliche Leben nachzuahmen sucht« [62]. In einer wichtigen Untersuchung [63] bringt Frye Argumente vor, die an diejenigen von Rank und Sachs (1916) erinnern, wenn sie von den unbegrenzten Möglichkeiten des unveränderlichen Unbewußten mit seinem offenbar begrenzten Spielraum an Symbolik sprechen. Frye zeigt, daß Originalität in der Kunst nicht einen Bruch mit der Konvention als solcher bedeutet, sondern daß der Künstler in Wirklichkeit »einem dunklen, aber tiefen Antrieb gehorcht, sich gegen die zu seiner Zeit etablierte Auffassung zu empören, um eine tiefer gegründete Konvention neu zu entdecken«. Das größte Interesse gebührt wohl Fryes

Versuch, zu zeigen, daß der moderne Mensch die Konventionen, in denen er unausweichlich befangen ist, durchbrechen und dadurch in gewisser Weise das Konventionelle wieder zum Rituellen machen kann.

Hier kommt bei ihm noch ein romantisches Interesse am Unerwarteten hinzu, das in sein mythologisch »religiöses« System etwa so hineinpaßt, wie die Wunder in die alte christliche Vorstellung von einer Weltordnung hineinpaßten.

Freuds Verschiebungstheorie war für Frye insofern besonders wertvoll, als sie es ihm – wie Geoffrey Hartmann [64] es ausdrückt – ermöglichte, »neu zu bewerten, was gröbere literarhistorische Betrachtungsweisen als bloße Säkularisation ansehen. Denn aus der Bewegung vom Mythus zum Realismus folgt nicht das traurige Absinken des Helden zum Antihelden oder der großartigen Siegelringe eines Ahnen zu Belindas Haarnadel. Wir entdecken, daß der säkularisierte Mensch durchaus nicht bar aller mythischen Eigenschaften ist.« Fryes Vorstellung von der Epiphanie (deren bekanntestes Beispiel der Stern ist, der den Heiligen Drei Königen am Himmel erscheint) stützt sich teilweise auch auf die Freudsche Verschiebung; sie ist aber von entscheidender Bedeutung für ihn, denn nach Murray Krieger [65] erlaubt ihm »seine Vorstellung von der Epiphanie durchaus, die Möglichkeit eines momentanen Durchbruchs des Gewünschten ins Reale, einen Einbruch Utopias in die widerstrebende Welt der Dinge offen zu lassen«. Diese Idee einer plötzlichen Erleuchtung ohne bewußte Vorbereitung hat viele andere Zeitgenossen Fryes besonders in jenen Gruppen angesprochen, die sich mit der Relation des Bewußten zum Unbewußten befaßten. Die Surrealisten, die darauf abzielten (Breton hat das in seinen Manifesten deutlich gemacht), Kunst in einen Kollektivmythus umzuwandeln, nicht aber zu einem persönlichen Mythus im Sinne Freuds, eigneten sich offensichtlich trotzdem einige der von Freud in *Totem und Tabu* umrissenen Vorstellungen an, vor allem solche, die mit der überdeterminierten Bedeutung des magisch wirksamen Fetischs oder der magischen Qualität der zufälligen Begegnung im Zusammenhang stehen. Obwohl Freud stets ein determinierendes Motiv in den Erlebnissen seiner Patienten suchte, wenn sie Halluzinationen hatten oder telepathische und sonstige Phänomene erfuhren, erwiesen sich seine Untersuchungen infolge der Faszination, die das Eindringen des Unerwarteten und Irrationalen ins Alltagsleben stets auf ihn ausübte, als unendlich reich und anregend; und manche Schriftsteller, die wie Joyce und die Surrealisten gleich Freud einem naturalistischen System verpflichtet waren, machten vom Durchbruchsmoment der Epiphanie als der letzten Grenze zum Wunderbaren Gebrauch. Die Surrealisten erwarteten von der Zufallsbegegnung mit gewöhnlichen Dingen oder mit Menschen auf der Straße und anderswo (»l'hasard objectif«, »l'objet trouvé«) eine ›magische‹ Bereicherung des Vertrauten und Irdischen durch andere Bedeutungsdimensionen. Nach Bretons Auffassung war diese Magie abhängig von der Überdeterminierung, die Traumbilder mit reichem symbolischem Inhalt ausstattet. Mir scheint, daß – trotz der Vorsicht und Skepsis, mit der Freud vorging – die von der Psychoanalyse beschriebene vielschichtige Seele in den Dienst einer modernen »säkularisierten« Kunstreligion getreten ist, die in gewisser Weise an die aus dem Mittelalter und der Renaissance überlieferten Bedeutungsebenen bei der Symboldeutung erinnert, wo man von der buchstäblichen zur allegorischen, zur tropologischen und anagogischen Deutung kommt.

Diese modernen Anwendungen Freudscher Techniken sind seiner Betonung des archäologischen Prinzips oft diametral entgegengesetzt [67]; so bedeutete zum Beispiel Überdeterminierung für Freud eine unvermeidliche Verbindung mit Erlebnissen der Vergangenheit, während viele jüngere Theoretiker, die die Vergangenheit als irrelevant und die Zukunft als verschwommen oder erschreckend ansehen, dazu neigen, die Gegenwart zu betonen, das hic-et-nunc-Erlebnis der Freude (das man vielleicht mit der Vorstellung Nietzsches vergleichen kann, daß alle Lust Ewigkeit will). André Malraux neigt wie Frye dazu, die künstlerische Form autonom zu machen und über die Geschichte zu stellen; so verflacht er die Kunstgeschichte in seinem bekannten Buch *Les voix du silence* (1953), indem er die Werke aus ihrer chronologischen Reihenfolge herauslöst und durch fotografische Tricks – Vergrößerung von Details und Aufnahmen aus ungewohntem Blickwinkel – vielfältige und anachronistische Entstellungen herbeiführt. Sein neues Buch *Anti-Memoiren* (1968) wendet im Bereich der Autobiographie eine ähnliche Methode an; hier überlagern und durchdringen die frei assoziierten und aus dem biographischen Zusammenhang gerissenen Erinnerungen einander wie Galtons übereinanderkopierte Fotografien. Es ist, als wolle Malraux in jenes große zeitlose Gebiet vordringen, das Freud als das Unbewußte bezeichnet – ein Gebiet, müssen wir hinzusetzen, in das wir laut Freud trotz aller Anstrengungen bewußt nicht vordringen können. Ein ähnliches Ziel wie Malraux verfolgt die Schweizer Kritikerschule mit ihren romantischen Bemühungen, die Zeit zum Stillstand zu bringen und »Ewigkeit« durch das romantische Erlebnis der ›paramnesia‹ oder das Gefühl, das Erinnerte sei wirklich gegenwärtig, zu erreichen. Der Anthropologe Lévi-Strauss (1963) sieht auch eine ›synchronische‹ Transzendenz der Zeit und eine durch alle Kulturen hindurchgehende Identität zwischen gewissen elementaren Mustern oder Strukturen des sozialen Verhaltens und findet – offensichtlich in einer Rückwendung zu *Totem und Tabu*, deren Modifizierung zum Teil auf Lord Raglans berühmte Studie *The Hero* (1936) zurückgehen mag – im Freudschen Unbewußten die magische Quelle für eine moderne mythische oder unhistorische Zeit:»Die moderne, Psychoanalyse genannte, schamanistische Technik leitet ihre spezifischen Charakteristika von der Tatsache her, daß es in der industriellen Zivilisation keinen Raum mehr gibt für mythische Zeit, es sei denn im Menschen selbst.«

Entwicklungen in der New Yorker Malerei der vierziger und fünfziger Jahre entsprachen den bereits erwähnten literarischen Verschiebungen von der Betonung eines individualisierten Unbewußten zu einem stärker universalisierten Reich des Mythos. In den frühen vierziger Jahren verbanden Bilder wie die *Vox angelica* des Surrealisten Max Ernst die alte surrealistische Technik gruppierter Tableaux, die Bilder mit persönlichen Assoziationen enthielten (wie in Magrittes *Le rêveur hardi*, 1927; den Tafeln von Dalis *Les accomodations du désir*, 1929; den Behältern symbolischer Zeichen auf Torres-Garcías Gemälden und in Joseph Cornells Montagen) mit der universalisierenden Struktur Mondrianscher rechtwinkliger Gitter. Derartige Arbeiten haben sicherlich Adolph Gottliebs piktographische Kästen beeinflußt, z. B. auf seinem *Orakel*. Junge Amerikaner wie der in den frühen vierziger Jahren in New York von den Surrealisten beeinflußte Barnett Newman fanden einen Weg, ihren delikaten, aber konventionellen Realismus in eine Kunst umzuwandeln, die das Persönliche mit dem Monumentalen verband, und dabei den Kubismus zu umgehen, der damals die herrschende moderne Kunstform war. In den späten vierziger Jahren findet man surrealistischen Inhalt gewöhnlich zusammen mit Formen, die von Picasso, Mondrian, Kandinsky, Miró, Tanguy und Ernst beeinflußt sind. Barnett Newmans *Genetic Moment* und *The Death of Euclid* (beide 1947) haben mit manchen Frottagen Ernsts aus den zwanziger Jahren (besonders mit seinen Waldszenen) gemeinsam, daß eine regelmäßige Form mit unregelmäßigen»automatischen« Formen verbunden ist.

Obwohl eine Verwandtschaft zwischen dem Surrealismus und gewissen Aspekten der Freudschen Psychoanalyse bestand, bewahrten sich die amerikanischen Künstler ihre Unabhängigkeit mit dem gleichen Geschick, mit dem sie nacheinander alle anderen Einflüsse abgewiesen hatten, und lehnten den Surrealismus und dessen Verbindung mit Freuds Psychologie des individuellen Traums ab. Sie wandten sich statt dessen der archetypischen Mythologie Jungs zu. Das war für diese Künstler ein logischer Schritt auf ihrem Weg zu einer Kunst, die unpersönliche, abstrakte Zeichen zu einer persönlichen Aussage machen wollte.

Bei neueren Versuchen mit der Psychoanalyse hat man Freuds konkrete Deutungen der Symbolik in Traum und Neurose häufig zu einer verallgemeinernden Sprachpsychologie umgebildet; ein Autor, der mit der Psychoanalyse sympathisiert [68], behauptet, im Grunde sei vieles in

Freuds Werk semantisch, und Freud habe in der Semantik die umwälzende Entdeckung gemacht, daß neurotische Symptome »bedeutungsvoll verkleidete Kommunikation« seien. Kritiker, die sich auf diesen zweifellos begründeten Aspekt der Freudschen Leistung stützen – eine Methode, bei der die strukturalistische Linguistik die emotionellen Spezifika eines Kunstwerks übertönt –, scheinen mir eine der Anfangsschwierigkeiten zu verstärken, die in einer Freudschen Ästhetik beschlossen liegen, die Tatsache nämlich, daß sie für ein gegebenes Kunstwerk nicht spezifisch ist. Der scharfsinnige Strukturalist Michael Riffaterre [69] gibt zu, daß »es wohl streng poetische Strukturen geben mag, die durch eine nicht für die Besonderheit der poetischen Sprache ausgerüstete Analyse nicht als solche erkannt werden können«; das ist eine Feststellung, die sich auf die Psychoanalyse und überhaupt auf jede Methode anwenden läßt, die einem Kunstwerk ein kritisches System appliziert, ohne einen Weg zu finden, dem Werk auf dessen eigenem Grund gegenüberzutreten. Reduziert man aber die psychoanalytische Ästhetik auf eine semantische Kritik und auf technische Formeln wie Überdeterminierung und Verschiebung und spart die reichen Einsichten der Psychoanalyse aus, so läuft das auf eine Verstümmelung von unten her hinaus. So übersetzt Lévi-Strauss [70], für den jeder Mythos aus allen seinen Versionen besteht, Freuds Ödipusmythos in das verallgemeinernde Problem, »zu verstehen, wie ›einer‹ von zweien geboren sein kann«, und findet davon dann viele Beispiele. Indem er die Parallelen des Mythos in verschiedenen Kulturen vermehrt, scheint er mir seine reiche konkrete Bedeutung für den westlichen Menschen zu verringern.

Mit all den eben erwähnten Autoren sind wir wohl schließlich wieder bei Geschmacksfragen angekommen, denn sie alle haben sich recht weit von den humanistischen westlichen Werten der Schönheit und der individuellen Persönlichkeit entfernt. Wenn der junge strukturalistische Kunsthistoriker Sheldon Nodelman [71], der sich den Archäologen Guido Kaschnitz von Weinberg zum Vorbild nimmt, feststellt, die »Wechselwirkung zwischen Kunstwerk und Betrachter« könne »mit Nutzen nur nach einer mit Hilfe der klassifizierenden Methode vorgenommenen Strukturbeschreibung« untersucht werden, können wir verstehen, daß er genau wie sein Vorbild im Banne der römischen Porträtbüsten stand. Die Aufgaben, die sich bei einer großen Anzahl anonymer Köpfe ähnlichen Stils stellt, verlangt Gruppierungs- und Ordnungsverfahren, die es nahelegen, auf den Künstler bezügliche Fragen psychologischen oder biographischen Inhalts zurückzustellen (oder, wenn es an Daten fehlt, überhaupt unbeantwortet zu lassen). Die »Wechselwirkung zwischen Kunstwerk und Betrachter« ist ein Anliegen eines großen Teils der neueren Kunstkritik, und es besteht ein echter

Zusammenhang zwischen Nodelmans Vorliebe für antike römische Plastik und seinem Interesse an der heutigen *hard-edge*-Malerei [72].

Wir haben uns weit von jener psychoanalytischen Kritik entfernt, die es unternimmt, sich in die Psychogenese eines Kunstwerks zu vertiefen, der Entwicklung des jeweiligen Künstlers nachzugehen und die Beziehung seiner Kunst zu seinen Kindheitserlebnissen zu erforschen. Diese Unternehmungen waren keineswegs von Erfolg gekrönt. Wir sind auch der Antwort auf die von der Psychoanalyse gestellte wichtige Frage nach dem Wert nicht näher gekommen, die Freud vermied, da sie außerhalb des Bereiches seiner Arbeit lag. Das gegenwärtige Interesse mancher Strukturforscher macht wenig vom Genie Freuds sichtbar; man entnimmt seinem Werk nur gewisse nützliche Einsichten. Trotzdem sieht es so aus, als fänden Freuds Vorstellungen ihren Weg auf den veränderten Schauplatz; ihre Anpassungsfähigkeit und Fruchtbarkeit bürgen dafür, daß sie in allen Strömungen, die in der überschaubaren Zukunft auftauchen mögen, eine Rolle spielen werden.

ZUSAMMENFASSUNG

In dem Bemühen, Wesen und Wirkung, Bedeutung und Begrenzung der Ansichten Freuds über Kunst und Künstler zu bestimmen, mußten wir nicht nur in seine psychoanalytischen Lehren, sondern auch in sein privatestes Leben eindringen. Freuds Bild von der Kunst und der Literatur, wie es uns in seiner Kunstsammlung, seiner Bibliothek und in seinen Schriften vor Augen trat, war geprägt von seinem unorthodoxen jüdischen Milieu und der Mischung aus humanistischer und naturwissenschaftlicher Bildung, die der Schöpfer der Psychoanalyse in Wien zwischen 1860 und dem *fin de siècle* in sich aufnahm. Wenn die vorliegende Untersuchung der Gedanken Freuds über Kunst den biographischen und persönlichen Bereich besonders berücksichtigt hat, so geschah das nicht, weil es diesen Gedanken ohne solche Bezugnahme an Bedeutung und Wert mangelte, sondern weil er eine wertvolle Materialquelle darstellt für jeden, der Einblick in einen erstaunlichen Geist gewinnen will. Und ich finde, daß Freuds Psychoanalyse schon wertvoll genug wäre, wenn sie nur seine eigenen Werke erschlösse, denn seine Schriften laden uns ja ein, im Geiste sein phantastisches psychoanalytisches Universum zu betreten und zu erleben, wobei wir an den Visionen großer Romanschriftsteller vom Range Dostojewskis teilhaben, die uns das Erhabene, das Lächerliche und das verachtenswürdig Verbrecherische menschlich nah und unmittelbar wirklich erscheinen lassen. In gewissem Sinne spiegelt sein gesamtes Werk, vornehmlich aber alles, was er mit tiefem Verständnis über Kunst und Künstler samt ihren heimlichen Identifizierungen und Neigungen geschrieben hat, seinen Versuch wider, in einer Psychoanalyse ohne Ende über seine persönlichen Probleme hinauszugelangen.

Diese paradoxe Persönlichkeit – in manchen Dingen stark und mutig, in anderen neurotisch gehemmt, ein kühner Erfindergeist, der allerdings den naturwissenschaftlich-materialistischen Vorstellungen des neunzehnten Jahrhunderts verpflichtet war – tastete mit seltener Ehrlichkeit nach einer Wahrheit über sich selber, die Freud nie ganz erreichte; aber seine Probleme sind weniger wichtig als das Unbehagen, das er ihretwegen empfand, und sein rastloses Streben, sich zu befreien. Auf dem holperigen Pfad bei dieser Suche stolperte Freud immer wieder über neue Ideen, und jede Entdeckung brachte ihm für einen Augenblick Befreiung, ehe die Erinnerung ihn einfing, die ihn an den »Familienroman« seiner Kindheit, an Mutter und Vater fesselte. Manchmal machte er, wenn er sich seiner Aufgabe nicht gewachsen fühlte, Martha zum Sündenbock und tadelte sie zu Unrecht. Auch der Künstler übernahm eine Rolle als Träger seiner Vorurteile und Probleme; nicht eigentlich der Durchschnittskünstler (den er gewöhnlich als Sklaven seiner Wünsche sah), sondern das Genie, ein Vaterersatz wie Shakespeare oder Goethe, mit denen er sich auf verschiedene Weise und in verschiedenem Grade sein ganzes Leben lang identifizierte. Der hohe Wert von Freuds Kampf mit eigenem Schmutz und eigener Schwäche, mit seiner eigenen Häßlichkeit und Gemeinheit wird in dem großen Denkmal der *Traumdeutung* mit ihren zahlreichen späteren Ablegern sichtbar. Freud hat einer ganzen Generation ein seltenes Beispiel des Suchens und der einsichtsvollen Selbsterforschung gegeben, und die vergeblichen Bemühungen dieses paternalen Geistes, ein befriedigendes Vorbild zu finden, mit dem er sich identifizieren konnte, schienen vielen jungen Menschen mit Identifikationsproblemen überzeugend; es gibt wohl keinen Schriftsteller dieses Ranges, an dem sich eine derartige Verbindung von unbezwingbarem Schöpfertum und rührender Menschlichkeit offenbart.

Freuds »Ästhetik« führte im Grunde eine Linie der romantischen Kunsttheorie weiter – nicht jene Seite der Romantik, die sich mit dem Modernen, dem Neuen und dem Originellen befaßte, sondern jene andere, die sich dem Unbewußten verschütteten Wünschens und Fühlens zuwandte, das mit dem alten Begriff der Phantasie verbunden war. Wichtige Aufgaben dieser Ästhetik bestanden in der Kennzeichnung der Zugangswege, vor allem der Symbolik, vermittels deren die Seele des Künstlers mit dem Unbewußten in Verbindung tritt; eine weitere Aufgabe war es, zu zeigen, wie dieser seelische Vorgang sich im objektiven Werk »verkörperte«. Hier waren die vielfältigen Vorstellungen von Projektion und Einfühlung höchst bedeutsam; und wenn meine Analyse richtig ist, hätte die von Freud nicht weiterentwickelte Hypothese einer »Vorstellungsmimik« seine Kunsttheorien mit einem Instrument gekrönt, das eine entscheidende Verbindung zwischen dem psychologischen Funktionieren der individuellen Seele und der Außenwelt der anderen Menschen und der Dinge, einschließlich der Kunst, zuläßt. Eine unvermutete Parallele zu diesen projektiven und expressiven Theorien stellen gewisse frühe Erklärungen von Zeitgenossen Freuds dar, Künstlern – zum Beispiel Kandinsky –, die nach einer abstrakten Kunst tasteten und bestimmten Farben und abstrakten Formen Gefühle und Gedanken zuordneten. Aber Freud ignorierte die abstrakte Kunst nicht nur, weil er verlangte, daß Kunst (wie in der Antike oder in der Renaissance) einen Inhalt habe, der sich mittels einer hermeneutischen Methode nach psychoanalytischen Richtlinien deuten lasse, sondern auch, weil er die »musikalisch expressiven« Eigenschaften der nichtmimischen abstrakten Kunst überhaupt nicht schätzte.

Freuds Interesse an der Interpretation symbolischer und expressiver Sprachen in der Kunst ist von vielen nachromantischen Ästhetikern nicht gut aufgenommen worden, die weder enthüllen wollen, welche persönlichen Gefühle der Künstler »ausgedrückt« hat, noch die sich selbst belohnende Aktivität des ästhetischen Genusses zu »erklären« suchen; und die berufsmäßigen Kritiker moderner Kunst stellen im Hinblick auf Kunst oder Künstler kaum noch Freudsche Fragen. Man neigt dazu, in der Kunst neu auftretende oder »schöpferische« Eigenschaften zu suchen, nicht unter dem Gesichtspunkt eines inspirierten Schöpfers, sondern des inneren Zusammenhangs ihres autarken formalen Musters oder ihrer Struktur. Der Humanist Freud dagegen betont die Bedeutung der Erinnerung in der Kunst und hat über den künstlerischen Akt als schöpferische Gebärde wenig mehr zu sagen, als daß er sich der Beschreibung entziehe. Selbstverständlich läßt sich keine auf weite Kunstgebiete anwendbare umfassende Ästhetik aus der Psychoanalyse ableiten, ohne daß man bedeutende Anleihen im Bereich von Wahrnehmung, Form und Wert macht. Freuds Theorien sind in dem Zustand, in dem er sie hinterlassen hat, vor allem für die Interpretation symbolischer Kunst oder zum Verständnis des Künstlers mit neurotischer Imagination nützlich, und ihre größte Leistung besteht darin, daß sie einen Kontext bilden, innerhalb dessen symbolistische und surrealistische Produktionen verstanden und gewürdigt werden konnten. Darüber hinaus offenbaren viele erstklassige Kunstwerke des zwanzigsten Jahrhunderts, die traumartige Elemente enthalten, ohne eindeutig Freuds technischen Analysen verpflichtet zu sein, dem Kenner der Psychoanalyse eine wesentliche Seite ihres ironischen und scheinbar irrationalen Inhalts, wie ich im Falle von Magrittes *Le Viol* und Joyces *Finnegans Wake* zu zeigen versuchte. Bei solchen Werken fragt der Kritiker oft nicht zuerst: »Ist es gut?«, sondern: »Was bedeutet es?« oder: »Welche verbalen und visuellen Anspielungen enthält das Werk?«

In manchen modernen Bereichen westlicher Kunstkritik sind Freuds Gedanken in modifizierter Form immer noch von Bedeutung. Daß viele moderne Kritiker den schöpferischen Aspekt des Kunstwerks so eifrig betonen und so ängstlich und doch vergeblich nach einem Vokabular für die neuen Objekte suchen, läßt vielleicht auf einen gewissen religiösen Einschlag schließen – hierin spiegelt sich wohl der Verlust des festen Gerüstes, das ein ganzes System westlicher Kultur samt ihrer Religion, ihren Erziehungsmethoden und philosophischen Lehren trug. Das Streben nach Symbolen, welche diese verlorenen Tröstungen ersetzen sollen, hat dazu geführt, daß »Schöpfung« nicht mehr im psychologischen Sinne des romantischen Genies gilt, sondern in einer kühlen unpersönlichen Bedeutung, bei der das Objekt den Vorrang hat. Hier gewinnt Freuds Werk eine merkwürdige Bedeutung, denn dem modernen »geschaffenen« Werk eignet – wie dem »objet trouvé«, dem gefundenen Objekt der Surrealisten – verborgene und symbolische Bedeutung, und diese schwer verständlichen Objekte sprechen zu uns wie die Bilder und Symbole, die aus dem von Freud erforschten Unbewußten aufsteigen. In diesem Zusammenhang richtet sich die Psychoanalyse nicht auf die augenblicklichen Gefühle des Künstlers, die sich in dem Werk ausdrücken, sondern auf den universalen Mythos, zu dem er in dieser unbewußten Erinnerung vorgestoßen ist. Da die Jungianer sich ganz besonders mit der Universalität des unbewußten Mythos befaßt haben, hat ihre Version der Psychoanalyse bei manchen jungen Künstlern die Freudsche Richtung in den Hintergrund gedrängt. Aber Freud hat bei anderen jungen Schriftstellern und Künstlern den Sieg davongetragen, die sich mit Fragen der Semantik befassen; seine Beschäftigung mit den Traummechanismen und der Neurose hat ihn in die Lage versetzt, Techniken auszuarbeiten, mit deren Hilfe sich Bedeutungsschichten durch semantische (vornehmlich etymologische) Mittel ergründen lassen, die vom Gepäck seiner psychologischen Voraussetzungen nicht belastet sind. Junge französische Strukturalisten im Gefolge etwa von Lévi-Strauss und Alcan haben nicht gezögert, Freuds Analysen auf Literatur anzuwenden, indem sie sie ihren alten Schulmethoden der ›textes commentés‹ zugrunde legten.

Die Größe des Werkes Freuds sprengt die Grenzen, die ihm als Menschen gesetzt waren, und übertrifft den tatsächlichen, ja auch den potentiellen Einfluß dieses Werks. Freud, dem die »Widerstände gegen die Psychoanalyse« ein Anreiz waren, den er durchaus genossen haben mag und der ihn zu immer kühneren Herausforderungen seines Publikums antrieb, nannte sich selbst einen Konquistador. Diese Bezeichnung scheint seiner Leistung zumindest im Bereich der Ästhetik angemessen, in den er mutig eindrang; doch wenn er auch einige Festungen wirklich genommen hat und in so manches dunkle und abschreckende Gebiet vorgestoßen ist, so hat er doch wie der ritterliche Don Quixote mehr als nur eine angeschlagene Windmühle hinter sich gelassen. Und wie Don Quixote war er, mit Unamuno zu sprechen, »ein Erwecker schlafender Seelen«. Doch es ist durchaus möglich, daß viel länger als die echten und die zweifelhaften Trümmer seiner Mutmaßungen über Kunst, Traum und Neurose die romanhafte Welt lebendig bleiben wird, die er entworfen und in seinen Schriften bis zu einem gewissen Grade auch errichtet hat.

ANHANG

EIN ÜBERBLICK ÜBER DEN EINFLUSS FREUDS IM LAUFE DER
JAHRZEHNTE UND IN VERSCHIEDENEN LÄNDERN

Der Einfluß Freuds auf Kunst und Literatur hat sich im Laufe der
Jahrzehnte gewandelt, und darin spiegeln sich teilweise auch Wandlungen seiner psychoanalytischen Lehren. Die Grundvorstellungen (oder
vielleicht auch Vorurteile) in bezug auf den Künstler waren in der
»prähistorischen Periode«, das heißt in der ersten Hälfte der achtziger Jahre, als Freud seine Psychoanalyse anlegte, schon in charakteristischer Weise ausgebildet; sie hatten ihren Ursprung in seinem
Kindheitsmilieu. So entfernte sich Freud in der großartig ausgreifenden »heroischen Periode« von etwa 1890 bis 1914, als er seine wichtigsten Untersuchungen über Künstler unter dem Gesichtspunkt der
Sexualität, des Traums und des Unbewußten schrieb, in seinem Kunstgeschmack und seinen Kunstauffassungen nur wenig vom Standpunkt
jener früheren Zeit. Der Künstler erschien ihm leicht exzentrisch und
ein wenig neurotisch, als ein Mensch, der in der Realität versagt und
durch seine Phantasievorstellung vom Erfolg davor bewahrt wird,
sein Versagen zu empfinden. Wie in Kapitel II geschildert, weicht der
fast lyrische Ton, der in den Arbeiten Freuds über sich und seine Träume in dieser Periode vorherrscht, einer nüchterneren und trockeneren
Erörterung seiner Theorien und der Verfeinerung der Techniken. Vielleicht kam dieser Wandel als eine Reaktion auf die heftige Kritik früherer Schüler – Adlers, Ranks und Jungs – zustande, denen er wohl
doch antworten wollte, wenn er auch über sie und ihre Vorstellungen
(abgesehen von den starken polemischen Ausbrüchen in der Geschichte
der psychoanalytischen Bewegung von 1914) Schweigen wahrte. In
seinen letzten Jahren, von der Mitte der zwanziger Jahre bis zu seinem Tod 1939, verbreiterte er seine metaphysischen Grundlagen einer
religiösen Spekulation und des religiösen Glaubens, vor allem im Zusammenhang mit dem Thema Moses. Die älteren Schriften hatten einen
weit größeren Einfluß auf die Kunst und Literatur des zwanzigsten
Jahrhunderts – eine Tatsache, die ganz deutlich wird, wenn wir diesen Einfluß erstens als einen Bestandteil breiter historischer Entwicklungen und zweitens unter dem Gesichtspunkt der spezifischen künstlerischen und literarischen Aktivität der maßgeblichen betroffenen
Länder untersuchen.

Die erste Gruppe der Freud-Schüler stieß kurz nach dem Erscheinen
der Traumdeutung zu dem Kreis des Meisters; ihre mehr oder weniger

interessanten Arbeiten, die dem, was Freud schon geleistet hatte, nur selten grundlegend Bedeutendes hinzufügten, bewegten sich durchaus im Kielwasser seiner Untersuchungen zur Kunst. So schrieb Karl Abraham eine Studie über den italienischen Künstler Giovanni Segantini (1911), in der er sich offensichtlich Freuds *Leonardo* zum Vorbild nahm; Abraham untersuchte Segantinis Kindheit und fand – neben anderen Parallelen zu Freuds Buch – das Leonardothema der zwei Mütter ,im Mittelpunkt der künstlerischen Tätigkeit Segantinis. Eine Fülle von Arbeiten folgte nach: Jones schrieb über Andrea del Sarto, Alice Sperber über Dantes unbewußtes Seelenleben; Lenau, Kleist, Gogol und andere große Gestalten wurden psychoanalytisch erforscht [1]. Überall entdeckte man den Ödipuskomplex, und seit der grundlegenden Arbeit von Rank und Sachs (1913) und dem eindrucksvollen Essay über Hamlet von Jones bis zu neueren und weniger wichtigen Veröffentlichungen hat dieser Begriff die Kunstkritik nicht weniger angeregt als die Literaturkritik. Für künftige Literarhistoriker wird es tatsächlich ein ganz eigenes Problem darstellen, die natürlichen und die erkünstelten Beispiele der von Freud so eindringlich präsentierten vielfältigen neurotischen Syndrome zu unterscheiden.

Freuds kurze *Geschichte der psychoanalytischen Bewegung* beschränkt sich zwangsläufig auf knappe Andeutungen der lebhaften Tätigkeit in Künstler- und Schriftstellerkreisen vieler Länder, die unter der Wirkung seiner Lehren standen, denn selbst der ältere, von Rank und Sachs (1913) geschriebene Überblick *Die Bedeutung der Psychoanalyse für die Geisteswissenschaften* konnte nicht die ganze Fülle des bis dahin Veröffentlichten erfassen. In den ersten zehn Jahren erstreckte sich der Einfluß der Psychoanalyse natürlich vorwiegend auf die deutsche Literatur, und eine Reihe deutscher Romane bot mehr oder weniger bizarre, für breite Kreise bestimmte Deutungen der Theorie. Der Expressionist Leonhard Frank trug ebenfalls zur Popularisierung der jungen Bewegung bei, zeigte sich aber dabei weniger oberflächlich (*Die Ursache*, 1915; *Der Mensch ist gut*, 1917). Die Jahre von 1910 bis 1920 scheinen ein Jahrzehnt der Verwirrung gewesen zu sein, nicht nur des Krieges wegen, sondern auch, weil sich konkurrierende psychoanalytische Schulen bildeten, eine Entwicklung, die 1911 mit dem Abfall Adlers begann und sich mit der Trennung von Jung fortsetzte (Rank löste sich im nächsten Jahrzehnt von Freud). In dieser Zeitspanne wurde eine wachsende Anzahl von Künstlern psychoanalysiert, und die Auseinandersetzung über den Wert der Behandlung für die schöpferische Persönlichkeit regte Hesse 1918 zu einem Aufsatz an – *Künstler und Psychoanalyse* –, in dem er die Nützlichkeit der Technik verteidigt, die freilich die für jede schöpferische Tätigkeit letztlich erforderliche Gabe der Intuition nicht ersetzen könne. Hesse ließ sich damals gerade von Jung, der Freuds Betonung der Sexualität ablehnte, analysieren, und es ist bezeichnend, daß er in seiner Erörterung der Freudschen Psychoanalyse die Sexualität aus dem Spiel läßt und bei einer Version des Unbewußten verweilt, die er ganz legitim mit Vorbildern aus dem neunzehnten Jahrhundert vergleichen konnte.

Während Freud in den zwanziger Jahren sich über komplizierte Verfeinerungen und Präzisierungen seiner Lehren den Kopf zerbrach und *Jenseits des Lustprinzips* (1920) hinter sich ließ, wurden die Psychoanalyse und ihre Abkömmlinge von einer weitwirkenden Nachkriegsstimmung erfaßt. Immer mehr Schriftsteller und bildende Künstler standen in unmittelbarer Verbindung zu den psychoanalytischen Techniken der freien Assoziation und der Traumdeutung, wie sie von Analytikern angewendet wurden, die an Freuds älteren, stärker sexuell ausgerichteten Lehren geschult waren. Besonders in den Vereinigten Staaten, in England und in Frankreich verlieh Freud die allbekannte Tatsache, daß er deutscher Jude war, die Aura des schwer durchschaubaren Professors und verstärkte wahrscheinlich die erregende Wirkung der kathartischen Entspannung und sexuellen Befreiung, die man von der psychoanalytischen Behandlung selbst seitens seiner Schüler erwartete. Durch eine laszive Psychoanalyse (»normaler« wie auch neurotischer Figuren) »vertiefte« Romane und Biographien schossen damals aus dem Boden und übten eine mächtige Anziehung auf ein Publikum aus, das sich zur Flucht aus den alten Geleisen und zur Annahme der neuen Verhaltensweisen verlockt fühlte. Formalistische Kritiker jedoch, unter denen sich nicht nur Roger Fry und Clive Bell, sondern auch Samuel Beckett und andere aus der Nachfolge von James Joyce befanden, lehnten die psychologisierenden Biographien lautstark als für das Kunsterleben belanglos ab. Die hektische Periode der dreißiger Jahre mit ihrer wirtschaftlichen und politischen, aber auch intellektuellen und kulturellen Aufrüstung brachte schärfere ideologische Formulierungen in allen Bereichen, auch in den Künsten, mit sich. Aufbrandender Nationalismus unter der Maske internationaler sozialistischer Strebungen kennzeichnete den Totalitarismus der Sowjets, der italienischen Faschisten und der Nationalsozialisten; den Sowjets jedoch gab die verklärte Erinnerung an ihre wahrhaft internationalen und humanen Anfänge eine Chance gerade bei den fortschrittlichsten Künstlern, unter denen einige wenige selbst nach den Moskauer Schauprozessen Mitte der dreißiger Jahre ihre Illusionen noch nicht aufgeben wollten. Abgesehen von den unzähligen Künstlerpersönlichkeiten, die sich von der Volksfront zu einem scheinbar heroischen Radikalismus bereden ließen, kam damals bei den reifen Künstlern, die gemeinsam sozialistische Ideale verwirklichen wollten, der Hauptvorstoß von den Surrealisten. Diese von dem begabten und doktrinären André Breton geleitete Gruppe nahm wohl im Kleinen die widersprüchlichen ideologischen Tendenzen jener Zeit auf, wenn sie versuchte, psychoanalytische Vorstellungen und Techniken mit marxistischen Idealen zu vereinigen und mit Hilfe spezieller psychologischer und künstlerischer Taktiken eine utopische Gesellschaft zu verwirklichen.

Die vierziger Jahre standen unter dem Zeichen des Krieges und seiner bangen Nachwehen, des kalten Krieges, einer Zeit, die hinter sich Massenmord und vor sich die drohende Vernichtung durch Atomwaffen sah. Nachdem sich die Phrasen und papierenen Utopien der dreißiger Jahre als nichtig erwiesen hatten, wandten sich viele enttäuschte Künstler nach innen, der Entwicklung ihrer Persönlichkeit zu (seltsamerweise genau wie in den zwanziger Jahren, nur ohne die Hoffnung und Heiterkeit jenes Jahrzehnts, und so wie jetzt in den siebziger Jahren). Manche Psychoanalytiker begannen eine »Ich-Psychologie« auszuarbeiten (s. Kapitel II), die an die Stelle des alten, mit soviel Nachdruck vertretenen Determinismus der unbewußten Kräfte und des Sippeninstinkts trat, den selbst der alte Freud noch zu modifizieren sich anschickte. Der Tod Freuds im September 1939, dem Monat, in dem der Zweite Weltkrieg ausbrach, dämpfte den weltweiten Einfluß einigermaßen, den sie sonst vielleicht gehabt hätte, eröffnete aber einen Zugang zu manchen bisher unveröffentlichten Unterlagen und gab dadurch mehreren bedeutenden Forschern die Möglichkeit, sich eingehender und genauer mit dem Mann und dem Entwicklungsgang seiner Ideen vertraut zu machen. Während der fünfziger Jahre gewannen allmählich gewisse Nachkriegstendenzen Gewicht, die die Grundlage der Psychoanalyse aus verschiedenen Richtungen in Frage stellten: einerseits als Wissenschaft (deren Theorien teilweise in der Persönlichkeitsforschung inzwischen gang und gäbe waren) und andererseits als sinnvollen Führer zu schöpferischer Fähigkeit. Man hat versucht, die Gültigkeit Freudscher Begriffe wie Verdrängung zu überprüfen und sogar Freudsche Persönlichkeitstheorien ganz allgemein im Sinne der modernen Verhaltenslehre neu zu interpretieren [2]. In dem Maße, in dem andere psychoanalytische Schulen auftauchten (diesmal von jungen Leuten ohne die europäischen Wurzeln und die europäische Bildung der älteren Psychoanalytiker entwickelt), setzte sich eine neue Betonung des Oberflächenphänomens, der Schnellbehandlung und der Gruppentherapie durch. Der Begriff »Ich-Psychologie« wurde immer mehr zum Kennwort eines fortschrittlichen Flügels der bereits verfallenden Schule der orthodoxen Psychoanalyse. Die Vereinigten Staaten, die unmittelbar vor dem Krieg und während der Kriegsjahre Flüchtlinge aus dem Kreise der Analytiker aufgenommen hatten, entwickelten sich zu dem Land mit dem stärksten Interesse an der Psychoanalyse und wurden infolgedessen auch zum Schauplatz einer massiven Ablehnung oder Umgehung der Lehren Freuds.

Eine überraschende Entwicklung zeigte sich in der Ablehnung älterer linksgerichteter Kritiker Freuds, etwa Erich Fromms, der Freud als einen für soziale Werte unempfänglichen Bourgeois ansah, sowie in der Entdeckung von revolutionären Auswirkungen der Freudschen Analyse durch Mitglieder der Neuen Linken, etwa durch Herbert Marcuse (1955) und den Historiker Norman O. Brown (1959). Sowohl Marcuse als auch Brown gründeten ihre Neueinschätzung auf die Spätwerke Freuds.

Brown trat offenbar in die Fußstapfen Trillings, der in *Beyond Culture* (1955) feststellte, Freuds größtes Verdienst liege darin, daß er die Vorstellung vom Selbst, das gesondert von der Kultur existiert, in den Mittelpunkt seines Denkens gestellt habe. Was die Marxisten an Freud als bürgerliche Romantik angegriffen hatten, wurde zur Grundlage eines neuen radikalen Individualismus für diejenigen, die der repressive Aspekt der modernen Gesellschaft und ihrer Kultur beunruhigte. Marcuse wie auch Brown fanden in Freuds *Jenseits des Lustprinzips* und *Das Unbehagen an der Kultur* verlockende Spekulationen auf dem Boden der dualistischen Vorstellung Freuds, daß Eros, die Lebensenergie (eine Verallgemeinerung der früheren, rein sexuellen Libido, die vielleicht auf bestimmte Kritiker zurückzuführen war), unweigerlich mit einem aggressiven oder Todes-Trieb verbunden und ihm entgegengesetzt sei. Keiner der beiden Autoren begnügte sich damit, diesen Zustand mit dem fatalistischen Pessimismus Freuds zu betrachten, und so braute jeder aus verschiedenen Schriften Freuds und anderer eine »dialektische« Betrachtungsweise der inneren (Leben gegen Tod) wie auch der äußeren (Individuum gegen Kultur) Aufspaltung des Menschen zusammen, bei der das repressive Realitätsprinzip schließlich vom freiheitlichen Lustprinzip überwältigt wird. Die von Freud als »polymorph-pervers« angesehene früheste Lebensphase, in der alle sexuellen Möglichkeiten gegenwärtig sind, wird hier zum Paradigma, zu dem man sich zurückbewegen muß, und das in bestimmten Kreisen der radikalen Jugend von heute ungeheuren Einfluß gewonnen hat. Kein Wunder, daß der Kritiker Kenneth Burke sich dazu herausgefordert fühlte, einen Aufruf gegen neue Arbeiten dieser Richtung zu erlassen [3], deren Ziele er mit dem Schlagwort umreißt: »Nieder mit der Politik, es lebe die Apokalypse!« Nach Burkes Ansicht sind geistreiche Autoren wie Brown, die den »Appetit« auf solche Schlagworte befriedigen, »utopistische Freudianer, die Freud zweifellos ein großes Ärgernis gewesen wären«.

In der Folge der neuen Richtungen der fünfziger Jahre sind bis in die späten sechziger Jahre hinein bedeutende Veränderungen in der Einstellung zur Psychoanalyse deutlich geworden: was früher als schockierend und skandalös gegolten hatte, erwies sich jetzt für viele durch Massenmedien wie das Fernsehen einem weiten Spektrum von Vorstellungen ausgesetzten Gesellschaftsschichten als annehmbar. Während jedoch

»das Unbewußte« oder die Lehren von der infantilen Sexualität zu billigen Schlagworten wurden, begannen Kunst- und Literaturkritiker, die neue Wege suchten, in Freudschen Gedankengängen Werte zu erkennen, die man vorher ignoriert hatte, und manche Künstler machten sich diese Vorstellungen allmählich zu eigen, freilich gewöhnlich ohne zu wissen, daß sie sie Freud verdankten.

Überdies wurde Freud nicht nur Gegenstand einer psychoanalytischen Untersuchung, die von älteren Vorurteilen frei war, sondern seine ganze Richtung wurde von Anthropologen wie Lévi-Strauss einer wohlwollenden Prüfung unterworfen, welche Techniken wie die freie Assoziation mit den magischen und religiösen Bräuchen anderer, darunter auch primitiver Gesellschaften verglich (wobei man auf Freud eine Methode anwendete, die er selber im Hinblick auf die Wurzeln der westlichen Religion und Kultur gefördert hatte). Schließlich dienten Freuds analytische Methoden zur Entschlüsselung von Symbolen – losgelöst von ihrer therapeutischen Bedeutung – als Anregung oder sogar als Vorbild. Die Verwandlung der Psychoanalyse und ihr veränderter Einfluß lassen sich klarer bestimmen, wenn wir an diesen allgemeinen Überblick noch eine ergänzende Betrachtung der jeweiligen nationalen Einwirkungen anschließen.

Die Heimat der Psychoanalyse und des ersten engeren Anhängerkreises Freuds war natürlich Österreich oder genauer Wien, der geistige Mittelpunkt des Landes. Die komplizierte Anfangssituation der Psychoanalyse in Wien haben wir bereits erörtert; da Freud innerhalb derselben akademischen und kulturellen Tradition heranwuchs wie Schnitzler und Hofmannsthal, läßt sich der Einfluß der Freudschen Vorstellungen auf deren Stil nur schwer isolieren oder messen. Wenn auch Freuds Lehren vor dem Ersten Weltkrieg in Österreich (und in Deutschland) häufig bekämpft oder auf beleidigende Weise ignoriert wurden, so scheint doch nach dem Krieg und nach Errichtung der Republik der Kampf um die Anerkennung durch die medizinische Welt eher noch härter gewesen zu sein. Sicherlich schränkten die politische Unsicherheit dieser Periode, ihre extreme Spannung zwischen Links und Rechts wie auch die Zerstückelung der österreichisch-ungarischen Monarchie die Möglichkeiten für eine Verbreitung seiner Gedanken in diesem Teil Europas ein. Trotzdem ermöglichte es die Anziehungskraft, die die beiden deutschsprachigen Länder in der Nachkriegszeit aufeinander ausübten, und ihre Tendenz zum »Anschluß« (bei dem Deutschland geistig und wirtschaftlich das Übergewicht gehabt hätte), deutschen Intellektuellen, die ihre Bewunderung für das österreichische Genie zum Ausdruck bringen wollten, Freud 1930 mit dem Goethepreis für Literatur auszuzeichnen. Erst mit Hitlers Machtübernahme trat Freuds Judentum in beiden Ländern in den Vordergrund und verdunkelte seine Leistung für die deutsche Literatur. Aber der Preis von 1930 läßt ahnen, welch bedeutende Rolle Freud in literarischen Zirkeln der zwanziger Jahre gespielt hatte. Vor allem die österreichischen Expressionisten befaßten sich mit Problemen, die Freud selbst in seinen Arbeiten aus den zwanziger Jahren über Gruppenpsychologie, das Wesen des Krieges und über Religion anschnitt. Romane wie Franz Werfels *Nicht der Mörder, der Ermordete ist schuldig* (1920) drücken eine von Freud deutlich ausgesprochene (und an bestimmte Schriften Theodor Reiks weitergegebene) zentrale Einsicht aus; und Jakob Wassermann, ein Deutscher, der in Österreich lebte, schuf seltsame Situationen und perverse Charaktere, die oft Freudsche Färbung haben. Selbstquälerisch stellte der Jude Wassermann immer wieder seine Judengestalten bloß und kritisierte sie, und im *Fall Maurizius* – dem Roman, der den stärksten Freudschen Einschlag zeigt – entfernt er unbarmherzig einen Schleier nach dem anderen, bis die »Wahrheit« enthüllt wird (es handelt sich um die Frage, ob der Held den Mord, für den er bestraft worden ist, tatsächlich begangen hat), und wir erfahren, daß der Held tatsächlich schuldig ist. Max Mell setzte in *Sieben gegen Theben* (1931) die Reihe der im Freudschen Sinne abgewandelten griechischen Stücke Hofmannsthals fort, aber bedeutsamer war Robert Musils tiefgründiger Roman *Der Mann ohne Eigenschaften* (1930–33), in dem das Vorkriegsösterreich als gesichtsloses Wesen erscheint, das durch seinen Hang zur Lethargie und den Verlust seiner Individualität geformt wurde. Er rührt tatsächlich intensiv an die Verzweiflung, die in der Zeit vor Hitler Anfang der dreißiger Jahre in Österreich und Deutschland herrschte. Als Hitler an die Macht kam, ging der Einfluß Freuds in den Untergrund oder mit politischen Flüchtlingen in die Emigration. Welche Wüste diese Jahre der nationalsozialistischen Buchverbrennungen für die psychoanalytische Forschung bedeutete, läßt sich daran ablesen, daß sich in den großen Bibliotheken Wiens und Münchens fast keine Originalausgaben von Büchern Freuds befinden; inzwischen füllen allerdings immer mehr nach dem Zweiten Weltkrieg entstandene Bücher über Freud sowie neue deutsche Ausgaben der Gesammelten Werke die Regale. Einen heftigen Kampf gegen den Einfluß Freuds führt die neue Schule katholischer Psychologen mit Viktor Frankl an ihrer Spitze, der (1949) aus dem Existentialismus, aus Gedanken Jungs und Freuds und aus seiner unerschütterlichen religiösen Überzeugung eine »Logotherapie« zusammengestellt hat. Doch in Wien läßt sich Freud nicht ignorieren, und man hat vor, im Anschluß an eine große Feier das Haus Berggasse 19 zur nationalen Gedenkstätte zu machen; Freud ragte ja tatsächlich immer wie ein ferner Gipfel hinter der Wiener Kultur auf. Freilich ist das wiederhergestellte Ansehen Freuds noch kein ausreichendes Fundament für eine gute und interessante Literatur, sofern die jungen Wiener nicht selbst eine neue Phase vorbereiten, die etwas von dem alten Glanz des *fin de siècle* wiederbringen kann.

In Deutschland entwickelte sich die Haltung, die man der Psychoanalyse gegenüber einnahm, ähnlich wie in Österreich. In seiner *Geschichte der psychoanalytischen Bewegung* stellt Freud fest, daß 1914 die Psychoanalyse in Deutschland überall Gesprächsthema war – aber auch überall abgelehnt wurde. Wie sich die deutsche Öffentlichkeit das Verfahren des Psychoanalytikers vorstellte, erfährt man aus dem Roman von Grete Meisel-Heß *Die Intellektuellen* (Berlin 1913), in dem die Sitzung einer neurotischen Frau in mittleren Jahren geschildert wird. Der Psychoanalytiker, in dem man damals so etwas wie den machtvollen Vertreter einer Geheimlehre sah, der gleichzeitig die Geheimnisse der Sexualität ergründet, trat in diesem Roman als Hypnotiseur und zugleich als Gynäkologe auf. Der Zustand der Wurzellosigkeit in der Weimarer Republik ähnelte den österreichischen Verhältnissen insofern, als dieser Hintergrund zu höchst widersprüchlichen politischen und kulturellen Positionen führte. Der Kult des Machtmenschen und die bewaffneten Auseinandersetzungen zwischen Gruppen der Linken und der Rechten schufen eine spannungsgeladene Atmosphäre, die expressionistischer Heftigkeit und Verzerrung förderlich war. Mit ihren Perversionen und sexuellen Krisen erscheinen viele Expressionisten wie Karikaturen Freudscher Neurotiker, deren bizarre Träume hier aufrüttelnde Wirklichkeit wurden; denn die Expressionisten versuchten, die ausgeloteten Tiefen ihres Unbewußten in bewußte Normen zu verwandeln: So füllte der Hamburger Schriftsteller Hans Henny Jahnn in einer hemmungslosen Darstellung einer Blendung, also eines Ödipusmotivs, seine *Medea* (1925) mit wütenden Exzessen. 1931 vermochte Sten Selander den literarischen Einfluß Freuds kaum in seinem ganzen Umfang zu behandeln, er konzentrierte sich auf die Länder, in denen er besonders stark war: Deutschland, Frankreich, England und Amerika. Nach Selander hatte Freud die Deutschen so in seinen Bann geschlagen, daß sie sich seinen Vorstellungen »sklavisch« unterwarfen (er nennt Leonhard Frank, Franz Werfel und Thomas Mann). Aber er stellt auch fest, daß sich ein Widerstand gegen Freud herausbildete: »Junge, radikale Talente können sich für Freud nicht erwärmen, da diese Revolutionäre (in der Regel Kommunisten) von Grund auf optimistisch sind; sie kommen von Rousseaus optimistischem Idealismus her, und Freuds Überzeugung, daß der Mensch von Geburt an böse, aggressiv und egoistisch sei, ist diesem Utopismus diametral entgegengesetzt.«

Diese utopistische Stimmung der Radikalen machte sich in entstellter Form bei den nationalistischen Gruppen, etwa den Nationalsozialisten, bemerkbar, die jetzt auftraten; sie lehnten Freud mehr aus Antisemitismus als aus optimistischem Idealismus ab. Sie pflegten das einfältige Volkslied, das alles Gesunde verherrlichte, und wollten nichts von Krankheit oder Neurose hören, schon gar nicht aus dem Munde eines jüdischen Psychologen. Obwohl der Expressionismus stark im Abklingen war, rührten die Nationalsozialisten unter Nichtbeachtung der kühleren Stimmung seiner kurzlebigen Nachfolgerin, der Neuen Sachlichkeit, die Trommel für eine Massenhysterie der Blut-und-Boden-Romantik. Während der wirtschaftlichen und politischen Krisen der frühen dreißiger Jahre nützten sie natürlich die paranoide Furcht vor dem »internationalen jüdischen Komplott« aus; schließlich reihte sich Freud in die Reihen jener Sündenböcke ein, die im Deutschland der dreißiger Jahre entweder zum Schweigen gebracht oder zur Flucht gezwungen wurden. Im expansiven, verjüngten Nachkriegsdeutschland gewinnt Freud als Vertreter kosmopolitischen Denkens zunehmend an Beliebtheit und Einfluß. In einem Klima, das die sensiblen Bizarrerien eines Günter Grass und die expressionistische Intensität eines Peter Weiss hervorbringt, wird er wahrscheinlich die Wirkung und Bedeutung früherer Jahre wieder erreichen.

Laut Freuds *Geschichte der psychoanalytischen Bewegung* zeigte die Schweiz sich schon früh an der Psychoanalyse interessiert. Jung kannte Freuds Arbeiten 1902 bereits, und 1903 war die Psychoanalyse schon eines der am häufigsten erörterten Themen. Nachdem Freud und Jung 1908 einander begegnet waren, gründeten sie eine Zeitschrift, in der die Gruppen in Wien und Zürich sich gemeinsam äußerten. Bald wurde Zürich zum Mittelpunkt der Bewegung, und wie Freud selbst bestätigt, kamen die meisten seiner späteren Schüler über Zürich zu ihm. Indessen entfernten sich die Gruppen schon frühzeitig voneinander, da die streng organische Neurosentheorie der Schweiz (Bleuler) im Widerspruch zu Freuds sexueller Interpretation stand. Mit der Ablehnung von Freuds enger Auslegung der Sexualität verband sich eine Tendenz, mit Hilfe einer Theorie des »kollektiven Unbewußten« die Ähnlichkeit von Mythen und Symbolen in verschiedenen Kulturen zu erklären. In Übereinstimmung mit dieser Wendung zum »Geist« als dem wesentlichen Moment, betonte Jung die religiöse Seite des menschlichen Lebens, das heißt, sein Bedürfnis nach Glaube, Hoffnung, Liebe und Erkenntnis. Jungs Richtung gewann in der Schweizer Psychoanalyse die Oberhand, sie war bezeichnend für deren unablässiges Suchen nach Symbolen als den Führern zu einem kollektiven Unbewußten. Charakteristisch ist die Entwicklung Hesses: Von seiner Anteilnahme an Freud und Jung gelangte er über eine Jungsche Analyse zu einem verstärkten Interesse an Symbolik, das schließlich zu dem orientalischen Mystizismus seiner späteren Arbeiten führte. (Eine ähnliche Entwicklung werden vielleicht junge amerikanische Schriftsteller und bildende Künstler in den siebziger Jahren durchmachen.) Auch die Schweizer psychoanalytische Literaturkritik hat sich eine starke Bindung an religiöse – oft christliche – Deutungen bewahrt, die mit Jungs Hervorhebung des Religiösen in Zusammenhang steht. So hat der bekannte Pastor Georges Berguer, ohne die dem frommen Christen gesetzten Grenzen zu überschreiten, eine psychoanalytische Methode nach Jung auf die Persönlichkeit Christi angewendet (1917), und Charles Baudouin, ebenfalls ein Schweizer, sah bei seinen zahlreichen ästhetischen Untersuchungen in der Freudschen Überdeterminierung einen wertvollen Weg vom individuellen Werk zu weiterreichenden Symbolen und schöpferischen Einflüssen. Die erste Übersetzung von Arbeiten Freuds (die fünf in Amerika gehaltenen Vorträge *Fünf Vorlesungen über Psychoanalysis*) erschienen 1921 in der *Revue de Genève*. Es bildete sich eine Genfer Schule psychoanalytisch orientierter Kritiker, zu denen Albert Béguin gehört (1939), der die Romantik als letztlich religiös ansieht und dichterische Zustände mit religiösen Offenbarungen vergleicht, wie auch Georges Poulet (1950, 1952), der die Psychoanalyse metaphysisch anwendet, indem er die Kantischen Kategorien des Raumes und der Zeit zur Erklärung seelischen Erlebens heranziehen will. Freuds alte Erklärung, daß die Schweizer einen Hang zum Religiösen oder mindestens zur metaphysischen Spekulation haben, scheint immer noch gültig zu sein.

Die für Frankreich bezeichnende Disposition einerseits zu cartesianischer, mit akademischen Beschränkungen des Lebensstils (bis hin zur Kontrolle der Sprache durch das Dictionnaire français) verbundener Intellektualität und andererseits zum absurden Humor, zu Dunkelheit und Rabelaisscher Übertreibung bewirkte, daß die offizielle Psychologie sowie viele Schriftsteller und Künstler ebenso verschieden reagierten. In der französischen Psychologie des neunzehnten Jahrhunderts finden sich nicht wenige unorthodoxe Ansichten, die Freuds Gedanken vorwegnehmen. Abgesehen von den Anhängern des Hypnotismus im Gefolge Charcots brachte der berühmte Taine in *L'intelligence* (1870) Theorien vor, die stark an die Vorstellungen Freuds erinnern: Ideenketten und ›association d'images‹, Verdrängung, das Ich als fester Kern des Selbst und die Vorstellung eines verdrängten Bildes (›image refoulée‹), das einer vorangegangenen Wahrnehmung entspricht. Kein Wunder, daß Freud das Buch in einem Brief vom 13. Februar 1896 Fliess gegenüber rühmte. Wie Ellenberger (1970) zeigt, ließ die französische Psychologie im späten neunzehnten Jahrhundert bereits infantile Sexualität gelten; dennoch begegnete man Freuds Theorie des Ödipuskomplexes mit Unverständnis und setzte ihr starken Widerstand entgegen, wie eine Durchsicht der zeitgenössischen psychologischen Zeitschriften zeigt. Französische Psychiater übernahmen im Widerspruch zu Freuds Theorie über den Ursprung des Inzests *(Totem und Tabu)* Westermarcks nüchterne Ansicht, daß Personen, die von Kindheit an miteinander aufgewachsen seien, sich gegenseitig sexuell nicht erregten, da sie aneinander »gewöhnt« seien. Interessanter sind die zahlreichen Werke zeitgenössischer französischer Symbolisten, die sich mit unbewußten und dunklen Erlebnisbereichen befassen. Aber bei manchen französischen Schriftstellern, die die kraftvolle Spontaneität des Unbewußten [4] wiederentdeckten, und anderen, die sich in Opposition zu allen Formen von ›passéisme‹ befanden und Marinettis Futurismus [5] zuneigten, regte sich nach 1900 ein Widerstand gegen die Künsteleien der Symbolisten.

Es entsprach der Ablehnung des symbolistischen Dunkels, daß die akademische behavioristische und rationale Psychologie Babinskis die Führung übernahm, während diejenige Charcots als verschwommen und unwissenschaftlich angesehen wurde. Die offizielle und akademische Ablehnung der Psychoanalyse hing vielleicht mit dem mächtigen Aufbranden einer katholisch-militärischen Reaktion zusammen, die sich auf den Dreyfusprozeß gründete. Es war bezeichnend, daß ein prominenter Dreyfusgegner, der Abbé L.-Cl. Delfour [6], schreiben konnte: »Frankreich ist der anglo-deutschen Herrschaft müde und erstrebt intellektuelle und religiöse Unabhängigkeit. Aber wird es die Kraft haben, das Triumvirat Jude, Protestant und Freimaurer zu überwinden?« Als deutschschreibender Jude hätte auch Freud Ziel des Angriffs zahlreicher deutschfeindlicher Chauvinisten sein müssen, die den »Boches« in Frankreich keinen Zutritt gewähren wollten; Apollinaire zum Beispiel rühmte in L'esprit nouveau et les poètes (1918) das Ballett Parade (Diaghilev-Cocteau-Picasso), weil es mit der deutschen Romantik gebrochen habe. Es war ein geringer Trost für Freud, daß er, statt in wissenschaftlichen Kreisen akzeptiert zu werden, nach dem Krieg der Held einiger abenteuerlich kosmopolitischer Schriftsteller wurde, von denen manche wohl von Mme. Sokolnickas Pariser Vorlesungen über die Psychoanalyse im Jahre 1921 angeregt waren. Obwohl (wie Freud in seinem Vorwort zu den Vorlesungen zur Einführung in die Psychoanalyse von 1917 bemerkt) eine gute zusammenfassende Einführung in die Psychoanalyse in La psychanalyse des névroses et des psychoses von E. Regis und A. Hesnard (1914) vorlag, haben selbst namhafte Schriftsteller wie Albert Thibaudet (1921) die Absichten Freuds weitgehend mißverstanden [7]. Die Spaltung zwischen der offiziellen Psychologie und einigen avantgardistischen Schriftstellern scheint Mitte der zwanziger Jahre einen Höhepunkt erreicht zu haben, als die surrealistische Bewegung unter Bretons Führung Freud zu einem Idol machte, dessen Wert durch die Ablehnung seitens der führenden Kreise noch erhöht wurde [8]. Charles Blondel (1924) sah in Freud weniger einen Wissenschaftler als einen Beiträger der Ideengeschichte; im Zusammenhang mit ›Der Traum von Irmas Injektion‹ äußert er sich besonders sarkastisch darüber, daß Freud chemische Formeln mit Irma assoziiert: »Unsere Sprache behandelt Frauen nicht wie Alkaloide«; und die Analyse »Vergessen von fremdsprachigen Worten« aus der Psychopathologie des Alltagslebens verdroß ihn, da Freud seiner

Meinung nach »dem jungen Mann genau die Gedanken unterschob, die er in ihm entdeckt zu haben behauptete«.

Trotz dieser anhaltenden Ablehnung seitens der Psychologen brachte die Pariser Zeitschrift *Disque vert* 1924 eine der Psychoanalyse gewidmete Nummer heraus (was Freud bewog, dem Herausgeber einen freundlichen Brief zu schreiben), und in seiner ein Jahr später entstandenen *Selbstdarstellung* stellte Freud dem »heftigen Sträuben gegen die Aufnahme der Psychoanalyse«, das in den Tageszeitungen und in der oft wiederholten Behauptung, Freuds Theorien stammten von Janet, zutage trat, das zunehmende »Interesse an der Psychoanalyse« seitens der »Männer der schönen Literatur« gegenüber [9]. Freud mag dabei an Werke wie Gides *Falschmünzer* (1925) gedacht haben, eine »polyphone Handlung«, deren Helden von den sexuellen Normen abweichen; oder an Jacques de Lacretelles *La Bonifas* (1925), der Geschichte einer Frau mit lesbischen Neigungen, die vereinsamt in einer kleinen Provinzstadt lebt. Neuen Auftrieb erhielt Freuds Lehre 1926 durch die Gründung der *Société Psychanalytique de Paris* und der *Revue Française de Psychanalyse* 1927 von Laforgue. Bretons Zweites Surrealistisches Manifest von 1930 räumte Freud einen Ehrenplatz ein, während freilich Aragon, ein Abtrünniger der surrealistischen Bewegung, im gleichen Jahr auf dem sowjetischen Schriftstellerkongreß eine Verurteilung der bürgerlichen Vorstellungen Freuds forderte. Abgesehen von Bretons Gruppe und der interessanten Mischung aus katholischem und Freudschem Gedankengut bei P.-J. Jouve [10], der den Menschen hin und her gerissen sah zwischen seinem Sexualtrieb und seinem Bedürfnis nach Geistigkeit, bestand bei der französischen Kritik während der dreißiger Jahre, in denen mehrere romantische Romane erschienen, ein etwas verschwommenes Interesse an der Freudschen Lehre vom Unbewußten. In den vierziger Jahren herrschte ein neues Gefühl für Wirklichkeit vor, neben dem die metaphysischen Erkundungen der Existentialisten einherliefen, und in den fünfziger Jahren ergoß sich all das in den *nouveau roman* von Robbe-Grillet und Sarraute, deren Antiromane den Nachdruck auf eine phänomenologische Unmittelbarkeit legen. Für diese Schriftsteller waren die psychoanalytischen »Tiefen« nur unaufrichtiges Pathos. Noch 1966 verspottet Simone de Beauvoir die Überbewertung der Vergangenheit (bei Prousts Tasse Tee und ›madeleine‹ wie auch bei Freuds verdrängtem sexuellen Kindheitserlebnis) [11]. Aber die Haupttendenz der sechziger Jahre und der Zeit danach war und ist das Bestreben der französischen Strukturalisten, wieder eine Verbindung zwischen Tiefe und Oberfläche zu finden, sowie ihre Erforschung einer abstrakten und vielschichtigen Mythologie, die – ähnlich der Freudschen Psychoanalyse – die Vergangenheit mit der Zukunft verbindet.

In Italien hatte die Psychoanalyse offensichtlich nur geringe Wirkung, wahrscheinlich aus den gleichen Gründen, aus denen Italien auch um eine Romantik gekommen ist, die sich mit den romantischen Bewegungen in England und Deutschland vergleichen ließe. So verbrachten die Futuristen viel Zeit damit, ihren Spott über Museen und Akademien auszugießen, denen sie doch nicht eigentlich entkommen konnten, um schließlich ihren Widerstand gegen eine klassische italienische Kultur in eine hysterische Unterstützung des faschistischen Nationalismus zu verwandeln. Freud bemerkt in seiner *Geschichte der psychoanalytischen Bewegung*, daß in Italien nach einigen positiven Ansätzen von der Psychoanalyse nichts mehr zu hören war. Tatsächlich hatten sich einige Italiener schon 1907 in kurzen Berichten und von 1908 an in ausführlicheren Aufsätzen positiv geäußert [12]; der Fall Sante de Sanctis umreißt vielleicht am besten die Lage, auf die Freud anspielt. Santes frühe Arbeit *I sogni* (1899) machte Freud so starken Eindruck, daß er sie in der *Traumdeutung* als eine ausgezeichnete Übersicht über ältere Traumtheorien anführte; aber Sante veröffentlichte bis 1924 kaum mehr etwas über Psychoanalyse. 1928 lobte Freud Santes Buch:»Ich verweise auf ein treffliches Werk von Sante de Sanctis (*La conversione religiosa*, Bologna 1924), welches auch alle Funde der Psychoanalyse verwertet [13].« Santes ungewöhnliches Interesse an der Psychoanalyse wurde von jüngeren Psychologen nicht aufgenommen, und auch Sante selbst fühlte sich nicht fähig oder war nicht willens, Freud hinsichtlich des Unbewußten auf schwierigeren Wegen zu folgen. Ob nun Michel David [14] recht hat oder nicht, wenn er behauptet, der Antisemitismus habe ein wesentliches Hemmnis bei der Verbreitung der Psychoanalyse in Italien gebildet, – richtig ist jedenfalls seine Beobachtung [15], daß Freuds *Gradiva,* obwohl sie ins Italienische übertragen wurde, in Italien wenig Erfolg hatte; David prophezeit auch dem *Leonardo*-Aufsatz, der noch immer nicht ins Italienische übersetzt ist, eine feindselige Aufnahme. Es hätte Freud kaum gefreut zu hören, daß Giuseppina Fumagalli [16], die romantische Lobrednerin Leonardos, zwar Freuds Analyse der Sublimierung Leonardos ablehnt, es aber entschuldigt, daß er in Leonardos Phantasie Milan und Geier verwechselt, da der Milan, mit der Mutter Natur identifiziert, ein passendes Symbol für Leonardos Genie sei, das in seinem Kampf mit dem Wind den Sieg davonträgt »und ihn herrlich über alle anderen Menschen erhebt«.

Trotz oder vielleicht auch wegen der allgemeinen Gleichgültigkeit oder gar Feindseligkeit, mit der man Freud in Italien seit etwa 1930 und auch noch nach dem Krieg gegenüberstand, empfanden einige der besten avantgardistischen Schriftsteller die Psychoanalyse als eine Befreiung, neigten dabei allerdings dazu, das Unbewußte zu ignorieren und sich auf die sexuelle Komponente der Schriften Freuds zu konzentrieren. Italo Svevo übernimmt zwar in *La coscienza di Zeno* (1923) aus Freud eher Details als die wesentliche Neurosenlehre, aber Freud gab ihm doch mindestens insofern die erste Anregung zu seinem Roman, als er ihm Verständnis und Mitgefühl für das Neurotische im Menschen vermittelte [17]. Bei Alberto Moravia, der Freud als Gegenmittel gegen Croce und seinen eigenen Naturalismus benutzte, zeigt sich wohl der stärkste Einfluß Freudscher Gedanken in Italien, zumal Moravia in den Jahren 1944–54 schrieb, als das Interesse der italienischen Avantgarde an Freud sehr gering war. Cesare Pavese, dessen »Freudsche Periode« die Jahre 1939–41 umfaßte, fühlte sich vor allem zu der Vorstellung einer alles durchdringenden Sexualität hingezogen [18]. Sicherlich war das kosmopolitische Triest der maßgebende Umschlagplatz für psychoanalytische Vorstellungen, die nach Italien eindrangen: hier waren Freuds Lehren sogar vor dem Ersten Weltkrieg schon weit verbreitet. Das lag vor allem daran, daß die Stadt bis 1918 österreichisch und für Wiener Psychoanalytiker leicht erreichbar war, wie auch an der großen jüdischen Kolonie Triests. Wir staunen, wenn wir hören, daß viele in Triest ansässige Schriftsteller zu einer Zeit, in der die Wiener im allgemeinen die Psychoanalyse noch unter dem Gesichtspunkt der traditionellen medizinischen Therapie sahen, Freuds Lehren verbreiteten – nicht als Therapie, sondern um ihrer kulturellen Einsichten willen [19]. Und natürlich verdanken Joyces *Ulysses* (1922) wie auch Svevos *Zeno* dem Umstand, daß ihre Verfasser in Triest mit Freudschem Gedankengut in Berührung gekommen waren, außerordentlich viel.

In den Vereinigten Staaten trugen Freud seine fünf Vorlesungen an der Clark University im Jahre 1909 eine gute Aufnahme und mehrere einflußreiche Förderer ein, zu denen auch G. Stanley Hall, der Präsident der Clark University, gehörte. (Diese Vorträge bilden, ins Englische übersetzt, heute den Stoff der meisten Freudvorlesungen an amerikanischen Universitäten.) Bezeichnenderweise wurde die Psychoanalyse für die Amerikaner zu einer weiteren Grenze, die sie überschreiten, einem Mittel, dessen sie sich bedienen mußten, um einer wirklich demokratischen Erziehung näherzukommen, und schon 1915 forderte Max Eastman praktische neue Erziehungsmethoden auf der Basis der Freudschen Lehren von Verdrängung und Sublimierung: »Man muß Erziehung als eine Art Emanzipation ansehen.« Wie wir wissen, war Freud mit seinen amerikanischen Interpreten nicht sehr einverstanden, aber dies war nicht das erste Mal, daß die Neigung der Amerikaner, einen überstarken Pragmatismus mit einem ausgreifenden Idealismus zu verbinden, zur Entstellung europäischen Gedankengutes führte. Das harte Bemühen um eine egoistische Freiheit, wobei der Rücken Europa, das Gesicht dem Neuland zugewandt war, ging stets mit einem puritanischen Kreuzfahrergeist Hand in Hand. (Erst neuerdings beginnt dieser Eroberergeist des »Yankee« – wie im spätrömischen Reich – einer Haltung zu weichen, die man als »inneren Kosmopolitismus« bezeichnen könnte, in dem eine Vielfalt von Subkulturen die Herrschaft einer homogenen Mehrheit herausfordert, deren »Schmelztiegel« Identitätskrisen bei denen hervorrief, die sich anzupassen nicht fähig oder nicht willens waren.) Dieser Puritanismus zeigt sich sogar in den Schriften G. Stanley Halls, der 1912 den Patienten, der sich von einer Geisteskrankheit befreit, mit einem Sünder beziehungsweise mit einem Patienten von Freud vergleicht, von denen der eine seine Schuld, der andere ein seelisches Trauma durch die Beichte abstößt. Diese Eigenschaft der amerikanischen Mentalität läßt sich vielleicht an dem puritanischen Psychiater in T. S. Eliots *Cocktail Party* (1949) mit seinen – wie es scheint – sowohl prophetischen als auch moralisch gesunden Einsichten am deutlichsten erkennen. Zwangsläufig lieferten die psychoanalytischen Theorien über Sexualität die Grundlage für eine Unmenge von Romanen, deren »befreite« Figuren gewöhnlich nicht sehr einsichtsvoll sondiert, sondern vielmehr indezent bloßgestellt wurden.

Viele dieser Mißdeutungen Freuds traten im Laufe der dreißiger Jahre allmählich zurück, als so viele Psychoanalytiker aus dem von den Nationalsozialisten beherrschten Deutschland emigrierten. In den vierziger und fünfziger Jahren boten diese Analytiker sensiblen Amerikanern die Gelegenheit, sich endlich psychoanalysieren zu lassen. Sehr bald wandten sich Schriftsteller und bildende Künstler denselben Problemen zu, die schon Hesse und Thomas Mann angeschnitten hatten: der Beziehung zwischen schöpferischer Fähigkeit und Neurose. Dies war das zentrale Thema einer Reihe von Aufsätzen, die vor allem seit den vierziger Jahren in der Zeitschrift *Partisan Review* erschienen. Diese Aufsätze (neben anderen, hauptsächlich von europäischen Autoren verfaßten, die – ins Englische übersetzt – ähnliche Fragen behandelten) sind in einer Anthologie von William Phillips zusammengefaßt (1957), dessen Einführungsuntersuchung über *Kunst und Neurose* Trillings Aufsatz unter dem gleichen Titel am Ende des Buches entspricht. In seiner dialektischen Darlegung behauptet Philipps zuerst, daß Kunst weder neurotisch noch gesund sein kann (da dies von der Kunst getrennte Bereiche seien), um dann, unter dem Eindruck, daß ein gut Teil der modernen Literatur doch neurotisch (unter Zwang stehend) sei, zu fragen, was die Aussage bedeuten könne, »Swifts oder Kafkas Schriften enthielten eine zentrale Entstellung des Erlebens, die sich auf die Neurose des Autors zurückführen lasse. Er antwortet: »Ihre neurotischen Eindrücke von der Welt fallen mit Eindrücken zusammen, die nicht neurotisch sind und dazu dienen, erstere zu ordnen und zu verstärken.« Leider gibt uns seine Untersuchung wenig Klarheit über die Grenzen des Neurotischen im Werk des Schriftstellers, und wir erfahren auch nicht, welcher geheimnisvolle Prozeß es dem »neurotischen Eindruck« erlaubt, den »nichtneurotischen Eindruck« zu verstärken. Eine Antwort darauf finden wir auch in den übrigen in der Sammlung enthaltenen Aufsätzen von Psychoanalytikern nicht, da sie unverwandt die Neurosen großer Dichter wie Kafka, Poe und Kleist aufspüren und sich wenig für das vom Herausgeber gestellte Grundthema der Beziehung zwischen Kunst und Neurose interessieren. In der Phase des Kalten Krieges nach 1945 führte der Umschwung im Verhältnis der Vereinigten Staaten zu Rußland zu einer Krise unter desillusionierten Schriftstellern, die einst einen Rapport zwischen Psychoanalyse und Marxismus hatten herbeiführen wollen; und Erich Fromm, seit den frühen dreißiger Jahren der Hauptvertreter eines »Revisionismus« hinsichtlich Freuds pessimistischer Einstellung zu Gesellschaft und Politik, fand immer weniger Anklang mit seinen Bestrebungen, Freud und Marx zu vereinen. In den fünfziger Jahren lehnten scharfsichtige Kritiker wie Richard Chase und Lionel Trilling Fromms liberale Verwirrungen bereits ab und wiesen auf das Biologische und Naturalistische in der Psychoanalyse als ihren wesentlichen Kern hin.

Als Wilhelm Reich und die Proklamationen Herbert Marcuses und N. O. Browns in Mode kamen, erfolgte ein Umschwung zurück zu einem radikalen Sexualismus und einer Betonung des Körpers als der Quelle des Gefühls- und Geisteslebens. Diese Hervorhebung materieller und sinnlicher Momente ließ die Aufklärungshoffnungen wieder aufleben, die Freuds Pessimismus verleugnete, aber das humanistische Element scheint für die Anliegen eines großen Teils der zeitgenössischen Jugend immer weniger zu bedeuten, sie sympathisiert mit *gay power* und *women's liberation* und lehnt infolgedessen das langsame Heranreifen als Unterwerfung unter eine einzige übergeordnete feste Tradition ab. Die Vorliebe für sofortige Befriedigung (der Drogenkult, der an die Stelle des alten Erlebniskults tritt, unterbietet die Freudsche Methode der langen sondierenden Analysen, die entlegene Kindheitserlebnisse ausgraben, um zur »Reife« zu gelangen); die neuen Werte und Moden, die junge Weiße aus der Mittelschicht von aggressiven Minderheiten übernommen haben, die neue Betonung der Religion, wie sie sich in zahlreichen selbständigen Kultgruppen und einem weitverbreiteten Mystizismus in der Form der Numerologie und Astrologie zeigt – das alles scheint noch über Marcuse und Brown hinauszugehen (eine Anzahl junger Künstler und Schriftsteller, die Freuds rationalen Humanismus übergehen, haben sich enger an Jung angeschlossen). Trotzdem gibt es, sieht man von vielen provinziellen Köpfen ab, unter den gescheiten jungen Leuten, die alljährlich auf ihrem Weg zu Marcuse und Brown und über beide hinaus durch Freud hindurchgehen, doch auch moderne kritische Geister in den Vereinigten Staaten und in Europa, für die die Gedanken Freuds wieder neue Bedeutung gewinnen.

Wenn Freud in seiner *Geschichte der psychoanalytischen Bewegung* England praktisch unbeachtet lassen konnte, so hat dort seither das

Interesse für die Psychoanalyse außerordentlich zugenommen. Potentiell war England für die Psychoanalyse ein fruchtbarer Boden, da Freud vieles aus der von ihm sehr bewunderten englischen Literatur ableitete und unter dem Einfluß Spencers, Darwins und Galtons stand; außerdem hatte der Psychologe Grant Allen (1877) schon den Ausdruck »Bewußtseinsstrom« (›stream of consciousness‹) eingeführt, den die Bloomsburygruppe (mit Leonard Woolf, dem Psychoanalytiker, und seiner Schwester Virginia, die zusammen Freud in England herausbrachten) später übernahm. Seit Ernest Jones von der Universität Toronto nach London gekommen war (1911), fand Freud in England zuverlässige Unterstützung. Auch Havelock Ellis schrieb oft und (zuerst) wohlwollend über die Psychoanalyse, und der Psychoanalytiker Edward Glover verteidigte Freud lebhaft gegen die britische Schulpsychologie und gegen Jung. Die besten frühen literarischen Entsprechungen zur Psychoanalyse finden sich in den differenzierten Werken der »Bewußtseinsstrom«-Autoren wie Katherine Mansfield, Elizabeth Bowen und Virginia Woolf sowie in der meisterlich scharfsinnigen Abhandlung über Ambiguität des Kritikers William Empson (1931). Die Sexualität und das Unbewußte Freuds übten offenbar geringere Anziehungskraft auf die englische Literatur aus, es sei denn als Thema für Satiren oder Attacken wie die gegen Freud gerichteten leidenschaftlichen Auslassungen D. H. Lawrences. In den dreißiger Jahren erschien eine Fülle von Literatur, die – etwa in der Dichtung Audens und Spenders – die Theorien Freuds und Marx' wenn nicht vereinte, so doch nebeneinander vertrat. In der bildenden Kunst machte sich Freuds Gedankengut besonders bemerkbar, seit die große Londoner Surrealistenausstellung von 1936 Herbert Read half, den Surrealismus in England in großem Maßstab durchzusetzen. Die lebendige kleine Schule der englischen Psychoanalyse hat Freuds Lehren lebendig erhalten, so daß die alten, allzu knappen Angaben über seinen Einfluß etwa bei Hoffman (1957) heute nicht mehr zutreffen; wir warten auf eine gründliche und umfassende Arbeit, die Freuds Wirkung auf England gerecht wird.

1914 konnte Freud in seiner *Geschichte der psychoanalytischen Bewegung* feststellen, daß fast alle seine Schriften ins Russische übersetzt waren; er fügt jedoch hinzu, daß sich bei den russischen Psychiatern bisher wenig echtes Verständnis gezeigt habe. Freud läßt jedoch A. Kostyleff unerwähnt, einen Professor an der École des Hautes Études in Paris, der eine Pawlowsche Theorie von der Dichtung als verbomotorischer Abfuhr mit der Freudschen Analyse zu vereinen versucht [20]. Kostyleffs Versuch einer Synthese deutet auf eine tiefe Spaltung des russischen Denkens in behavioristische und spirituelle Tendenzen hin; unmittelbar neben den unheimlichen Einblicken Tolstois und Dostojewskis in die menschliche Seele entstand die Pawlowsche

Reflexpsychologie und eine Ästhetik von klassischer Einfachheit. In der Ästhetik des neunzehnten Jahrhunderts neigte schon der Kreis um den berühmten Belinski, die »Aufklärer« (Herzen, Tschernyschewski, Dobroljubow, Pisarew), stark zum Rationalen und Funktionalen und erwarb sich die Bewunderung der Marxisten des zwanzigsten Jahrhunderts, weil hier die Kunst als reines Produkt des historischen Prozesses erschien. Belinskis Nachfolger Pisarew schrieb als Naturalist 1865 über *Die Zerstörung der Ästhetik*; unter der Devise »Jeder gesunde und normale Mensch ist schön« wollte er Kunst und Schönheit auf Psychologie und seelische Hygiene zurückführen. Die Marxisten leiteten von dieser russischen Kritik aus dem neunzehnten Jahrhundert die Vorstellung her, daß Kunst nützlich sei, eine soziale Funktion erfüllen und auch der Propaganda dienen solle. Die alte russische Intelligentsia, isolierte Vertreter des Fortschritts mit Werten, die eher kosmopolitisch als nationalistisch, eher atheistisch als religiös und eher radikal als konservativ waren, fühlten sich in ihrer Heimat nur zu Beginn der großen Revolution ein paar Jahre lang wohl, solange noch nicht die sowjetische Bürokratie an die Stelle der zaristischen getreten war.

Lenin, der die marxistische Kritik stark beeinflußt hat, übernahm seine Anschauungen teilweise von den Funktionalisten des neunzehnten Jahrhunderts und betonte, daß Kunst gleichzeitig die soziale Wirklichkeit widerspiegele wie auch zu ihrer Gestaltung benutzt werden sollte. Diese Vorstellungen eines Puritaners mit ziemlich spießigem Geschmack boten der provinziellen Mentalität des Georgiers Josef Stalin das passende Vorbild. Außer Trotzki, der vielleicht feinnervigsten und schöpferisch begabtesten Persönlichkeit, die die Revolution hervorgebracht hatte, ließ keiner der maßgebenden Sowjetpolitiker ein Interesse an der Psychoanalyse erkennen. Obwohl Trotzki sich im Grunde wie Lenin zu Funktionalismus und sozialem Utilitarismus bekannte und die Kunst zu einer Waffe in seinem zum Scheitern verurteilten politischen Kampf um ein sozialistisches Rußland machen wollte, war er für neue Ideen aufgeschlossen und versuchte einige Freudsche Begriffe auf seine marxistischen Theorien anzuwenden. Der Versuch seines Gefährten Radek, Freud und Marx miteinander zu versöhnen, beruhte wahrscheinlich auf taktischen politischen Überlegungen; er lehnte »bürgerliche« Schriftsteller, für die er keine Verwendung hatte, kritiklos ab und bezeichnete das Werk Joyces als »einen Haufen Mist«. Trotzki zeigte sich in *Literatur und Revolution* (1925) nicht ganz so stark politisch fixiert; er benützte hier die Psychoanalyse als Kampfwaffe gegen »reaktionäre« Psychologen, die die Sexualität ignorierten, und gegen Schlovskis und Jakobsons bedeutende Schule formalistischer Kritik (die seiner Ansicht nach die psychologische Seite der Kunst ignoriert, obwohl diese bei der Entstehung der

Form ebenso wichtig ist wie der soziopolitische Hintergrund), während er die Arbeiten der Wiener psychoanalytischen Schule (Freud, Jung, Adler) lobend hervorhob. Besonders erwähnte er Freuds Beitrag hinsichtlich der Rolle der Sexualität »bei der Formung des individuellen Charakters und des sozialen Bewußtseins [21]«, eine Haltung, die der prüde Lenin heftig zurückgewiesen hätte. Außerdem prophezeite er [22], daß die Kraft des Wettbewerbs, »in der Sprache der Psychoanalyse ausgedrückt, sublimiert werden wird (das heißt, eine höhere und fruchtbarere Form annehmen wird)«.

Trotzkis Bekanntschaft mit der Psychoanalyse war nur oberflächlich (seine Vorstellung von der Sublimierung erinnert eher an Nietzsche als an Freud) und keineswegs etwas Außergewöhnliches. Gerade in dieser Zeit erreichte die Verbreitung der Psychoanalyse in nichtpolitischen Kreisen Rußlands ihren Höhepunkt. Alexander Luria, ein hervorragender Psychologe, führte zwischen 1923 und 1930 am Staatsinstitut für experimentelle Psychologie Experimente durch, die gewisse Grundannahmen Freuds bezüglich des Unbewußten, der Verdrängung und des freien Assoziierens stützten [23], und schrieb positiv über die Psychoanalyse, da sie »die materialistische Basis für den Aufbau einer echt marxistischen Psychologie« liefere [24]. Die Sowjets, die der Psychoanalyse offiziell nie sehr wohlwollend gegenüberstanden, verweigerten den Psychoanalytikern unter den vielen brillanten deutschen und österreichischen Intellektuellen, die aus politischen Gründen oder wegen ihres Judentums in der nationalsozialistischen Zeit ihre Heimat verlassen mußten, die Aufnahme. Diese blinde Gegnerschaft war auch eine Voraussetzung für den berüchtigten Passus in dem *Kurzgefaßten Philosophischen Lexikon der UdSSR* von 1951: »Die wissenschaftliche Psychologie bestreitet entschieden die Existenz des Freudschen ›Unterbewußten‹ ... Die deutschen Faschisten haben sich der Lehre Freuds bedient [25].« In den letzten Jahren hat sich die Lage, nach Priscilla Johnsons Buch (1965) zu schließen, wenig verändert; in den langen Ausführungen über die kulturelle Tätigkeit der Sowjets in den frühen sechziger Jahren taucht weder der Name eines bedeutenden Psychoanalytikers auf, noch wird die Psychoanalyse erwähnt.

Der Versuch, die Theorien Freuds und Marx' zu vereinen, schien sich Mitte der zwanziger Jahre über ganz Europa ausbreiten zu wollen, aber seit 1929 war von solchen Plänen plötzlich nicht mehr die Rede. Der verstärkte Wettbewerb und die Kämpfe innerhalb der kommunistischen Partei, die schon vor Lenins Tod im Jahre 1924 begannen, wurden (zumindest vor der Öffentlichkeit) unterdrückt, als Stalin mit eiserner Hand die Macht ergriff und seinen Rivalen Trotzki 1929 aus Rußland vertrieb. Der Diktator erwies sich in seinem engstirnigen bürokratischen Widerstand gegen neue Ideen als Feind der Psychoanalyse und ließ das kurz-

lebige Institut für Psychoanalyse 1929 eingehen. Leider scheint Sowjet-
rußland keine bedeutenden Werke der Literatur oder bildenden
Kunst hervorgebracht zu haben, die von der Psychoanalyse angeregt
wurden; wer versuchte, irgendwelche moderne westliche Kultur aufzunehmen, ging gewissermaßen in den Untergrund, wo man ihn be-
stenfalls ignorierte, aber nie ermutigte. Immerhin konnte der Surrealist Breton, der mit Trotzki sympathisierte, hoffen, daß eine neue
Zeit der produktiven Synthese zwischen Psychoanalyse und Marxismus
anbrechen werde, als Bucharin in seiner Rede an den Ersten Kongreß
Sowjetischer Schriftsteller im August 1935 feststellte: »Es gibt keinen
Antagonismus zwischen dem Bild (der Zuflucht zum Irrationalen) und
der Idee, zwischen der ›neuen Erotik‹ und dem ›Sinn der Kollektivi-
tät‹ im Rahmen eines ›sozialistischen Realismus‹ [26].« In der mit Beifall aufgenommenen Rede von André Malraux auf demselben Kongreß sah Breton ein weiteres günstiges »Zeichen der Zeit«; Malraux
sagte damals: »Kunst ist ein Sieg der Gefühle ... über das Unbewußte ... Marxismus ist das Bewußtsein des Sozialen; Kultur ist das Bewußtsein des Psychologischen.« Breton stimmte zu und meinte, Freud
würde »Bewußtsein« durch »Vorbewußtsein« ersetzen und die Frage
»Wie können wir verdrängte Elemente ins (Vor)bewußtsein bringen?«
damit beantworten, daß er durch die analytische Arbeit jene vorbewußten Zwischenglieder, verbale Erinnerungen, wiederherstellte. In diesem
Zusammenhang erklärt Breton, solche verbalen Erinnerungen oder Re-
präsentationen – nach Freud von akustischen Wahrnehmungen herrüh-
rende Erinnerungsspuren – seien das Rohmaterial der Dichtkunst. Nach
Bretons (von der *Traumdeutung* stark beeinflußter) Meinung ging es
dem Surrealismus in erster Linie darum, »vom Dichter die sofortige
Offenbarung dieser Wortspuren zu erlangen, deren seelische Ladung dem
Wahrnehmungs-Bewußtseins-System mitgeteilt werden können (sowie
auch vom Maler die schnellstmögliche Projektion optischer Erinnerungsspuren zu erhalten)«. Diese Vorhaben – die den Abstrakten Expressionismus schon andeuten und vielleicht beeinflußt haben – können, wie
er glaubt, durch Automatismus verwirklicht werden, der allein »den
Übergang vom Unbewußten zum Vorbewußten« gestattet.

Der interessanteste englische Marxist, der sich mit Freuds Theorien
befaßte, war der einflußreiche Kritiker Christopher Caudwell, der, als
er nach einer frühzeitigen Beschäftigung mit der Psychoanalyse zur revolutionären Politik überging, alle Spuren der Freudschen Lehre, die ihm
noch anhafteten, in seine neue marxistische Ideologie übernahm. So behauptet er in *Illusion und Realität* (1937), wo er die Dichtkunst mit dem
Traum vergleicht, Freuds Traum sei bürgerlich, ein latenter Inhalt, der im
Sinne des Marxschen manifesten Inhalts neu interpretiert werden müsse.
Wie Breton und Malraux wollte Caudwell das Sozialbewußtsein maxi-

mieren und betrachtete Freuds pessimistischen Glauben an die Triebgebundenheit des Menschen als Konservatismus, der den revolutionären Fortschritt untergrabe. Caudwell und seinen Gesinnungsgenossen blieb verborgen, daß der Marxschen und der Freudschen Kritik gewisse Probleme und Mängel gemeinsam waren: beiden fehlte (außer vielleicht im Denken des großen marxistischen Literaturkritikers Georg Lukács) ein Rahmen, in dem sich, wenn es um die Verkörperung der maßgeblichen Vorstellungen einer Klasse oder einer Neurose geht, nicht nur mittelmäßige, sondern auch bedeutende Schriftsteller angemessen würdigen lassen; beide schmähten den Künstler wegen seines Mangels an Ernst – seiner Hingabe an das Lustprinzip und seiner »Flucht« in die Illusion und Phantasie, und beide sahen sein Heil in einer Rückkehr zur Realität (für Caudwell kann die »Zauberkraft« des Dichters sich auswirken, indem sie die Menschen zur Arbeit veranlaßt, wie es bei den alten Fruchtbarkeitsriten der Fall war).

Neuere Bestrebungen, eine Synthese aus dem Gedankengut Freuds und Marx' herzustellen, zielten in Amerika auf eine Umkehrung des alten Wertsystems, das Kampf, Arbeit und Produktivität – die in den dreißiger und vierziger Jahren vorherrschenden Werte – über Spiel und Lust stellte. Bezeichnenderweise glaubte in den dreißiger Jahren der Kritiker Kenneth Burke (1939), daß Freud und Marx sich in einer Art Dramentheorie kombinieren ließen, wobei der eine unter dem Aspekt persönlicher, der andere unter dem Aspekt öffentlicher Konflikte ausgeschöpft würde. Während diese Ansicht Freuds pessimistischer Annahme von der triebbedingten Aggressivität des Menschen durchaus entspricht, verbanden andere Theorien Sexualität und Politik eher unter dem Gesichtspunkt der Liebe als der Aggression. Fourier hatte schon im frühen neunzehnten Jahrhundert Sex als ein soziales Bindemittel gesehen, freilich ohne den speziellen von Freud eingeführten Apparat. Wenn Breton Freuds Lehren wegen ihrer emanzipationsfördernden Wirkung bewunderte – ein Optimismus, den Freud mit seinen romantischen Vorläufern nicht teilte –, so scheint N. O. Brown in seine Fußstapfen zu treten, wenn er offenbar eine dialektische Umkehrung des Verhältnisses von Marx' historischen und wirtschaftlichen Faktoren zu den psychologischen Faktoren Freuds herbeiführt; seiner Ansicht nach verursacht oder bestimmt nicht das Wirtschaftliche die sexuellen Gewohnheiten und die sozialen und kulturellen Formen, sondern umgekehrt; folglich werden veränderte sexuelle Gewohnheiten letztlich zu neuen sozialen Beziehungen und zur Freiheit des Individuums führen. Brown vergleicht ganz speziell die genitale (phallische) mit der patriarchalischen Herrschaft und der bürgerlichen technologischen Spezialisierung und empfiehlt, der menschliche Organismus möge sich allen sinnlichen Möglichkeiten öffnen – jenem Zustand, den Freud als polymorphe Perversität bezeichnet.

Browns Buch führt, seinem Untertitel entsprechend – *Die psychologische Bedeutung der Geschichte* –, die Zeit auf eine psychologische Dimension zurück und ist, wie in einer scharfen Kritik dargelegt wurde, durch und durch unhistorisch [27].

Der Begriff polymorphe Perversität zeigt (abgesehen von der deutlichen Verbindung zu Platons berühmtem Märchen) eine Verwandtschaft zu der romantischen Vorstellung des Hermaphroditen, eines Symbols, über dessen Niedergang im neunzehnten Jahrhundert Mario Praz (1951) und Mircea Eliade (1965) gearbeitet haben, die feststellten, daß im neunzehnten Jahrhundert und später der Hermaphrodit von einem Symbol der Ganzheit zu einem rein sinnlichen, irdischen Geschöpf degenerierte. Vielleicht ist dieser Niedergang Teil eines umfassenden Verlustes an Selbstachtung beim westlichen Menschen und entspricht dem Mythos der Jahrhundertwende vom korrupten zivilisierten Menschen als traurigem Abkömmling des edlen Wilden Rousseaus. Breton und die Surrealisten wandten sich den Problemen der verkümmerten Vitalität des zivilisierten Menschen zu und definierten – mit Freud im Hintergrund – Freiheit vor allem als Freisein von sexueller und politischer Repression (eine Möglichkeit, die Freud niemals fest behauptet hat); sie gingen noch über die Vorschläge Wilhelm Reichs hinaus, indem sie die Wiederherstellung der prägenitalen Sexualität, die Rückkehr zur infantilen emotionellen und alles liebenden Mentalität befürworteten. Und das Spiel wird zur Psychotherapie für den Erwachsenen gleichermaßen wie für das Kind! Im neunzehnten Jahrhundert konnte nur das Genie spielen, aber Surrealisten des zwanzigsten Jahrhunderts vom Schlage Bretons haben die (Dadaisten wie Hans Arp schon früher bekannte) Möglichkeit entdeckt, daß jeder spielen kann. Breton sieht den Berührungspunkt zwischen Marx und Freud in ihrer Übereinstimmung darüber, daß »die physischen Sinne des Menschen vom Sinn für Besitz befreit werden müssen, und dann wird zum ersten Mal die Humanität der Sinne und der humane Genuß der Sinne erreicht sein«.

Herbert Marcuse nähert sich Freud unter einem Gesichtspunkt, der mit mehr Sicherheit als ein Marxscher oder Hegelscher bezeichnet werden kann als der Standpunkt Browns. In der Nachfolge von Fouriers Sozialismus sieht er das Ziel einer utopischen Gesellschaft speziell in der Verwandlung von Arbeit in Lust, und wie Brown ist er der Meinung, daß der Feind der Befriedigung, die »Zeit« (die Brown mit Schuld und Repression verbindet), durch Spiel überwunden werden kann. Indem er der alten Schillerschen Ästhetik des Spiels folgt, behauptet Marcuse, daß Spiel den Menschen befreien könne. Mit seiner These, Freud habe das optimistische Ideal angestrebt, die Menschen zu ändern und nicht einfach nur ihre Neurosen zu heilen, kehrt Marcuse zu Vorstellungen zurück, die 1930 und 1931 durch Karlfried Graf von Dürckheim, den Gestaltpsychologen, in Bauhausvorlesungen verbreitet worden waren: »Phänomen Erotik – Liebe: Mehr als augenblickliche Befriedigung. Dieses höhere Ziel des Eros hat Freud zu wenig erkannt. Freud war zu rationalistisch; er ist jedoch in späteren Jahren dazu übergegangen, nicht nur von Komplexen befreien zu wollen, sondern sie zu gestalten [28].« Man spürt, daß es nur ein Schritt ist von Marcuses Betonung der Freuden des Lebens und der Lust der Arbeit zum romantischen Sozialismus des neunzehnten Jahrhunderts, wie ihn die von William Morris ins Leben gerufene Bewegung repräsentierte, die der industriellen Fertigung und den inhumanen Maschinen die schlichten Freuden des Handwerks entgegenstellte. Sowohl Brown als auch Marcuse gehen von der Vorstellung Freuds, daß es nie eine nicht-repressive Zivilisation gegeben habe, zu der utopischen Vision einer durch Psychoanalyse befreiten Gesellschaft weiter. Aber sie vergessen, daß die politische Ordnung nicht umgewandelt zu werden braucht, sondern vielmehr so repressiv bleiben kann wie eh und je, selbst wenn der Moralkodex noch so lax ist. Rieff hat schon darauf hingewiesen: »Die Verbindung einer repressiven politischen mit einer permissiven moralischen Ordnung ist in der menschlichen Geschichte nichts Unerhörtes [29].«

Diese modernen Bestrebungen, Freud und Marx in der politischen Sphäre zu verschmelzen, waren im Surrealismus schon vorweggenommen, dessen Gedankenwelt vielleicht auch den interessantesten aller Versuche darstellt, die Psychoanalyse zu der Dichtkunst in Beziehung zu setzen. Während Marcuse klar sieht, daß »die Surrealisten die revolutionären Auswirkungen der Entdeckungen Freuds erkannten . . ., wenn sie verlangten, daß der Traum zur Wirklichkeit gemacht werde [30]«, scheint Brown sich nicht bewußt zu sein, was er vermutlich von ihnen übernommen hat; dabei haben die Surrealisten schon vor ihm mit Grundvorstellungen gearbeitet wie etwa einer Beeinflussung der Politik durch die Kraft der Liebe, der Vereinigung von Gegensätzen und der befreienden Wirkung der infantilen Sexualität [31]. In der Kritik am Surrealismus vom marxistischen und psychoanalytischen Standpunkt aus treten manche Parallelen zwischen Brown und den Surrealisten zutage: Der Marxist Caudwell [32] bezeichnet die Surrealisten als bürgerlich, weil sie glaubten, im Gegensatz zur Gesellschaft frei werden und sich verwirklichen zu können (was keine ganz zutreffende Darstellung ihrer Haltung ist), während die Marxisten glauben, daß der einzelne nur durch die Gesellschaft frei werden könne. Vom psychoanalytischen Standpunkt aus kritisierte Emilio Servadio [33] die Surrealisten, weil sie dazu neigten, von der Erwachsenengenitalität zu einer prägenitalen undifferenzierten Sexualität zu regredieren und so dem psychoanalytischen Streben nach Integration des Selbst ihr Ziel der Desintegration des Selbst entgegensetzten.

ANMERKUNGEN

Mit Verfassernamen und Erscheinungsjahr angeführte Werke finden sich in der Bibliographie.

EINLEITUNG

1 Ein kritischer Überblick über Versuche, durch Freuds selbstanalytische Schriften Einblicke in seine Persönlichkeit zu gewinnen, findet sich bei Ernst Kris; s. Freud, *Aus den Anfängen der Psychoanalyse*, S. 53, Anm. 3.
2 *Modern German Literature, 1880–1938*, 2. Aufl., London 1946, S. 338 f.

KAPITEL I

1 S. die Arbeiten von S. und S. C. Bernfeld, L. L. Whyte und Henri Ellenberger.
2 Philip Rieff, 1959, S. 66.
3 Ernest Jones, *Das Leben und Werk von Sigmund Freud*, I, 19.
4 Brief an Fliess vom 19. September 1901.
5 Aus einer Bemerkung in der *Traumdeutung* geht hervor, daß er als Dreizehnjähriger seinen ersten Roman las – wahrscheinlich *Hypatia* von Charles Kingsley, 1853. S Alexander Grinstein, 1968.
6 Bd. I, Kap. 1.
7 Brief an J. Braun-Vogelstein vom 30. Oktober 1927.
8 *Confessions d'un auteur dramatique*, S. 271.
9 Pseudonym des bekannten niederländischen Schriftstellers E. D. Dekker (1820–87).
10 Eine Arbeit, über die er am 27. April 1900 in dem Verein B'nai B'rith einen Vortrag hielt.
11 Der »Shakespeare der Novelle«, ein Schüler des großen Ludwig Feuerbach.
12 E. Grosse, *Die Anfänge der Kunst*, Freiburg i. B. 1894; Theodor Lipps, *Grundtatsachen des Seelenlebens*, Bonn 1883; Jacob Burckhardt, *Vorträge* (1844–87), Basel 1918.
13 Baudouins Bücher mit Ausnahme seines ersten, *Études de psychanalyse*, Neuchâtel und Paris 1922.
14 Jacob Burckhardt, *Die Cultur der Renaissance in Italien*, Leipzig 1896, oder sein *Cicerone* oder Gustav Fechner, *Vorschule der Ästhetik*, Leipzig 1876, in der 2. Auflage von 1897.
15 Stefan Zweig, *Die Heilung durch den Geist*, Leipzig 1931.
16 Vgl. den Aufsatz von Emil du Bois-Reymond, 1890.
17 S. C. Bernfeld, 1951.
18 Nach Professor Otto Brendel, Columbia, einem hervorragenden Experten in den Altertumswissenschaften.
19 S. Hanns Sachs, 1944, S. 101 f.
20 Joseph Wortis, 1940, S. 84.

21 Protokolle des Wiener Psychoanalytischen Vereins, 19. Februar 1908.
22 Max Eastman, 1942, S. 84.
23 Auf seine Bedeutung für Freuds Ansichten über Kunst hat schon Fritz Wittels, 1931, S. 43, hingewiesen.
24 Nach Ansicht von Professor Brendel.
25 Infolgedessen nicht, wie Jones annimmt, 1886 von Freud aus Paris mitgebracht, sondern wahrscheinlich 1889.
26 Nach Ansicht von Professor Brendel wahrscheinlich spätes 19. Jahrhundert.
27 S. Jones, Sigmund Freud, I, 91. Eine spätere Erwähnung Kaulbachs findet sich in Freuds Das Ich und das Es, 1923.
28 Vielleicht handelt es sich hierbei oder bei dem vorher erwähnten Dürerstich um das Geschenk Emmanuel Löwys, das in Freuds Brief an seinen Sohn Martin vom 16. August 1937 erwähnt ist.
29 In einem Brief vom 6. August 1878 zitiert Freud aus Max und Moritz.
30 S. C. Bernfeld, 1951.
31 S. Kap. 8 der Psychopathologie des Alltagslebens.
32 Arthur Koestler, 1949, S. 216.
33 In den 1925 veröffentlichten Vorlesungen Pierre Janets heißt es, Friedländer habe Wien als eine Stadt mit »einer ganz eigenen sexuellen Atmosphäre« geschildert.
34 S. Ellenberger, 1970.
35 S. Leopold Rosenmayr, 1966.
36 »Politics and the Psyche in fin-de-siècle Vienna: Schnitzler and Hofmannsthal«, in: American Historical Review, Juli 1961, S. 930–46.
37 Joseph S. Bloch, 1923
38 Carl E. Schorske, 1961, S. 934.
39 Er interessierte sich auch für nicht-jüdische, etwa im Simplicissimus, an dem er sich, wie er in einem Brief an Fliess vom 11. September 1899 versichert, »regelmäßig ergötzt«.
40 Theodor Reik, 1954, S. 13 und 16.
41 Ibid.
42 Studien zur Kritik der Moderne, Frankfurt 1894.
43 Bahr, 1894.
44 Jones, Sigmund Freud, I, 221.
45 Der Fall Böcklin, und die Lehre von den Einheiten, Stuttgart 1905.
46 Eastman, 1942, S. 264, beschreibt das Haus Berggasse 19, das er 1926 besuchte und bemerkt: »Ich war nicht überrascht, als ich neben Rembrandts Anatomie, die ja jedes Arztzimmer ziert, einen Druck des Albtraums hängen sah – ein scheußliches Ungeheuer, das tückisch grinsend auf der Brust eines schlafenden Mädchens hockt.«
47 Der Freudschüler Ernest Jones, der zweifellos das Bild in der Berggasse gesehen hatte, schrieb eine detaillierte Untersuchung des Albtraums in der Volkssage, Kunst und Literatur. H. W. Janson schrieb einen Aufsatz über das Bild, und Nicholas Powell vollendet eben ein Buch darüber.
48 S. Anm. 46 oben.
49 »La foi qui guérit«, in: Revue Hebdomadaire, Dezember 1892, S. 112–32.
50 Man weiß nicht, ob es sich bei dieser Kopie der Statue im Louvre – abgebildet bei Martin Freud, 1958, neben S. 29 – um eine der »Gypsen Florentiner (sic) Statuen« handelt, die sein Zimmer in Wien schmückten, wie aus einem Brief an Fliess vom 6. Dezember 1896 hervorgeht.
51 S. Ary Renan, Gustave Moreau, Paris 1900.
52 Doolittle, 1956, S. 91.

53 Jones, *Sigmund Freud*, I, 10.
54 Burckhardt, 1893, S. 2.
55 Brief von 1885, angeführt von Jones in *Sigmund Freud*, I, 219.
56 Jones, *Sigmund Freud*, III, 191.
57 *On Judging Works of Visual Art*, Berkeley und Los Angeles 1949, 1. Aufl., 1876.
58 *The Problem of Form in Painting and Sculpture*, New York 1907, 1. Aufl., 1893.
59 Vgl. André Chastel, »L'interpretation ésotérique de l'art de la Renaissance à la fin du siècle dernier«, *Umanesimo e Esoterismo*. *Archivio di Filosofia*, Rom 1960, S. 439–48.
60 Praz, 1951, S. 206.
61 »Réponse à une enquête«, in: Jacques Hurel, *Enquête*, Paris 1891.
62 Zitiert bei Rewald, *Post-Impressionism*, New York 1962, S. 452.
63 S. Michel Decaudin, 1960, S. 59.
64 H. Henel, *The Poetry of C. F. Meyer*, Madison, Wis. 1954.

KAPITEL II

1 Jones, *Sigmund Freud*, I, 139.
2 S. Siegfried Bernfeld, »An Unknown Autobiographical Fragment by Freud«, in: *American Imago*, August 1946, S. 3–19.
3 Standard Edition 4, XXI–XXII.
4 In: *Die Feinheit einer Fehlhandlung*, G. W. XVI, S. 35 ff.
5 Grinstein, 1968, S. 46.
6 Spätere Ausführungen Freuds hierzu s. am Schluß des Leonardoaufsatzes.
7 Freuds Wahrnehmung, daß geometrische und mathematische Vorgänge eine sexuelle Bedeutung haben können, liegt durchaus auf der Linie jener Humoristen, die sexuelle Apparate mit halbwissenschaftlichen Beschreibungen und Benennungen travestieren: im späten neunzehnten Jahrhundert Villiers de l'Isle-Adam, in: *Eve future*, Alfred Jarrys »pataphysikalische« Erfindungen und Raymond Roussels Erfindungen in: *Impressions d'Afrique*; im frühen zwanzigsten Jahrhundert Duchamps Bräute und Picabias Liebesmaschine.
8 Vgl. die Ausführungen über Michelangelos *Moses*.
9 Seine Bibliothek enthält Werke über Leonardo von Franz M. Feldhaus, Jena 1922, Wilhelm von Bode, Berlin 1921, und Kurt Zoege von Manteuffel, München 1920.
10 In einem Brief an M. Schiller, 26. März 1931.
11 »The Historical Interpretation of Literature«, in: D. A. Stauffer (Hrsg.), *The Intent of the Critic*, Princeton 1941.
12 *Leonardo da Vinci. Psychoanalytic Notes on the Enigma*, London 1962. Unbegreiflicherweise findet sich in Eva M. Rosenfelds rühmender Besprechung des Eisslerschen Buches im *International Journal of Psychoanalysis*, 44, 1963, S. 380–82, keine Erwähnung des im Buche erörterten Aufsatzes.
13 Nunberg und Federn Bd. 2, S. 341.
14 Mereschkowski, Berlin/Darmstadt 1954, S. 377.
15 George Boas, 1950, zweifelt stark an der Möglichkeit, daß Leonardo diese Quelle gekannt habe.
16 Mâle, 1947, S. 367 f.; eine psychoanalytische Deutung des Teufels als Mutter wäre sicherlich weit hergeholt.
17 Brief an Fliess vom 3. Oktober 1897.

18 Jones, *Sigmund Freud*, I, 370.
19 S. auch Vincent Bromes ausführlichere Schilderung in: *Freud and His Early Circle.*
20 Jones, 1959, S. 222.
21 *Reich Speaks of Freud*, Hrsg. M. Higgins und C. M. Raphael, New York 1967; Paul Roazen, 1969.
22 *Traumdeutung*, 4. Aufl., Leipzig und Wien 1914, S. 290, Anm.
23 Vgl. den Schluß des Kap. 1, wo im Zusammenhang mit Freuds Sammlung ausführlicher vom Scheintod die Rede ist.
24 Freud an Weiß, 12. April 1933.
25 Jones, *Sigmund Freud* III, 428.
26 Hermann Keyserling, 1950.
27 Ellenberger, 1970, S. 816.
28 S. das Kapitel »Wenn Moses ein Ägypter war ...«, G. W. XVI, 114 ff.
29 Klein, 1968, S. 74.
30 S. Arthur Schopenhauer, *Parerga und Paralipomena.*
31 Diese heuchlerische Entstellung feindlicher Gefühle gegenüber dem Vater untersuchte Freud 1910. S. G. W. II/III, 404 Anm.
32 S. seinen Brief an Martha vom 15. November 1883, in dem er John Stuart Mills Schriften über diesen Gegenstand lächerlich macht.
33 Jones, *Sigmund Freud*, I, 129.
34 Slochower führt die von Erich Fromm in: *The Forgotten Language*, S. 92, behandelte »Coca-Episode« an.
35 Wie Jones in *Sigmund Freud*, I, feststellt.
36 *Die Traumdeutung*, G. W. II/III, 271 ff.

KAPITEL III

1 Vgl. hierzu Otto Rank, s. auch William Phillips, »Introduction: Art and Neurosis«, in: Phillips ed. 1957, wo sich eine Verteidigung neurotischer Entstellungen in moderner Literatur findet.
2 S. E. Hyman, 1962, S. 351.
3 Das ist der Sinn seiner Auseinandersetzung mit Havelock Ellis über die Möglichkeit, daß Leonardos »Phantasie« in Wirklichkeit eine Erinnerung an ein tatsächliches Vorkommnis war, wie aus einer 1919 der Schrift beigefügten Fußnote hervorgeht. Dieses Problem ähnelt jenen Fragen, die Freuds Vorläufer im Studium der Traumsymbolik beschäftigten, und tatsächlich waren ja nicht wenige romantische Dichter davon überzeugt, daß die Erzeugnisse ihrer Einbildungskraft nicht bloße subjektive Phantasien seien, wie C. M. Bowra gesehen hat (1950). I. A. Richards (1934) sah in der Frage des Wahrheitswertes der Einbildungskraft, die sich vom Standpunkt der Romantik her stellte, »das umfassendste philosophische Problem«.
4 In L. C. Knights, 1951, S. 1–40.
5 Zu dieser veränderten Auffassung von den Griechen s. besonders die verschiedenen Arbeiten von Pierre M. Schuhl und auch von Dodds, *The Greeks and the Irrational*, Berkeley 1951. In ihrem anregenden Aufsatz *Von Sophokles bis Sartre*, New York 1969, versucht Käte Hamburger im Hinblick auf die Freudschen Theorien zu erklären, warum die Moderne die Elektrasage der Ödipussage vorzieht. Sie stellt fest, daß die Elektrasage und ihre Auslegung durch die griechischen Tragiker »weder den Faktor des Nichtwissens noch inzestuöse Handlungen enthält«, und zieht den Schluß, daß der

moderne Schriftsteller sich von der »latenten Möglichkeit« mehr angezogen fühle als von der Tatsache, da erstere »der literarischen Schöpferkraft weiteren Spielraum gewähre«. Über das Interesse der Surrealisten an Elektra s. Nicolas Calas, L'amour de la révolution à nos jours, in: Minotaure, Bd. 2, 1938. Auszüge aus einer Anzahl von Texten, die sich mit dem Ödipusstoff befassen, finden sich bei M. Kallich, A. MacLeish und G. Schoenbohm (Hrsg.), Oedipus: Myth and Drama, New York 1968.

6 S. Jones, 1910, S. 74.

7 A. W. Levi, 1963, S. 328, Anm. 3.

8 Vgl. Kap. 1, Anm. 18, und auch E. Rosenfeld, 1956, und Ricoeur, 1970.

9 Jones, Sigmund Freud, I, 79.

10 Mill, »Plato's Doctrine of Reminiscence Epitomized in Meno«, in: Dissertations and Discussions, New York und London 1874, Bd. 4, S. 302, S. 314.

11 Freud, 1905 a, G. W. VI, 136.

12 Zum ersten Mal berührte Löwy dieses Gebiet 1891, aber seine große Arbeit Die Naturwiedergabe in der älteren griechischen Kunst erschien im gleichen Jahr wie Freuds Traumdeutung, 1900. Um die geringe Zahl charakteristischer Formen und ihre stilisierte und schematische Beschaffenheit zu erklären, behauptete Löwy, die Kunst entwickle sich sowohl für ganze Kulturen als auch für Individuen von abstrakten allgemeinen zu natürlichen Formen und »in der Richtung von dem psychologischen auf das physiologische, das Netzhautbild, den objektiv wahrgenommenen Naturausschnitt mit allen seinen Zufälligkeiten und Nebensächlichkeiten«. Seine Erklärung für die Stilisierung in der archaischen Kunst »gründet sich auf die immer klarer erkannte Bedeutung des Gedächtnisses in Schaffen und Aufnahme der Kunst. (Vgl. Fechner, Vorschule der Ästhetik, Bd. I, 86 ff.) Als Niederschlag der von zahlreichen Exemplaren desselben Gegenstandes empfangenen Gesichtseindrücke bleibt in unserem Geist ein Erinnerungsbild haften, welches nichts Anderes ist als die platonische Idee des Gegenstands, also ein typisches Bild, gereinigt von allem Individuellen und Zufälligen. Graphisch ausgedrückt ergibt dies eine Auffassung der Linien und Flächen, welche dieselben einfachen geometrischen Formen möglichst anzunähern sucht: das Stilisieren.« Diese Schematisierung kann seltsam unrealistische Bilder hervorbringen: »Im Geistesbilde vermögen auch optisch sich ausschließende Elemente, z. B. zwei Augen in einem Profilgesicht, zusammenzuwohnen.« Nicht nur die platonische Erinnerungstheorie, deren sich Löwy bediente, mußte Freud ansprechen, sondern auch die Verbindung früher Stadien künstlerischer Realisierung mit Prozessen, die denen der Traumarbeit und der Regression entsprachen, wenn sie sich von der realistischen Wahrnehmung zu einer »primitiveren« Verfassung geistiger Tätigkeit wenden. Die interessante Vorstellung, daß die Erinnerung schöpferisch zur Kunst beitragen könne, mag auf ältere akademische Ansichten zurückgehen, in denen Gedächtnisübungen beim Zeichnenlernen eine wesentliche Rolle spielten (so z. B. bei den Methoden des französischen Künstlers Boisbaudran). Sie war in Freuds Kunstauffassung fest verwurzelt, ohne jemals ausdrücklich hervorgehoben zu werden.

13 G. W. II/III, 533 Anm. 1.

14 Vorlesungen zur Einführung in die Psychoanalyse, G. W. XI, XI. Vorlesung.

15 J. J. David, A Poet?, Zola, L'Œuvre etc.; Alexander Grinstein (1968) hat viele dieser literarischen Assoziationen in Freuds Traumanalysen ausfindig gemacht.

16 In der Nachfolge Freuds entwickelte Jones die Vorstellung eines Vorgangs

der umgekehrten Verdichtung, der ›Dekomposition‹, wobei der Schriftsteller vielfältige Eigenschaften verschiedener Charaktere erfindet, indem er
sie von den Eigenschaften eines ursprünglichen Charakters ableitet.

17 Gustav Bychowski, 1951, S. 391.

18 Sicherlich wäre er nie so weit gegangen wie Daniel Schneider, der Vorstellungen Freuds aus dem Buch über den Witz falsch auslegte und (1950) erklärte: »Die Traumarbeit des Unbewußten ist die vollkommene Kunst, wie
sie das bewußte Kunstschaffen anstrebt.«

19 G. W. II/III, 287 f.

20 G. W. II/III, 699.

21 Vgl. Rorschach, 1912, S. 675.

22 Zitiert bei Wyss, 1966, S. 394.

23 *The Meaning of Meaning*, New York und London 1927, S. 199 f.

24 »Die Leistung des Freudianers besteht darin, daß er eine Theorie vorschlägt,
die erklärt, warum es dem Einzelnen schwerfällt, in bestimmten Fällen die
Bedeutung seiner Zeichen in Worte zu fassen, und warum er sogar aktiven
Widerstand gegen eine solche, von ihm selbst oder von anderen vorge-
nommene Formulierung leistet. Diese Theorie ist, soweit man ihr folgen
kann, ein Beitrag zum Verständnis solcher Zeichen; im Prinzip kann sie
durchaus in die Terminologie der Verhaltenssemiotik übersetzt werden.«
1946, S. 276.

25 Jones, *Sigmund Freud*, III, 474 ff.

26 *Sex in Psychoanalysis*, S. 277.

27 In einer 1915 hinzugefügten Anmerkung zu seinen *Drei Abhandlungen* von
1905.

28 Der Ästhetiker Max Dessoir wandte sich in der *Zeitschrift für Ästhetik
und allgemeine Kunstwissenschaft*, Stuttgart 1914, Bd. 10, Nr. 2, dagegen,
daß Freud die Ästhetik auf die Sexualität zurückführte.

29 Vgl. die Behauptung des berühmten Biologen Wilhelm Bölsche, daß Dichtung
von den Genitalien hervorgebracht werde, oder die Bemerkung Przyby-
szewskis in den neunziger Jahren, daß Kunst nichts anderes sei als ein Spiel
der Sexualität mit dem Gehirn.

30 Alfred Espinas, *Des sociétés animales*, Paris 1877; Heinrich Steinthal, *Ein-
leitung in die Psychologie*, Berlin 1881; P. J. Moebius, *Über Schopenhauer*,
Leipzig 1899; George Santayana, *The Sense of Beauty*, New York und
London 1896; Gustav Naumann, *Geschlecht und Kunst*, Leipzig 1899;
Yrjö Hirn, *Origins of Art*, London 1900, und Rémy de Gourmont, *La
dissociation des idées*, Paris 1900. Noch früher hatten sich auch Romantiker
schon ähnlich geäußert. Tieck behauptete in *William Lovell* (1796), Dichtung,
Kunst und selbst Frömmigkeit seien nur verkleidete heimliche Lust, und
Novalis fand (*Schriften*, Bd. III, S. 171) die elegante Formulierung, daß das
Gehirn den Testikeln ähnele.

31 Paul Souriau nennt in *La beauté rationelle*, S. 212, den Sexualtrieb »nicht
nur reich an ästhetischen Empfindungen, sondern sogar Schöpfer der Schönheit«. Später behandelte Charles Lalo in *La beauté et l'instinct sexuel* das
Verhältnis der Schönheit zur Sexualität.

32 The Theory of Symbolism in: *Papers on Psychoanalysis*, S. 137.

33 Diese im späten neunzehnten Jahrhundert in Europa verbreitete, aus der
Romantik übernommene Auffassung beschäftigt auch heute noch manche
Kritiker (in den fünfziger Jahren wurde ein regelrechter Streit in der
Partisan Review über das Thema ›Kunst und Angst‹ ausgetragen, obwohl
die Vorstellung, daß der Künstler sich im Temperament von anderen Men-

schen unterscheide, durch Untersuchungen widerlegt ist, die teilweise schon aus den dreißiger Jahren stammen.

34 1913 b, G. W. VIII, 417.

35 Norman N. Holland, der sich für einen echten Freudianer hält, führt in *The Dynamics of Literary Response*, S. 85, einen Aufsatz von 1888 an und gerät dann völlig aus der Bahn, wenn er bemerkt, die genaueste Analogie zur literarischen Situation sei die Hypnose, eine Behauptung, die Freud – jedenfalls in seinen reifen Arbeiten – nie hätte gelten lassen.

36 Zu Freuds technischen Einwänden gegen die Hypnose s. *Die Freudsche psychoanalytische Methode*, G. W. V, 1904.

37 *Aus den Anfängen der Psychoanalyse*, S. 397.

38 Man fühlt sich an Freuds Schilderung Leonardos erinnert: Sohn eines Buchhalters, der in einem Tagebuch genaue Rechnung führte – ein Umstand, dessen Bedeutung Freud übersah, da er bemüht war, das Vorbild des Vaters als unwesentlich hinzustellen.

39 Hesse, 1951, S. 575–78. Einen höchst spekulativen Versuch, Leonardos literarische und künstlerische Produktion im Sinne einer Sublimierung zu deuten, legt Raymond S. Stites in *The Sublimations of Leonardo da Vinci*, Washington, D. C. 1970, vor. Stites kommt zu dem Schluß, daß Leonardos Fähigkeit zum Sublimieren ihm Normalität und geistige Gesundheit sicherte.

40 *Insight and Outlook*, S. 214 f.

41 S. Freud 1905 b, G. W. V, 140.

42 Freud 1925, G. W. XIV, 90.

43 Freud, 1905 a, G. W. VI, 154.

44 Jones, *Sigmund Freud*, III, 477.

45 Jones, *Sigmund Freud*, III, 478.

46 In einem Brief an Stefan Zweig vom 7. Februar 1931.

47 Jones, *Sigmund Freud*, III, 480.

48 Bei Kris, 1952, S. 175. Phyllis Greenacre führt in: *Swift and Carroll, a Psychoanalytic Study of Two Lives*, New York 1955, S. 269 f., beifällig Kris' Theorie an, daß die Karikatur eine Kombination aus Regression und Aggression sei, und zwar in einer Situation, die einen erheblichen Grad von Sicherheit und Meisterschaft, d. h. von Beherrschung, als Hintergrund bereitstelle. Andernfalls ziehe der Abstieg in die Regression keine Lust nach sich.

49 Kris, 1952, S. 194.

50 »Duquesnoy's ›Nano di Crequi‹«, in: *The Art Bulletin*, Juni 1970, S. 144, Anm. 75.

51 Morris Philipson, 1963, S. 164.

52 *Das Ich und die Abwehrmechanismen*, München 1964, S. 139.

53 Die englische Psychoanalytikerin Hanna Segal vertritt die Ansicht (1952), es sei »unser Wunsch, in der Kunst den Triumph des Lebens über den Tod wahrzunehmen; wir erkennen die Macht des Todes an, wenn wir ein Ding als häßlich bezeichnen«.

54 Jones, *Sigmund Freud*, I, 20.

55 *Freud: The Mind of the Moralist*, S. 80 Anm.

56 Man denkt hier an Wundts Theorie, daß das Spiel, vor allem bei Tieren, nur stattfinden könne, wenn aufgefrischte Erinnerungen vorhanden sind, mit denen sich lustvolle Gefühle verbinden. S. seine *Vorlesungen über die Menschen- und Tierseele*, 3. Aufl., Hamburg und Leipzig 1897.

57 Eastman, 1936, S. 23.

58 Kein Wunder, daß der Psychologe Karl Bühler in seinem Buch *Die Krise*

der Psychologie, Jena 1927, Freuds totgeborenen Hinweis auf ziellose Lust an der Technik ignorierte und eine Theorie der »Funktionslust« entwickelte, die er eigens der zu stark vereinfachenden Theorie von der Kunst als Katharsis und Entspannung entgegenstellte, wie Freud sie ihm zu vertreten schien.

59 Bosanquet, 1957, S. 183.
60 Rank und Sachs, 1913, S. 18.
61 S. Wolfgang Köhler, *Gestalt Psychology*, New York 1947.
62 *System der Ästhetik*, Bd. I, S. 145 ff.; in Freuds Bibliothek.
63 S. Jack J. Spector, 1969.
64 Es liegt eine seltsame Gerechtigkeit darin, daß Breton, das Haupt der Surrealisten, in Alfred Jarry mit seinen wunderlichen Bildkommentaren den echten Vorläufer der Pfisterschen Analyse sah; Jarry hatte in ältere Kunstwerke Bilder hineingelesen, die offensichtlich vom Künstler nicht beabsichtigt waren, und die er gefunden hatte, indem er längs der Ränder benachbarter, aber getrennter Formen Konturen durchzog. Breton war der Meinung, Jarry dringe so unmittelbar zum latenten Bildinhalt vor (»Alfred Jarry, initiateur et éclaireur«, Oktober 1951, erschienen in: *La clé des champs*, Paris 1953, S. 254–63: »Ganz besonders deutlich wird das in (Jarrys) Kommentar zum *Martyrium der heiligen Katharina*, aus dem wir die bezeichnendste Stelle wiedergeben, indem wir alles Übrige abdecken. Wenn Jarry Dürers Stich auf diese Weise untersucht, so nimmt er damit Oscar (sic) Pfisters Methode vorweg, der in Leonardos Heiliger Anna selbdritt aus dem Louvre die Umrisse des Geiers entdeckte, der Freud die psychoanalytische Bedeutung erschloß. Damit wurde die paranoisch-kritische Methode eingeleitet, die Max Ernst in den Hauptzügen begründete und Dali zum System ausbaute. Jarry, der zweifellos der Erste war, geht von der Überzeugung aus, daß ›unbegrenzte Zergliederung immer etwas Neues aus den Werken herausholt‹. (*Les minutes de sable mémorial*; avant propos).«
65 S. Karl Pearson, 1930.
66 Eine merkwürdige Vorwegnahme der Methode Galtons dürfen wir vielleicht in der Theorie Joshua Reynolds, des großen englischen Künstlers aus dem achtzehnten Jahrhundert, feststellen, daß jede Spezies ihre »zentrale Form« habe, die »die Zusammenfassung der verschiedenartigen individuellen, der betreffenden Klasse zugehörigen Formen« sei. S. seinen *Discours* No. 3. Galtons Methode scheint Rank (1909, wahrscheinlich in der Nachfolge Freuds) auf das Problem der Schöpfung eines Archetypus der mythischen Geburt angewendet zu haben. Du Bois-Reymond hat 1890 diese Methode unter den deutschen Wissenschaftlern weithin bekanntgemacht.
67 Die Untersuchungen zeitgenössischer Anthropologen, etwa von Desmond Morris (*Der nackte Affe*, München 1967), der Freud in diesem Zusammenhang nicht erwähnt, lassen ein ähnliches Verhalten bei den Vorfahren des neuzeitlichen Freudschen Hysterikers vermuten: »Die vorgewölbten Brüste des Weibchens müssen ... Kopien der fleischigen Gesäßbacken sein und die scharf abgegrenzten roten Lippen um den Mund Kopien der Schamlippen.«
68 Erwin Panofsky, 1939, S. 178, Anm. 18, ist der Meinung, die charakteristische »Bewegung ohne Fortbewegung« des Bildhauers sei möglicherweise psychoanalytisch damit in Verbindung zu bringen, daß er sich selbst isoliert und einen Impuls unterdrückt, sich anderen in Liebe zu nähern.
69 Eine von Panofsky 1939 in einem Aufsatz mit Entschiedenheit vertretene Deutung. Diesen Aufsatz hat Janson allerdings nicht berücksichtigt oder nicht gekannt.

70 Über die stilistischen Faktoren, die die Stellung dieser Eckfigur bestimmen, s. Panofsky, 1939, S. 188, Anm. 56, und Hartt, 1968.

71 In seinem *Handbuch der Physiologischen Optik*, Leipzig 1856–66, hielt Helmholtz wie Freud an einer Wechselwirkung zwischen Gedächtnis und visueller Wahrnehmung fest und zog aus seinen Untersuchungen den vorsichtigen Schluß, man müsse jedenfalls zugeben, daß selbst dort, wo der Erwachsene eine direkte sinnliche Wahrnehmung annehme, möglicherweise eine Anzahl von Einzelfaktoren mitspielten, die in Wirklichkeit ein Produkt der Erfahrung seien; freilich sei es schwierig, beides gegeneinander abzugrenzen.

72 Von Anthony A. Cooper, Dritter Earl von Shaftesbury, *An Essay on Painting*, London 1713, Kap. 1, S. 10.

73 Von Freud nach Rank in der *Traumdeutung* (4.–7. Aufl.) samt Illustration wiedergegeben.

74 Diese Ansicht von der künstlerischen Illusion geht mindestens bis auf Coleridge zurück und hat in neuerer Zeit in Vaihingers »Philosophie des Als-Ob« Bestätigung gefunden.

75 Rank, 1924, S. 160.

76 *The Archetypal World of Henry Moore*, New York und London 1959, S. 101.

77 Norman O. Brown, 1955, S. 50.

78 Manuskript K vom 1. Januar 1896 in: *Aus den Anfängen der Psychoanalyse*, S. 156–66.

79 S. z. B. Harry B. Lee, »Poetry Production as a Supplemental Emergency Defense Against Anxiety« in: *Psychoanalytic Quarterly*, Bd. 7, S. 232–42; und Margaret S. Mahler, John R. Ross jr. und Zira De Fries, »Clinical Studies in Benign and Malignant Cases of Childhood Psychosis (Schizophrenialike)«, in: *American Journal of Orthopsychiatry*, Bd. 19, S. 295–304.

80 *The Id and the Regulatory Principles of Mental Functioning*, London 1967, S. 8.

81 Freud 1905 a, G. W. VI, 139, 151.

82 Trotz wichtiger Unterschiede im einzelnen könnte man diese Auffassung mit der von Charles Ogden, I. A. Richards und James Wood (1925) vertretenen Harmonie der Impulse oder »Synaesthesia« vergleichen.

83 In einer kurzgefaßten Erklärung Stokes' von 1965 liegt ein moderner Versuch vor, Kunst unter einem Gesichtspunkt zu sehen, der an die »Einheit in der Vielfalt« erinnert: »Das Glück der Kunst liegt in ihrer tragenden Kraft, in einem deutlich doppelten Inhalt, in vielfachen Ausdrucksformen innerhalb einer einzigen Begrenzung, die miteinander harmonisieren.« Kris untersucht in seinem Buch (1952) diese Frage des Ichs und des Einswerdens in der Kunst, wie Helene Deutsch es schon 1927 getan hatte.

84 Der psychoanalytisch orientierte Kritiker Norman N. Holland ist der Meinung (1968), daß sich für die auf Psychoanalyse begründete Literatur regelrechte Maßstäbe aufstellen lassen. Er hat im wesentlichen zwei Kriterien; zu allererst eine »zentrale oder Kern-Phantasie, wie man sie aus klinischem Beweismaterial kennt, in der alle Einzelelemente des Textes eine Rolle spielen«. Eine psychoanalytische Auslegung wird diese zentrale Phantasie enthüllen, aber Holland läßt überall in seinem Buch erkennen, daß sein Urteil durch ein zweites Kriterium bestimmt wird, nämlich durch seine »gut response«, die für den unterrichteten Kritiker von heute ein ebenso legitimes Instrument ist wie für seine Vorgänger im neunzehnten Jahrhundert. Der Fall liegt anders, wenn der »zentralen Phantasie« ein privilegierter Status zuerkannt

wird. Unter der Maske eines klinischen Realismus wird hier eine zur Erklärung dienende, fast metaphysische Wesenheit eingeschmuggelt, die um so anfechtbarer ist, als sie für die gesamte Literatur gelten soll; es gibt ja Werke, die möglicherweise nicht um eine einzige Kernphantasie kreisen, und andere lassen sich vielleicht nicht ohne weiteres im Sinne derart scharf definierter klinischer Wesenheiten deuten, ohne daß ihrem Text Gewalt angetan wird.

KAPITEL IV

1 Ray Ellenwood, früher einer meiner Hörer, schließt in Frankreich gerade eine Dissertation über Wesen und Ausmaß des Einflusses Freuds auf Breton ab.
2 S. Richters *Dada: Art and Anti-Art*, New York 1965; London 1966, S. 112.
3 In *Littérature*, März 1922, S. 19.
4 Vgl. Max Jacob, *Cornet à dés*, Paris 1917; die Unanimisten, etwa Pierre Jean Jouve in: *Les directions de la littérature moderne*, Paris 1912, und die Arbeiten von Jules Romains mit der Forderung nach »poésie immédiate« und von Georges Duhamel, der sich für »L'expression nue« einsetzt.
5 Vgl. seine Zustimmung zu Lipps in: *Point du jour*, Paris 1934, S. 242 f.
6 Als militanter Internationalist schrieb Breton später: »Wir Surrealisten lieben unser Vaterland nicht.« S. seine Ansprache an den Schriftstellerkongreß von 1935 in: *Manifestoes*, S. 234–41.
7 In Lenormands *Les confessions d'un auteur dramatique*, S. 314 ff.
8 Brief Bretons an Tzara vom 12. Juni 1919, bei Michel Sanouillet, 1965, S. 446.
9 *André Breton, Arbiter of Surrealism*, S. 16 f.
10 Sanouillet, 1965, S. 126 f.
11 Hier ist festzustellen, daß Freud zwar sicherlich einen bedeutenden Einfluß auf den Surrealismus ausübte, daß es aber offenbar einer gründlichen Überprüfung der weitverbreiteten Meinung bedarf, die Surrealisten hätten sich der Freudschen Techniken der Freien Assoziation bedient (etwa bei Kris, *Psychoanalytic Explorations in Art*, S. 30), oder das automatische Schreiben der Surrealisten sei eine Transkription des verbalen Inhalts einer besonderen Form des Denkens, die Freud und seine Schule entdeckt hätten (Jean Cazaux in: *Surréalisme et psychologie*, S. 11; Breton wäre möglicherweise mit Cazaux' Feststellungen einverstanden gewesen). Wie Ellenberger in: *The Discovery of the Unconscious*, S. 837 es darstellt, ist Breton zwar der dynamischen Psychologie verpflichtet, aber »sein Diktat aus dem Unbewußten (war) mit Freuds Methode der freien Assoziation nicht identisch«.
12 Sanouillet, 1965, S. 123, stützt seine Theorie, daß im frühen Surrealismus französische Quellen maßgebend gewesen seien, indem er Philippe Soupaults Bericht von seiner gemeinsamen Arbeit mit Breton an dem oft als »das erste surrealistische Werk« bezeichneten »Les champs magnétiques« im Jahre 1919 anführt; Soupault schreibt hierzu: »Wir einigten uns auf jene Verfahrensweise, die der Psychiater Janet als ›automatisches Schreiben‹ bezeichnet hatte.«
13 Breton stellte seinem zweiten Manifest einen Auszug aus einem Bericht von einer Sitzung der *Société Médico-Psychologique* voran, erschienen im *Journal de l'Aliénation Mentale*, in dem unter anderen auch Professor Janet sich kritisch über die künstlerischen Methoden der Surrealisten äußert.
14 Ray Ellenwood bemerkte mir gegenüber, die allzu selbstsichere und beschränkt wissenschaftliche Haltung Janets müsse Breton abgestoßen haben.

15 *The Poetics of Space*, New York 1964; 1. Aufl., 1958, S. XXXVII.
16 Breton übersandte Freud ein mit einer Widmung versehenes Exemplar, das ich jedoch in seiner Londoner Bibliothek nicht gesehen habe. Sollte Freud es mit Anmerkungen versehen haben, so wäre es von höchstem Interesse.
17 S. Bretons Definition des Surrealismus.
18 Vgl. Jean Starobinski, »Freud, Breton et Myers«, in: Marc Eigeldinger (Hrsg.), *André Breton*, Neuchâtel 1970. Starobinski neigt dazu, die Bedeutung Myers' für Breton auf Freuds Kosten zu übertreiben und übersieht die bedeutsamen Parallelen zwischen den beiden Persönlichkeiten; so zeigten sich Freud und Breton gegenüber allen neuen Erfahrungen einschließlich okkulter Phänomene gleich aufgeschlossen, ohne daß einer von beiden zum Mystiker geworden wäre. Eine ähnliche Fehlinterpretation Bretons findet sich, verbunden mit einer Überschätzung des Einflusses Janets auf Breton, bei Anna Balakian, *André Breton, Magus of Surrealism*, New York 1971. J. H. Matthews bereitet eine Besprechung des Buches vor. Ray Ellenwood arbeitet an einer Dissertation (Rutgers University), in der diese Fragen ausführlich behandelt werden.
19 Vgl. Picassos Umschlagbild für die erste Ausgabe der Zeitschrift *Minotaure* 1933 und seine berühmte Radierung *Minotauromachie* 1935 sowie eine Anzahl von Arbeiten über das Thema von Masson und anderen Surrealisten.
20 Vgl. Lawrence Alloway, »De Chirico, Tanguy and Freud«, in: *Art News and Review*, 28. April 1956.
21 Offenbar regte Bretons Eingangszitat Dali später zu der Widmung des *Tagebuch eines Genies (1952–63)*, Paris 1964, an »Gala-Gradiva etc.« an.
22 *Gradiva*, wieder abgedruckt in: *La clé des champs*, Paris 1953, S. 25–28.
23 Ibid. S. 25; bezeichnenderweise ist Bretons Urteil über die Qualität des Werkes von Jensen grundverschieden von dem Freuds; aus der schroffen Ablehnung des Psychoanalytikers wird bei ihm ein Lob.
24 Dali, 1942, S. 240.
25 Dalis Schreibung »Bertrand« mag irrtümlich dadurch zustandegekommen sein, daß ihn Bretons Aussprache des Wortes Bertgang täuschte; für jemanden, der so schlecht Französisch sprach wie Dali, klang das harte »g« im Französischen vielleicht wie das Zungen-R, und das nasale »ng« genau wie »nd«. Dali konnte also, vorausgesetzt, daß er den Namen Gradiva zuerst von Breton hörte und das Buch nicht selbst zuerst las – oder es mit unzureichendem Verständnis las –, ohne weiteres das eigentliche »Bertgang« durch den bekannten französischen Familiennamen »Bertrand« ersetzen.
26 Ich bin anderer Meinung als Whitney Chadwick (»Massons *Gradiva*: The Metamorphosis of a Surrealist Myth«, in: *Art Bulletin*, Dezember 1970, S. 415–22), wenn er das ziemlich fragwürdige Zeugnis des exzentrischen Dali akzeptiert, der seine frühesten Gradiva-Zeichnungen in das Jahr 1930 verlegt. Chadwick erwähnt die französische Ausgabe des Buches nicht, auf die das Interesse der Surrealisten an Gradiva zweifellos zurückging, wohingegen die von Chadwick angeführte deutsche Ausgabe von 1907 nur wenige – und gewiß nicht Breton und Dali – lesen konnten. Diese Nichtbeachtung der französischen Ausgabe von 1931 erklärt auch seinen Anachronismus auf S. 416, Anm. 18, wo er behauptet, Bretons Zweites Manifest (1930) gehe teilweise auf Freuds Aufsatz zurück. Dalis Zeugnis ist in diesem Zusammenhang höchst fragwürdig.
27 Wiedergegeben in William Rubin, *Dada, Surrealism and Their Heritage*, New York 1968; London 1969, S. 73; Chadwick (»Massons *Gradiva*: The Meta-

morphosis of a Surrealist Myth«) vergleicht Massons *Gradiva* mit seinem *Pygmalion* von 1938, aber die Bilder scheinen wenig Gemeinsames zu haben.

28 Cazaux, 1938, S. 55.

29 Boas, 1950, S. 41 ff.

30 Zum Beispiel Daniel E. Schneider, »Picasso's Innovations«, in: *The Psychoanalyst and the Artist*, New York 1962; 1. Aufl. 1950.

31 Meiner Meinung nach enthüllt Pfister die Schwäche seines Standpunkts sehr deutlich in der Wahl eines zu analysierenden Künstlers, nämlich eines dreiundzwanzigjährigen französischen Expressionisten namens »José«, dessen – wie die Illustrationen zeigen – mittelmäßiges Talent es kaum verdient, daß man gerade ihn als Repräsentanten des Schaffens so vieler kraftvoller Künstler auswählte, die zur Verfügung standen.

32 Wittels, 1931, S. 401, S. 403 f.

33 In: *Explorations in Psychoanalysis*, Robert Lindner (Hrsg.), New York 1953.

34 Über den Vorschlag, die Institute Warburgs und Jungs beide heranzuziehen, um die Geschichte der Symbole besser verfolgen zu können, s. Eugenio Battisti, *Rinascimento e Barocco*, Turin 1960.

35 Rennselaer W. Lee, »Erwin Panofsky«, in: *Art Journal*, Sommer 1968, S. 370. Lee fügt hinzu, Panofsky habe sich für den größten Teil der Kunst des zwanzigsten Jahrhunderts nicht interessiert, da sie keinen Zusammenhang mit der Tradition zeige und es ihr an »Komplexität und Fülle« fehle... Sie habe, wie er einst im Scherz gesagt habe, »keine Ikonographie«.

36 Panofsky unterscheidet folgende »Schichten« im Kunstwerk: die formale Wahrnehmung, die faktische Bedeutung (zusammen mit der Ausdrucksbedeutung), den sekundären oder konventionellen Stoff und den eigentlichen Sinn oder Inhalt, der begriffen werden muß durch die zugrundeliegenden Prinzipien, die die Grundeinstellung eines Volkes, einer Periode, einer Klasse, einer religiösen oder philosophischen Überzeugung offenbaren – welche durch eine Persönlichkeit unbewußt näher bestimmt und in ein einziges Werk verdichtet sind. Salomon Reinach, ein Zeitgenosse Freuds und diesem mit seinen Arbeiten bekannt, schrieb über die »ikonologische Methode« in »De l'influence des images sur la formation des mythes« (in: »Cultes, Mythes et Religions«, Paris 1912). Die Begründer der modernen Wissenschaft der Interpretation oder »Hermeneutik«, die gleichermaßen auf Literatur und bildende Kunst angewandt wird, waren Friedrich Schleiermacher und Friedrich Schlegel (vgl. Paul Ricoeur, *De l'interprétation*, und Richard E. Palmer, *Hermeneutics*... Northwestern University Press 1969).

37 Kris, 1952, S. 198.

38 Im Widerspruch zu Michel David, 1967, S. 187, der auf Eisslers Mißverständnissen fußt, ist Schapiros *Leonardo und Freud* keineswegs »eine strenge Kritik von einem soziokulturellen Standpunkt aus mit einer entschiedenen Zurückweisung des Instrumentes der Psychoanalyse«. Schapiro ist allerdings auch kein gläubiger Freudianer; er war sowohl von Rank als auch von der wichtigen Arbeit seines Freundes, des eigenwilligen Psychoanalytikers Paul Schilder angeregt, dessen Vorstellungen in mancher Hinsicht mit Krisschen Gedankengängen übereinstimmten (1952). Dank Schapiros brillanten Arbeiten über van Gogh und Cézanne haben Schilders Vorstellungen, die ihre beste Darstellung in seinem Buch *Image and Appearance of the Human Body*, London 1935, gefunden haben, mittelbar eine Reihe von Arbeiten der Kollegen und Studenten Schapiros an der Columbia University angeregt, die sich mit diesem Thema auseinandersetzen.

39 S. Schapiro, *The Parma Ildefonsus. A Romanesque Illuminated Manuscript from Cluny* (College Art Association 1964), S. 11, Anm. 27, über eine psychoanalytische Deutung der sexuellen Projektion eines romanischen Künstlers, die daraus erschlossen wird, daß er unterhalb der Jungfrau eine offene Tür anbrachte. Das war ein ungewöhnliches Vorgehen des Künstlers, denn im Mittelalter ist das allgemein gültige Attribut der Jungfrau die porta clausa, die ihre Jungfräulichkeit symbolisiert. Walter Cahn weist jedoch in seiner gehaltvollen Rezension von Schapiros Buch in *The Art Bulletin*, März 1967, S. 75, darauf hin, »daß die als mögliche Erklärung angebotene psychoanalytische Hypothese nicht sehr überzeugend ist. Die Szene läßt sich wohl am besten als eine Darstellung der Vision des Ildefonsus erklären, ... (bei der, wie der mittelalterliche Autor bemerkt) ... als Ildefonsus sich der Kirche näherte, um die Messe zu lesen, das Tor sich plötzlich auftat ... und er die Jungfrau auf dem Platze des Bischofs auf einem Elfenbeinthron sitzen sah.«

40 *The Invitation in Art*, S. 42.

41 *Smooth and Rough*, London 1951. Während Stokes' Beitrag zur Kunstgeschichte hier gering erscheint, mag er sich als idealer Psychologe der Pop-Art erweisen; denn diese Richtung schien in einem bestimmten Moment seine Hoffnung erfüllt zu haben, daß die Kunst in die warme einhüllende Umgebung der Brust zurückkehren werde, und er beschreibt die »Woge von Glückseligkeit, die ich empfand, als deutlich wurde, daß die Pop-Art eine rührend warme Verbindung mit dem städtischen Environment zeigte« (*The Invitation in Art*).

42 David Shakow und David Rapaport, 1964.

43 *L'art poétique*, S. 17.

44 *The Writer in Extremis*, S. 67–75.

45 Eisenstein, 1942, S. 11 und passim.

46 Frye, 1957, S. 123.

47 *Fantasia of the Unconscious*, S. 239 ff.

48 Am Anfang seiner *Ars poetica* bemerkt Horaz, daß solche gemischten Figuren in der Malerei und in der Dichtung als komisch und lächerlich gelten müßten; er vergleicht sie mit den »Träumen eines Kranken«. Über die psychotische Verschmelzung von Bild und Wort s. Kris, 1952, S. 100 und passim.

49 *The Poetics of Space*, New York 1964; 1. Aufl. 1958, S. 227.

50 *Entretiens*, 1913–52, S. 162.

51 S. Aaron Scharf, *Art and Photography*, London 1968, S. 210 f., mit einer Illustration aus *Le rire* von 1901.

52 Vgl. Robert Rosenblum, *Cubism and Twentieth Century Art*, New York 1961; London 1968, S. 242 und S. 176, Illustration.

53 Nunberg und Federn, Bd. I, S. 66.

54 *Leidenschaftliches Bearbeiten eines Cellos*, das im Verlauf der Bildreihe anschwillt: s. Rops, *Phantasie auf einem Violoncello*.

55 S. Sarane Alexandrian, *Surrealist Art*, New York 1970, Illustration 42.

56 Das Bild steht in der Tradition von Bretons *Nadja*: ihre Zeichnung »L'âme du blé« spielt mit den Worten »lame doublée« wie auch mit »l'âme doublée«.

57 Vgl. Shattuck, 1958.

58 Bezieht sich wahrscheinlich auf Montesquieu, dessen *Lettres persanes* dem Bilde seinen ersten Namen gaben; im Hintergrund befindet sich ein verschwommener Berg oder »mont«.

59 Breton dagegen, der Joyce vielleicht sein Genie neidete, stellte in seinem Aufsatz von 1953 fest, Joyces innerer Monolog sei zu künstlich und zu bewußt, eine Nachahmung des Lebens ohne die totale Spontaneität der Surrealisten, die auf das »wirkliche Leben« zurückgriffen.

60 In der Nachfolge von Joseph Campbell und H. M. Robinson, *A Skeleton Key to Finnegans Wake*, New York 1944, S. 26 f.

61 Frye, 1957, S. 276 f.

62 Ibid. 1957, S. 184.

63 Ibid. 1957, S. 131.

64 »Ghostlier Demarcations«, in: Murray Krieger (Hrsg.), *Northrop Frye in Modern Criticism*, New York 1966, S. 126.

65 »Northrop Frye and Contemporary Criticism«, in: Krieger (Hrsg.), *Northrop Frye in Modern Criticism*.

66 Im Hinblick auf die Überdeterminierung sei nebenbei bemerkt, daß neomarxistische Theoretiker wie Louis Althusser (*Lire le Capital*, Paris 1966) in ihren Bemühungen, Marx und Freud miteinander in Einklang zu bringen, diesen Prozeß zum Axiom machen: »Überdeterminierung findet ›immer‹ statt. Die rückläufige Bewegung des Wahren... Siehe hierzu die *Psychopathologie des Alltagslebens.*«

67 Eine Ausnahme bilden die Schriften Jean-Paul Webers, zum Beispiel seine *Psychology of Art*, New York 1969; in ihr nähert er sich der Kunst über »Themen«, die der Kindheit des Künstlers entnommen sind. Weber bedient sich in reichem Maße der Freudschen und Nicht-Freudschen Psychoanalyse, versucht aber darüber hinauszugehen und dem Kunstwerk als einem Phänomen gerecht zu werden, das einen Wert an sich hat, der außerhalb seines psychologischen Ursprungs liegt.

68 Charles Rycroft, »Introduction: Causes and Meaning«, in: Rycroft (Hrsg.), *Psychoanalysis Observed*, New York und London 1966, S. 14.

69 »Deriving Poetic Structures: Two Approaches to Baudelaire's *Les Chats*«, in: *Yale French Studies*, Oktober 1966.

70 Lévi-Strauss, 1963, S. 216.

71 »Structural Analysis in Art and Anthropology«, in: *Yale French Studies*, Oktober 1966.

72 Jack Burnham hat in *The Structure of Art*, New York 1971, versucht, bestimmte strukturalistische Vorstellungen auf die Kunst anzuwenden, wobei er Beispiele vom neunzehnten Jahrhundert bis zur Gegenwart heranzieht (aber auch Stonehenge mit einbezieht). Burnham verallgemeinert nach Hinweisen, die er sich aus Duchamps Werk heraussucht, und kommt so zu einem optimistischen Bild, das vielleicht Breton oder Tzara näher ist als dem listigen alten Dadaisten.

ANHANG

1 Ein Verzeichnis solcher Unterlagen findet sich in »Psychoanalytic Studies of Genius«, in: *American Journal of Psychology*, Bd. 27, S. 363–416.

2 S. N. E. Miller und J. Dollard, 1950.

3 *The Philosophy of Literary Form*, S. VIII.

4 Vgl. Jacques Jary, »La psychologie de l'inconscient«, in: *Akademos*, 15. Juni 1909.

5 René Arcos, *La tragédie des espaces*, Paris 1906.

6 *Catholicisme et romanticisme*, Paris 1905, S. 23.

7 Thibaudets Artikel wurde in *Imago*, Bd. 7, S. 355 heftig kritisiert.

8 Als enragierter Bilderstürmer verkündete Breton laut seine Sympathie für die Deutschen (deren Sprache er allerdings nie lernte) und heiratete eine Jüdin, Simone Collinet. Interessant ist, daß die Surrealisten zwar Freud ihre Aufmerksamkeit zuwandten, sich jedoch weder um Rank, der damals in Paris war, noch um Jung mit seiner Symbolik oder um Wilhelm Reich mit seiner Synthese aus Freud und Marx kümmerten.

9 Mehrere Jahre später erschien in der wissenschaftlichen Zeitschrift *Isis*, die von dem bedeutenden Gelehrten Sarton herausgegeben wurde, die Besprechung einer Arbeit des Freudgegners Jean Laumonnier, *Le Freudisme, exposé et critique*, der feststellte, von einem Erfolg der Psychoanalyse könne in Frankreich im Grunde nur in Schriftstellerkreisen die Rede sein, wo man »eine sich anbietende neue Richtung ausnütze, ohne recht zu wissen, was ihr eigentlich zugrundeliege«.

10 S. Jouves Vorwort »Inconscient, spiritualité et catastrophe« zu *Sueur de sang*, Paris 1934.

11 In ihrem Roman *Les belles images* (engl. Ausg. New York 1968) macht der Vater, ein Archäologe (Erinnerungen an Gradiva!) »geistige Schnappschüsse« für eine Art Erinnerungsalbum, wohingegen die Heldin verächtlich erklären kann: »Ich für mein Teil hatte weder ein Album noch ein Museum: ich war der Schönheit von Angesicht zu Angesicht gegenübergetreten.«

12 S. z. B. B. L. Baroncini, »Il fondamento e il meccanismo della psicoanalisi«, in: *Rivista Psicologica*, März 1908, S. 211 ff.

13 Freud, G. W. XIV, 396.

14 David, 1966, S. 6 ff.

15 Ibid. S. 272.

16 *Leonardo, omo senza lettere*, Florenz 1952, S. 115, Anm. 1; sie benutzte die 1927 erschienene französische Ausgabe des Aufsatzes Freuds.

17 Eine ausführliche Erörterung findet sich bei Michel David, 1966, und auch bei B. Freedman, »Italo Svevo, A Psychoanalytic Novelist«, in: *Psychoanalytic Review*, 1931, S. 434–38.

18 Paveses komplexe Persönlichkeit konnte in unzulänglichen »Psychoanalysen« wohl nicht erfaßt werden. Mein Kollege Umberto Mariani bereitet jetzt eine dreibändige Arbeit über den Schriftsteller vor, die uns wohl verläßliche Einsichten in diese bedeutende Gestalt der modernen Literatur vermitteln wird.

19 A. Spaini, *Autoritratto triestino*, Mailand 1963, S. 215; zitiert bei David, a. a. O. S. 376.

20 Vgl. Michel David, 1967, S. 252.

21 Leon Trotsky, 1960, S. 42.

22 Ibid. S. 230.

23 Francis Bartlett, *Sigmund Freud: A Marxian Essay*, S. 26.

24 Vgl. Enrico Morselli, *La psicoanalisi*, Turin 1926, Bd. I, S. 19.

25 Die sonderbare Ansicht, daß die von Freud beeinflußten Surrealisten mitgeholfen hätten, Hitler den Weg zu bereiten, findet sich bei Herbert Muller (zweifellos einem Gefolgsmann Stalins), »Surrealism: A Dissenting Opinion«, in: *New Directions in Prose and Poetry*, Norfolk, Conn. 1940, S. 553.

26 Die Formulierung war eine politische Verbeugung vor Stalin, der Bucharin 1938 trotzdem hinrichten ließ und, Puritaner ganz wie Lenin, die »neue Erotik« ausrottete.

27 Frederick C. Crews, »Love in the Western World«, in: *Partisan Review*, Frühjahr 1967, S. 272–87.

28 Zitiert bei Hans M. Wingler, *Das Bauhaus*, Köln 1962, S. 167.
29 Philip Rieff, 1959, S. 338.
30 Herbert Marcuse, 1955, S. 148 f.
31 Über die günstige Aufnahme des Buches von Brown durch die Surrealisten s. Herbert Gershmann, *Bibliography of the Surealist Revolution in France*, Ann Arbor, Mich. 1969, S. 180, Anm. 48.
32 Caudwell, 1937, S. 137.
33 »Il Surrealismo: Storia, dottrina, valutazione psicoanalitica«: in: *Psicoanalisi*, 1946, S. 77.

BIBLIOGRAPHIE

Alexander, Franz, The Psychoanalyst Looks at Contemporary Art, in: Robert Lindner (Hrsg.), Explorations in Psychoanalysis, New York 1953.

Allers, Rudolf, Existentialism and Psychiatry, Springfield, Ill. 1961.

Alloway, Lawrence, De Chirico, Tanguy and Freud, in: Art News and Review, 28. April 1956.

Anderson, Harold H. und Gladys L. Anderson, An Introduction to Projective Techniques, Englewood Cliffs, N. J. 1951.

Bachelard, Gaston, La psychanalyse du feu, Paris 1938 (Psychoanalyse des Feuers, Stuttgart 1959).

Bahr, Hermann, Burgtheater, Wien 1920.

–, Die neue Psychologie, in: Die Überwindung des Naturalismus, Dresden 1891.

–, Symbolisten, in: Studien zur Kritik der Moderne, Frankfurt 1894.

Bartlett, Francis, Sigmund Freud: A Marxian Essay, London 1930.

Béguin, Albert, L'âme romantique et le rêve, Essai sur la romantisme allemande et la poésie française, Paris 1939.

Bell, Clive, Dr. Freud on Art, in: The Dial, April 1925, S. 280 f.

Berguer, Georges, Quelques traits de la vie de Jésus, Genf 1917.

Bernfeld Siegfried, Freud's Scientific Beginnings, in: American Imago, 6, 1949, S. 163–96.

Bernfeld, Suzanne Cassirer, Freud and Archaeology, in: American Imago, 8, 1951, S. 107–28.

Bertalanffy, Ludwig von, On the Definition of the Symbol, in: J. R. Royce (Hrsg.), Psychology and the Symbol: An Interdisciplinary Symposium, New York 1965.

Bithell, Jethro, Modern German Literature 1880–1950, London 1959.

Bloch, Joseph S., My Reminiscences, Wien 1923.

Blondel, Charles, La psychanalyse, Paris 1924.

Boas, George, The Hieroglyphics of Horapollo, New York 1950.

Bonaparte, Marie, Edgar Poe – étude psychanalytique, Paris 1933.

Bosanquet, Bernard, A History of Aesthetic, 2. Aufl., New York 1957.

Bowra, C. M., The Romantic Imagination, London 1950.

Breton, André, Entretiens, 1913–52, Paris 1952.

–, Les vases communicants, Paris 1932.

–, Manifestes du surréalisme, Paris 1972 (Die Manifeste des Surrealismus, Reinbek b. Hamburg 1968).

Breton, André, et al., Violette Nozières, Brüssel 1933.

Brome, Vincent, Freud and His Early Circle, The Struggle of Psychoanalysis, New York 1968 (Sigmund Freud und sein Kreis, Wege und Irrwege der Psychoanalyse, München 1969).

Browder, Clifford, André Breton, Arbiter of Surrealism, Genf 1967.

Brown, Norman O., Life against Death, The Psychoanalytic Meaning of History, New York 1955 (Zukunft im Zeichen des Eros, Pfullingen 1962).

Brücke, Ernst, Die Darstellung der Bewegung durch die bildenden Künste, in: Deutsche Rundschau 26, 1881, S. 43 ff.

Brücke, Ernst, Schönheit und Fehler der Menschlichen Gestalt, 3. Aufl., Wien 1905.
Brückner, Peter, Sigmund Freuds Privatlektüre, in: Psyche 15, 1961–62, S. 881–902 und 16, 1962, S. 721–43, 881–95.
Bullough, Edward, Psychical Distance, in: British Journal of Psychology 5, 1912, S. 87–118.
Burckhardt, Jacob, Cicerone, 6. Aufl., Leipzig 1893.
Burke, Kenneth, Freud and the Analysis of Poetry, in: American Journal of Sociology, 1939.
–, The Philosophy of Literary Form, Studies in Symbolic Action, Baton Rouge, La. 1967 (Dichtung als symbolische Handlung. Eine Theorie der Literatur, Frankfurt/M. 1966).
Bush, Marshall, The Problem of Form in the Psychoanalytic Theory of Art, in: The Psychoanalytic Review, Frühjahr 1967.
Bychowski, Gustav, From Catharsis to Work of Art: The Making of an Artist, in: George B. Wilbur und Werner Muensterberger (Hrsg.), Psychoanalysis and Culture, New York 1951.
Cassirer, Ernst, An Essay on Man, New Haven, Conn. 1944 (Was ist der Mensch?, Stuttgart 1960).
Caudwell, Christopher, Illusion and Reality, Studies of the Sources of Poetry, London 1937 (Bürgerliche Illusion und Wirklichkeit, Beitr. zur materialistischen Ästhetik, München 1971).
–, Studies in a Dying Culture, London 1938.
Cazaux, Jean, Surréalisme et psychologie, Paris 1938.
Charcot, Jean Martin, La foi qui guérit, in: Revue Hebdomadaire, Dezember 1892, S. 112–32.
Charcot, Jean Martin und Richter, Paul, Les démoniaques dans l'art, Paris 1887.
–, Les difformes et les malades dans l'art, Paris 1889.
Dalbiez, Roland, Psychoanalytical Method and the Doctrine of Freud, Bd. 2, London 1947.
Dali, Salvador, Diary of a Genius (1952–63), New York 1965.
–, Secret Life of Salvador Dali, New York 1942.
David, Michel, La psicanalisi nella cultura italiana, Turin 1966.
–, Letteratura e psicanalisi, Mailand 1967.
Decaudin, Michel, La crise des valeurs symbolistes, 20 ans de poésie française 1895–1914, Toulouse 1960.
Deutsch, Helene, Über Zufriedenheit, Glück und Ekstase, in: Internationale Zeitschrift für Psychoanalyse 13, 1927.
Devereux, George, Why Oedipus Killed Laius. A Note on the Complementary Oedipus Complex in Greek Drama, in: International Journal of Psychoanalysis Nr. 2, 1953, S. 1–10.
Doolittle, Hilda (H. D.), Tribute to Freud, New York 1956.
Du Bois-Reymond, Emil, Naturwissenschaft und bildende Kunst, in: Deutsche Rundschau 65, 1890, S. 195–215.
Dunbar, H. Flanders, Symbolism in Mediaeval Thought, New Haven, Conn. 1929.
Eastman, Max, The Enjoyment of Laughter, New York 1936.
–, Heroes I Have Known, New York 1942.
–, Mr. -er-er-Oh! What's His Name?, in: Everybody's Magazine, Juli 1915, S. 95–103.
Eisenstein, Serge, The Film Sense, New York 1942 (Vom Theater zum Film, Zürich 1960).

Eissler, K. R., Leonardo da Vinci, Psychoanalytic Notes on the Enigma, London 1962.

Eliade, Mircea, Mephistopheles and the Androgyne, New York 1965.

Ellenberger, Henri F., The Discovery of the Unconscious, New York 1970.

Empson, William, The Seven Types of Ambiguity, New York 1931.

Erikson, Erik H., The Dream Specimen in Psychoanalysis, in: Journal of the American Psychoanalytic Association Nr. 1, 1954, S. 5–56.

Exner, Sigmund R. von, Physiologisches und Pathologisches in den bildenden Künsten, Wien 1889.

Fechner, Gustav Theodor, Vorschule der Ästhetik, 2 Bde., Leipzig 1876.

Feldman, A. Bronson, Betwixt Art, Revolution and Religion: A Chronicle of the Psychoanalytic Movement, in: Otto Rank, Hanns Sachs et al., Psychoanalysis as an Art and a Science, A Symposium, Detroit 1968.

Ferenczi, Sandor, Sex in Psychoanalysis, London 1950.

–, Stages in the Development of the Sense of Reality, in: Contributions to Psycho-Analysis, Boston 1916.

Fischer, Kuno, Über den Witz, 2. Aufl., Heidelberg 1889.

Fletcher, Angus, Allegory: The Theory of the Symbolic Mode, Ithaca, New York 1964.

Frankl, Viktor, Der unbewußte Gott, Wien 1949.

Freud, Anna, Das Ich und die Abwehrmechanismen, Wien 1936 (Kindler Taschenbücher, Geist und Psyche, Bd. Nr. 2001).

Freud, Ernst L. (Hrsg.), Sigmund Freud: Briefe 1873–1939, Frankfurt 1960.

Freud, Martin, Sigmund Freud, Man and Father, New York 1958.

Freud, Sigmund

(1895) Studien über Hysterie, G. W. (Gesammelte Werke) Bd. I.

(1896) Weitere Bemerkungen über die Abwehrneuropsychosen, G. W. I.

(1900) Die Traumdeutung, G. W. II/III.

(1901) Zur Psychopathologie des Alltagslebens, G. W. IV.

(1904) Die Freudsche psychoanalytische Methode, G. W. V.

(1905a) Der Witz und seine Beziehung zum Unbewußten, G. W. VI.

(1905b) Drei Abhandlungen zur Sexualtheorie, G. W. V.

(1905c) Psychopathische Personen auf der Bühne, G. W. X.

(1907a) Der Wahn und die Träume in W. Jensens ›Gradiva‹, G. W. VII.

(1907b) Brief an das Antiquariat Hinterberger aus dem Jahre 1907, Sigmund Freud. Briefe 1873–1939, Frankfurt 1960.

(1908a) Hysterische Phantasien und ihre Beziehung zur Bisexualität, G. W. VII.

(1908b) Über infantile Sexualtheorien, G. W. VII.

(1908c) Der Dichter und das Phantasieren, G. W. VII.

(1910a) Über Psychoanalyse, G. W. VIII.

(1910b) Über den Gegensinn der Urworte, G. W. VIII.

(1910c) Über einen besonderen Typus der Objektwahl beim Manne, G. W. VIII.

(1910d) Eine Kindheitserinnerung des Leonardo da Vinci, G. W. VIII.

(1911) Formulierungen über die zwei Prinzipien des psychischen Geschehens, G. W. VIII.

(1912) Totem und Tabu, G. W. IX.

(1913a) Das Motiv der Kästchenwahl, G. W. X.

(1913b) Das Interesse an der Psychoanalyse (Zweiter Teil: Das Interesse der Psychoanalyse für die nicht psychologischen Wissenschaften), G. W. VIII.

(1914a) Der Moses des Michelangelo, G. W. X.

(1914b) Zur Einführung des Narzißmus, G. W. X.
(1914c) Zur Geschichte der psychoanalytischen Bewegung, G. W. X.
(1916a) Einige Charaktertypen aus der psychoanalytischen Arbeit, G. W. X.
(1916b) Mythologische Parallele zu einer plastischen Zwangsvorstellung, G. W. X.
(1917a) Vorlesungen zur Einführung in die Psychoanalyse, G. W. XI.
(1917b) Eine Kindheitserinnerung aus Dichtung und Wahrheit, G. W. XII.
(1919) Das Unheimliche, G. W. XII.
(1920) Jenseits des Lustprinzips, G. W. XIII.
(1921) Massenpsychologie und Ich-Analyse, G. W. XIII.
(1922) Das Medusenhaupt, G. W. XVII.
(1923a) Das Ich und das Es, G. W. XIII.
(1923b) Eine Teufelsneurose im siebzehnten Jahrhundert, G. W. XIII.
(1924) Die Widerstände gegen die Psychoanalyse, G. W. XIV.
(1925) Selbstdarstellung, G. W. XIV.
(1926) Ansprache an die Mitglieder des Vereins B'nai B'rith, G. W. XVII.
(1927a) Nachtrag zur Arbeit über den Moses des Michelangelo, G. W. XIV.
(1927b) Die Zukunft einer Illusion, G. W. XIV.
(1928) Dostojewski und die Vatertötung, G. W. XIV.
(1930a) Das Unbehagen in der Kultur, G. W. XIV.
(1930b) Ansprache im Frankfurter Goethehaus, G. W. XIV.
(1932) Neue Folge der Vorlesungen zur Einführung in die Psychoanalyse, G. W. XV.
(1933) Vorwort zu ›Edgar Poe, étude psychanalytique‹ par Marie Bonaparte, G. W. XVI.
(1935) Die Feinheit einer Fehlhandlung, G. W. XVI.
(1937) Konstruktionen in der Analyse, G. W. XVI.
(1938) A Comment on Anti-Semitism, S. E., XXIII.
(1939) Der Mann Moses und die monotheistische Religion, G. W. XVI.
–, Aus den Anfängen der Psychoanalyse, Briefe an Wilhelm Fliess . . . 1887–1902, New York 1954.
Friedman, Paul, The Nose. Some Psychological Reflections, in: American Imago 8, 1951, S. 337–50.
Fromm, Erich, The Forgotten Language, New York 1951 (Märchen, Mythen und Träume. Eine Einführung zum Verständnis von Märchen, Mythen und Träumen, Konstanz/Stuttgart 1957).
Fry, Roger, The Artist and Psychoanalysis, London 1924.
Frye, Northrop, The Anatomy of Criticism, Princeton, N. J. 1957 (Analyse der Literaturkritik, Stuttgart 1964).
Fuchs, Eduard, Geschichte der erotischen Kunst, Berlin 1908.
–, Illustrirte Sittengeschichte, 3 Bde., München 1909–12.
Galton, Francis, Composite Portraits, in: Journal of the Anthropological Institute 8, 1878, S. 132–42.
Gilbert, Katherine S. und Helmut Kuhn, A History of Esthetics, Bloomington, Ill. 1953.
Gombrich, Ernst, Freud's Aesthetics, in: Encounter, Januar 1966, S. 30–40.
–, Psychoanalysis and the History of Art, in: International Journal of Psychoanalysis Nr. 4, 1954.
Greenberg, Clement, Modernist Painting, in: Arts Yearbook Nr. 4, 1961.
Grinstein, Alexander, On Sigmund Freud's Dreams, Detroit 1968.
–, A Psychoanalytic Study of Schwind's ›The Dream of a Prisoner‹, in: American Imago, 8, 1951, S. 65–91.

Groddeck, Georg, Unconscious Symbolism in Language and Art, 1926, in: Exploring the Unconscious, New York 1950.

Groos, Karl, Die Spiele der Menschen, Jena 1899.

–, Das Spiel als Katharsis, in: Zeitschrift für pädagogische Psychologie 12, 1912.

Hartt, Frederick, Michelangelo: The Complete Sculpture, New York 1968.

Hatfield, Henry, Modern German Literature, The Major Figures in Context, New York 1967.

Hesse, Hermann, Briefe, Berlin 1951.

–, Künstler und Psychoanalyse, 1918, in: Gesammelte Schriften, Bd. 7, Berlin 1958.

–, Über gute und schlechte Kritiker. Notizen zum Thema Dichtung und Kritik, in: Gesammelte Schriften, Bd. 7, Berlin 1958.

Hoffman, Frederick J., Freudianism and the Literary Mind, 2. Aufl., Baton Rouge, La. 1957.

Holland, Norman N., The Dynamics of Literary Response, New York 1968.

Home, H. J., The Concept of Mind, in: International Journal of Psychoanalysis 47, 1966, S. 42–49.

Huxley, Aldous, The Farcical History of Richard Greenow, in: Limbo, 1923.

–, Mortal Coils, London 1920. Unter neuem Titel: The Gioconda Smile, 1922 (Das Lächeln der Gioconda, Leipzig 1931).

Hyman, Stanley Edgar, The Armed Vision, A Study in the Methods of Modern Literary Critizism, New York 1948.

–, The Tangled Bank. Darwin, Marx, Frazer and Freud as Imaginative Writers, New York 1962.

Jacob, Max, L'art poétique, Paris 1922.

Janet, Pierre, L'automatisme psychologique: essais de psychologie expérimentale sur les formes inférieures de l'activité humaine, Paris 1889.

–, Psychological Healing. A Historical and Clinical Study, London 1925. (Les médications psychologiques. Études historiques, psychologiques et cliniques sur les méthodes de la psychothérapie, 3 Bde., Paris 1919).

Janson, H. W., The Right Arm of Michelangelo's Moses, in: Antje Kosegarten und Peter Tigler (Hrsg.), Festschrift Ulrich Middeldorf, Berlin 1968.

Jekels, Ludwig, The Riddle of Shakespeares ›Macbeth‹, in: Selected Papers, London 1952.

Jenks, William A., Vienna and the Young Hitler, New York 1960.

Jensen, Wilhelm, Gradiva: Ein pompeianisches Phantasiestück, Dresden 1903. Von Marie Bonaparte übersetzte französische Ausgabe in: Delire et rêves dans un ouvrage littéraire: la Gradiva de Jensen, Paris 1931.

Joad, C. E. M., Decadence: A Philosophical Inquiry, London 1948.

Jones, Ernest, Free Associations, New York 1959.

–, Hamlet and Oedipus, London 1949.

–, The Life and Work of Sigmund Freud, 3 Bde., New York 1953, 1955, 1957 (Das Leben und Werk von Sigmund Freud, 3 Bde., Bern 1960).

–, The Oedipus Complex as an Explanation of Hamlet's Mystery. A Study in Motive, in: American Journal of Psychology, Januar 1910 (Das Problem des Hamlet und der Ödipus-Komplex, Leipzig 1911).

–, The Theory of Symbolism, 1916, in: Papers on Psychoanalysis, 5. Aufl., 1948.

Jung, Carl G., Erinnerungen, Träume, Gedanken, Hrsg. A. Jaffé, Zürich 1962.

Just, Gottfried, Ironie und Sentimentalität in den erzählenden Dichtungen Artur Schnitzlers, Berlin 1968.

Keyserling, Hermann, Begegnungen mit der Psychoanalyse, in: Merkur 4, 1950, S. 1150–1168.

Klein, Melanie, The Importance of Symbol-Formation in the Development of the Ego, in: International Journal of Psychoanalysis, 1930, S. 24–39.

–, The Role of the School in Libidinal Development, 1923, in: Contributions to Psychoanalysis, London 1968.

Knights, L. C., How Many Children Had Lady Macbeth? in: Explorations, London 1951.

Koestler, Arthur, Insight and Outlook, An Inquiry into the Common Foundations of Science, Art and Social Ethics, New York 1949.

Kris, Ernst, Psychoanalytic Explorations in Art, New York 1952.

Kubie, Lawrence S., Neurotic Distortion of the Creative Process, Lawrence, Kansas 1958 (Psychoanalyse und Genie. Der schöpferische Prozeß, Reinbek b. Hamburg 1965).

Laforgue, René, Ein Bild von Freud, in: Zeitschrift für Psychotherapie und medizinische Psychotherapie 4, 1954, S. 210–17.

Lalo, Charles, La beauté et l'instinct sexuel, Paris 1922.

Langer, Susanne K., Philosophy in a New Key, Cambridge 1942 (Philosophie auf neuen Wegen. Das Symbol im Denken, im Ritus und in der Kunst, Frankfurt/M. 1965).

Langfeld, Herbert S., The Aesthetic Attitude, New York 1920.

Laumonnier, Jean, Le Freudisme, Exposé et critique, Paris 1925.

Lawrence, D. H., Fantasia of the Unconscious, New York 1930 (Spiel des Unbewußten, München 1929).

Lenormand, Henri René, Confessions d'un auteur dramatique, Paris 1949–53.

Lesser, Simon O., Fiction and the Unconscious, Boston 1957.

Levi, Albert William, Literature, Philosophy and Imagination, Bloomington, Ind. 1963.

Levin, Meyer, A New Fear in Writers, in: Psychoanalysis Nr. 1, 1953, S. 34–38.

Lévi-Strauss, Claude, Structural Anthropology, New York 1963 (Strukturale Anthropologie, Frankfurt/M. 1967).

Lipps, Theodor, Einfühlung, Innere Nachahmung, in: Archiv für die gesamte Psychologie, Bd. 1, 1903.

–, Raumästhetik und geometrisch-optische Täuschungen, Leipzig 1897.

Löwy, Emmanuel, Die Naturwiedergabe in der frühgriechischen Kunst, Rom 1900.

Maeder, Alphonse, Une voie nouvelle en psychologie – Freud et son école, Caenobium, Lugano 1906.

Male, Émile, L'art religieux du XIIᵉ siècle en France, Étude sur l'iconographie du moyen âge et sur les sources de l'inspiration, Paris, 5. Aufl. 1949.

Marcinowski, J., Gezeichnete Träume, in: Zentralblatt für Psychoanalyse, 2, 1912.

Marcuse, Herbert, Eros and Civilization, New York 1955 (Eros und Kultur. Ein philosophischer Beitrag zu Sigmund Freud, Stuttgart 1957).

Marcuse, Ludwig, Freud's Aesthetics, in: The Journal of Aesthetics and Art Criticism, 12, Nr. 1, 1958, S. 16 f.

Mereschkowski, Dimitri, Leonardo da Vinci, Leipzig 1903.

Miller, N. E. und J. Dollard, Personality and Psychotherapy, New York 1950.

Milner, Marion, International Journal of Psychoanalysis, 23, 1952, S. 181–95.

Morris, Charles, Signs, Language and Behaviour, New York 1947.

Muensterberger, Warner, The Roots of Primitive Art, in: G. B. Wilbur und W. Muensterberger (Hrsg.), Psychoanalysis and Culture, New York 1951.

Nunberg, Herman und Ernest Federn (Hrsg.), Minutes of the Vienna Psychoanalytic Society, Bd. 1 (1906–1908), New York 1962, Bd. 2 (1908–1910), New York 1967.

Oberndorf, Clarence P., Psychoanalysis in Literature and Its Therapeutic Value, in: Psychoanalysis and the Social Sciences, New York 1947.

Ogden, Charles K., I. A. Richards und James Wood, The Foundations of Aesthetics, New York 1925.

Ogden, Ch. K. und I. A. Richards, The Meaning of Meaning, A Study of the Influence of Language upon Thought and of the Science of Symbolism, New York 1927.

Panofsky, Erwin, Idea, Leipzig 1924. Engl. Ausg. New York 1970.

–, The Neoplatonic Movement and Michelangelo, in: Studies in Iconology, New York 1939.

Pearson, Karl, The Life, Letters and Labours of Francis Galton, 3 Bde., Cambridge 1914–1930.

Pfister, Oskar, Der psychologische und biologische Untergrund expressionistischer Bilder, Bern 1920.

–, Die psychologische Enträtselung der religiösen Glossolalie und der automatischen Kryptographie, in: Jahrbuch für psychoanalytische und psychopathologische Forschungen, 3, 1911–12.

Philippson, Ludwig, Israelitische Bibel, 3 Bde., 2. Aufl. Leipzig 1858/1859.

Philipson, Morris, Outline of a Jungian Aesthetic, Evanston, Ill. 1963.

Phillips, William (Hrsg.), Art and Psychoanalysis, New York 1957.

Poulet, Georges, Études sur le temps humain, Edinburgh: Univ. Pr. 1949.

–, La distance intérieure, Paris 1952.

Praz, Mario, The Romantic Agony, 2. Aufl., New York 1951.

Rank, Otto, Traum und Dichtung und Traum und Märchen, in: 4.–7. Aufl. der »Traumdeutung«, 1914–22.

–, Das Trauma der Geburt und seine Bedeutung für die Psychoanalyse, Wien 1924.

Rank, Otto, und Hanns Sachs, Die Bedeutung der Psychoanalyse für die Geisteswissenschaften, Wiesbaden 1913.

Recouly, Raymond, A Visit to Freud, in: The Outlook, 5. September 1923, S. 27 ff.

Reich, Wilhelm, Reich Speaks of Freud, M. Higgins und C. M. Raphael (Hrsg.), New York 1967.

Reinach, Salomon, Cultes, mythes et religions, Bd. 4, Paris 1912.

Reik, Theodor, Freud and Jewish Wit, in: Psychoanalysis Nr. 3, 1954, S. 12 bis 20.

–, From Thirty Years with Freud, London 1942.

Richards, I. A., Coleridge on Imagination, London 1934.

Ricoeur, Paul, De l'interprétation, Essai sur Freud, Paris 1965 (Die Interpretation. Ein Versuch über Freud, Frankfurt/M. 1969).

Rieff, Philip, Freud: The Mind of the Moralist, New York 1959.

Riesman, David, Themes of Work and Play in the Structure of Freud's Thought, in: Psychiatry Nr. 1, 1950, S. 1–16.

Roazen, Paul, Brother Animal, The Story of (Sigmund) Freud and (Victor) Tausk, New York 1969.

Robinson, Paul, The Freudian Left, Wilhelm Reich, Géza Róheim, Herbert Marcuse, New York 1969.

Rorschach, Hermann, Zur Symbolik der Schlange und der Krawatte, Zentralblatt für Psychoanalyse Nr. 2, 1912.

Rosenfeld, Eva M., Dream and Vision. Some Remarks on Freud's Egyptian Bird Dream, in: International Journal of Psychoanalysis, 37, 1956, S. 97–105.
–, Review of Eissler, Leonardo, in: International Journal of Psychoanalysis, Januar 1963, S. 113 ff.
Rosenmayr, Leopold, Sociology in Austria, Graz/Köln 1966.
Rosenthal, Earl E., Michelangelo's Moses, dal di sotto in su, in: Art Bulletin, Dezember 1964, S. 544–50.
Sachs, Hanns, Freud, Master and Friend, Cambridge 1944.
–, The Creative Unconscious, Cambridge 1942.
Sanctis, Sante de, La conversione religiosa, Bologna 1924.
–, I sogni, Turin 1899 (Psychologie des Traums, in G. Kafka: Handbuch der vergleichenden Psychologie, 3. Bd., München 1922).
Sanouillet, Michel, Dada à Paris, Paris 1965.
Saul, Leon J., The Feminine Significance of the Nose, in: Psychoanalytic Quarterly, Januar 1948.
Schachtel, Ernest G., Metamorphosis, New York 1959.
Schapiro, Meyer, Leonardo and Freud: An Art Historical Study, in: Journal of the History of Ideas, April 1956.
–, Two Slips of Leonardo and a Slip of Freud, in: Psychoanalysis, Winter 1955–56.
Scherner, Karl A., Das Leben des Traumes, Berlin 1861.
Schneider, Daniel, The Psychoanalyst and the Artist, New York 1950.
Schorske, Carl E., Politics and the Psyche in fin-de-siècle Vienna: Schnitzler and Hofmannsthal, in: American Historical Review, Juli 1961, S. 930–46.
Segal, Hanna, A Psychoanalytical Approach to Aesthetics, in: International Journal of Psychoanalysis, 33, 1952, S. 196–207.
Selander, Sten, Zwei Aufsätze über den Einfluß der Psychoanalyse, in: Dagens Nyheter, 6. Dezember 1931.
Servadio, Emilio, Il surrealismo: Storia, dottrina, valutazione psicanalitica, in: Psicanalisi 1946.
Shakow, David und David Rapaport, The Influence of Freud on American Psychology, in: Psychological Issues Bd. 4, Nr. 1, New York 1964.
Sharp, Ella, Certain Aspects of Sublimation and Delusion, in: International Journal of Psychoanalysis, 11, 1930, S. 12–23.
Shattuck, Roger, The Banquet Years, New York 1958.
Silberer, Herbert, Bericht über eine Methode, gewisse symbolische Halluzinationserscheinungen hervorzurufen und zu beobachten, in: Jahrbuch für psychoanalytische und psychopathologische Forschungen Bd. 1, 1909, Bd. 3, 1912.
Slochower, Harry, Incest in ›The Brothers Karamazov‹, in: American Imago, 16, 1959, S. 127–45.
Sokel, Walter H., The Writer in Extremis, Stanford, Conn. 1959 (Der literarische Expressionismus, München 1970).
Souriau, Paul, La beauté rationelle, Paris 1904.
Spector, Jack J., Freud and Duchamp: The Mona Lisa ›Exposed‹, in: Artforum, April 1968, S. 54 ff.
–, The Method of Morelli and Its Relation to Freudian Psychoanalysis, in: Diogenes, Nr. 66, 1969, S. 63–83.
Starobinski, Jean, Freud, Breton and Myers, in: Marc Eigeldinger (Hrsg.), André Breton, Neuchâtel 1970.
Stekel, Wilhelm, Die Sprache des Traumes, Wiesbaden 1911.
Sterba, Richard, The Problem of Art in Freud's Writings, in: Psychoanalytic Quarterly, 9, 1940, S. 256–68.

Stokes, Adrian, Form in Art: A Psychoanalytic Interpretation, in: Journal of Aesthetics and Art Criticism, Nr. 2, 1959.
–, The Invention in Art, London 1965.
Thibaudet, Albert, Psychanalyse et littérature, in: Nouvelle Revue Française, April 1921.
Trilling, Lionel, Beyond Culture, New York 1955.
Trotzky, Leon, Literature and Revolution, Ann Arbor, Mich. 1960 (Literatur und Revolution, Berlin 1968).
Vinchon, Jean, L'art et la folie, Paris 1924.
Visan, Tancrède de, L'attitude du lyrisme contemporain, Paris 1911.
Vischer, Friedrich Theodor, Kritische Gänge, Stuttgart 1875.
Volkelt, Johannes, Die Traum-Phantasie, Stuttgart 1875.
–, System der Ästhetik, 3 Bde., 1905–14.
Weiss, J., A Psychological Theory of Formal Beauty, in: Psychoanalytic Quarterly, 16, 1947, S. 391–400.
Weelwright, Philip, The Guilt of Oedipus, in: The Burning Fountain, Bloomington, Ind. 1954.
Whyte, Lancelot Law, The Unconscious before Freud, New York 1960.
Wilson, Edmund, The Historical Interpretation of Literature, D. A. Stauffer (Hrsg.) in: The Intent of the Critic, Princeton 1941.
Wittels, Fritz, Freud and His Time, New York 1931.
Wohlgemuth, Adolph, A Critical Examination of Psychoanalysis, New York 1923.
Wortis, Joseph, Fragments of a Freudian Analysis, in: The American Journal of Orthopsychiatry, 10, 1940.
Wyss, Dieter, Die tiefenpsychologischen Schulen von den Anfängen bis zur Gegenwart, Göttingen 1961.